国家社科基金后期资助项目（21FJYA004）

新时代税收治理问题研究

李万甫 著

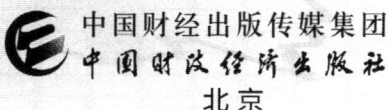

中国财经出版传媒集团
中国财政经济出版社
北京

国家社科基金后期资助项目
出版说明

　　后期资助项目是国家社科基金设立的一类重要项目，旨在鼓励广大社科研究者潜心治学，支持基础研究多出优秀成果。它是经过严格评审，从接近完成的科研成果中遴选立项的。为扩大后期资助项目的影响，更好地推动学术发展，促进成果转化，全国哲学社会科学工作办公室按照"统一设计、统一标识、统一版式、形成系列"的总体要求，组织出版国家社科基金后期资助项目成果。

全国哲学社会科学工作办公室

序

欣闻李万甫同志新著《新时代税收治理问题研究》一书即将出版,这无疑是当代税收学界的一件大好事,可喜可贺!这部著作得到了国家社会科学基金后期资助项目重点支持,十分难得!这也彰显出这部著作的价值意蕴。

《新时代税收治理问题研究》一书,是李万甫同志任国家税务总局税收科学研究所所长期间学术成果的集成。李万甫同志早期曾在长春税务学院从事税收教学和科研工作,并先后在中国人民大学和中国社会科学院攻读博士学位和从事博士后研究工作。2000年,他调入国家税务总局政策法规司,分管税收法治及综合税政工作。深厚的理论水平和丰富的实践经验为他此后的学术研究奠定了坚实的基础。2014年,他调任国家税务总局税收科学研究所所长。自此,他累积多年的学术科研潜能得以充分释放,迎来了学术成果的高峰期,而这又恰值新时代税收改革发展如火如荼的重要时期:全面实施减税降费、"营改增"试点改革、个人所得税法修订、税收征管体制改革等均在这一时期持续推进。作为身在一线的税收科研工作者,他经历和见证了这一系列重大改革事件前前后后的决策与实施过程。摆在大家面前的这部著作,正是他基于新时代税收改革历程的深度思考和敏锐洞察。

纵观这部著作,可以归纳出如下四个方面特点:

第一,时代性。该书立足于新时代这一大背景,突出新时代税收治理观,归纳、总结、提炼新时代治税方略,探寻新时代税收治理演进路径和发展规律,把税收治理实践纳入"五位一体"总体布局中去思考、去审视,有助于增强对税收在国家治理中基础性、支柱性和保障性作用的学理阐释。

第二,实践性。该书力行"科研工作者要把论文写在大地上,把实践中形成的真知变成论文"的要求,紧扣税收治理领域重大改革事件,坚持问题导向、系统思维，强化对重大税收改革事件的实践引领，如在全面解析"营改增"的同时，注重对金融业实施增值税的相关问题进行调研并提出合理化建议；对个人所得税法修订，提出了针对性较强的立法建议；总结分析税收征管改革的重大现实意义和在提升税收治理效能方面的价值内含等，体现出立足税收治理实践、推动税收改革发展的较高实践指导价值。

第三，阐释性。该书注重对税收治理实践活动的学理阐释，侧重用阐释性语言表述和分析具体事件，这实质是理论与实践有机结合的生动写照，展现了作者较为深厚的理论功底。特别是把税收治理放在政府与市场关系的维度去阐释分析，视野宽广，有机结合了对具体事件的深入剖析与对发展趋势的展望探究，昭示了问题导向下的规律性分析，发展性、前瞻性思考跃然书中。

第四，全面性。该书内容覆盖了税收治理领域的各个层面，展现出税收治理学术研究体系的整体性。八个部分内容，既相互独立，又不失整体性，精准勾勒出了新时代税收治理格局的基本脉络，各个部分内容虽没有呈现体系化建设逻辑，但却抓住该领域发生的重大事件并以此为线索展开分析，聚焦重点、难点问题，起到了以点带面之作用。

一个时代有一个时代的主题，一个时代有一个时代的使命。新时代意味着新起点、新轨道、新任务、新要求。以全新的起点、轨道、任务和要求审视税收大政方针，谋划税收改革方向，肯定会得出大不相同于以往的判断。在此时代背景下，相信该书的出版将引发各界人士对新时代税收治理问题的思考与探索。

高培勇
2024 年元月于北京

目　录

第一章　新时代治税方略研究……………………………………（1）
　　第一节　走向新时代的治税观演进脉络……………………（1）
　　第二节　新时代治税方略及时代特征………………………（6）
　　第三节　新时代治税方略的基本要求和实现路径…………（17）
　　第四节　新时代税收改革发展的主要成就与基本经验……（26）
　　第五节　新时代税收治理格局重塑…………………………（31）

第二章　减税降费研究……………………………………………（43）
　　第一节　减税策略选择………………………………………（43）
　　第二节　实施减税降费政策的时代价值……………………（47）
　　第三节　精准施税：《政府工作报告》（2018）解读………（55）
　　第四节　落实减税降费政策的多维考量……………………（61）
　　第五节　减税降费下的税收治理策略抉择…………………（68）

第三章　税制改革研究……………………………………………（79）
　　第一节　走向新时代的税制变迁：历程、脉络和经验……（79）
　　第二节　个人所得税制度改革（2018）：亮点评述………（97）
　　第三节　经济新常态下深化税制改革的多维视角…………（106）
　　第四节　新发展阶段深化税制改革的路径选择……………（113）

第四章　"营改增"试点改革研究………………………………（123）
　　第一节　"营改增"试点改革：牵一发而动全身……………（123）
　　第二节　"营改增"试点改革：特征分析……………………（127）
　　第三节　"营改增"运行效应评估分析………………………（131）
　　第四节　金融业"营改增"问题研究：基于发票的视角……（142）

第五节　"营改增"试点改革中的若干问题……………………（162）

第五章　税收法治研究……………………………………………（170）
　　第一节　税收法定化背景下的税收法治建设………………（170）
　　第二节　落实税收法定原则……………………………………（189）
　　第三节　税收征收管理法修订的价值意蕴与制度建构………（192）
　　第四节　税收征收管理法修订的具体建议……………………（206）

第六章　税收征管改革研究………………………………………（216）
　　第一节　深化国税地税征管体制改革（2015年）……………（216）
　　第二节　基于国税地税合并的征管体制改革（2018年）……（223）
　　第三节　新发展阶段深化税收征管改革（2021年）…………（234）

第七章　数字经济与税收治理研究………………………………（243）
　　第一节　数字经济及其发展概况………………………………（243）
　　第二节　产业数字化、数字产业化与税收治理………………（247）
　　第三节　数据价值化与税收治理………………………………（250）
　　第四节　数字化治理与税收征管数字化………………………（259）

第八章　全球税收治理研究………………………………………（271）
　　第一节　百年未有之大变局的世界税收发展趋势……………（271）
　　第二节　由BEPS行动计划到"双支柱"方案………………（277）
　　第三节　由"谷歌税"到数字服务税…………………………（287）
　　第四节　构建"一带一路"税收合作机制……………………（295）

参考文献……………………………………………………………（310）

第一章 新时代治税方略研究

治税方略是党的治税理念、主张及方针政策的集中体现,新时代治税方略是推动税收治理现代化的行动指南和根本遵循。本章追溯建党百年治税观演进脉络,从历史发展维度概括新时代治理观形成的实践逻辑和时代背景,并注重把握税收治理理论和治理规律,加强对税收治理实践活动的引领。习近平总书记关于税收工作的重要论述、党的重大历史文献有关税收的论断以及党中央、国务院发布的有关税收的文件规定等,构成了新时代治税方略的基本内涵;新时代治税方略的基本要求是:与国家治理现代化相匹配,与社会主要矛盾的变化相契合,与落实税收法定原则相结合,与高质量发展相衔接,与财税体制改革相对接,与构建人类命运共同体相呼应。在新时代治税方略指引下,税收改革发展也踏着新时代步伐砥砺前行,取得了显著成效,积累了宝贵经验:始终坚持党对税收事业的全面领导,始终坚持服从、服务于经济社会发展大局,始终坚持以人民为中心的治税理念,始终坚持改革创新主旋律,始终坚持统筹兼顾的辩证思维方法。新时代税收治理的创新发展,呼唤税收治理格局的重塑。

第一节 走向新时代的治税观演进脉络

自1921年中国共产党成立以来,党领导下的税收事业扬帆远航、行稳致远,助力社会经济转型发展成效明显。党的治税观与时俱进、引领创新,持续绘就税收改革发展新蓝图。党在不同历史时期的治国方略,都深刻影响着治税观演进的逻辑脉络和发展轨迹。

一、税收保障观(1921—1953年)

中国共产党从成立起就肩负实现中华民族伟大复兴的历史使命。党领导下的革命根据地,逐步推进税收工作,筹集革命战争军费。新中国成立之初，税收依然发挥着应对战争和全国解放、维持新政权运转的财力保障作用。

1931年，中华苏维埃共和国临时中央政府成立。《中华苏维埃共和国宪法大纲》规定"取消一切反革命统治时代的苛捐杂税"，《中华苏维埃共和国暂行税则》规定，统一征收商业税、农业税、工业税三个税种，为红色政权的运行提供财力保障。

陕甘宁边区政府制定实施了一系列税收规定和征管规章。1941年发布的《陕甘宁边区施政纲领》规定，"实行合理的税收制度""使大多数人民均能负担抗日经费"。税收为保障边区政府运转和筹措抗日战争经费发挥了重要作用。

解放战争时期，税收依然担负提供战争经费保障的职责。华北解放区、东北解放区相继推行了各自统一的农业税制。随着解放战争节节胜利，税收工作重心逐步由农村转向城市。1949年8月，华北税务总局草拟了新中国成立后税制及机构设置方案，奠定了新中国税收制度和税务体制的基本架构。

新中国成立后，税收发展开启了新篇章。党提出"发展经济，保障供给，是我们的经济工作和财政工作的总方针"①。1949年9月29日通过的《中国人民政治协商会议共同纲领》提出，"国家的税收政策，应以保障革命战争的供给、照顾生产的恢复和发展及国家建设的需要为原则，简化税制，实行合理负担"。随后，《全国税政实施要则》《关于统一全国税政的决定》《全国各级税务机关暂行组织规程》发布，基本统一了税政，建立健全了税制体系和征管组织制度，奠定了税收事业发展的根基。抗美援朝战争爆发后，税收为战争经费提供了强有力的支撑。

二、税收工具观（1953—1978年）

这一历史时期包括过渡时期和社会主义建设时期。党制定了过渡时期总路线，全面开启第一个五年计划的建设阶段，奠定了强大的国家经济基础和工业化基础。社会主义建设在探索中曲折发展，经济发展受到"文革"影响而停滞不前。

1953年，党召开的全国财经工作会议上，提出了过渡时期的税收工作任务：一方面要更多地积累资金以支持国家重点建设；另一方面要调节各阶级的收入，以巩固工农联盟，并使税制成为保护和发展社会主义及半

---

① 《毛泽东选集》第三卷，第846页。

社会主义，有步骤、有条件、有区别地利用、限制和改造资本主义工商业的工具。按照"农业稳定负担，合作经济减税优待，工商业公私区别对待，繁简不同"的方针，税收发挥了助力新民主主义经济形态向社会主义经济形态转变的作用。

1958年，工商税制改革开始。我国从简化税制入手推进税制改革，推行工商统一税。试行"税利合一"。此时的观点认为，既然税收和利润都是国营企业创造的积累，现行税制又与国营经济发展状况不完全适应，不如用利润代替税收，也可以保障财政收入和加强经济核算，从而形成了税收作为一种核算工具的思想。

1973年，税制改革开始。"文革"期间，中国发展进入了极其特殊的历史阶段，税制建设也遭受了严重破坏，税收制度成为"繁琐哲学"的代表，"非税论"思潮逐步占据上风。在推行综合税、行业税试点的基础上，1973年试行工商税。国营企业缴纳工商税，集体企业缴纳工商税和工商所得税，农村人民公社只缴纳农业税，个人基本无税可缴。

三、税收财政观（1978—1992年）

改革开放时期，党的工作重心转移，确立以经济建设为中心和改革开放的总方针，开启计划经济转轨发展之路。

一是构建涉外税制。20世纪80年代初期制定的三部涉外税法，体现了"税负从轻、优惠从宽、手续从简"原则。税收作为弥补外资投资环境不足的重要因素，让渡部分国家税收利益，增加外资企业和个人投资收益，极大吸引了外来资本来华投资。

二是进行"以税代利"改革。彼时，我国利润上缴机制存在不足，经党中央同意，"利改税"方案自1984年10月全面推开。通过"利改税"及工商税制改革，形成了流转税和所得税双主体的税制结构格局，奠定了税收在国家财力保障中的核心地位，税收自此成为国家财力的最主要保障形式，财政收入的渠道发生了重大转换。税收功能更多体现为取代利润上缴而组织收入的一种手段，并使国家与企业分配关系愈加稳定和规范。此后，"税收万能论"倾向出现，改革进程中暴露出的诸多问题，都曾寄希望利用税收手段进行调节。推行企业承包制和财政大包干体制，税收功能有被弱化之势。

四、税收经济观（1992—2000年）

一是确立了社会主义市场经济体制。这段时期，我国从政府宏观调控层面拉开了市场化改革的大幕。财税调控改革是核心，也是建立社会主义市场经济体制的关键环节。其间关于税收中性与非中性调节的讨论，一度成为理论界和实务界普遍关注的热点。

二是1994年实行了工商税制改革与分税制。此轮改革是构建社会主义市场经济体制最具实质意义和重大价值的改革。国家通过财税杠杆发挥对市场的有效调节，以提高"两个比重"作为改革的直接目标，建立统一、公平、有效的市场机制。内资企业所得税、外资企业所得税的相继统一，个人所得税的内外统一，税收征收管理法的创设，分税制改革的试点推行，都为强化税收宏观调控功能的发挥奠定了基础。

三是适应社会主义市场经济要求的双主体税制结构模式基本确立。税制的统一性得以强化，税制与市场化改革的匹配性日益增强，税收为中国经济转型发展奠定了良好的制度根基和体制基础。税制逐步健全完善，征管保障能力增强，中央与地方两个积极性被充分调动起来，国家财力保障能力极大改善，构建了以国家宏观调控为导向、市场资源配置基础性作用有效发挥的社会主义市场经济体制。税制建设与分税制改革成为推动社会主义市场经济体制改革发展的强大动力。

五、税收法治观（2000—2012年）

党的十五大提出依法治国基本方略。法治国家建设序幕拉开，行政法治建设进程加快，我国加入世界贸易组织（WTO），法律制度加快与国际惯例接轨，中国特色社会主义法律体系逐步形成。

依法治税是税收工作的灵魂，依法行政是税收工作的基本准则。全国依法治税工作会议提出"内外并举，重在治内，以内促外"的治税原则，形成以约束税收执法权为核心的治税模式。税务部门相继印发有关税收执法责任制和责任追究制、重大案件审理、规范性文件制定管理办法、税务行政复议规则等一系列文件，税收执法依据建设全面深化。

2001年，《中华人民共和国税收征收管理法》的修订实施，全面规范了税务行政程序。为适应加入WTO需要，要全面清理规范税收执法依据政策文件，强调公开、平等法治理念，注重提升立法质量，强化依法立法、民主立法、科学立法，为税收法治建设奠定规范化的制度基础。2006年，取消农业税、2008年建立统一的企业所得税法、2009年增值税暂行条例等修订、2010年车船税立法等，都对税收法治建设稳步推进起到了重要作用。

党的十六届三中全会通过《中共中央关于完善社会主义市场经济体制

若干问题的决定》,提出"简税制、宽税基、低税率、严征管"的治税方针。税务部门树立征纳双方法律地位平等理念,推行柔性执法,健全纳税服务制度,确立执法与服务为税收征管的两大核心业务,拓宽并强化了税收征管职责,执法规范化水平有了较大提高,税收法治化水平有了很大提升。

六、税收治理观(2012年至今)

2012年后,推进国家治理现代化成为改革发展的总目标。习近平新时代中国特色社会主义思想的形成和发展,为深化改革的伟大实践提供了思想理论支撑,丰富了新时代治国理政的基本内涵。"财政是国家治理的基础和重要支柱""增强税收在国家治理中的基础性、支柱性、保障性作用"。新时代税收功能新"三性"定位,要求税收在"五位一体"战略布局中发挥有效作用,基于国家治理层面的税收改革发展自然成为税收治理观的核心内容。

税收治理观是习近平新时代中国特色社会主义思想的重要组成部分,是引领税收事业发展的基本遵循,体现党和国家深化改革发展的税收战略部署。习近平总书记对税收工作作出一系列重要指示批示,为税收工作指明了前进方向;党中央、国务院多次发布文件,对税收改革发展作出具体部署;历次中央经济工作会议都提出税收政策的具体举措。

税收现代化"六大体系"是治税方略的实现路径。国家税务总局于2013年提出税收现代化"六大体系",确立了税收改革发展与治理现代化的具体任务和发展布局。税收现代化的提出,顺应了国家治理现代化建设的基本要求。税务部门持续推进税收现代化建设,不断丰富其内涵,突出各阶段重点,坚持问题导向,成效明显。2019年,我国提出税收现代化新"六大体系""六大能力"建设,为高质量发展和新发展格局构建提供强大的税收动力支撑。

新时代税收治理观引领下的税收改革发展取得显著进展。在提升税收治理水平方面有许多突破:以治理为引领,全面提升税收改革发展的政治站位;以法定为目标,全面推进税收治理体系现代化建设;以降成本为主基调,全面实施减税降费政策;以减税为取向,全面深化税收制度改革;以合作、合并、合成为核心,持续推进税收征管体制及制度改革;以"放管服"为主线,全面优化税收营商环境;以合作共赢为基础,全面增强税收治理国际话语权。进入新发展阶段,坚持以税收治理观为引领,税收改革发展必将展现新作为,为全面推进国家治理现代化奠定重要基础。

第二节 新时代治税方略及时代特征

一、新时代治税方略的形成背景

2017年10月18日,习近平总书记在中国共产党第十九次全国代表大会上宣告:"经过长期努力,中国特色社会主义进入了新时代,这是我国发展新的历史方位。"中国特色社会主义进入了新时代,是从党和国家事业发展的全局视野、从改革开放近四十年历程和党的十八大以来取得的历史性成就和历史性变革的方位上,作出的重大科学判断。新时代治税方略是以习近平新时代中国特色社会主义思想为指导,围绕统筹推进"五位一体"总体布局和"四个全面"战略布局、全面贯彻新发展理念和以人民为中心的发展思想、推动构建以合作共赢为核心的人类命运共同体,完善和创新中国特色社会主义税收制度、推进税收治理体系和治理能力现代化的行动指南。

(一)历史发展逻辑

新中国成立以来,以毛泽东为代表的中国共产党人,开启了中国社会主义建设的新时期。建国之初的税政统一,写进了当时具有临时宪法性质的《共同纲领》中,颁布实施《全国税政实施要则》,并形成了多税种、多次征为特点的复合税制体系,对稳定经济、聚集财力、保障战争需要发挥了重要作用,也成为对私改造的重要斗争工具。进入全面建设社会主义阶段,受苏联发展模式的影响,税制一直奉行"简化"原则,税收逐渐成为国家经济核算工具,甚至出现了"非税论"的思潮,税收的作用空间受到极大的压缩。

改革开放以来,以邓小平同志为代表的中国共产党人,开创了中国特色社会主义建设伟大实践探索。涉外税法的颁布,奠定了对外开放的制度基础。"利改税"成为城市经济体制改革的突破口,稳定了国家与企业的分配关系,为计划商品经济的改革探索注入了稳固的经济动能,税收调节经济和收入分配的功能充分体现。适应社会主义市场经济体制改革的需要,我国按照"统一税法、公平税负、简化税制、合理分权"的原则,实施了重大税制改革,完善了国家宏观调控体系,规范了中央与地方的财政关系,为社会主义市场经济奠定了强大的体制及制度环境。随着社会主义市场经济体制的完善,党的十六届三中全会提出"减税制、宽税基、低税率、严征管"的治税方针，为推动市场经济体制完善健全和经济发展方式转变提供了有力支撑。

新时代以来，以习近平同志为核心的党中央，对税收工作高度重视，在党的十八届三中全会上明确了"深化税制改革"的总任务和改革方向。顺应供给侧结构性改革需要，全面实施减税降费，为中国经济在新时代的转型发展注入了强大的税收力量，增值税制改革，个人所得税法的修改完善，激励创新的税收优惠政策，助力中小微企业发展，推进生态环境保护的税制完善，落实税收法定原则的进程提速，深化税收征管改革方案的持续推出等，助力推进了国家治理体系和治理能力现代化，并彰显出强大的生命力，为加速构建新发展格局、推动中国式现代化提供了有力的支撑。

(二) 理论逻辑

创新是哲学社会科学的永恒主题。习近平总书记强调，创新是社会发展、实践深化、历史前进对哲学社会科学的必然要求。理论的生命力在于创新，理论创新只能从问题开始，坚持问题导向是马克思主义的鲜明特点。哲学社会科学的创新路径比较宽广，创新之路既可以是一条揭示事物发展规律之路，也可以是解决理论和实践问题的探索之路。中国经济理论创新之路任重而道远。中国改革开放四十余年的巨大成就和伟大实践，尚需经济发展理论的创新去阐释、说明，用西方的经济理论难以解释清楚中国改革开放的实践活动。社会主义与市场经济有机结合的理论创新任务还没有完成，由"摸着石头过河"到强调顶层设计的改革思维模式的转变，亟须经济理论创新发展来支撑。适应经济新常态，实施供给侧结构性改革，也为经济理论创新发展提出了新命题。时代在进步，呼唤着与时俱进的马克思主义新经济理论的诞生。

税收治理创新是时代赋予的新命题。如何发挥税收治理在国家治理化中的基础性、支柱性和保障性作用，是变革时代赋予税收理论创新体系的一项崭新而又深远的重大命题，也是广大税收工作者的使命所在。当前中国正处在全面深化税收改革发展和推进税收现代化建设的关键时期，迫切需要科学的理论指引和支撑。税收工作者应当及时从中国税收改革发展的实践中挖掘新素材，发现新问题，提出新观念，构建新理论，应当积极研究税收改革实践中出现的新情况，有针对性地提出新思想、新办法、新主张，为税收改革的推进保驾护航。具体而言，推动税收治理创新，应坚持以下几点：一是将税收治理放在习近平总书记提出的"五位一体"建设的总体布局中去分析和研究，进一步拓宽税收治理的多维分析视角，从而探索税收治理的内在规律性，寻求税收治理创新的新路径；二是推动税收现代化"六大体系"建设的创新研究，加强税收理论创新、制度创新、管理创新、服务创新，丰富税收治理的基本内涵，寻求税收治理创新的新起点；三是立足将法治思维和法治方式融入税收治理的全过程，法治化是税收治理的核心要义，是税收治理的目标取向，也是税收治理的底线，应把法治内化于税收治理的各个层面。应始终将问题导向作为税收工作的逻辑起点，把创新作为税收事业发展的原动力，税收理论创新发展必将迈上新台阶。

一是强化理论引领。要深入学习习近平新时代中国特色社会主义思想中的税收内涵，把习近平总书记关于税收工作的重要论述和中央历史文献中有关税收工作的布局安排，全面融入习近平新时代中国特色社会主义思想，使之成为习近平新时代中国特色社会主义思想的有机组成部分。要把握习近平总书记关于税收工作的重要论述的时代特征，强化对税收改革发展实践活动的理论指引，坚持问题导向，从顶层设计层面提供强有力的理论引导。相对税收改革发展进程，税收理论的创新发展明显滞后于税收实践，跟不上新时代税收改革发展的需要。其中很重要的一个原因，是税收治理理论或对治理规律的认识和把握不足，还没有担负起税收改革发展实践活动的理论引领，需要进一步强化税收治理理论对改革发展实践的引领作用。

二是提供理论支撑。改革开放以来，特别是进入新时代发展阶段，新情况、新问题层出不穷，社会各界极大关注税收，亟须作出理论阐释，并为政策选择提供理论支撑。特别是每年"两会"期间，有关税收的提案和税收的话题，长期占据前五位最热门话题。很多税收问题，都是"两会"代表们提出的税收诉求、税收实践。比如，降低增值税税率，有的企业税负还是增加；个人所得税改革有的人减轻税负，有的人反而增加；六项专项附加扣除有的人享受不到或享受不合理等问题，需要税收理论作出阐释或给予解答。

三是完善理论体系。党的十八大以来，税收现代化建设取得了长足进步，亟待作出理论归纳和概括，形成完备的新时代税收理论体系。要立足理论阐释层面，从落实党的税收治理定位层面强化税收治理理论体系建设，从"五位一体"战略布局中丰富税收理论体系，提炼新时代治税思想。

四是增强理论自信。要打造中国特色税收话语体系，讲好中国税收故事，彰显大国税收治理水平，以形成税收改革发展的道路自信。目前中国特色社会主义理论体系研究发展比较滞后，偏重实践活动，忽视理论建设对实践的指导作用。理论产生于实践并指导实践，有良好的实践发展基础，更容易形成具有自身特色的税收理论体系和税收话语体系。

（三）时代背景

当今世界面临百年未有之大变局，政治多元化、经济全球化、社会老龄化、文化多样化交织叠加，国际形势发生新变化、国内改革发展进入新阶段，以习近平同志为核心的党中央深刻把握、准确判断、总揽战略全局，对税收工作提出一系列极富战略远见和理论创见的科学论断，形成了具有中国特色的新时代治税思想，科学回答了税收改革发展的根本性、战略性、全局性的重大问题，为高质量推进新时代税收现代化，更好发挥税收在国家治理中的基础性、支柱性、保障性作用，提供了根本指引、注入了强大动力，也对税收治理更好服务决胜全面建成小康社会、开启全面建设社会主义现代化国家新征程、实现中华民族伟大复兴的中国梦，具有重大现实意义和深远历史意义。

党的十八大以来，以习近平同志为核心的党中央科学认识和把握世情、国情和党情，采取一系列重大方针、政策和举措，解决了许多长期想解决而没有解决的难题，办成了许多过去想办而没有办成的大事，推动一系列深层次、宽领域、全方位的历史性变革，取得了前所未有的历史性成就，党的面貌、国家的面貌、人民的面貌、军队的面貌、中华民族的面貌发生前所未有的变化，国际地位实现前所未有的提升，推动中国特色社会主义进入新时代。新时代对我国税收工作提出了新挑战和新要求，新时代我国税收工作面临极为严重的挑战和压力。一是我国发展中存在不平衡不充分、发展质量和效益还不高、创新能力不够强、实体经济水平有待提高、生态环境保护力度不足等问题。民生领域存在不少短板，脱贫攻坚任务艰巨，城乡区域发展和收入分配差距依然较大，人民群众在就业、教育、医疗、居住、养老等领域面临诸多难题。二是新时代社会主要矛盾发生的变化折射到经济领域，基本标志就是由高速增长转到高质量发展，无论是财税理论研究还是税收治理实践，需要把着力点适时地转到财税的结构问题上来，转到财税对供给侧的影响上来。三是新时代发展理念发生了变化，追求更有效率、更高质量、更加公平、更可持续的增长，税收治理实践的指导思想和评价标准需要随之变化。四是中国还是世界上最大的发展中国家，人均国内生产总值仍远远落后西方发达国家。不稳定不确定的外在因素仍在加剧，经济复苏乏力、贸易保护主义抬头、地缘政治因素错综复杂，恐怖主义、气候变化全球问题等挑战和压力加剧。在这样一个时代发展面临的环境和背景下，以习近平同志为核心的党中央高瞻远瞩，运筹帷幄，有效应对来自国内外的各种挑战。高度重视和发挥税收在国家治理和全球治理中的重大作用，科学把握税收工作与整个经济社会发展的紧密关系，对新时代税收工作作出了重要的理论阐述和战略部署。

二、新时代治税方略的基本内容

新时代治税方略，是习近平新时代中国特色社会主义思想的重要组成部分，是习近平治国理政思想在税收领域的具体体现，是指导税收改革发展的行动指南和根本遵循。习近平总书记关于税收工作的重要论述、党中央重大历史文献中有关税收的论断以及党中央、国务院发布的税收专门性文件等，构成了新时代治税思想的基本内容，这些重要的论述论断，形成了具有内在逻辑关系的理论思维框架和具有时代特征、引领税收改革发展的行动准则。

党的十八大以来，党的重要文献记载了习近平总书记一系列有关治国理政的新思想、新论断，包括有关税收工作的重要论述。习近平总书记有关税收工作的重要论述，既涉及宏观层面的理论分析，也涉及具体问题的理论阐释和政策指导，既涉及税收的基本职能，也涉及税收的重要作用，既涉及深化税制改革、生态环境保护，也涉及征管体制改革、营商环境优化，既涉及减息降费，也涉及促进和推动实体经济发展，内容非常丰富，覆盖面非常广，涵盖了税收的各个领域。在历次中央经济工作会议上，习近平总书记都提到有关税收方面的要求和未来的改革方向；在党中央的历届全会上，在一系列的座谈会上，在中央党校省部级领导干部培训班上等多种场合，都有涉及税收工作的重要论述；在党的十八大报告和十九大报告、党的十八届三中全会和十八届五中全会、党的十九届三中全会等中央会议文献中，都有专门针对税收及税收改革发展方向的重要论述和论断。这些重要的论述和论断，构成了新时代治税方略的重要内容，直接引领税收改革发展新的航向、新的走势。

例如，每年年底的中央经济工作会议，都对未来一年的经济发展作出总体的部署和安排，成为国家经济发展的一个风向标。会上，习近平总书记会提出一系列的税收论述，强调税收工作部署，引领未来税收事业发展。比如，2013年提出要完善结构性减税政策，扩大营业税改增值税（以下简称"营改增"）试点行业；2015年提出积极的财政政策要进一步加大力度，要实行减税政策，要降低企业的税费负担；2016年提出要在减税降费、降低要素成本的基础上加大工作力度，强化"放水养鱼"意识，加大减税降费力度；2017年提出要巩固和扩大"营改增"试点的成果，研究降低制造业增值税的税率；2018年提出积极的财政政策，要加力提效，推动更大规模的减税降费。此外，习近平总书记在中央全面深化改革委员会会议、中央财经领导小组会议、民营企业座谈会、很多国际会议中也都发表了一系列有关税收工作的重要论述。

（一）关于税收职能作用

新时代赋予税收全新的职能定位，极大丰富了税收的价值内涵，体现新时代治税方略的创新发展。《中共中央关于全面深化改革若干重大问题的决定》中明确提出"财政是国家治理的基础和重要支柱"，2015年习近平总书记主持召开中央全面深化改革领导小组第17次会议，审议通过《深化国税、地税征管体制改革方案》（以下简称《深化方案》），其中提出"增强税收在国家治理中的基础性、支柱性、保障性作用"，标志着新时代税收"三性"作用得以确立，顺应了国家治理现代化发展目标的内在要求。习近平总书记多次强调："健全以税收、社会保障、转移支付等为主要手段的再分配调节机制，强化税收调节，完善直接税制度并逐步提高其比重。""要以维护实现国家矿产资源基本权益为核心，理顺矿产资源税费体系，合理调节矿产资源收入。""高质量发展应该实现投资有回报、企业有利润、员工有收入、政府有税收，并且充分反映各自按市场评价的贡献。"应切实将税收融入新时代高质量发展的伟大征程中，彰显税收在改革开放再出发的历史进程中更广阔的作为空间。

（二）财税体制改革

财税体制涉及国家治理的方方面面，对全面推进中国特色社会主义建设具有深远影响，税收是财政范畴的重要内容，财税体制改革发展也是新时代治税思想关注的重要课题。《中共中央关于全面深化改革若干重大问题的决定》指出，"科学的财税体制是优化资源配置、维护市场统一、促进社会公平、实现国家长治久安的制度保障"。习近平总书记指出，"财税体制改革不是解一时之弊，而是着眼长远机制的系统性重构"。深化财税体制改革，涉及面广，政策性强，利益调整难度大，落实工作任务艰巨而繁重。可见，财税体制改革意义重大、影响深远。习近平总书记指出，"这次全面深化改革，财税体制改革是重点之一。主要涉及改进预算管理制度、完善税收制度、建立事权和支出责任相适应的制度等。这些改革举措的主要目的是明确事权、改革税制、稳定税负、透明预算、提高效率，加快形成有利于转变经济发展方式、有利于建立公平统一市场、有利于推进基本公共服务均等化的现代财政制度，形成中央与地方财力与事权相匹配的财税体制，更好发挥中央和地方两个积极性"。中央已经明确，要保持现有中央和地方财力总体稳定,进一步理顺中央与地方收入划分。习近平总书记还在多个场合提出"完善地方税体系"问题,强调要完善地方税体系,逐步建立地方主体税种,使地方政府承担的公共服务有稳定的资金来源。关于财税体制改革一系列重要论述和论断为深化财税体制改革指明了方向,提供了指引。

(三)深化税制改革

深化税制改革是新时代税收改革发展的重要任务,也是新时代治税思想中具有足够分量的内容。《中共中央关于全面深化改革若干重大问题的决定》明确提出,推进增值税改革,适当简化税率。调整消费税征收范围、环节、税率,把高耗能、高污染产品及部分高档消费品纳入征收范围。逐步建立综合与分类相结合的个人所得税制。加快房地产税立法并适时推进改革,加快资源税改革,推动环境保护费改税。同时也还明确了税收优惠政策的管理,要求"按照统一税制、公平税负、促进公平竞争的原则,加强对税收优惠特别是区域税收优惠的规范管理。税收优惠政策统一为专门税收法律法规,清理规范税收优惠政策。这为深入推进税制改革向纵深发展指明了改革方向。党的十八届五中全会审议通过的"十三五"规划提出,建立税种科学、结构优化、法律健全、规范公平、征管高效的税收制度。并多次明确要完善直接税制度并逐步提高其比重。这些论断的提出,指明了税收制度建设的前行方向,引领现代税收制度的全面发展。

(四)减税降费

进入新时代,中国改革发展迈向了新的发展时期,适应新的改革开放格局,以减税降费为主基调的税收政策选择,构成了治税领域重大的政治决策。基于对经济高速增长转入中高速增长,由注重需求侧管理向注重供给侧管理的转变这一新发展模式的准确研判,减税降费成为党中央的重大战略选项。习近平总书记先后在多个场合反复强调减税降费政策措施的重大意义,指出要完善结构性减税政策,扩大"营改增"试点行业;面对经济运行下行压力增大状况,在不采取大规模刺激措施的同时,坚持区间调控,创新实施定向调控,出台减轻税负、规范收费、定向降准、扩大再贷款规模等措施,扩大"营改增"试点范围;在谈到"帮助企业降低成本"时,提出"降低企业税费负担,要进一步正税清费,营造公平的税负环境"。习近平总书记在民营企业座谈会上的讲话中明确要求减轻企业税费负担。要抓好供给侧结构性改革降成本行动各项工作,实质性降低企业负担。要加大减税力度,推进增值税等实质性减税,对小微企业、科技型初创企业可以实施普惠性税收负免除。习近平总书记在2019年新年贺词中指出，减税降费政策措施要落地生根，让企业轻装上阵。减税降费已成为一项重大的政治任务和战略抉择，必将释放更大的税收改革正能量。

（五）税收法治

法治是一个国家治国理政的基本方式，也是治理现代化的核心。税收法治建设是新时代治税方略的重要内容。《中共中央关于全面深化改革若干重大问题的决定》明确提出"落实税收法定原则"，拉开了提升税收立法级次的大幕，将其作为加强社会主义民主政治制度建设的重要举措，并将落实税收法定原则作为我国税收法治化的重要原则明确了下来。同时在《中华人民共和国立法法》修订中规定"税种的设立、税率的确定和税收征收管理等税收基本制度只能制定法律"，为税收治理体系现代化和法治化奠定了法治基础。《深化方案》进一步明确深化国税、地税征管体制改革的指导思想是"坚持法治引领、改革创新"，将依法治税作为一项重要原则确定下来，并提出"以法治为引领，注重运用法治思维和法治方式推进改革，落实税收法定原则，完善征管法律制度，增强税收执法的统一性和规范性"。构建共治税收格局、健全税收司法保障机制等论述为税收治理能力现代化和效能化提供了法治保障。

（六）国税地税征管体制改革

以习近平同志为核心的党中央，从国家治理现代化建设的整体部署出发，对深化国税地税征管体制改革作出总体安排。《中共中央关于全面深化改革若干重大问题的决定》提出"完善国税、地税征管体制"，并在《深化方案》中强调"深化国税、地税征管体制改革，要坚持依法治税、便民办税、科学效能、协同共治、有序推进的原则，发挥国税、地税各自优势，推动服务深度融合、执法适度整合、信息高度聚合"，为税收征管改革的深入推进指明了方向，作出了具体部署。在《深化党和国家机构改革方案》中明确提出"将省级和省级以下国税地税机构合并，具体承担所辖区域内各项税收、非税收入征管等职责。为提高社会保障资金征管效率，将基本养老保险费、基本医疗保险费、失业保险费等各项社会保险费交由税务部门统一征收"。在中共中央办公厅、国务院办公厅印发的《国税地税征管体制改革方案》（以下简称《改革方案》）中，明确了国税地税征管体制改革的指导思想、基本原则和主要目标，提出了改革的主要任务及实施步骤、保障措施。党中央相继推出更多国税地税征管体制改革方案，使税收在国家治理格局中能够精准定位，提升了税收站位。

（七）国际税收治理

积极应对全球化挑战，完善全球经济治理，夯实机制保障，加强税收国际合作，增强我国在国际税收领域的话语权和影响力，是新时代治税思想的重要内容。习近平主席先后多次在二十国集团（以下简称G20）领导人峰会上强调"中国支持加强多边反避税合作，愿为健全国际税收治理机制尽一份力""加强全球税收合作，打击国际逃避税，帮助发展中国家和低收入国家提高税收征管能力""深化国际税收合作，通过税收促进全球投资和增长"。《深化方案》强调，深度参与国际合作，积极参与国际税收规则制定。不断加强国际税收合作，严厉打击国际逃税避税，主动服务对外开放战略。中国始终坚持将国际税收合作纳入全球经济治理和抵御世界风险能力的主要措施，并发挥了积极作用。在第二届"一带一路"国际合作高峰论坛上，习近平主席强调"我们将同更多国家商签高标准自由贸易协定，加强海关、税收、审计监管等领域合作，建立共建'一带一路'税收征管合作机制"，这为税收服务"一带一路"倡议提供了思想引领。

习近平总书记关于税收工作的重要论述，体现了系统性、针对性、开放性等特征。一是具有系统性。它涉及的领域非常宽广，涉及税收工作的基本领域，体现了税收工作在整个国家战略布局中的重要地位，认为税收在国家治理中具有基础性、支柱性和保障性作用，应在国际舞台上更好发挥国际税收合作的作用，促进全球治理问题的解决，同时也赋予了税收在更宽领域应有的功能。二是针对性强。根据每一个时期和阶段经济发展、政治生活的需要，及时提出有关税收工作的发展方向。2013年，党的十八届三中全会提出要落实税收法定原则，同时结合推动国家治理体系和治理能力现代化，进一步强化税收在整个国家治理层面所发挥的支柱性作用，这是任何其他的范畴所难以担负的。近年来，在制造业实体经济的发展、经济下行压力逐步扩大、企业税费负担偏重的环境和背景下，及时提出要加大减税降费的力度，特别是2019年推出的更大规模的减税降费，源自2018年11月习近平总书记在民营企业座谈会上的重要讲话精神。从近几年经济运行来看，减税降费的效果得以充分展现，我国经济运行处于可控的区间，事实证明减税降费发挥了很好的成效。三是体现开放性。习近平总书记立足中国改革开放四十多年的实践，提出了一系列有关税收的重要论断，同时站在全球的角度，从促进人类命运共同体的构建，应对全球化发展新的态势出发，还结合我国社会矛盾在新时代发生转换这样一个现实，特别是经济发展的动能处于转换变革的阶段，及时提出要进一步增加税收制度的供给，来进一步助推社会矛盾的转换和化解，不但要解决不平衡不充分发展的问题，而且要用税收手段来进一步实现人民对幸福需求的美好愿景，税收是保证国家机器正常运转所必要的财力支撑，也是党执政的经济基础。

三、新时代治税方略的实践特征

习近平总书记关于税收工作的重要论述构成了整个新时代治税方略的基本内涵，形成税收改革发展的纲领性文件。习近平总书记每一次对税收工作的重要论述，都能够落到税收改革开放发展的实践中，发挥对税收事业改革发展的引领作用。

（一）提高税收站位，推动国家治理现代化

党的十八届三中全会明确，财政是国家治理的基础和重要支柱。2015年，习近平总书记主持召开中央全面深化改革领导小组会议，专门审议并通过《深化方案》，并提出增强税收在国家治理中的基础性、支柱性、保障性作用，为我国税收治理领域拉开了既具重要现实意义，又有重大历史意义的改革大幕，开启税收事业发展新高度。新时代赋予财税改革的神圣使命，超出经济范畴，融入政治、经济、社会、文化、生态"五位一体"战略布局中，税收发挥支柱性作用，与国家宏观战略布局紧密结合起来，进一步拓宽了税收内在分配规律的历史逻辑。对税收理论的创新发展进行研究，要站在国家治理层面去分析和认识，才能有效地指导未来的财税改革发展。任何一项改革和发展，包括"营改增"、国税地税征管体制改革、减税降费等，都不是简单的税负变化和增长问题，体现的是国家治理取向。税收是国家治理的经济根基，未来的税收改革将受到社会各个层面越来越多的关注，比如个人所得税改革、房地产税改革。税收能够居于国家治理的支柱性地位，是基于税收直接助推国家治理现代化的有效落实。

（二）深化税制改革，奠定财税体制改革基础

党的十八大以来的一系列税制改革，是按照党的十八届三中全会部署安排的六个税种改革逐步推进的，主要是推进增值税改革和个人所得税改革，包括环保税的立法，由原来的排污费转成环保税；包括资源税，由原来的从量课征改成从价课征；还包括扩大水资源税试点。税制改革还明确提出要逐步提高直接税的比重、进一步深化国税地税征管体制改革。党的十八届五中全会提出要按照税种科学、结构优化、税负公平、征管高效推进现代税收制度建设。增值税改革从"营改增"试点开始，2016年5月1日全面实施"营改增"之后，减税降费也聚焦在增值税改革上，改革力度非常大，1994年实行增值税基本税率是17%，直到2018年才下调1个百分点，2019年一下子下调3个百分点到13%。增值税基本税率大幅度下调是顺应当前经济发展需要，给企业降成本、减轻负担。2018年个人所

得税改革完成立法，2019年全面推开六项专项附加扣除，实行分类与综合相结合的个人所得税模式难度非常大。实施减税降费政策，配合"三去一降一补"供给侧结构性改革，其中降成本最核心的就是降低国家的制度性交易成本，降成本这块最主要是从"营改增"全面试点改革开始，税负只减不增，其他领域伴随着"营改增"改革也减轻企业负担。深化税制改革，为财税体制改革奠定基础。在财税体制改革中，税制改革最具核心和基础地位。通过深化税制改革奠定财税体制改革基础，形成了一种倒逼机制。就是减税降费导致地方财力出现了缺口，这个缺口怎么弥补，带来了一个新的命题，要求财税体制必须发生相应的转换，否则地方政府的运转就会面临很大压力。

（三）实施减税降费，助力经济平稳运行

减税降费是党中央、国务院的统一部署和安排，打响稳定经济运行的"当头炮"，是政府确保经济运行在"六稳"状态下的首要政策选项。2015年、2016年、2017年、2018年，习近平总书记在中央经济工作会议上相继提出减税降费、支持实体经济发展，降低制造业增值税税率等方针。特别是2018年11月在民营企业座谈会上明确提出，要大幅度降低包括民营企业的所有企业的税收负担。实施更大规模的减税降费，实际上就是落实习近平总书记2022年的重要讲话精神，积极加大财政政策力度。以减税降费为主要政策手段的一系列"组合拳"，改变了当期对经济运行的悲观预判，破解了国际国内双重压力，成效来之不易。实施减税降费也带来的一系列新问题新挑战，主要是地方政府的财力保障问题，倒逼一系列的改革来规范地方政府行为。

（四）推进征管体制改革，护航税收改革发展

2018年的国税地税征管体制改革顺利实施，习近平总书记在党和国家机构改革总结推进会上，对税务部门平稳有序地推进征管体制改革给予充分肯定。这次改革历经从1994年机构分设到2018年机构合并，初步实现了从物理合并、化学反应到核裂变的"三部曲"。征管信息化加快推进，整合了国税地税征管信息业务，奠定了2018年国税地税机构合并的良好基础。

（五）加强税收合作，健全国际税收治理机制

2014年以来，习近平主席先后在俄罗斯的圣彼得堡、澳大利亚的布里斯班及中国的浙江杭州等地召开的G20峰会上阐述了一系列税收主张，提倡加大税收的国际合作，加大反避税的国际合作，提高发展中国家特别是低收入国家的征管能力，通过税收的合作来促进国际资本的有效流动。

当今世界经济发展面临诸多挑战，特别是美国陆续"退群"，原有的国际规则和国际秩序受到了冲击，建立、维护新的国际税收规则，提升全球的治理能力和水平，破解数字经济带来的税收利益归属问题迫在眉睫。新的国际税收规则将对全球治理产生重大影响，特别是常设机构对利润归属的确定越来越难以适用，但新的规则还没有建立起来，中国需要在新规则创建过程中提高自身的国际税收领域话语权，有意识地参与国际规则和国际标准的制定，在规则制定中保护国家自身的利益，不能够总是被动地遵从国际规则。

第三节 新时代治税方略的基本要求和实现路径

新时代税收改革发展，必须以习近平新时代中国特色社会主义思想为统领，并从习近平新时代中国特色社会主义思想的丰富内涵中，提炼未来税收改革发展需要遵循的行动指南。

一、基本要求

（一）必须与国家治理现代化相匹配

党的十八届三中全会明确了全面深化改革总目标是完善和发展中国特色社会主义制度、推进国家治理体系和治理能力现代化。税收改革发展的一系列举措和安排，必须和国家治理现代化相匹配。比如2018年的国税地税机构合并，与党的十九届三中全会推出的"党和国家机构改革"方案相匹配，是国家治理现代化的重大变革；2023年推出的更大规模减税降费举措，主要针对小微企业和实体经济，增强企业的就业水平和就业能力，支持双创、支持小微企业发展，很大程度上体现了国家稳就业的政策取向，与国家治理的目标和治理的方向紧密结合，与国家治理现代化相匹配。

"财政是国家治理的基础和重要支柱""增强税收在国家治理中的基础性、支柱性、保障性作用"等重要论断，提升了财政在国家治理中基础和重要支柱的定位，将税收由原有的经济范畴纳入国家治理范畴。在提升税收站位、拓宽税收功能定位的同时，也赋予未来税收改革发展所必须肩负的职责。比如，国税地税征管体制改革，在新时代推动国家治理现代化进程中肩负起强有力的责任。拓展税收功能，由"三大职能"到"三大作用"，由经济范畴拓展到政治、社会、生态、文化等领域，基于治理视角统筹推进新时代税收改革发展，丰富完善新时代高质量税收现代化。

（二）必须与社会主要矛盾的变化相契合

在党的八大报告中，国内的主要矛盾，是人民对于经济文化迅速发展的需要同当前经济文化不能满足人民需要的状况之间的矛盾。到了党的十一届六中全会，我国所要解决的主要矛盾，是人民日益增长的物质文化需要同落后的社会生产之间的矛盾。党的十九大报告显示，我国社会主要矛盾已经转化为人民日益增长的美好生活需要和不平衡不充分的发展之间的矛盾。

一方面，税收改革发展要在满足人民日益增长的美好生活需要上展现税收新担当。特别是依法组织收入，为社会公共产品提供财力保障；规范执法、优化服务，增强纳税人的获得感。另一方面，税收改革发展要在推动解决不平衡不充分发展上有新作为。坚持问题导向，找准发展不平衡不充分的税收障碍；主动作为，精准施税，助力均衡发展与充分发展；强化供给侧结构性改革中的减税诉求。

（三）必须与落实税收法定相结合

全面依法治国是国家治理的一场深刻革命。法治是国家稳定的压舱石、经济发展的助推器、社会分配调节器、全面从严治党的计量器。

党的十八届三中全会明确提出"落实税收法定原则"，掀开了中国特色社会主义法律体系建设的新篇章，弥补了短板，与税收治理的支柱性地位相吻合，提升了税收治理的权威性。切实解决好税收改革发展与税收立法的关系，一是可以先立法，后改革，使改革于法有据；二是可以先改革，后立法，提升立法质量；三是授权立法改革势在必行。全面提升立法级次是首要任务。

（四）必须与高质量发展相衔接

新时代意味着进入高质量发展新阶段。税收改革发展要践行创新、协调、绿色、开放、共享的新发展理念，以供给侧结构性改革为主线，注重实体经济，强化创新驱动发展战略，统筹区域发展，构建对外开放新格局。新的税收发展理念能够助力重塑税收治理新格局。税收改革发展要遵循"法治、风险、服务、共享、共治"协同治理路径。"六稳""六保"背景下的减税降费，是实施精准区间调控的重大举措，也是高质量发展进程中的重大政策选项。

（五）必须与财税体制改革相对接

财税体制关乎国家前途命运。"科学的财税体制是实现国家长治久安的制度保障""财税体制改革不是解一时之弊，而是着眼长远机制的系统性重构"。税制改革是财税体制改革最具核心价值的组成部分,包括预算、税收制度、事权与财权。在习近平总书记有关税收工作的重要论述中,多次谈到地方税体系问题。健全地方税体系,也是财税体制改革最核心的问题。地方财力有多大,是高还是低?涉及转移支付程度,也涉及集中上缴税收。中央和地方怎么分配?在这方面,日本的经验值得借鉴。深化税制改革尤其值得关注。要坚持简税制、宽税基、低税负、优结构、重公平、强征管、促合作的原则,将减税的政策性抉择与改革的制度化安排相统筹,兼顾短期与长远,持续深化六大税种改革,构建完备的税收法律体系。

(六)必须与构建人类命运共同体相呼应

习近平总书记提出构建人类命运共同体,体现了大国的责任与担当,推动全球化、贸易自由化是国际秩序主旋律,坚持和平、发展、合作、共赢方针,中国梦与世界梦相连,合作而非对抗是主基调。税收改革发展要站在全球治理层面,立足于人类社会发展的舞台中央,发出中国税收的声音,释放对世界的税收影响力,提升中国在国际舞台的话语权。习近平主席在G20峰会等多个国际舞台,阐述"推动全球税收治理,深化国际税收合作"等重要主张,提升中国税收国际话语权。特别是2013年开始,习近平主席连续几年在G20峰会上谈到税收问题,都倡导税收的国际合作、加强国际反避税、引导国际资本自由流动,提升税收领域的国际话语权。

开放的中国需要国际税收合作,参与国际税收规则和国际标准制定,严守国际贸易税收规则(WTO体制),落实各项税基侵蚀和利润转移(BEPS)行动计划,推动"一带一路"税收合作机制建设。伴随国际影响力的增强,中国将深度参与制定全球税收治理规划,并提升国际税收话语权。比如在BEPS行动计划形成过程中,中国发挥了非常重要的作用。

二、实现路径

党的十八届三中全会明确提出,将推动国家治理体系和治理能力现代化作为改革发展的总目标,将国家治理现代化作为一项国家发展战略,载入史册,同时还提出"财政是国家治理的基础和重要支柱",随着国家发展战略目标的丰富完善,财税功能有了新的定位,国家税务总局在2013年明确提出税收现代化建设的战略规划,并将其细化为"六大体系"建设,即:建立完备规范的税法体系、成熟定型的税制体系、优质便捷的服务体系、科学严密的征管体系、稳固强大的信息体系、高效清廉的组织体系。税收现代化建设是承载新时代治税思想的重大策略安排，也是落实新时代治税思想的重要途径和实践追求，是在新时代治税思想指导下税收改革发展的基本方略。

党的十九届四中全会全面回答了在我国国家制度和国家治理体系上应该"坚持和巩固什么、完善和发展什么"这个重大问题，为推进国家治理体系和治理能力现代化指明了前进方向。税收治理是国家治理的重要组成部分，并发挥着支柱性作用。党的十九届四中全会《决定》提出的"十三个坚持和完善"，方方面面都与税收相关，都对税收服务国家治理、推进国家治理体系和治理能力现代化提出了明确要求。适应新任务新要求，进一步丰富完善"六大体系"，高质量推进新时代税收现代化建设，意义重大。

面对新时代新要求，在原有的税收现代化"六大体系"的基础上，开拓进取，集成创新，探索构建新时代背景下的税收现代化"六大体系"。

（一）创新中国特色社会主义税收理论体系

改革开放以来的税制改革，很多时候是在借鉴吸收西方的税收理论，但最终难以解释中国税收改革发展遇到的重大实践问题。当前某些领域改革进展缓慢，也是因为税收理论的支撑不足，难以形成社会共识。同样，倘若仅停留于传统经济学视野，按照传统经济学的思维分析和处理税收问题，则无法全面准确回答和解决实践中的诸多问题。新时代税收发展应有路径方向，要以习近平新时代中国特色社会主义思想为指导，将其融入各项税收改革发展中。要立足中国特色社会主义建设的实践，从更高层面、更广范围的现代国家治理的高度，融合经济学、管理学、政治学、法学、社会学等多个学科，提炼和构建满足国家治理需要、契合税收职能定位、符合国际学术规范的中国特色社会主义税收理论体系，并以新理论指导新时代税收改革发展，通过讲好中国税收故事增强中国特色社会主义税收理论体系的国际话语权，从而积极推动中国由国际税收规则的参与者到引领主导者的转变。

（二）健全税收法治体系

税收法治体系是中国特色社会主义法治体系的重要组成部分。中国特色社会主义税收法治体系应当包括科学的税收立法、严格的税收执法、公正的税收司法、全民的税收守法四个层面。

健全税收法治体系，要厘清税收立法的"引领和推动作用"，积极推进税收科学立法，形成完备的税收法律规范体系。一是要正确处理税收立法与税制改革的关系。要科学制定立法规划，把实践证明行之有效且正在推进改革的税收法规及时上升为法律，随着改革的不断推进，应当制定立法规划，逐步完善立法程序。对于实践条件还不成熟、需要先行先试的，应当按照法定程序授权立法先行先试。要根据税种性质确定税收立法与税制改革的顺位关系，对于重点领域的立法，比如关系国计民生重大利益调整的税种（如房地产税）和新开征的重要税种，应当坚持先立法后改革的顺位，坚持科学立法、民主立法的原则与程序；对于正在推进的税制改革，可以在授权立法基础上实行先改革后立法的顺位。二是调整税收法律法规结构、完善税收法律法规体系。针对现行税收法律法规结构不尽合理的情形，要调整税收法律法规结构，尽快完成主要税种的立法；应将"税收基本法"列入立法规划；要落实重大行政决策法定程序制度，确保决策制度科学、程序正当、过程公开、责任明确。三是加强和推进重点税收实体和程序制度的立法。重点领域的立法主要包括制定《中华人民共和国增值税法》和《中华人民共和国房地产税法》两部实体税法和修订《中华人民共和国税收征收管理法》一部程序税法，应加快立法步伐。

健全税收法治体系，要规范税收执法体系。税收执法工作点多、线长、面广，直接关系到人民群众切身利益，体现政府的执行力和公信力，必须严格按照法定权限和程序行使权力、履行职责。要严守依法征税红线，坚决防止和严肃查处收过头税、空转、转引税款、突击征税等违规行为。深化行政审批制度改革，深化简政放权改革，税收管理逐步实现依靠事前审批向加强事中事后管理的重大转变。完善税收执法程序，提升税收执法水平，保证公正文明执法。

健全税收法治体系，要强化司法公正。司法制度的核心是公正公平，要进一步加大对违法行为的惩戒力度，严厉打击各种类型的偷逃骗税，牢固树立税法权威，这也是对守法者的公平和保护。加强税收司法案件的公正处理，依法审判，审判结果应当经得起时间和法律的检验，并应成为税法调整的重要依据和参考。同时还应处理好法律效果和社会效果的关系。

健全税收法治体系，要加强守法和护法体系建设。推进依法治税，必须牢固树立征纳双方法律面前平等的理念。牢固树立"纳税人为中心"的理念，深化政务公开和办税公开，继续推行纳税人以及第三方对纳税服务质量定期评价反馈的制度，在社会合作中最大程度维护纳税人合法权益。认真落实"谁执法谁普法"的普法责任制，广泛开展法治税务示范基地创建活动，进一步将依法治税原则全面贯彻落实到各项工作中。推动税收法治教育纳入国民教育体系，培养公民树立依法纳税意识，在全社会引导形成崇尚税法、遵守税法、捍卫税法的良好氛围。

(三) 稳固税收征纳体系

税收征管体系现代化是税收现代化的重要组成部分。建设现代税收征纳体系，必须以税收风险为导向，依托现代信息技术，转变税收征管方式，优化征管资源配置；实现征管手段由"经验管理"向"风险管理"转变、管理格局由"属地管理"向"分类管理"转变、业务流程由"管户"向"管事"转变、服务职能由"单一式"向"多元化"转变。

稳固税收征纳体系，要建立以风险管理为导向的税源控管机制，形成以风险管理为核心的税收征管新格局。探索建立纳税信用积分动态评价制度，将纳税信用级别信息、外部信用信息、纳税人涉税行为信息和风险应对结果等作为评价信用积分的重要内容；将纳税人信用积分融入税收风险管理中，推动建立信用发布、风险锁定、及时应对的事前和事中管理机制以及监控评价全流程的事后管理机制。

稳固税收征纳体系，要确立分类分级差别化税收管理的税收征管新路径。对企业或法人按规模和行业、对自然人按收入和资产，实行分类分级管理。各级税务机关针对不同风险等级的纳税人实施差别化应对，对跨区域、跨国经营的大企业以及高收入的自然人，由国家税务总局和各省税务局集中开展税收风险等级分析和确认，并将结果推送相关税务机关应对。

稳固税收征纳体系，要加快建立自然人税收管理体系。顺应直接税比重逐步提高，自然人纳税人数量多、管理难的趋势，从法律框架、制度设计、征管方式、技术支撑、资源配置等方面构建以高收入者为重点的自然人税收管理体系。税务总局、省级税务局应集中开展对高收入纳税人的税收风险分析，将分析结果推送相关税务机关，不断提高自然人税收征管水平。要积极构建面向自然人的税收服务管理体系和信息共享机制，逐步实现法人、非营利组织、自然人之间税收征管的均衡布局，为个人所得税、房地产税等改革提供征管层面的法律保障。

稳固税收征纳体系，要优化征管资源配置。与以税收风险管理为导向的税收征管格局相适应，应进一步优化税务组织体系，切实解决机构、职责"上下一样粗"，与税源状况不匹配的问题。要优化各层级人力资源配置，理顺各层级税务机关的征管职责，强化国家税务总局在税收征管的顶层设计、税收征管标准化建设、大企业及国际税收管理、信息平台及数据集中处理应用、税收风险集中分析等方面的职责，增强省级税务局区域性数据管理应用、风险识别推送等资源管理职责，征管重心下移，"人力资源配置要向征管一线倾斜"。

稳固税收征纳体系，要实施数据治税。要强化信息化支撑，推动实现由信息管税向信息治税的转变。近期应着力建成覆盖所有税种和税收工作各环节的税收征管信息系统，实现各层级税务机关之间的信息共享和互联互通。从长远发展来看，应当围绕保障征管改革和税制改革，完成税收征管信息系统优化升级，建成居国际先进水平的中国税收征管信息系统，同时力争实现税收征管数据等的标准化管理和数据向国家税务总局集中，为实现税收治理能力质的飞跃提供有力支撑。

稳固税收征纳体系，要健全集约化纳税服务机制。围绕"始于纳税人需求、基于纳税人满意、终于纳税人遵从"的纳税服务理念，以涉税信息为纽带，形成信息收集、信息处理、信息维护和综合治税等无缝对接的闭环系统。统筹推进税务系统"互联网＋政务服务"工作，不断改进网上办税、跨地域办税和办税流程简化等工作，让纳税人多走"网路"、少走"马路"，体验更方便、更快捷和更有效率的办税方式。

（四）强化税收保障体系

推进税收现代化建设，必须强化组织保障体系、技术支撑体系和制度保障体系。

一是强化干部队伍组织保障体系。推进我国税收现代化建设，迫切需要更多有情怀、有能力、有担当、有正气的干部。要认真贯彻落实习近平总书记加强干部队伍建设的新思想、新观点和新要求，紧密结合税收实践，扎实推进完善"纵合横通强党建、绩效管理抓班子、数字人事管干部、培育人才提素质、夯实基层激活力"的工作机制体系，并注重巩固深化、完善提升、系统集成，使之在制度设计、实践推进中有机衔接、彼此支撑、联动互促；着力破解税务系统党建和干部队伍建设中的难题，促进各级班子担当尽责，广大干部干事创业，为税收改革发展提供坚强有力的组织保障。

二是强化信息化办税技术支撑体系。应当抢抓新一轮信息技术革命的难得机遇，建立稳固、强大的税收征管信息系统，加强税收大数据及第三方涉税信息的开发、分析和应用，充分利用"互联网＋"思维，引领税收理念和制度创新。要进一步深化"互联网＋税务""互联网＋政务服务"工作，推进建设智慧税务信息系统。深化数据集成应用，建立一体化数据平台，加强数据标准化建设，建立数据供需双方对接渠道和良性互动机制，特别要加强数据分析应用，形成数量更多、质量更高的税收分析产品，更好服务领导决策和国家治理。着力探索信息治税的新路径，强化涉税信息整合和价值挖掘，为提高税收征管质效奠定坚实基础。

三是强化综合治税制度保障体系。深入贯彻落实《深化国税、地税征管体制改革方案》，推进建立健全"党政领导、税务主责、部门合作、社会协同、公众参与"的税收共治格局；推动各省、自治区、直辖市和计划单列市人民政府制定并实施地方税收保障办法，为促进涉税信息共享、建立全社会共同参与的协税护税网络提供制度保障。

（五）推进国际税收体系建设

习近平总书记强调，要加强全球税收合作，打击国际逃避税，帮助发展中国家和低收入国家提高税收征管能力。国际税收是全球经济治理的重要组成部分，是全球经济规则协调的重要内容。在经济全球化的背景下，产品生产模式、企业组织形式、国际贸易模式都发生了根本变化，原有国际税收秩序面临严峻挑战。因此，应从加强全球经济治理的战略高度，基本建成与我国对外经济合作格局相适应、符合我国根本利益、与国际发展趋势基本一致的中国国际税收新体系，同时，在国际税收体系改革与重建中作出中国贡献。

一是要积极参与国际税收规则体系的制定。全球治理机制正面临着深刻调整，新的国际税收规则体系正在国际经济格局的变革以及国际税收合作中逐步形成。中国应积极参与国际经贸规则制定，争取全球经济治理制度性权利，不能只当旁观者、跟随者，而是要做参与者、引领者。在参与国际税收规则制定中主动转变角色，在国际税收协调中发出更多中国声音、提出更多中国方案，更好地维护国家税收权益，为构建公平和现代化的国际税收体系作出贡献。

二是要不断深化国际税收合作。加强国际税收合作，通过政策协调和征管协作，消除税收法律本地化给生产要素配置带来的障碍，实现携手共进、合作共赢。应思考在更大范围、更高水平、更深层次上开展国际税收合作，拓展全球性、区域性、多边和双边的税收合作。落实中国提出的"一带一路"倡议，有针对性地开展与"一带一路"共建国家的税务合作，服务国家对外开放战略；加强邻国外交，做好与周边国家的税收合作与交流；深化与金砖国家的税务合作，落实G20税制改革成果。

三是要健全国际逃避税防控体系。打击国际逃避税，加快构建更加公平、公正、开放的国际税收新秩序，保护跨境纳税人合法权益，规范跨境纳税人遵从行为，维护国家税收权益和世界税收秩序。

四是要持续加强税收能力建设。经济全球化和数字经济的发展，对税收征管能力建设提出了严峻的挑战。要不断增强中国在国际税收政策制定和制度创新方面的能力，深度参与国际税收规则修订，提高其在国际税收规则中话语权，持续加强国内资源动员能力；要加大对发展中国家的税收技术援助和支持，帮助发展中国家提高税收征管能力，支持包容性发展，增进社会福祉。

五是要迎接全球税收透明时代。税收透明度建设包括金融账户信息的交换和《多边税收征管互助公约》的落实。如今，国际经济交往活动与国际税收管理信息非对称时代将宣告结束，各国所得税法所规定的全球纳税义务制度即将获得全球所得信息支持。因此，必须开始从立法、执法、司法、技术、体制与机制、人才队伍等方面全面着手准备，迎接税收透明时代的到来。

（六）构建税务党建体系

习近平总书记在党的十九大报告中强调，坚定不移全面从严治党，不断提高党的执政能力和领导水平。要深入贯彻落实全面从严治党的要求，创新组织体系、责任体系、目标体系、制度体系、保障体系"五大体系"建设，全力打造党建工作升级版，不断促进党建工作制度化、规范化、科学化，为推动税收现代化提供强有力的保证。

一是要构建全面从严治党工作新格局，建立严密的组织体系。坚持条条与块块共抓，形成税务系统党委与地方党委及其工作部门共抓税务系统全面从严治党的合力。打通党建与党风廉政建设工作、党建与监督管理工作、党建与教育培训工作、党建与绩效管理工作，确保全面从严治党工作齐头并进。

二是要落实党建主体责任，建立清晰的责任体系。健全制度，建立常态化全方位的问责体系，对全面从严治党落实不力的，既追究主体责任，又追究上一级党组的领导责任。

三是要坚持问题导向，建立明确的目标体系。针对党建工作比较薄弱问题，进一步明确党建工作方向，建立动态目标，逐项整改落实，促进问题解决。

四是要强化措施落实，建立有力的保障体系。坚持把政治素质高、工作能力强、既懂业务又懂党务的优秀干部选拔到党务岗位，建立党务干部与业务干部岗位轮换机制，为税务党建提供队伍保障。

我国税收治理现代化"六大体系"基本定型，在此基础上持续努力，到2035年，基本实现税收治理体系和治理能力现代化，迈入国际领先行列；到新中国成立一百年时，我国将全面实现税收治理体系和治理能力现代化，并使税收在国家治理中的作用显著增强，在全球税务舞台上充分发挥重要引领作用。

第四节　新时代税收改革发展的主要成就与基本经验

党的十八大以来，中国特色社会主义进入新时代，税收改革发展也踏着新时代的步伐砥砺前行，并取得了显著成效，积累了宝贵的经验。

一、主要成就

（一）税收助力国家重大战略实施愈加有力有为

党的十八大以来，税收改革发展主动服务国家重大发展战略，主动融入经济社会发展大局，坚持新发展理念指导，在尽职尽责中加力见效。适应新时代经济治理方略转变，顺应供给侧结构性改革需要，我国大力实施减税降费政策，规模不断扩大，红利持续释放，聚焦实体经济发展、创新创业、扩大就业、对外开放、改善民生等领域，为减轻市场主体负担、优化供给结构、调节收入分配、有效应对经济下行压力提供了强有力支撑。特别是在"六稳""六保"等严峻形势下，税收作用成效非常显著，在面临新发展阶段、构建新发展格局中也逐渐显现出应有的作为空间。"十三五"时期，新增的减税降费累计达 7.6 万亿元，特别是 2019 年实施更大规模减税降费，新增 2.36 万亿元。同时，税收在助力精准扶贫、污染防治、服务"一带一路"建设、助推区域经济发展战略实施等方面，都发挥了积极的作用。

（二）税收法治体系建设愈加完备规范

党的十八大以来，税收法治化进程明显加快，税收法治体系建设成效显著。全面落实税收法定原则，税收立法取得重大进展，党的十八大以来，已先后完成了 9 个税种的立法工作（截至 2023 年 12 月），其他税种立法工作也在有序推进；税收执法行为持续规范，我国加强"两权"监督，全面推行行政执法公示、执法全过程记录、重大执法决定法制审核三项制度，规范税务行政裁量权等，严厉打击涉税违法犯罪行为，维护了法治环境；2015 年，立法法修改，明确税种的设立、税率的确定和税收征收管理等税收基本制度，应当制定法律，极大推动了税收法定化进程；积极推动税收共治建设，形成了"党政领导、税务主责、部门合作、社会协同、公众参与"的税收共治机制；2016 年制定出台《"十三五"时期税务系统全面推进依法治税工作规划》，提出了坚持税收法定、征纳双方法律面前平等、依法行政、简政放权、从税收工作实际出发五项基本原则，确定了全面推进依法治税的时间表、路线图、任务书。纵观新时代税收法治建设，法治体系不断健全，执法行为逐步规范，法治保障持续加强，法治正从一种治税手段发展成为税收治理的基本方式。

（三）现代化税收制度建设愈加成熟定型

为了适应新时代改革发展的需要，我国税制不断改革，逐步完善。党的十八大以来，以习近平同志为核心的党中央高度重视税制改革，党的十八届三中全会对深化税制改革作出一系列重大部署，税制改革进入快车道并取得重大突破。以"营改增"为核心的增值税改革取得明显成效，增值税抵扣链条实现全覆盖，抵扣机制健全，税率水平持续下降，我国实施推进留抵退税制度，提高增值税起征点，统一一般纳税人认定标准，完善增值税优惠政策，基本建立顺应发展趋势、具有中国特色的现代增值税制度；个人所得税改革稳步推进，初步构建综合与分类相结合的个人所得税制，调整了税率档次，提高了基本费用减除标准，建立了专项附加扣除制度，加大了对高收入者的税收监管力度，对个人年度四项综合所得实行年终汇算清缴制度，个人所得税制调节收入分配功能作用逐步加大，为经济社会领域治理积累了宝贵经验；"多税共治"的绿色税制体系初步形成，通过资源税计征方式和征收范围的改革、环境保护税的立法完善以及企业所得税、增值税等的改革，助力污染防治的税制格局基本形成；其他税种改革按目标任务逐步推进，适应新时代改革开放格局的现代税收制度格局基本确立。

（四）税收征管体制机制愈加科学有效

党的十八大以来，中办、国办相继出台了三份有关税收征管体制改革的文件，为持续推进税收领域的征管改革指明了方向，税收征管体制历经较大的变革和提升。第一次是"合作"，即全面深化国税、地税合作，提出"服务深度融合、执法适度整合、信息高度聚合"的要求；第二次是"合并"，即国税、地税机构合并改革，优化机构设置和职能职责，初步构建起优化、统一、高效的税收征管体系；第三次是"合成"，优化税收执法方式，集成税收监管，推进"精确执法、精细服务、精准监管、精诚共治"。持续推进税收征管机制改革创新，实行事前审核向事中事后监管、固定管户向分类分级管户、无差别管理向风险管理、经验管理向大数据管理的转变，强化税收风险管理机制建设，强化纳税信用管理，深入推进大企业税收管理改革，大力推进大数据、区块链、人工智能等现代信息技术在税收征管中的应用，智慧税务建设全面开启。税收征管模式已逐渐由"以票控税""信息管税"向"以数治税"转变，税收征管质效明显提升。

（五）纳税服务体系愈加优质便捷

党的十八大以来，我国坚决落实征纳双方法律地位平等的理念，按照"始于纳税人需求、基于纳税人满意、终于纳税人遵从"的要求，不断深化纳税服务体系建设，取得了明显成效。落实国务院"放管服"改革的部署要求，持续开展"便民办税春风行动"，累计出台了35类、120余条便民办税服务措施，落实减审批、减事项、减资料、减证明的"四减"要求，取消审批证明事项60多个，"放权"更加到位；持续升级纳税服务规范，做到办税一个标准、工作一个流程、服务一把尺子，纳税服务内容不断向纵深拓展，公民可通过12366纳税服务平台、电子税务局、微信办税等多渠道便利缴税，推行"非接触式"不见面办税缴费，已有200多个税费事项可网上办理；税收营商环境持续优化，制定实施优化税收营商环境方案，纳税人满意度不断提高，世界银行营商环境报告结果显示，2006—2019年，中国纳税指标排名累计上升了63位，许多纳税指标接近或超过经济合作与发展组织（OECD）成员国家平均水平。

（六）税收信息化建设愈加稳固强大

党的十八大以来，税收信息化建设成为助推税收现代化的"金色翅膀"，我国实施科技兴税，推动税收征管服务转型升级。全面实施"互联网＋税务"行动计划，推进税收管理和纳税服务网络化、信息化、智能化，2016年10月，金税三期工程在全国上线，运行平稳，实现了基础平台、应用软件、业务标准等的统一，有效降低了税收征纳成本。我国还大力推进信息系统整合优化和升级，规范统一电子税务局建设，实现了线上线下融合、前台后台贯通。推行增值税发票管理新系统，实行发票电子化改革，建成自然人税收管理系统，实现自然人涉税信息全国大集中。扎实推进税收大数据建设和应用，有效降低制度性交易成本，促进提升经济社会电子化、数字化程度。充分挖掘税收数据的"金山银库"，加强分析应用，为党和国家经济社会决策提供了有力支撑，较好体现了税收数据服务国家治理的积极作用。

（七）国际税收治理能力建设愈加完善

党的十八大以来，中国国际税收治理能力水平及参与程度、主导作用都发生了显著变化，中国在国际税收领域提供了越来越多的"中国方案"，贡献了越来越多的"中国智慧"，分享了越来越多的"中国经验"，正在大踏步走向国际税收舞台中央。我国全面落实习近平总书记提出的"加强全球税收合作，打击国际逃避税，帮助发展中国家和低收入国家提高税收管理能力"，深度参与G20国际税制改革，在G20委托经济合作与发展组织（OECD）牵头的税基侵蚀和利润转移（BEPS）行动计划的制定、实施及后期落地过程中，中国都发挥了极其重要的作用，为提升国际税收规划制定的话语权发挥了独特作用，对国际税收规则体系的重塑发挥了重要影响；深度参与全球税收合作，签署《多边税收征管互助公约》，承诺实施金融账户涉税信息自动交换标准（CRS），助力构建公平竞争的国际经济秩序和制度环境，加强与国际性组织及区域性组织的税收合作，参与双边税收协定谈判、签订及完善；积极推进税收服务"一带一路"建设，构建"一带一路"税收管理合作机制，建立"一带一路"税收征管能力促进联盟，制订"一带一路"税收征管合作计划，通过举办培训、技术援助等形式，帮助发展中国家和低收入国家提高税收征管能力。

二、基本经验

（一）始终坚持党对税收事业的全面领导

党的十八大以来，税收改革发展取得显著成就，实现重大进步，最根本的原因在于坚持以习近平同志为核心的党中央坚强领导，在于习近平新时代中国特色社会主义思想的科学指引。以习近平同志为核心的党中央高度重视税收事业发展，党中央、国务院就税收改革发展一系列重大决策部署，明确税收改革发展任务，为新时代税收改革发展指明了方向，增添了信心。党的全面领导始终贯穿税收改革发展的各方面和全过程。习近平总书记提出了一系列关于税收工作的重要论述，多次主持召开中央深化改革会议，专门研究部署税收改革议题，党的重要历史文献中都明确提出税收改革发展的目标任务，每年中央经济工作会议都部署调整税收政策，税收事业成为党领导全国人民实现中华民族伟大复兴事业的重要组成部分。实践证明，只有不断加强党对税收事业的全面领导，才能保证税收改革发展和各项税收工作始终沿着正确方向前行并不断取得新业绩、跃上新台阶。

（二）始终坚持服从、服务经济社会发展大局

历史充分证明，税收事业始终与改革开放的发展进程和关键节点相吻合，极大促进了改革发展。党的十八大以来，全面贯彻新发展理念，税收改革发展有效配合经济发展方式由"需求侧"向"供给侧"管理方式的转变，有力支持了现代化经济体系建设，积极推进构建新发展格局，较好地服务了"一带一路"建设、区域协调发展，服务了激励创新创业发展、稳定就业水平等国家战略，在推动经济高质量发展、促进社会公平正义、改善保障民生等领域发挥了重要作用，在统筹推进"五位一体"总体布局和协调推进"四个全面"战略布局中发挥了应有作用。实践证明，税收改

革发展只有融入党和国家工作大局,才能跟上新时代改革开放的步伐,才能行稳致远。

(三) 始终坚持以人民为中心的治税理念

"为国聚财,为民收税"是税收工作的基本准则,"取之于民,用之于民"是中国特色社会主义税收的本质体现。党的十八大以来,税收收入规模与经济增长保持协调稳定,国家财力显著增强,为新时代经济社会发展和民生改善提供了强大的财力保障。落实以人民为中心的发展思想,是推进税收改革发展的出发点和落脚点。注重优化纳税服务,树立纳税人为中心的税收发展理念,是税收事业发展的永恒主题。大力推行"便民办税春风行动",持续推出集成化、体系化的服务举措,注重运用信息化、智能化的新服务方式,大力实施税务"放管服"改革,保障纳税人合法权益,税收营商环境持续优化,纳税人的获得感显著增强。实践证明,新时代税收改革发展只有坚持以人民为中心,不断满足人民日益增长的对美好生活的需要,才能使纳税人和社会各界的满意度与获得感不断增强,才能使税收改革发展赢得人民的支持和认同。

(四) 始终坚持改革创新主旋律

税收因改革开放而兴旺,也随改革开放而发展。改革创新是推动税收事业发展的不竭动力,也是新时代税收改革发展进程一条鲜明的逻辑主线。党的十八大以来,我国持续深化税收改革,坚持创新引领税收发展,更加注重求新、全面、平衡、充分、法治、开放的税收发展,积极适应新形势新变化,调整、完善、更新税收现代化的阶段目标和任务内容,推进税制改革、征管体制改革、"放管服"改革等,更加注重推进集成改革,更加注重统筹发展,更加注重集中攻坚、点上突破、联动整合,推动税收改革发展实现高质量、跨越式前行。实践证明,只有坚持改革创新,税收事业才会有不断前行的动力,才能持续推动税收现代化走深走远。

(五) 始终坚持统筹兼顾的辩证思维方法

纵观新时代税收发展历程,我国一以贯之地坚持辩证思维和方法推改革、抓发展,逐步形成了一整套行之有效、统筹兼顾的科学工作方法,助推了新时代税收事业的蓬勃发展。坚持提高政治站位,既不折不扣贯彻落实党中央、国务院有关税收改革发展的重大决策部署,又创造性谋划好落实工作机制,确保税收改革发展成效落到实处;坚持稳中求进的工作总基调,既抓牢夯实税收治理的基础性工作,切实巩固"稳"的基础,又积极拓展"进"的成效,不断推动税收事业取得新成绩;坚持国际视野,既放眼国际,秉持开放的胸襟,传播好中国税务"好声音",又积极借鉴世界各国好经验,主动对标国际先进成功做法,确保税收改革发展行稳致远。实践证明,只有总结提升工作方法并坚持下去,税收事业才能积厚成势,实现可持续、高质量发展。

第五节　新时代税收治理格局重塑

一、谱写新时代税收治理新篇章

党的十九大是在全面建成小康社会决胜阶段、中国特色社会主义进入新时代的关键时期召开的一次十分重要的大会。党的十九大报告提出许多新思想、新论断,对税收工作也提出了新的更高要求。

(一)新时代:赋予税收发展新使命

党的十九大报告指出:"经过长期努力,中国特色社会主义进入了新时代,这是我国发展新的历史方位。"这一重大政治论断,是报告的一大亮点,贯穿报告全篇。新时代也将赋予中国特色社会主义税收、中国税收现代化新的历史定位。这一新的历史定位应当聚焦在税收既是国家治理的基础、也是国家治理支柱这个作用上。党的十八届三中全会指出,财政是国家治理的基础和重要支柱,科学的财税体制是实现国家长治久安的制度保障。2015年,中央全面深化改革领导小组审议通过的《深化方案》指出,进一步增强税收在国家治理中的基础性、支柱性、保障性作用。进入新时代,以往作为经济领域要素之一的税收,已经延伸到政治、文化、社会、生态文明建设各个领域,上升至国家治理层面,要在国家治理的总棋局中加以定位。税收所履行的职能,除了政府职能之外,还要对接国家治理领域其他经济社会主体的行为,并由此作用于政治、经济、法治等领域的各种活动。进入新时代,要进一步提升对税收发挥基础性、支柱性、保障性作用的认识,使税收在国家治理体系和治理能力现代化中发挥更大的作用,让税收改革发展在新时代焕发出更强大的力量。

(二)新思想:引领税收发展新航向

党的十八大以来,我们党经过不懈探索,创立了习近平新时代中国特色社会主义思想,从理论和实践结合的高度系统回答了"新时代坚持和发展什么样的中国特色社会主义、怎样坚持和发展中国特色社会主义"这个重大时代课题,为中国特色社会主义注入了新的科学内涵,丰富和发展了中国特色社会主义理论体系。税务部门要深入学习领会习近平新时代中国特色社会主义思想,确保税收改革发展始终沿着正确的方向前进;要努力探索中国特色社会主义税收治理规律,为税收改革提供理论支持和实践指导。

进入新时代,谋划税收改革发展大计,必须以习近平新时代中国特色社会主义思想为指导,以改革创新为动力,以税收现代化建设为核心,牢固树立税收发展新理念,为税收改革发展新方略谋篇布局。其中,要注重强调法治体系与制度建设,注重强调构建以风险为导向的税收征管格局,注重强调以纳税人为中心,注重强调信息的集成应用,注重强调国际税收治理及综合治税体系建设。

(三) 新矛盾:探索税收发展新实践

党的十九大报告指出,"中国特色社会主义进入新时代,我国社会主要矛盾已经转化为人民日益增长的美好生活需要和不平衡不充分的发展之间的矛盾"。从解决"落后的社会生产"问题到解决"不平衡不充分的发展"问题,这反映了中国特色社会主义发展的新要求,反映了党和国家事业发展的战略重点变化。在此大背景下,税收工作的形势环境面临着前所未有的重大变化,对税收工作提出一系列新要求。税收与我国社会新的主要矛盾之间的关系,从根本上讲,是税收与需求侧、供给侧的关系。因此,税收既要关注人民日益增长的美好生活需要,也要特别关注生产、供给端发展不平衡不充分的方面,关注社会发展中的短板和不足问题。

一方面,要在满足人民日益增长的美好生活需要上展现新作为。始终牢记"为国聚财、为民收税"的神圣使命,以强烈的责任感和使命感抓紧抓好组织收入工作,为经济社会发展、人民群众生活改善提供财力保障。同时,在人民群众对民主、法治、公平、正义等方面的要求日益增长的背景下,要以更加广阔的思路深化和拓展税收改革,严格落实税收法定原则,将法治思维和法治理念贯穿税收治理全过程;要牢固树立征纳双方法律地位平等理念,让人们在每一项税收执法服务中都能感受到文明、公正;要加快构建绿色税制,满足人们对环境保护的要求。

另一方面,要在推动解决不平衡不充分发展的问题上作出新贡献。我国社会发展存在不平衡不充分的问题,主要体现在区域发展、城乡发展、不同群体发展、不同领域不同行业发展的不平衡上。新时代社会矛盾的主要方面已经发生转变,国家政策要顺应这一转变,税收也不例外。要始终全面贯彻新发展理念,认真查找并着力解决不合理的税收制度和政策,注重在宏观层面进行统筹,主动作为,精准施策。要将税收功能与"五位一体"的总体布局进行有机结合,促进税收在深化供给侧结构性改革等方面发挥更大作用，为推动解决发展问题、缩小发展差距创造良好条件。

（四）新战略：开启税收发展新路径

党的十九大报告指出："我国经济已由高速增长阶段转向高质量发展阶段，正处在转变发展方式、优化经济结构、转换增长动力的攻关期，建设现代化经济体系是跨越关口的迫切要求和我国发展的战略目标。"围绕建设现代化经济体系，党的十九大作出了一系列重大战略部署，几乎每一项都要求税制改革有回应、税收政策有支持、税务部门有作为。建立现代化经济体系，相应要求建立现代化的税收体系，深入落实税收法定原则，形成符合公平效益的税收体系和框架。党的十九大报告明确提出，深化税收制度改革，健全地方税体系。深化税收制度改革的目标是形成税法统一、税负公平、调节有度的税收制度体系，促进科学发展、社会公平和市场统一。稳步推进各项税种改革，合理配置税收资源，促进税制结构优化，确保功能定位清晰准确。

现代化税收体系的构建需要顶层设计，要与现代化经济体系构建的内在要求相匹配。比如在税种的设置问题方面，要充分考虑税种的数量和分布、税种的功能与目标实现等。要准确有力把握好路径方向，继续提高站位，重申改革一盘棋的思路，既推进税制自身改革，又与国家其他各项改革协调；既做好税收政策顶层设计，又通过税收政策运用、征管服务能力增强来实现税收服务高质量发展的目标。

（五）新目标：催生税收发展新方略

党的十九大报告确立"两步走""两个目标"，更加明确、更加贴近现实。党的十九大报告中明确的"两个一百年"奋斗目标，要求税收应制订与之相匹配的战略规划，包括战略规划目标、实施路径、条件、时间表、路线图等。要紧扣党和国家的总体战略部署，坚持"近中远"相结合，以更加长远的新视野来谋划税收改革发展。一方面，聚焦第一个百年奋斗目标，推进完成好税收改革任务，为全面建成小康社会作出积极贡献。主要对标党中央、国务院的战略部署安排和《深化方案》，深化税收制度改革，持续推进"六大体系"建设，到2020年全面完成深化税收征管体制改革任务，更加充分有效地发挥税收职能作用，助推全面建成小康社会。另一方面，聚焦第二个百年奋斗目标，与国家现代化进程相匹配，科学谋划好未来税收改革发展。主要围绕"两个十五年"的战略步骤，根据全面建设社会主义现代化国家的需要，按照国家治理体系和治理能力现代化要求，对未来税收改革发展的目标、思路和路径进行深入研究和科学谋划，制订中长期的税收改革发展规划。注重以治理、理论、政策、制度、征管等方面为切入点，细化到每一个改革发展进程中，在习近平新时代中国特色社会主义思想指引下，形成与未来经济社会发展要求相适应的税收治理体系，在社会主义现代化强国建设的新征程中谱写新的税收篇章。

二、新时代税收治理的创新发展

（一）时代特征

新时代以来的税收改革与发展，改革是开创性、深层次的，创新是全方位、多领域的，具有鲜明的时代特征。

一是全力构建现代税收体系。现代税收体系是国家治理体系的重要组成部分。党的十八大以来重点推进的"6+1"税制改革，搭建起了我国现代税收体系的基本框架。营业税改征增值税，解决了二、三产业税制分设、重复征税的问题，增值税的中性特征凸显；环保费改税、资源税从价计征，以税制绿色带动绿色发展，生态文明建设迈上新台阶；我国强调并探索构建地方税体系，同步推进央地财力与事权调整，充分发挥中央与地方两个积极性。

二是全面贯彻依法治税。依法治税是依法治国方略在税收领域的具体体现，是税收改革走向法治化、现代化的必然要求。党的十八届三中全会明确提出落实税收法定原则，党的十八届四中全会提出将财政税收作为加强重点领域立法的任务。立法法修订坚持法律保留原则，明确税种的设立、税率的确定和税收征收管理等税收基本制度只能由法律规定。坚持开门立法、科学立法、民主立法，广泛凝聚社会共识。法治税收成为新常态。

三是全方位拓展税收职能。一个国家在不同发展阶段，其税收职能的重心不同。党的十八大以来，税收职能作用从筹集财政收入全面拓展到经济、政治、社会等诸多领域，成为治国理政的重要基础。在全球化不断深化背景下，从稳定宏观税负到降低宏观税负，发挥税收杠杆作用，提升国家的全球竞争力。全面对接创新驱动发展战略，通过加计扣除、科技型中小企业税收优惠政策等，服务创新型国家建设。坚持税收调节职能，逐步建立综合与分类相结合的个人所得税制、积极探索现代房地产税制，厚植共享理念，实现社会公平正义。

四是全功能接入"互联网+"。"互联网+"已成为中国社会运行的基础支撑，正以前所未有的深度和广度深刻改变着经济社会发展格局和税收征管格局，是实现税收现代化的必由之路。全面建成金税三期，实现了全国税收数据大集中，建成了规范执法、优化服务、管控风险、信息共享的"大平台"，服务管理的"乘数效应"充分释放。我国推动互联网创新成果与税收工作深度融合，着力打造智慧税务生态系统，世界银行监测的我国企业纳税时间大幅缩短，税收营商环境持续优化。

五是全过程参与全球税收治理。国力决定一个国家在国际事务中的地位，大国税务应有大国责任担当。服务"一带一路"倡议，我国推出多项措施，发布共建国家投资税收指南，派驻税务官员，助推经济全球化。我国参与全球税收治理和多边税收事务，积极参加 G20 峰会、第十届税收征管论坛（FTA）大会、金砖国家税务局长会议，在国际税收新规则制定中，从追随者、参与者到推动者、引领者，为推动构建人类命运共同体贡献中国智慧、提供中国方案、发出中国声音。

（二）新时代税收治理面临的挑战

党的十八大以来，税收各项工作取得了令人瞩目的成就，但对标新时代、新战略、新目标、新要求，仍面临不少问题和挑战，主要表现在以下方面：

一是税法体系不够健全。税收法定原则并未完全落到实处，税法层级不高、协调性不强、修订不及时等问题比较突出；依法治税实践仍有待深化，税收执法不规范、不严格等现象依然存在。

二是税制体系尚欠成熟。房地产税等重要税种改革进展比较缓慢，地方税体系不健全、直接税比重偏低等问题较为突出，服务五大发展理念的税收政策尚需强化。

三是纳税服务仍需优化。"重管理、轻服务"的观念仍然存在；纳税服务供给与纳税人的合理合法需求存在不完全匹配现象，"放管服"改革亟须向纵深推进；多元化服务尚存薄弱环节；纳税服务社会化水平还不高。

四是税收征管亟待加强。税收征管模式需要创新完善，风险管理能力还有较大提升空间；自然人税收征管需要加强；税收共治能力和水平需要进一步提升。

五是信息化水平有待提升。"互联网＋"大数据应用不充分，税收大数据服务国家治理的作用发挥不够；信息采集渠道偏窄，第三方信息数据采集难度仍然较大。

六是国际税收合作水平尚待提高。中国参与国际税收治理的广度和深度仍显不足，在国际税收领域的影响力和话语权仍需提高；国际税收征管合作仍需加强。

七是税务组织体系亟待夯实。基层税务部门还存在机构设置、资源配置与税源状况、工作要求不完全匹配的情形；税务干部能力建设存在短板，人才强税、绩效管理、干部交流有待继续加强。

(三) 新时代税收治理的使命

新时代税收改革发展的使命是认真贯彻落实习近平新时代中国特色社会主义思想，努力开创中国特色社会主义税收发展新格局，加快实现高水平税收现代化，更好发挥税收在国家治理中的基础性、支柱性、保障性作用，推进国家治理体系和治理能力现代化，为实现中华民族伟大复兴的中国梦作出积极贡献。

实现新时代税收治理的使命，必须全力实现以下五大转变。

一是实现税收治理从积极履行"三大职能"向注重发挥"三大作用"转变。改革开放以来，全国税务系统积极履职、主动作为，有效发挥了税收组织收入、调节经济、公平收入分配的固有职能，对推动建立社会主义市场经济体制、促进经济社会发展、维护社会和谐稳定发挥了重要作用。当前，随着中国特色社会主义进入新时代和社会主要矛盾发生新变化，国家治理的复杂性大大加深，传统的税收"三大职能"已经无法满足其需要。因此，必须转变税收治理理念，提升税收治理层次，拓展税收治理范围，大力发挥税收在国家治理体系中基础性、支柱性和保障性作用。要进一步厉行法治，完善税制、公平税负，简政放权、优化服务，使市场在资源配置中起决定性作用；要更好地发挥税收调节经济的作用，促进社会公平，维护国民经济持续稳定健康发展；要加强税收管理，改进征管体制，转变征管方式，倡导税收共治，强化税收筹集财政收入的主渠道作用。

二是实现税收工作从侧重高速增长向注重高质量发展转变。经济高速增长和"两个比重"过低是改革开放后税收较长时期高速增长的主因。如今，随着中国特色社会主义进入新时代，中国经济发展已由高速增长阶段转向高质量发展阶段。以往的税收高速增长态势将会越来越难以维系，税收工作重心必然要转移到更加注重高质量发展上来。因此，要严格贯彻组织收入原则，规范税收征管行为，促进税收发展与经济发展相协调，提高税收收入质量；要坚决落实税收法定原则，加快建立系统完备、科学规范、扶持有力、导向明晰、运行有效的税收制度体系；要深化征管改革，加强风险管理，推进现代化税收征管体系建设，提高税收征管质量；要持续深化"放管服"改革，营造稳定、公平、透明、可预期的营商环境，提升纳税人服务满意度和税法遵从度，提高纳税服务质量。

三是实现税制改革从补充完善向整体提升转变。1994 年分税制改革完成以后，中国税制改革的着力点主要放到企业所得税、个人所得税、增值税等税种的补充完善上，税制改革的不平衡、不充分问题开始越来越突出。因此，必须推动税制改革从补充完善向整体提升转变，着力健全地方税体系，逐步建成以共享税为主体，专享税为补充，税种科学、征管高效的现代税收制度，整体提升中央税与地方税的均衡发展水平；着力推进直接税改革，在稳定宏观税负的前提下，逐步降低增值税等间接税比重，整体提升直接税与间接税的均衡发展水平；着力加强征管体制改革，强化税源管理和风险管理在现代征管体系中的核心作用，以税收征管机制的现代化为引擎推进税制改革的现代化，整体提升税制改革与征管改革的均衡发展水平。

四是实现征管模式从"以票控税""信息管税"向"数据治税"转变。"以票控税"一直是税收征管行之有效的重要手段，"信息管税"是"以票控税"的升级和补充，是构建税收征管新格局的重要组成部分。两者相辅相成，在一定程度上成功解决了征纳双方信息不对称问题，显著强化了对税源的监控与管理。互联网和人工智能的出现深刻影响着经济运行方式和社会组织形式，势必会对征管方式变革带来全新机遇和挑战。因此，必须积极推动征管方式从"以票控税""信息管税"向"数据治税"转变，把互联网和人工智能的创新成果与征管业务深度融合，推动税收征管的技术进步、效率提升和组织变革。要善于运用大数据、物联网和云计算等技术为税收分析、管理与决策提供支撑，推动税务部门由数据收集者向分析者转变，由数据索取者向服务推动者转变，由决策预报向实报、精报转变。要有效利用人工智能，着力打造全天候、全方位、全覆盖、全流程、全联通的智慧税务生态系统，提高纳税服务的人性化、便利化、智能化水平。

五是实现国际税收合作从主动融入向积极引领转变。目前，中国通过签订国际税收协定、加入多边税收征管互助公约等形式，成功融入现有国际税收合作体系。但全球治理体系和国际秩序变革的加速推进，势必要求我们树立大国税务理念，用国际化视野谋划税收工作，统筹好国内国际两个大局。因此，必须推动国际税收合作从主动融入现有体系向积极引领未来发展转变。积极参与国际税收规则制定，着力提升我国在国际税收领域的影响力和话语权。不断加强国际税收合作，重点推动建立合作共赢的新型国际税收关系。严厉打击国际逃避税，全力维护国家税收权益。主动服务"一带一路"倡议和对外开放战略，更好地支持企业"走出去"和"引进来"。

三、强国之路的税收治理格局再造

（一）政府与市场：税收治理基点选择

政府与市场关系是当代经济学研究的最核心命题。中国四十多年的改革开放，从任何角度去梳理，都离不开政府与市场这一对关系、这一对矛盾，如何看待、如何破解矛盾，如何来找准政府在市场当中的定位以及在改革当中和市场发展的历程中政府所发挥的作用十分关键。所以改革开放的逻辑主线始终沿着政府与市场关系的逐渐转换、逐渐变革和交错发展，这也构成了我国经济体制改革的核心。

就政府与市场关系来说，中国与西方有很大的不同。西方市场经济的发展是一个市场经济自由、自然的发展，是市场内生发展的结果。在这样的基础上，经济从自由竞争逐渐过渡到国家对市场经济的调控，包括第二次世界大战之后以美国为代表的需求侧管理。西方的路径是市场经济相对比较健全，在市场出现问题、市场失灵和危机后政府再积极主动介入。中国市场经济的发展历程始终是在政府主导下推动的，实际上中国的改革开放是围绕着政府侧的改革在推进，通过政府的改革逐渐来培育市场，逐渐完善市场。发挥市场在资源配置当中的决定性作用和更好地发挥政府作用。

在政府与市场的关系中，税收是一个重要纽带。税收内嵌于经济活动当中，本身就是经济活动的有机组成部分，不能单纯地把税收和经济活动割裂开来，税收像是一个楔子钉入市场。实际上，有市场、有经济活动的运行就有国家行为的存在，有国家行为就有税收的存在，税收与整个经济是融为一体的。税收是企业社会成本的一种补偿方式，企业能够盈利、能够稳定地经营需要国家的保护。国家本身不创造价值，国家保护企业的资源必然来源于企业，这种来源内嵌于企业。企业活动的核算当中要考虑国家这一因素，考虑国家因素就是考虑税收的因素。在当前的经济形势下，从税收对经济增长的激励作用来看，减税能够发挥一个助推的作用，有助于提振市场信心，有了投资的信心，市场交易活跃了，经济困境才能够逐渐得到缓解。所以在这方面，税费政策是经济运行的一个风向标，要把税费的政策体现为一种政府对经济运行的强有力的信号和导向。

理顺政府与市场的关系，才能够解决好精准施税问题。精准施税要把我们的税收政策的效能最大化，必须考量市场发展需要什么样的政府，需要政府采取什么样的手段以及对税收和其他手段如何结合。不能够单纯地为了减税而减税，而应该把整个政府的调控体系和手段结合起来，看税收在这里面应该发挥什么样的作用。对于目前我们国家经济运行出现的下行压力,不同的人可能有不同的判断。实际上,最主要的问题就是企业融资难的问题,就是企业的资金链,特别是民营企业的资金链面临着很大的压力。如何防止企业资金链断裂从而对经济产生巨大的负面影响,应该成为关注的焦点。在这些方面,税收应该在哪些领域、运用哪个税种、采取哪些减税方式上作出选择,有针对性地形成一种政策的合力,把市场信心调动起来,使企业面临的主要矛盾得到缓解,或在解决的过程当中能够创造一个新的政策机制。

所以,政府与市场是研究税收治理格局、研究未来新时代税收发展战略的永恒主题。

(二)税收改革助力经济转型发展的历史追溯

中国经济转型发展主要是指由计划经济向市场经济的发展和转型过渡,可以划分为1978年之前的计划经济、1978年开始的有计划的商品经济、1992年开始的建立社会主义市场经济体制、2002年之后开始的完善社会市场经济体制和2012年新时代发展社会主义市场经济五个时间节点。改革开放后经济转型主要包括四个阶段,税收发展格局也紧紧围绕这一历史进程展开。

1978—1992年,有计划的商品经济时期。改革开放初期,在法律制度尚不完善的情况下,我国首先在吸引外资、对外开放的领域创设了三部涉外税法,因为开放必须要有法律制度来确定外来投资者和个人的权益,特别核心的是税收权益。这一阶段的税收治理观可归纳为税收服务于开放的税收治理观。当时舆论对于税收还是有一些排斥的,非税论思想还未根除,但首先对外资破例,成为弥补当初投资环境不足的很重要的改革举措。20世纪80年代是有计划的商品经济时代,摸着石头过河,改革开放前行的方向尚不明晰。在转换的过程当中,税收取得了重大的改革性突破,即第二步利改税及工商税制改革。国有企业和其他企业都是市场主体,有经营就要缴税。这一改革对我们税收制度的发展具有奠基性的贡献。

1992—2002年,建立社会主义市场经济时期。在提出建立社会主义市场经济以后,改革的方向是建立社会主义市场经济。在建立社会主义市场经济过程中,1994年进行了一系列的税制改革。1994年新型流转税的确立,标志着我们国家真正实现了以货物劳务税和所得税双主体的税制结构模式,在此基础上进一步推动了分税制的建立。推动分税制改革不仅是一个经济方面的考量,它具有很强的政治色彩,进一步强化了中央集权制度的管理，打破原有的在改革探索中出现的市场分割、"地方经济"以及中央财政拮据、地方财政相对结余、中央向地方借款等格局。

2002—2012年，完善社会主义市场经济时期。完善市场经济主要还是在党的十六大之后。伴随着我国加入世界贸易组织，伴随着经济在快速发展过程中对人口和资源的开发利用，我国社会主义市场经济逐步完善。在这期间，提出了"简税制、宽税基、低税率、严征管"税制改革原则。虽然这一期间除了内外资企业所得税合并改革，并没有启动较大规模的税制改革，但对未来的税收治理格局也产生过重大影响。

2012年以后进入新时代。党中央提出了一系列税收方面的科学论断和政策主张，直接引领了未来税收改革的方向。包括"6+1"税改、健全地方税体系、落实税收法定原则以及提出的进一步增强税收在国家治理中基础性、支柱性和保障性（以下简称"三性"）作用等，符合新时代特征的税收治理观基本形成。新"三性"的理论创设开启了未来税收治理改革发展的新思路。面对由经济高速发展向经济高质量发展的转型跨越，以减税降费为核心的税收改革与发展，顺应了供给侧结构性改革，推动了新发展格局构建，助力了中国式现代化建设。税收不但是财政的手段和经济的重要组成部分，更是治国理政的重要支柱。

（三）减税降费——新时代税收治理主基调

新时代所面临的经济发展的阶段性的特征主要包括以下几个方面：基本矛盾发生了转化，从生产力落后到不平衡不充分的问题；管理模式的转换，由原来的需求侧管理向供给侧管理的转变；发展动能的转换，由原来的人口红利和资源红利向创新驱动的转变；发展速度转挡，由高速增长转向高质量发展；对外开放格局转向，由请进来到走出去；发展助力转变，地方政府主导到中央顶层设计。改革开放发展过程中我国取得了令人瞩目成绩，这与地方政府对经济发展强有力的推动作用分不开。但目前要解开当前发展当中某一些困惑和下行的压力，还要充分调动地方政府的积极性。

在这种形势下，党的十八大以来持续推出了一系列的减税降费政策调整，减税降费也产生了强大的助力效应，在经济下行压力较大的情况下对经济的企稳回升起到了一定的助力作用。没有这样一个持续的减税降费的政策助力，我们经济运行的压力可能会更大，所以应客观地看待、评价新时代以来减税降费政策。目前来看，加大减税降费的力度已经成为社会的共识，公众乃至决策层已经给予充分的认同。下一步的问题不是该不该做，而是如何来做才能达到更好的效果。

与此同时，要腾出更大的减税空间。大规模减税带来的财政压力，需要通过什么来弥补，实际是财政的根本问题。在维持赤字率3%基本不变的前提下，可以依靠压缩财政支出规模，提高支出效率。在减少财政支出的同时，进一步缩减政府性的直接补贴及一些部门的资金扶持。财政补贴和部门资金扶持最终都来源于税收，通过税收把钱从企业收上来，再通过资金安排转移到各个部门，由各个部门向企业进行释放，这一资金运动带来了效率损失。此外，实施减税的过程应考虑地方政府的财力支撑能力，地方政府受到债务等的约束和影响，其财政保障需要给予充分考量，因为大规模减税中，增值税、企业所得税和个税等共享税，在减少中央收入的同时也会减少地方收入，其他归属地方的税种占比很小，地方政府在债务缠身的情况下再减税，转移支付能不能到位，这是一个重要的考虑方面。

要打好减税降费的组合拳，就要考虑减税方式如何选择，是普惠式还是特惠式，是要减直接税还是间接税，减中央税还是地方税，静态减税还是动态减税。一般的减税，包括减税率、缩税基、降税额，都是一种静态型的减税，但是增值税减税和以往其他税种的减税机制不一样。增值税的减税是动态性减税，也就是说，降低增值税的税率可能使企业普遍受益，但是不可否认，受制于上下游交易环节及供求关系的影响，无法切实达到每个企业同比例均衡减税的预期。可见其减税的幅度、程度可能存在差别，当然也有一个核算体系和方法的问题。但无论如何，增值税降低税率、实现减税对每一个企业的效果是不一样的，是一种动态性的减税。

要实施精准的减税策略，最主要的问题在于减税的核心政策是按照一般化的政策性安排来实施减税，还是推出统一的改革性行动。这就涉及未来减税降费的格局和整个税收治理的发展方向，也就是说，在现有税收体制框架下通过调整我们的政策来释放减税的红利，还是在释放减税红利目标下以减税为核心推进税收制度体系、税收治理格局的重新塑造。这恰恰是进一步推进税收体系、税收治理格局进行重新塑造的很重要的一个节点，要借机把税收分配当中一些矛盾和问题通过改革和税收治理格局重塑来顺畅地解决。

（四）强国路上的税收治理格局重塑

在塑造税收治理格局过程中，以下几方面的问题需要着重考量。

一是加快税收治理理论的创新。中国特色社会主义税收治理理论需要进一步强化，形成我国具有本土化色彩的税收治理理论。因为中国市场经济的发展和西方并不完全相同，在这样的环境和体制下，税收理论的创新突破和发展对未来税收改革的走向会产生重大影响。

二是强化税制结构优化选择。主要是为了提高直接税的比重。提高直接税的比重通过怎样的路径去实现，采取什么样的方式，仍是当前的一个困惑，即当前的减税降费和提高直接税的比重如何权衡、怎么去把握。

三是切实落实税收法定原则。税收法定的核心要义应该写入宪法，包括法定的原则和法定的内涵，不能仅在立法法里面体现。立法法解决的只是立法权限、程序及权力配置的内容，宪法是国家根本大法，是其他法律制度创设的源头，是所有法律运行环节都必须遵循的法律规范。

四是全面提高税收征管的质量和效率。一个重要方面是要进行税收征收管理法的修订。税收征收管理法已十多年没有进行过大范围修订，十几年来形势已经发生很大变化，治国理政的理念发生了很大变化，相关法律修改完善对税收征管法律法规带来挑战，数字经济发展对税收征管带来了很大冲击。制度设计应充分体现新时代和数字经济发展的需要。

五是着力提升国际税收规则话语权。我国在国际税收规则领域已由被动遵从发展为主动参与，未来的国际税收规则话语权的提升应该更多地放到G20的框架下。因为G20融合了新兴经济体，具有代表性，经济合作与发展组织（OECD）还是发达国家主导的规则体系。有关数字经济税收国际规则的制定，应该纳入G20的框架。中国是数字经济的发展大国，在G20框架下，有利于提升我国的国际税收话语权。

第二章　减税降费研究

减税降费是新时代税收治理的主基调。减税降费是党中央作出的重大决策部署，是契合供给侧结构性改革的内在要求，是应对经济下行压力的重大政策选项。减税降费推动了政府与市场关系深度改革，成为新时代税收改革发展的鲜明主题。减税降费的基本特征在于全面发力，精准发力，深度发力，同向发力。精准把握增值税减税机理和传导机制，对正确认识减税降费实施效果具有重要影响。2018年《政府工作报告》提出了决胜攻关期的一系列以减税降费为核心的政策举措，聚焦实体经济和民生改善，具有举措多、覆盖广、指向明、措施实的鲜明特点。实施减税降费政策应处理好与深化征管改革的关系、与政策优化的关系、与提升纳税人获得感的关系、与依法征收职责的关系、与税收征管保障的关系、与地方财力保障的关系、与构建税收共治机制的关系等。持续推进减税降费下税收治理策略应注重从"六保""六稳"视角、国家宏观政策视角、积极财政政策视角、国家财力保障视角、优化营商环境视角、税收改革发展视角等多层面相机抉择。

第一节　减税策略选择

一、减税诉求与政策考量

（一）经济运行状况

投资者信心不足，处于徘徊观望状态。市场预期不稳定，决策者与投资者对市场发展前景认知上存在反差，对政府释放的改革红利缺乏敏感度，获得感不强；实体经济发展受到市场盈利水平下降影响，发展遇到困难。实体经济发展动能的转换还不到位，传统的经营模式、方式和机制依然成为困扰，没有打破。实体经济企业利润空间小，发展潜能受到严重制约；民营企业发展受到资金链影响，面临极大的生存压力。长期盲目扩张形成的资金需求压力巨大，融资难、融资贵的问题尚未解决，资金链面临断裂压力，重组或破产现象不时显现，内部治理结构的缺陷日益凸显。

地方政府助力本地经济发展的原动力不足。地方政府主动发展当地经济的积极性不高，动力不足，特别是对民营企业的影响非常大。地方政府经济治理陷入"瓶颈"；国家宏观调控效果的综合效应尚待提升。行政调控政策仍是主要手段，宏观调控手段的配置不够优化，体现合力作用不突出等；中国经济发展面临的国际环境正在发生重大变化，中美贸易战及贸易保护主义将对中国经济运行"雪上加霜"。

（二）经济转型期的减税诉求

适度的税负水平是推动经济增长的内在动力。税收是经济运行的内生变量，税收政策是经济增长的政策变量；税负的轻重本身就是相对性指标。国与国之间的简单比较说明不了什么问题；税负的核心问题是公平和适度，税负公平是税制的核心。税负适度是政策选择的目标追求。

供给侧结构性改革的政策诉求就是减税。减税是供给侧结构性改革的重要政策工具；降低企业税收负担，可以有效提升企业供给效率。持续释放减税降费政策的成效是明显的，有效缓解了经济下行的压力，提升了经济企稳回升的空间，优化了社会营商环境；减税的规模和力度逐步加大，提振了市场预期，企业的获得感明显增强。减税降费政策还对健全企业经营机制、规范财务核算发挥了助推作用。理性评估减税政策效果是必要的。要加强对实施状况的评估，总结政策落实效果的经验或不足，提升政策的"含金量"。

（三）减税背景下宏观调控政策取向

政府是调控市场，而不是替代或包办。政府与市场之间的互融性很强，市场在资源配置中决定性作用的发挥是靠市场机制的自我完善实现的，政府调控具有一定的外生性，要保持政府对市场调控的定力，应加大政府调控政策的整合力度。政府调控的效果目标应当一致，不宜出现多目标的调控。

要以守住经济下行的底线为目标，提升财政政策与货币政策的协调功效。防范系统性金融风险是经济运行的底线，须围绕这一底线展开政策调控；结合财政状况及支出结构，合理确定减税规模和力度。应规范各部门利用财政资金实施调控的空间，为减税腾出更大的空间；减税策略选择与税改方向应当相向而行。减税政策的调整应当与税改方向一致，符合税改目标定位。

（四）实施减税策略的全方位考量

减税的基本原则是主动作为，问题导向，系统集成。主动作为指主动制定减税方案，不应被社会舆论所绑架；问题导向指找准症结所在，针对性发力；系统集成指打破"碎片化"减税，形成减税的规模效应和乘数效应。政策基点的选择应考虑：普惠式减税与定向式减税；直接税优惠与间接税优惠；企业税负降低与个人税结构性减税；中央税减免与地方税减免；静态减税与动态减税。

我国应择机推出减税政策方案，内容包括：完善增值税制；加大税前扣除企业所得税政策；推动"走出去"企业的发展；规范兼并、重组及清算等政策；其他相关税种的改革。在重塑税收体系格局下，应推出以减税为核心的税改方案；以增值税、企业所得税为核心，统筹设计全面减税为核心的税改方案。适当关注减税策略实施下的地方财力问题，应重点把握好三个方面：把减税置于国家宏观调控总体布局中；减税与税改相向而行；处理好减税与地方政府经济治理的关系。

二、供给侧结构性改革背景下的施税策略

2015年中央经济工作会议强调，要着力推进供给侧结构性改革。围绕这条改革主线，应进一步深化税制改革，完善税收政策，充分发挥税收在国家治理中的基础性、支柱性和保障性作用，是一项重大课题。

合理负担、公平税负应成为减税策略实施的目标取向。应围绕"三去一降一补"重点任务的落实，实施有针对性、操作性强、见效快的减税策略。

（一）着重点：施策方略

供给侧结构性改革从提高供给质量出发，用改革的办法推动结构调整，矫正要素配置扭曲，扩大有效供给。对供给侧结构性改革命题的内涵要形成广泛的共识，这是推进改革有序展开的逻辑起点。

推进供给侧结构性改革的实质和战略目标是充分发挥市场在资源配置中的决定性作用，正确处理好政府与市场的关系，通过完善市场机制，激发市场主体活力，形成尊重市场价值规律和有序公平的市场竞争环境。

长期以来，经济发展的治理生态一直偏重需求侧管理。基于对总需求低迷和产能过剩的结构性矛盾并存状况的科学研判，中央及时调整深化经济改革的视角，适时在供给侧进行结构性改革和调整，是一项明智的政策抉择，是经济治理方式的转变。

（二）着力点：精准施税

加强供给侧结构性改革是税收政策选择的根本立足点，是精准实施税收调控政策的基本前提。减税已成为推进供给侧结构性改革的重要政策举措。如何实施精准减税策略，是各界广泛关注的话题。

减税是短期的政策考量还是长期的制度安排？从完成好"去产能、去库存、去杠杆、降成本、补短板"五大重点任务的内在要求看，减税具有阶段性特征，应着力实施有针对性的减税策略，立足消化、调整存量。但从完善市场机制、激发市场主体活力的角度，减税应当作为实现公平税负、促进市场公平竞争的重要途径。

普适性减税还是特定性减税？适当降低企业的总体税负水平，在财政承受的范围内，是应当得到充分考量的，但企业税负不合理、负担不公平的问题应当得到更多关注，普遍性的减税取向应当与税负结构优化一并推进。就推进供给侧结构性改革五大重点任务而言，实行特定性的税收减免、税收豁免、欠税免除，对特殊性的交易行为（如重组、兼并等）予以必要的税收扶持，是当前实施精准减税策略的首要任务。围绕五大重点任务的落实，应实施有针对性、操作性强、见效快的减税策略。

减商品劳务税还是减所得税，抑或减财产行为税？不同类型的税系功能定位存在差别，实施减税策略，其效果也会存在差异。以增值税为代表的商品劳务税，具有中性特征和"链条"机理，税负具有转嫁性，受供求等价格机制影响，是由生产者还是由消费者负担税负具有不确定性，其特定减税的空间非常有限。即使全面实施"营改增"，释放"减税红利"，也要注重保持增值税内在机理的完整性，使其中性作用充分显现。所得税通常被认为是实施特定减税的重要手段，也是促进经济结构转换的重要政策工具，其灵活性以及针对不同类型、不同行为方式的相机抉择，使其成为促进供给侧结构性改革的首选调控措施。财产行为税是对特定行为对象课征的税种，在化解过剩产能、调整存量结构、介入特定交易等方面，具有一定的作为空间。

减税还是清费？企业税负重，往往也蕴含着收费因素在内。清费立税应成为推进供给侧结构性改革的一项重要任务，以有效缓解减税的压力和风险，必要的、确需保留的收费项目，可逐步考虑改立新税种，通过改变课征税收形式来规范。要大力清理削减收费项目，倒逼行政体制改革，为市场创造稳定的营商环境，也便于形成统一规范的政府收入机制。

减中央税还是减地方税？目前纳入减税范畴的税种，要么是共享税，要么是地方税,特别是"营改增"的全面推开,必然会对按税种比例分享的中央与地方财政分配关系形成一定的冲击,势必引发中央与地方税源划分的重新调整,或倒逼重塑新型财税体制。当前应着力考量大量减税和清费状况下地方政府财力缺口如何弥补,并考量其参与和推动供给侧结构性改革的积极性。

(三)着眼点:施税路径

基于对推进供给侧结构性改革的理解和研判,基于对精准实施减税策略基本取向的分析,现实可行的施税策略的实现路径为:完善促进企业兼并重组的税收政策,扩大优惠政策的覆盖面,对促进企业兼并重组过程中涉及的城镇土地使用税、契税、印花税等税种,实施必要的减免税措施。这是盘活存量的最佳选择,也是精准施税策略的最佳途径。同时将现有兼并重组企业所得税优惠政策的适用面扩大到个人投资者,对个人所得税计税政策予以一定的倾斜。

要加大对特定行业、特殊企业的税收扶持力度。突出化解钢铁、煤炭行业产能过剩,实行更加优惠的税收扶持政策,推动这两个行业率先走出低谷。对无市场发展前景的所谓"僵尸"企业,要尽快推动市场出清,对资不抵债形成长期欠税的,实行一定条件下的欠税豁免。

要借"营改增"全面推行之机,释放全面减税的政策红利。不仅如此,"营改增"实施方案应打上供给侧结构性改革的印记,体现这一改革主线的调控要求,对不动产、建筑业和金融业等行业,实施精准施税,有效激活这些行业发展的内生动力。

第二节 实施减税降费政策的时代价值[①]

一、新时代减税降费的战略选择

(一)减税降费:习近平总书记关于税收工作的重要论述的重点内容

党的十八大以来,习近平总书记对税收工作发表了一系列重要论述,引领了税收改革发展向纵深推进,指明了税收改革发展的前行方向。有关减税降费的重要论述,是习近平总书记关于税收工作的重要论述的重点内容。习近平总书记多次强调大力推进减税降费,特别是2015年以来,在

---

① 本节内容完成于2019年5月。

历次中央经济工作会议上都阐述了有关减轻企业负担、推动实体经济发展等减税降费问题。2018年11月1日，在民营企业座谈会上的重要讲话，更是全面系统阐述了减税降费政策的重大意义，给民营企业吃了定心丸，也为全面开启更大规模减税降费提供了思想引领。之后，习近平总书记又多次作出重要指示批示，对做好减税降费工作提出明确要求。

落实减税降费是重大政治任务和重大经济决策。落实好习近平总书记关于减税降费的重要指示批示精神，是增强"四个意识"、坚定"四个自信"、做到"两个维护"的重要体现。国务院多次研究部署减税降费工作，财税等相关部门主动担当，平稳推进，地方各级党委政府积极行动、协调指导，确保减税降费工作落地生根。在当前经济出现新的下行压力、中美经贸摩擦升级等外部不确定性因素增大的情况下，减税降费是激发市场活力、应对经济下行压力的关键举措，是党中央、国务院的重大经济决策。

（二）减税降费：税收改革发展的主题

党的十八大以来，国家陆续推出了一系列减税降费的重大举措，适应了经济转型发展的内在需求，顺应了改革发展的内在要求。以全面"营改增"试点改革实施为标志，减税降费进入了新的发展阶段，并取得了明显成效，得到了社会的广泛认同。以普惠性减税为特征的更大规模减税降费全面推行，助力小微民营企业和实体经济发展的减税降费政策举措陆续出台，效果逐渐显现。

（三）减税降费：契合供给侧结构性改革的内在要求

以习近平同志为核心的党中央审时度势，大力深化供给侧结构性改革，明确了助力高质量发展的主攻方向是供给侧，适当兼顾需求侧。按照"三去一降一补"要求，着力"降成本"，推出了以减税降费为核心的改革举措。大规模减税降费，大大降低了企业的税收成本，高度契合了供给侧结构性改革需求。

（四）更大规模减税降费：应对经济下行压力的重大政策选项

减税降费是确保经济运行在合理区间的重要调控工具，在稳增长、促就业、调结构等政策目标实施中具有重要作用，也是体现税收在国家治理中的基础性、支柱性、保障性作用的关键举措，是众多政策选项中的首选；减税降费是确保积极财政政策提质增效的主要手段。积极财政政策应当更加积极主动，把减税费与优支出有机结合，把普惠性减税与结构性减税相结合，为经济平稳运行提供宽松的财政环境和体制支撑。与2008年国际金融危机下积极财政政策主要靠增加财政支出不同，此次更加注重从财政收入端为企业降成本、减税费,提升功效;减税降费是确保稳定预期目标实现的重大举措。高达数万亿元的减税降费规模,表明了党和政府的决心,也为市场主体增添了信心。

二、减税降费推动政府与市场关系深度改革

(一) 税费是联系政府与市场关系的重要纽带

税收是国家机器运行的经济基础,并内生于市场机制中,并不是市场运行的外生变量。政府与市场的关系是经济改革的核心内容,政府与市场共融在市场体系的运行之中。税费作为政府的主要调控工具,影响市场运行。实施减税降费对理顺政府与市场关系具有深刻影响。

(二) 减税降费是注重发挥市场在资源配置中的决定性作用和更好发挥政府作用的集中体现

减税降费有助于市场价格对资源配置的有效调节,反映市场供求状况,也有助于降低劳动力成本及制度性交易成本,增强企业的盈利能力。要以市场化改革和市场机制有效运转作为政府行为的逻辑起点,培育市场主体,寻求政府有为有效的作为空间,增强市场自律性和自我修复能力,把握好调控的力度和节奏。

(三) 减税降费将重塑收入分配格局

要充分发挥税费在初次分配和再分配中的调节功效,规范收入分配格局。减税降费将降低政府在收入分配格局中的比重,相应增加企业和个人的收入份额,进一步理顺国家、企业、个人的分配关系。健全以税收、社会保障、转移支付等为主要手段的再分配调节机制,注重解决好收入分配差距过大问题,提高低收入阶层的收入水平,培育中产阶层,调节高收入者。

三、减税降费政策的基本特征

(一) 全面发力

主辅税种同时发力。此次释放减税红利的税种覆盖面较宽,涉及十余个税种,涵盖了现行税制体系中的绝大多数税种,但主体聚集在增值税、企业所得税和个人所得税上,极大提振了市场信心。

各种优惠方式全面发力。既有降低税率的优惠形式,也有税基式减免的方式,还有税额式或递延式减税方式以及提高起征点、免征额的优惠形式,基于不同税种的属性差异,优化选择实施各类优惠方式并有机组合,形成了符合税种特点的减税优惠的"组合拳",达到了良好的减税效果。

直接减税与间接减税并行。既有减半征收、扩大扣除范围、拓宽优惠面、提高增值税起征点等直接减税政策，也有延长亏损弥补年限、制造业加速折旧政策等间接优惠政策，企业能够获得实实在在的现实红利。

减税和降费并举。减税和降费并行推进，对于降低企业成本、规范企业财务核算、提升企业市场竞争力作用明显。

（二）精准发力

聚集点集中。政策紧扣新时代高质量发展这一主题，直面经济运行中突出问题，重点关注制造业、小微及民营企业和个人，持续释放减税红利，助力经济高质量发展和市场活力的增强，助推民生状况的改善，符合减税政策的目标定位。

针对性强。所有减税降费政策的出台，指向明、针对性强，实施效果也更加明显。如助力实体经济发展，实施了降低增值税率等政策，助力小微企业发展方面，提高小规模纳税人年销售额认定标准、大幅扩展减半征收所得税优惠等。一系列减税政策的实施，找准了经济运行中的薄弱环节，有针对性施策、施税，使市场活力和社会创造力的持续迸发。

（三）持续发力

连续实施。部分税收优惠政策是以往年度出台实施的，到期后继续执行，也有部分税收优惠是追溯实施的，确保政策实施的连续性。

深度发力。近年出台的诸多税收优惠政策，很大一部分是在以往行之有效的税收优惠措施的基础上，进一步扩大受惠面、拓宽优惠范围或加大税收激励力度，如连续下调增值税税率、小微企业减半收税等，税收优惠政策效果愈加明显。

（四）同向发力

在坚持税制改革方向上推出的减税举措，如降低增值税税率，顺应了未来税制改革的变化趋势，提前释放出改革的红利。

通过改革税制，释放减税的红利。个人所得税改革中提高基本费用减除标准和增加专项附加扣除，不仅是个税改革的重要内容，也承载了为中低收入者减税这一改善民生的政策安排，具有一定的结构性减税特征，一系列个税制度创新，切实将减税主张融入改革进程当中，相得益彰，效果明显。

顺势破解原有税制中的制度藩篱，既规范了原有制度中亟待解决的问题，又实现了减税目标，如增值税留抵退税的逐步推进，开启了完备增值税税制的先例，适应了减税或缓税的利益诉求。

四、中美减税政策比较

中国实施减税降费政策和美国推行减税法案处于大致相同的时间节点,世界上两大经济体几乎同时实施减税举措,具有深刻的意义。通过比较分析,找寻中国实施减税降费的实践价值。

(一)减税背景和路径

中国面对经济下行压力出台减税政策,属于逆周期调节;美国在经济复苏势头强劲的情况下出台减税法案,属于顺周期调节。中国出台大规模减税政策主要是为应对国内经济下行压力加大。面对新情况、新变化,中国需要找到新的经济增长点,需要保持宏观政策连续性和稳定性,需要在区间调控基础上加强定向、相机调控,实行主动预调、微调。中国坚持以市场化改革的思路和办法破解发展难题,应对和解决经济下行压力加大时出台的减税政策,属于宏观政策的逆周期调节,是雪中送炭。

美国于 2017 年底推出减税法案时,其经济正处在强劲复苏阶段。2008 年美国次贷危机引发全球金融危机,经济发展面临下行压力;2016—2017 年,美国从国际金融危机中逐渐走出来,经济复苏迹象非常明显,在此情况下,出台了美国 30 多年以来最大的一次减税法案;2018 年上半年美国经济增长较快,下半年经济增速开始下滑,经济效益递减。美国国内有专家认为,减税在经济衰退时期刺激经济最有效,然而,在充分就业和经济增长强劲的时期,本应增加税收或维持税收的自然增长,以解决长期财政赤字问题,而不是再一味削减税收。

(二)改革目标

中美都将稳增长、促就业、优结构作为减税的主要目标,但实施策略有差异。中美两国在出台减税政策时都将促进经济增长、实现充分就业、结构优化作为主要目标,但是在具体实施手段上有一定的差异。

中国的减税降费,尤其是 2019 年的减税政策目标是:保持经济增长在 6%—6.5% 的合理区间,形成精准的区间调控,稳预期,稳增长;首次将就业优先政策置于宏观政策层面,稳定现有就业水平并有合理增长,鼓励创新创业;调整结构,促进新旧动能转换,大力发展实体经济,不过度依赖银行、保险等虚拟经济(如对银行、保险等金融服务无特殊优惠)。中国的经济增长仅次于印度(7%),但印度的经济增长缺乏就业保障,不持久。

美国出台税改法案时的目标定位是:促进美国经济增长,创造就业机会。简化美国多年以来繁冗的税制;降低美国家庭特别是中产阶级的税收负担；减轻企业税负，使美国从最高税率的国家之一变为最低税率的国家之一，更具国际竞争力。通过税改解决结构不合理（只有高端，没有中低端）的问题，助力制造业回流，发展中端产业；解决过度依赖金融业以及消费拉动比较疲软、基础设施比较落后等问题。

（三）减税内容和规模

中美都以降低税率为主，附以税基式减免，但调整的主要税种不同。中国减税以降低增值税税率为主。2017 年，由四档降三档，取消 13% 档，统一实行 11% 档；2018 年，由 17% 降为 16%，由 11% 降为 10%；2019 年，由 16% 降为 13%，由 10% 降为 9%，对部分生产及生活服务类加计抵减。中国此次以降低增值税税率为主推进的减税降幅之大，体现了决策者的魄力和决心。中国对个人所得税税率结构作了调整，主要侧重中低入阶层减税；提高了基本费用减除标准，建立专项附加扣除制度。

美国减税主要集中在联邦税种，主要是公司所得税、个人所得税。大幅降低公司税税率，从 35% 降为 21%。公司税占联邦税 30% 左右，个人所得税占 60% 以上。美国降低个人所得税最高档税率，提高了扣除标准。美国国会预算办公室测算，美国 10 年内减税共计 1.46 万亿美元。平均每年减 0.15 万亿美元，按 2018 年美国国内生产总值 20.51 万亿美元计算，当年减税仅占国内生产总值的 0.73%。按照美国知名智库的预计，美国减税法案的减税规模远达不到预期。

中国 2017 年税费共减 8000 亿—10000 亿元；2018 年税费共减 1.3 万亿元，占全年税收总收入（13.7967 万亿元）的 9.4%，占国内生产总值（90.03 万亿元）的 1.44%；2019 年减税降费将达 2 万亿元。

（四）减收弥补

中国比美国有更加灵活的筹措资金机制。中国 2019 年减轻企业税收和社会保险缴费负担近 2 万亿元，财政赤字只提高 0.2%。中央财政开源节流，通过提高特定国有金融机构和央企利润上缴、历年财政资金结余、一般性支出压减 5% 以上、"三公"经费再压减 3% 左右、长期沉淀资金收回等方式，弥补部分财政赤字；地方政府主动挖潜，大力优化支出结构，发行专项债，多渠道盘活各类资金和资产。

美国国会预算办公室（CBO）曾预计，2018—2028 年联邦财政赤字将增加 1.9 万亿美元。另据 CBO 测算，2018 财年联邦预算赤字高达 7820 亿美元，同比增加 1160 亿美元，相当于 GDP 的 3.9%（如剔除变动因素则为 4.1%），远高于 2017 财年 3.5% 的水平，赤字占比已连续三年增长，联邦债务率接近国内生产总值的 110%，增长约 30 个百分点。目前美国没有更多的途径来弥补减税带来的收入减少，新的更大规模债务危机正在逼近。

(五) 收入分配

中国减税政策有利于中低收入群体，美国更有利于富人。中国个人所得税占税收收入的8%左右。美国个人所得税占财政收入的近60%。中国收入分配不公主要在于初次分配。中美两国初次分配贫富差距的基尼系数差别不大，但通过个人所得税、转移支付等再分配手段调节后，中国财富分配的基尼系数还是高于美国。

中国经历了三次个人所得税改革：1986年，主要针对外籍个人；1992年，个人所得税全面整合，后续主要围绕基本扣除标准展开；2018年，将扣除标准从3500元提高至5000元，个人所得税纳税人大幅降低，7000万人不用再担心承担个人所得税；增加专项附加扣除六项，9000多万人不用纳税；税率档次调整，体现对低收入阶层的优惠。据初步测算，月收入2万元以下收入群体的减税幅度超过50%。

美国税改使高收入群体获益远高于中低收入群体。对于处于社会底层的工薪阶层而言，由于其收入本就难以达到个人所得税征收标准，故税改对他们的所得税税负几乎没有实际影响。据美国税收政策中心预测，2018年收入最低的后20%的家庭增加了0.4%的税后收入，收入最高的前20%的家庭，增加了2.9%的税收收入。到2027年，减税政策所产生的收益中有83%都将流向金字塔顶端人群。而对于那些贫困家庭而言，税改法案给他们带来的本就微不足道的减税效应到2025年之后也会消失，而到2027年，低收入群体平均会多交264美元的税款。

因此，中国个人所得税政策倾斜于中低收入阶层；美国对高收入阶层的个人所得税优惠是一贯性的，美国认为只有对高收入阶层优惠才能更大幅度地使高收入阶层向市场投入基金。

五、实施减税降费值得关注的问题

(一) 减税降费与地方财力保障

减税的主体税种均属共享税，但对中央和地方财力的影响却有差别。减税带来的中央级财政短收弥补，相对有稳定的渠道，并没有较大幅度提高赤字率，而地方财力缺口尚缺乏稳定、可靠的弥补渠道，将会加剧地方财政风险。加大转移支付力度，盘活财政存量资金和政府存量资产，增加地方国企利润上缴，压缩行政开支，优化支出结构，是解决地方财力困难的重要途径。

（二）增值税减税的作用机理与传导机制

增值税"中性"特征与优惠政策的效用问题值得关注。增值税负的均衡分布与抵扣链条的关联度极强，增值税优惠方式的选择可能带来增值税的非中性特征，难以达成与政策初衷相吻合的状态。增值税减税效应有别于直接税。享受减税的主体具有不确定性，税负降低程度在各个环节上的分布具有非均衡性特征，根本在于上、下游企业在市场中的议价能力。而议价能力的大小主要取决于产品的供求弹性。减增值税，实质上是降低企业的"社会成本"，而如果企业的"私人成本"上升，将会形成企业成本间的对冲，企业难以形成同等增加盈利的局面，但会提升市场主体的竞争空间。

增值税减税改革对需求与供给两端的影响同样值得关注。外购不动产当期全部抵扣进项税，新增留抵税额予以退还等，有助于刺激投资需求，对消费价格的影响并不具有直接性，关联度不大，具有不确定性。

大幅度、结构性降低增值税率，是最具影响的改革举措。降税率不会破坏增值税的"中性"，也能保持抵扣链条完整，符合增值税率改革方向。结构性下调增值税率，将会形成有升有降的结构性减税特征。两档原适用低税率的行业（原"营改增"试点行业）降负的程度会有差别，实行加计抵减优惠政策堪称我国首创，对生产、生活服务业具有一定的减负效应，对制造业等实体经济的作用效应也较为明显。

（三）确保减税降费政策落地生效

税务部门是落实减税降费的"主攻手"，要坚决依法征税收费，坚决不收"过头税费"，坚决落实减免税，坚决打击偷骗税。为确保减税降费政策落实，打通"最后一公里"，税务部门应及时出台配套措施，优化纳税服务，加强政策解读和细化工作流程，确保减税降费落到实处，取得实效。

要正确对待依法征管和减税降费落地的关系。目前社会上有这样一种声音：一边在严格落实减税降费、减轻税费负担，一边却在加大税收征管，不符合减税降费的初衷。实质上，依法征管与落实减税降费并不矛盾，可以说是相辅相成的。提高征管质效，减少税收流失，确保国家税收安全是税收征管的法定职责，也是确保减税降费政策落地的征管机制保障；落实减税降费，并非意味着放松征管、弱化征管，影响正常的税收征管秩序。加强税收征管与落实减税降费，都是依法依规实施的，依法打击偷逃骗税等违法行为，是对纳税守法者的公平承诺，是税收法治公正的集中体现，而依法依规落实减税降费任务，也是确保纳税人充分享受改革红利的内在要求。

（四）部门协同推进，切实形成落实减税降费共治格局

落实减税降费是当前重大政治任务。更大规模的减税降费是党中央、国务院统一部署实施的应对经济下行压力的重大战略举措，确保更大规模减税降费落实到位、激发市场主体活力，关系经济社会大局，关乎"六稳"目标的实现，必须从讲政治、讲大局、对党和人民事业负责的高度去认识和领会。

确保减税降费政策落地生根见效，单靠税务部门或财税部门是难以完成的。此次更大规模的减税降费是综合性"一揽子"政策，这些政策本身就内含着各部门的职责权限，如制造业的认定、个人所得税六项专项附加扣除等，无不需要各个部门的协同配合、协力推进，部门间信息共享尤为重要。要注重精准协同施策，强化合力效应，构建共治格局。由党政统领、各部门协力，统筹推进各项工作，是中国特色社会主义制度优势的充分体现，在落实减税降费任务的过程中，要加强部门间行政协调，探索经济治理中的共治机制，这也是推动国家治理现代化有益的尝试。

第三节　精准施税：《政府工作报告》（2018）解读

习近平总书记在党的十九大报告中指出："我国经济已由高速增长阶段转向高质量发展阶段，正处在转变发展方式、优化经济结构、转换增长动力的攻关期。"时任国务院总理李克强在十三届全国人民代表大会一次会议上所作的《政府工作报告》，全面部署了决胜攻关期的一系列政策举措，并对2018年的税收改革与政策调整提出了明确要求，确立了今后一个时期税收改革发展的目标任务。《政府工作报告》涉税内容具有举措多、覆盖广、指向明、措施实的鲜明特点：包含十多项直接减税措施以及多项其他领域改革的税收优惠诉求；涉及的税种较多，且大多数是现行税制中的重要税种；减税目标直指实体经济和民生改善，聚焦改革发展中的突出问题；减税措施明确、具体，具有很强的操作性。深刻领会其中的涉税内容，深入推进税收改革举措的落地，必将为全面提升税收治理水平奠定良好的基础。

一、基于深化供给侧结构性改革的减税降费政策取向

适应供给侧结构性改革内在要求和"三去一降一补"的改革任务需

要,我国大力推行减税降费政策,持续涵养新税源,切实减轻了各类市场主体负担,增强了企业发展后劲,为经济稳中向好注入了新的政策动力。通过分步骤全面推开"营改增"试点以及清理各种收费等措施,截至2018年,共计减轻市场主体负担3万多亿元,有力推进了稳中求进总基调的落实。面对新时代经济发展的阶段性特征要求,促进经济增长向高质量、重效益转变的时代之需,深入推进供给侧结构性改革的深化之需,《政府工作报告》再次明确:依然坚持减税降费改革的主基调,通过降低制造业、交通运输业等行业增值税率、拓宽小微企业享受减半征收所得税优惠范围、继续实施部分到期的各类税收优惠政策等一系列减税举措,持续释放改革红利,进一步优化营商环境,加快经济转型升级,提升经济发展质量,预计年减税将超过8000亿元;通过进一步清理、规范政府性基金、行政事业性收费和经营服务收费等,取缔不合理、不合规的收费项目,大力降低收费标准,直接增加企业的盈利水平,降低企业的制度性交易成本,增强企业盈利能力的确定性,预计年减负达3000亿元左右,2018年合计减税降费规模将达11000亿元。这是相当可观的减收规模,将释放出更大规模的改革红利,为增强市场活力和激活社会创造力,为深入推进供给侧结构性改革和适应经济发展模式转换,奠定良好的财税政策基础。实施减税降费政策,一方面要研究制定符合政策目标导向的政策措施,提高政策设计水平,增强政策的含金量,同时要注重与其他相关政策实现良好的衔接与协调,形成政策合力;另一方面要在政策落地方面下大功夫,确保政策有效落实,取得预期成效。2018年减税降费政策的总体考虑是用财政收入的减法来换取企业效益的加法和市场活力的乘法,这是实施减税降费政策的核心要义所在。

二、加快推进实体经济转型升级的税收改革举措

大力发展实体经济,加快制造强国建设,切实解决"脱实向虚"问题,是建设现代化经济体系的关键环节。实体经济是国民经济的命脉和基础,是国家实力的重要体现,是经济发展的"稳定器"和经济均衡增长的可靠动力。制造业是实体经济的主体,是技术创新的主战场,也是供给侧结构性改革的重点领域。党的十九大报告以及《政府工作报告》均对制造业发展作出了明确的部署和安排,而优化良好的税收环境以降低实体经济企业成本,是发展实体经济、建设制造强国的重要前提和有效保障。《政府工作报告》对制造业发展的税收政策及改革取向都提出了明确的要求,确定了税收改革的重点和方向。

(一)"改革完善增值税,按照三档并两档方向调整税率水平,重点降低制造业、交通运输业等行业税率,提高小规模纳税人年销售额标准"

基于减轻企业税负背景下推进增值税三档并两档的改革,是完善增值税制度的方向。降低制造业、交通运输业等行业税率,是其中重要一环,是优先推出的减税改革举措。下调制造业和交通运输业税率,要符合未来增值税税率并档改革的要求,也要一并权衡现行增值税三档税率的实际情况。自2018年5月1日起,制造业等行业增值税税率从17%降至16%,交通运输、建筑、基础电信服务等行业及农产品等货物的增值税税率从11%降至10%。这意味着进一步减轻制造业等行业的税收负担,并有利于市场主体之间公平竞争环境的形成。先行降低制造业、交通运输业等行业税率,会降低本环节应纳税额,增加企业现金流和资本积累能力,利于其扩大生产规模和加大研发投入。此外,提高小规模纳税人特别是货物企业的年销售额标准,是当务之急,也是大势所趋。我国统一了增值税小规模纳税人标准,将工业企业和商业企业小规模纳税人的年销售额标准由50万元和80万元上调至500万元,并在一定期限内允许已登记为一般纳税人的企业转登记为小规模纳税人,让更多企业享受按较低征收率计税的优惠。这不仅是规范增值税管理的需要,也是平衡货物与劳务企业由于适用税率差距过大而带来的税负不公平的需要,将进一步扩大小规模纳税人适用简易征收的覆盖面,切实减轻小型工业企业和商业企业的税收负担。

(二)"扩大物流仓储用地税收优惠范围""继续实施企业重组土地增值税、契税等到期优惠政策""大幅提高企业新购入仪器设备税前扣除上限"

这三项税收政策措施也会在很大程度上助推实体经济发展,切实减轻实体经济企业的税收负担。发展现代物流企业是发展实体经济的应有之义,也顺应数字经济发展所需,对推动包括制造业在内的实体经济高质量发展具有重大意义。扩大物流企业的税收优惠政策范围,可以释放出更大的激励信号和政策导向。企业兼并重组是优化产业结构、转换发展方式和发展动能、助推混合所有制经济发展、深化供给侧结构性改革的重要途径,也是助力实现高质量发展的基本方式。继续实施即将到期的企业重组有关税收优惠政策,继续释放出更大的改革红利,是税收改革服从国家经济发展大局、持续提高税收治理水平的重要举措。大幅提高企业新购入仪器设备税前扣除上限的新政策,将大幅增加企业的盈利能力,不仅有利于设备制造业企业,也有利于调动企业设备购置的积极性,与支持实体经济发展、鼓励技术创新、建设制造强国的政策目标是一致的。此项改革举措将会极大带动实体经济发展，支持创新驱动，实现发展动能转换，助力经济转型升级。

三、助力激发市场主体活力的税收政策

进一步发挥市场在资源配置中的决定性作用，是中国特色社会主义市场经济的改革方向。培育壮大中小企业并引导其健康发展，是动能转换、结构升级的必然要求。激发中小企业的发展活力，是税收扶持政策关注的重点。《政府工作报告》对激发市场主体活力和社会创造力的税收政策作出了重要规定。

（一）"大幅扩展享受减半征收所得税优惠政策的小微企业范围"

一直以来，促进中小企业的发展是税收扶持政策的主要目标之一，国家先后采取一系列税收优惠政策，取得了明显成效。多年以来，国家数次扩大小微企业享受减半征收所得税优惠政策，年应纳税所得额在50万元以下的小微企业，享受减半征收企业所得税的税率优惠。该项优惠政策的实际效果非常显著，对小微企业发展的作用明显。现在看来，享受该项税收优惠的门槛定得偏高，与快速增长的中小企业发展不相匹配，政策的作用力度还不够。我国小微企业众多，吸纳了大量的人口就业，是带动投资和激励消费的主要社会群体，也是社会稳定、经济活力再现的重要支撑。此次《政府工作报告》提出，要进一步加大税收优惠的适用面，大幅度扩展适用范围，对中小企业来说是一项重大利好，是切实减轻中小企业税收负担的有力举措。

（二）"将创业投资、天使投资税收优惠政策试点扩大到全国"

大力促进"大众创业、万众创新"再上新台阶，打造"双创"升级版，是深入实施创新驱动发展战略、不断增强经济创新力和竞争力的重要载体。创新投资具有较大的风险，投资成本高、周期长、收益具有不确定性，国家进行有效激励，降低其风险水平，是非常必要的。按照现行政策，对创业投资企业和天使投资个人进行的符合条件的投资，准予按照投资额的70%抵扣相应的应纳税所得额。拓展对创业投资、天资投资税收优惠政策的覆盖面，提高受益的创新创业主体范围，由局部试点政策拓展到全国范围，形成普惠性税收优惠，相应增强投资者的投资意愿，也便于平衡不同区域内投资创新主体的税收负担，有利于形成公平合理的创新投资税收环境。

四、着力提升对外开放新格局的税收政策

进一步拓展对外开放的范围,提升对外开放的层次,完善开放结构布局,健全开放体制机制,以高水平开放推动高质量发展,是新时代深化开放战略布局的重要内容。《政府工作报告》提出了一系列促进开放新格局的税收政策。

(一)"实施企业境外所得综合抵免政策"

为了维护国家税收主权利益,消除跨国投资的重复征税问题,对"走出去"企业进行跨国投资取得的收益,由原来的分国抵免政策改为综合抵免政策,有益于"走出去"企业海外投资收益的自动轧抵,相应降低其总体负担水平。这是减轻"走出去"企业税负的政策选项,将进一步提升我国所得税的国际竞争力。未来境外所得的税收处理,应当顺应国际税收发展态势,逐步向限定条件免税转变,从而为"走出去"企业提供更加宽松的税收环境。

(二)"实施境外投资者境内利润再投资递延纳税"

这是一项鼓励国外投资者所获的税后利润追加投资所给予的税收优惠政策,即境外投资者分得的境内居民企业的利润再投资于鼓励性项目,可实行递延纳税政策,暂不征收预提所得税。该项政策旨在更大程度地吸引已在中国境内投资的跨国投资者持续再投资,有效抑制资本外流的冲动,对稳定海外投资者的利益、激励外资企业做大做强具有鲜明的政策导向。

五、助力保障和改善民生的税收改革

坚持以人民为中心的执政理念,是新时代治国理政的重要内涵;不断提升人民群众的获得感、幸福感、安全感,是改革发展的目标追求;稳步提高居民收入水平,是保障和改善民生的重要举措。《政府工作报告》基于合理减负的背景,对个人所得税的改革提出了具体要求。

(一)"提高个人所得税起征点"

我国个人所得税法中关于工资薪金所得的"起征点"(从税收术语上应当是"费用减除标准"或称"免征额")规定,自2011年确定为3500元的标准后,一直未再作调整,社会呼声很高。个人所得税"起征点"的设定,应当反映居民基本生活消费水平的变化情况,也可适当兼顾不同区域生活水平的差异性,并要综合考虑"提高直接税比重"的税收改革目标。把个人所得税的征收作为培养个人纳税意识的重要手段,从长远看会关注税款的使用,从而构建纳税与用税的互动制衡机制。提高个人所得税

"起征点",无疑有助于壮大中等收入群体,使实际经济福利向中低收入阶层倾斜,而"起征点"提高的幅度,还应当在社会公平和经济效率中作出权衡,处理好调节收入分配、缩小贫富差距与个人所得税在税收治理体系中合理定位的关系。同时,要把个人所得税"起征点"的调整纳入个人所得税总体改革方案设计中通盘考量。

(二)"增加子女教育、大病医疗等专项费用扣除"

增加专项费用扣除,是个人所得税改革的方向和目标,将子女教育、大病医疗等百姓最急需关注的内容,纳入专项附加扣除范围,进行优先考虑,彰显出个人所得税改革对增进民生福祉的重大意义,必将得到社会公众的广泛认同。

六、对接深化财税体制改革的地方税体系

科学的财税体制是确保国家长治久安的重要保障。财税体制改革事关中央与地方、政府与市场、国家与社会等重大关系,在国家改革发展的战略布局和推动国家治理体系和治理能力现代化中居于支柱性地位,是实实在在的"牵一发而动全身"的改革。地方税体系建设是深化财税体制改革的重要内容,《政府工作报告》对此提出了明确要求。

(一)健全地方税体系,稳妥推进房地产税立法

健全地方税体系,是党的十九大提出的明确改革要求,加快地方税体系建设是深化财税体制改革的基础性工程,也是制定中央与地方收入划分改革方案的迫切要求。应当把地方税体系建设放在结合财政事权与支出责任划分并据此建构中央与地方共享税体系的大背景下去研究和架构,综合考虑税种属性与深化税制改革任务的需要,健全完善地方税固定税种,注重从税收收入归属角度,推进地方税体系建设,从而形成具有中国特色的中央与地方收入划分体系。在地方税体系构建过程中,要加快推进"费改税"步伐,对保留且具有持续性的收费改为征税,规范政府与企业、个人的分配关系,提高税收在地方政府固定财政收入中的占比,从而为地方财力可持续增长奠定基础。推进房地产税立法,应当坚持先立法后改革,逐步推进;应当将"房子是用来住的,不是用来炒的"作为房地产税立法原则确立下来,并据此作为房地产税要素设计的重要前提,从而使房地产税立法取得广泛的社会共识,要将房地产税立法作为健全地方税体系的重要内容积极稳妥推进。

(二)改革个人所得税

个人所得税改革的方向是将目前的分类税制转化为综合与分类相结合

的税制，建立起符合国际通行做法的个人所得税的征税模式。纳入综合性征税的项目，比如劳动性所得，包括工资薪金所得、劳务报酬所得、稿酬所得、特许权使用费所得，按年汇总进行综合征税，并相应完善自行申报纳税制度。除了个人所得税若干要素要进行改革调整外，还应同步考虑个人收入财产信息系统的建设，有效归集个人收入财产，确定收入来源地，从而为申报确认后的多退少补措施夯实基础。此外，建立自然人税收征收管理法律制度也是当务之急，是确保个人所得税改革落地的法律保障。此次个人所得税改革涉及税制要素内容的调整，相应需要做好个人所得税法修订的法律准备，并加快税收征收管理法的修订进程。通过建立新型征税模式，提高"起征点"，增加专项附加扣除项目，使税负更加公平合理，充分体现个人所得税调节收入分配、促进社会公平的作用。

第四节　落实减税降费政策的多维考量

实施更大规模的减税降费，是党中央、国务院作出的重大决策部署，是"以人民为中心"发展思想的具体实践。落实减税降费是税务部门贯彻党中央决策部署、坚决做到"两个维护"的具体体现，是发挥税收杠杆作用、激发经济发展活力的有效途径，是充分展现税务部门担当作为新形象、展现税收征管体制改革"四合"成效的绝佳舞台。厘清落实减税降费与深化征管体制改革、政策优化、提升纳税人获得感、依法征收职责、地方财力保障、构建税收共治体系等之间的关系，有助于找准减税降费工作方向，更好发挥减税降费激发市场活力、应对经济下行压力、促进"六稳"的作用，巩固供给侧结构性改革成果，促进经济高质量发展。

一、落实减税降费政策与深化国税地税征管体制改革的关系

减税降费政策的落地生根，需要强有力的征管体系作为保障。2018年国税地税征管体制改革以来，税费共管、协同共治的现代税收征管体系初步建立，为实施更大规模的减税降费提供了坚实的体制保障；同时，通过落实减税降费政策，检验税收征管体制改革的成效，实现了减税降费与税收征管体制改革的良性互动。

（一）税收征管体制改革为落实减税降费奠定坚实基础

税收征管体制改革形成的系统完备、科学规范的征管体系为减税降费提供了重要的组织保障和制度保障。全国统一的税费管理信息系统强化了

源头管控，工作效率在减税降费中快速提升，对落实减税降费起到了打基础、管长远、提效率、保成效的作用。国税地税机构合并后，步入"同一个轨道"，处在"同一个频率""一窗办""一网办""一次办"等普遍推行，实现了税费信息共享、多部门协同管理，发挥了外部成本内部化的积极作用，大大释放了减税降费的红利。

（二）减税降费检验税收征管体制改革的成效

在落实更大规模减税降费过程中，各级税务机关紧紧围绕"事合、人合、力合、心合"的目标，勠力同心，攻坚克难，确保各项税收优惠政策有效落实，企业的税费成本进一步降低，盈利水平得以提升，供给侧结构性改革成效得到有力巩固，全面检验了税收征管体制改革的成效。例如，小微企业享受普惠性税收减免政策，税务机关通过"一个尺度""一个标准"执法，简化流程，提高效率，切实维护了纳税人的合法权益。

（三）推动减税降费与税收征管体制改革良性互动

一方面，继续巩固税收征管体制改革成果，不断提升减税降费成效。要以落实减税降费为契机，继续全面深化税制改革，优化税制结构，建立支撑高质量发展的税制体系；继续改革完善税收征管方式，实施"信用+风险"动态监控管理，健全以信用为基础的税收监管机制；继续着力于提升税务人员素质，优化人力资源配置；继续加大税务系统简政放权力度，推动税务系统"放管服"改革提质升级；继续强化大数据分析应用，以税收信息化助力精准施策；继续凝聚社会共识，形成社会共治格局，为持续提升减税降费效能奠定更坚实的基础。另一方面，要通过落实好减税降费政策，稳步推进非税收入和社会保险费征收体制改革，从而推动税收征管体制改革不断走向深入，实现税收征管体制改革"事合、人合、力合、心合"的目标。

二、落实减税降费政策与政策优化的关系

减税降费政策制定执行之后需要判断政策成效和目标实现情况，查摆不足之处并予以改进。通过政策优化，可以进一步提升减税降费的成效，有助于减税降费目标的实现。同时，国内经济发展和"放管服"改革的深入推进，对减税降费政策提出了新的更高要求。直击改革痛点、直达市场主体、直面目标鲜明的减税降费，需要将现行政策中不适应当前形势变化的内容进行调整优化，这样才能更好地发挥税收在国家治理体系中的基础性、支柱性、保障性作用。

（一）建立减税降费政策评估体系

任何政策都有一定的适用范围，政策实施过程中一些政策环境发生改变，原有的政策局限性也随之暴露。只有根据内外部综合环境变化不断优化调整政策，才能发挥政策的最大效应。因此，有必要建立健全减税降费政策评估体系，加强事前、事中、事后评估，明晰改革效应的"总分账"及经济社会的"效益账"。通过政策评估分析政策执行是否达到其设计初衷，对不足之处进行优化调整，及时纠正减税降费政策制定和执行过程中存在的偏差，从而提升决策科学化水平，促进公共资源的合理有效配置。

（二）及时发现减税降费政策存在的问题

有些减税降费政策在制定时往往对执行成本的考虑不足，稳定性不高；个别政策设计复杂，限定条件过多过严导致受惠面受限、落实难度大；个别政策出台仓促，严肃性不强；个别政策边界模糊，可操作性不强。这些问题都值得关注，并需要改进。

（三）根据评估情况对减税降费政策进行优化改进

随着简政放权、优化营商环境政策的深入推进，减税降费政策需要立足当下、着眼未来，将不适应"放管服"要求的部分进行优化，并为今后税制改革打下基础。这就需要从科学、全面、客观的政策评估入手，构建政策评价与优化调整的联动机制，对于发现的政策执行问题及时进行调整优化，不断强化减税降费政策正效应。在今后政策制定过程中，应结合税收法治化要求、税制结构改革以及短期和中长期社会发展需要，充分考虑执行操作性因素，进一步降低减税降费政策的实施成本。

三、落实减税降费政策与提升纳税人获得感的关系

落实减税降费政策与提升纳税人获得感是相辅相成、互联互促的正相关关系。减税降费把更多资金留给企业和个人，直接提高纳税人获得感。获得感提高，激发企业和个人信心，增强企业投资和个人消费能力，从而也有助于达成减税降费的目标。提升纳税人获得感是践行"以人民为中心""让人民群众有更多获得感"在税收领域的直接体现。为此，在落实减税降费工作中，应特别关注纳税人获得感的问题，并采取有效措施提升纳税人获得感。

（一）提升公正执法、公平施策水平

税务机关对因某些政策性原因（如销项税额下降幅度小于进项税额下降幅度）导致纳税人税负增加、利用政策漏洞以"一址多照"分拆小微企业的方式少缴税、"六税两费"优惠政策未涉及一般纳税人等问题，应

精准施策，及时化解，有效提升纳税人获得感。一是对因政策性原因（如销项税额下降幅度小于进项税额下降幅度）导致纳税人税负增加的情况，应关注某些行业或领域税负增加的具体原因，处理好行业整体税负与个别企业税负的关系，在保证行业整体税负不增的情况下，采取针对性措施降低税负增加企业的税负。二是对利用政策漏洞以"一址多照"分拆小微企业的方式少缴税的情况，应及时评估减税降费政策漏洞产生的影响，重视该行为降低合法纳税的同行业纳税人获得感的后果，并采取针对性措施遏制恶意避税势头蔓延。三是对"六税两费"优惠政策未涉及一般纳税人的问题，应考虑将"六税两费"优惠政策逐步覆盖到所有纳税人。

（二）提升办税便利度

针对个别地方仍存在办税不够简便快捷、咨询答复不确定、纳税人缴税（费）渠道较少等问题，建议增强电子税务局指引功能；简化涉税事项操作流程；提高12366纳税服务热线工作人员整体素质，增加专家级服务团队；畅通云闪付、支付宝、微信等缴费渠道，实现"线下、线上、移动、自助"全缴税（费）方式。

（三）强化减税降费政策的宣传辅导

一是大力提高税法宣传的精准度和针对性。税收优惠政策的受众不同，税法宣传、政策辅导的方式及方法也应灵活多样。应鼓励探索建立以"互联网＋政策宣传解读视频"为主体的税法宣传模式。对在政策执行中反映问题较多的政策，要加强与纳税人和缴费人的沟通交流，加深纳税人和缴费人对政策的理解，并积极查找政策执行中的症结，有针对性地加以改进，推进政策更好地落实。二是坚持"无事不扰"的原则，对享受优惠政策的纳税人，建立"信用＋风险"动态监控管理机制，打消纳税人享受优惠政策的顾虑。

四、落实减税降费政策与依法征收职责的关系

党的十八届四中全会强调"行政机关要坚持法定职责必须为"。依法征收与落实减税降费并不矛盾，而是相辅相成的。既要坚决落实好各项减税降费政策措施，促进经济与税收协调健康发展，又要依法征收组织好税收收入，为经济高质量发展提供稳定的财力保障。组织收入与减税降费均为税务部门的法定职责，都要在法律框架内实施，都应充分体现税收法定原则。

（一）依法征收与落实减税降费关系密切、相辅相成

坚持依法征收，提高征管质效，减少税收流失，确保国家税收安全是

税务机关的法定职责,也是确保减税降费政策落地的前提和基础;落实减税降费,并非意味着放弃依法征收、弱化税收征管,而是要把该减的税减到位、把该降的费降到位、把该征的税费依法依规征收好,同时严厉打击虚开骗税行为,建设更加良好的税收秩序,提升依法征收水平。

(二)对税收法定的坚守是妥善处理依法征收与落实减税降费关系的基石

税费征收与落实减税降费,均须依法依规实施。坚持税收法定原则,依法打击偷逃骗税等违法行为,是对纳税守法者的公平承诺,是税收法治公正的集中体现,而依法依规落实减税降费任务,也是确保纳税人充分享受改革红利的内在要求。

(三)持续强化依法征收,促进减税降费有效落实

要注意减税降费制度的稳定性,同时还要注重灵活性和动态调整。突出政策落实的法定性,坚持严格执法,不折不扣落实到位。要围绕征管规则、程序等,不断完善税收征管机制,为减税降费提供法定化、规范化保障。同时,要进一步完善问责机制,倒逼依法征收和减税降费职责履行到位。

五、落实减税降费政策与税收征管保障的关系

落实减税降费政策,需要坚强有力的征管配套措施加以保障。2018年,国税地税征管体制改革后,税务机构整合、力量联合、人心融合,部门共治体系更加完善,税收征管保障不断加强,减税降费得以有效落实。正确把握减税降费与税收征管保障之间的关系,有助于精准实施减税降费,提升减税降费质量和效率。

(一)减税降费的"减免"与征管保障的"管控"是辩证统一关系

从税收制度视角看,减税降费政策与征管保障措施的关系近似于税制与征管的关系。减税降费政策是工作目标,征管保障措施是实现路径。税收征管始终围绕"应纳税额"的合法性与准确性展开,"应纳税额"始终是"减免税额"的被减数。征管保障措施是减税降费政策落地的途径,必须服从并服务于减税降费政策目标的实现。减税降费政策制定也应当考虑征管保障措施的可行性与可操作性,其顺利落实有助于提高征管效率,降低税收流失风险。在有效管控税收风险的前提下,协调好减税降费政策的"放"与征管保障措施的"管"的关系,"管得住"才能"放得开",才能放而不乱;"放得开"促进"管得住",将"放"节省的征管资源投入有效监管之中,才能实现管得更好。

(二) 税制上的"减税"与征管上的"简税"

整体税制设计与征管制度设计应当贯彻"简化税制、简便征管"的原则，在减税降费政策目标的统领下，税制上的"减税"与征管上的"简税"应当整体设计，同步实施，同频共振，充分发挥政策的叠加效应，以期降低纳税成本，提高征管效率，不断增强纳税人、缴费人的获得感。在落实减税降费政策过程中，简化征管流程，提高征管效率，降低纳税成本，同样可以为纳税人节省支出，并进一步增强减税降费效果。所以，要不断创新征管措施，有效地保障减税降费政策的落地。比如，通过健全税收分类分级管理制度、简化减税降费征管流程、推进电子税务局建设、提升大数据分析监控能力、强化税费共治格局，可以使征管保障措施同向发力，确保减税降费政策落地生根。

(三) 坚持问题导向与目标导向相统一

统筹推进税制与征管改革要注重税制与征管的适配性，加快完善"简税制"与"低税率"并重的税收制度体系，为减税降费提供制度保障。比如，在增值税和某些地方税种等税收实体法立法工作中，一方面要适度降低税率，合理负担；另一方面要注入简化税制的内容。要进一步梳理减税降费落实障碍，持续深化征管改革，升级征管规范、纳税服务规范，进一步厘清征纳双方权利与义务；以风险管理为导向，重组办税服务、税源管理、风险监控和风险应对的业务流程；围绕构建税收共治格局，将政府有关部门、行业协会、中介机构和税收利益相关方引入征管运行机制中，建立多元、开放、合作的税费征管体系。要找准信息技术支撑短板，依托大数据、云计算和人工智能技术，围绕"互联网＋税收征管"，优化税费征收模式，拓展电子税务局缴纳渠道，为落实好减税降费提供更强大、更有力的征管保障。

六、落实减税降费政策与地方财力保障的关系

落实减税降费与地方财力保障是短期"减收"与长期"增收"的动态相关关系。实施更大规模的减税降费，能够提高潜在 GDP 增长率。在落实减税降费过程中，既要开源节流，挖掘潜力，确保财政平稳运行；又要保持战略定力，坚定不移地执行减税降费政策，用短期税收的"减"来换取长远发展的"增"。

(一) 减税降费与财力保障的辩证关系

短期看，减税降费会给财政带来一定缺口，导致财政压力增大，加剧财政运行风险。长期看，一方面，减税降费有助于激励"大众创业、万众

创新",激发社会投资创业热情,使市场主体数量增加,市场主体活力增强,居民消费能力提升,为扩大税基奠定基础;另一方面,减税降费减轻了企业负担,有助于企业扩大生产经营规模,提高企业盈利能力,促进经济增长和财政增收。

(二)警惕变通"增费"抵消减税成果

在财政支出刚性约束下,大规模的减税措施很有可能诱使部分地方政府通过加大非税收入征收来弥补财政缺口。对此,必须认真加以关注并对违规收费行为及时制止,严防减税降费政策红利被乱收费蚕食。

(三)多措并举保障地方财力

中央出台了减税降费背景下调整中央与地方收入划分的主要改革措施,包括保持增值税五五分成比例稳定、调整完善增值税留抵退税分担机制和研究推进后移消费税征收环节并稳步下划到地方,为减税降费落地提供了重要保障。即便如此,各级政府依然要牢固树立过"紧日子"的思想,统一思想认识、提高政治站位,多措并举保障地方财政平稳运行。

一是加大财政转移支付力度。中央财政可通过增加调入预算稳定调节基金、适当增加赤字规模等方式,加大对地方转移支付力度,使地方财政保障能力不断增强,缓解地方财政下行压力。

二是深挖地方收入潜力。通过盘活财政存量资金和政府存量资产、增加地方国企上缴利润等方式,缓解地方财政减收压力,保障减税降费政策落实。同时,鼓励地方财政部门多渠道开源节流,提高国有资本经营预算调入一般公共预算比例,努力实现预算收支平衡。

三是硬化预算执行约束。大力压减地方政府一般性支出,严控"三公"经费。对难以完成全年收支的地方加强指导,在触发预算调整条件时,依法依规调整预算。

四是堵漏增收,开辟新的税源。依法加强税收征管,应收尽收,严厉打击偷逃骗税行为,营造公平税收环境;推进完善地方税体系建设,开辟新的地方税源。

七、落实减税降费政策与构建税收共治机制的关系

从一般政策执行的过程看,作为集合公共利益的政府需要发挥各职能部门的优势和作用,最大限度地将一项政策执行和落实到位,避免政出多门、难以执行。确保减税降费落地生根,单靠税务部门是难以完成的。实施更大规模的减税降费是综合性"一揽子"政策,如各类享受优惠政策主体的判定、个人所得税专项附加扣除的享受等,都需要各个部门协同配

合、协力推进。对此，部门间信息共享尤为重要。

(一) 行政资源相互协作是实施减税降费的基础

减税降费是国家治理的重要手段。落实减税降费不仅需要税务部门发挥"主力军"作用，更需要其他部门利用各自的行政资源加以配合。只有税务部门和其他部门协作配合，做大做强减税降费红利"蛋糕"，才能打好减税降费攻坚战，提升国家治理的效率。片面地强调税务部门在减税降费中的职责与作用，忽视部门间的协作配合，就可能陷于复杂的税收管理事项之中，将付出高额的税收行政成本，造成治理效率低下和税收治理风险。

(二) 税收共治机制逐步建立

近年来，"税收共治"理念进入人们的视野，并初步形成社会共识。税费共管、协同共治的税费征管新格局逐步形成。例如，个人所得税法要求税务部门与公安、银行、教育、民政、社保等部门进行个人涉税信息的共享；环境保护税法要求生态环境主管部门和税务部门建立涉税信息共享平台和工作配合机制；资源税法要求税务部门与自然资源等相关部门建立工作配合机制。法定的部门间行政协助机制的初步形成，为落实减税降费提供了法治前提。

(三) 加快构建税费协同共治体系，深化落实减税降费政策

由党政统领、各部门协力，统筹推进各项工作，是中国特色社会主义制度优势的充分体现。综合治税是探索经济治理中的共治机制，推动国家治理现代化的重要尝试。在落实减税降费任务的过程中，各级政府部门需要提高站位、统一认识，打破部门资源的壁垒，实现相关职能部门的协同配合，营造良好的减税降费政策执行环境，促进减税降费政策顺畅实施。税务部门要提升税收治理的科学化、精细化水平，从而确保减税降费政策全面落实到位，切实降低社会经济实体的制度交易成本。同时，要以减税降费为契机，加快构建税费协同共治体系，为今后的税收征管改革打好基础。

第五节 减税降费下的税收治理策略抉择

突发的疫情给我国经济发展、社会稳定和人民生活带来很大的冲击，也给经济运行带来前所未有的压力。能否有效防范和应对这次疫情的挑战，并使经济运行保持在合理区间，是对国家治理能力和治理现代化水平

的一次大考。税收作为国家宏观经济调控的重要工具，在国家治理中发挥着基础性、支柱性、保障性作用。如何进一步优化税收治理空间，统筹打好税收政策组合拳，持续推进减税降费政策落实，大力提升税收治理效能，有效化解疫情及经济下行带来的不利影响，是值得研究和关注的重大问题。

一、基于"六稳""六保"战略目标的视角

2018年年底，面对严峻复杂的外部环境和不断加大的国内经济下行压力，党中央、国务院审时度势，明确提出"六稳"的总体要求，即保持经济运行在合理区间，进一步"稳就业、稳金融、稳外贸、稳外资、稳投资、稳预期"，并把"六稳"作为实现中国经济稳中求进的基本方针。2020年初以来，突如其来的疫情以及中美贸易摩擦加剧，严重冲击中国经济，党中央、国务院运筹帷幄，明确提出，在确保"六稳"的同时，加大"六保"工作力度，即保居民就业、保基本民生、保市场主体、保粮食能源安全、保产业链供应链稳定、保基层运转，并且强调"六保"是2020年"六稳"工作的着力点。"六稳""六保"已成为当前经济社会发展的主旋律。

"六稳"和"六保"相互统一、相辅相成，两者都是稳中求进工作总基调的具体体现，是根据不同经济发展形势、不同阶段经济社会发展面临的突出问题作出的重大战略安排，也是统筹推进疫情防控与经济社会发展的战略抉择。"六稳"体现了全面稳经济的思想，"六保"是通过保六个关键点、基本点来确保社会经济总体稳定，体现了底线思维。只有守住"六保"底线，才能稳住经济基本盘，才能通过以保促稳，实现稳中求进。抓"六保"、促"六稳"既是生产生活秩序加快恢复的必然要求，也是兜住民生底线的现实需要，更是稳住经济基本盘的关键举措。

税收在确保"六稳"、助力"六保"中发挥了积极作用，成效显著。近年来我国不断加大减税降费政策的力度，在党中央确定"六稳"要求后，2019年部署实施了更大规模的减税降费，全年减税降费达2.36万亿元，其中新增减税1.93万亿元。在经济形势严峻复杂、面临更多不确定性的情况下，大规模的减税降费在实现"六稳"要求、减轻企业特别是中小微企业负担、促进居民消费稳定市场预期和扩大就业等方面发挥了重要作用，有力支持了实体经济稳定发展。可以说，实施更大规模减税降费，稳住了经济基本盘，遏制住了经济持续下滑的态势，为"六稳"战略决策的落地打下了坚实的政策基础。疫情发生以来，我国继续巩固和拓展减税

降费政策成效、出台助力抗疫减税降费一揽子政策，切实维护国家税收安全、坚持依法依规组织收入、优化办税缴费服务、大力推广"非接触式"办税缴费，为统筹推进疫情防控和经济社会发展、抓"六稳"、促"六保"、决胜全面建成小康社会贡献了税务力量。

"六稳""六保"是国家基于经济社会发展形势作出的重大战略部署，当前税收政策的抉择必须基于"六稳""六保"的战略目标进行。"六稳""六保"是双重目标的组合，两者的着力点有所差异，"六稳"侧重于经济发展方面，"六保"则更侧重于社会稳定方面。税收分配内在机理具有天然的制度、机制及政策层面的优势，既可因需施策，维护社会公平与稳定，又可助推经济恢复，取得政策叠加提质的效果。因此，税收政策的制定和出台要更好发挥保"六稳"优势，增强促"六保"能力，统筹处理好经济发展和社会稳定的关系。就业是"六稳""六保"的首要任务，既具有经济属性，又具有社会属性，对统筹社会经济发展意义重大，必须放在政策选项中更加突出的地位。近几年减税降费的重点领域就是小微企业和民营经济的税收优惠层面，较好地保障了就业的充分实现，取得了良好效果。拓展巩固减税降费成效，也是持续助力就业水平提高政策的延续，同时，要充分借鉴以往针对特殊、特定群体的就业税收扶持政策，加大税收政策的作用空间和实施力度，针对当前的特定就业状况，精准施税，为保"六稳"、促"六保"提供强有力的政策支撑。

二、基于国家宏观政策的视角

随着疫情在全球蔓延，各国纷纷采取多种多样的宏观调控措施应对疫情可能对经济带来的冲击和影响。尽管各国应对疫情的经济政策、具体手段、规模大小不尽相同，但许多方面值得我们总结和借鉴。我国自疫情发生以来，受国内外严峻经济形势的双重影响，经济下行压力持续加大。针对经济运行中出现的各种困难和问题，国家应当积极对经济进行宏观调控，与微观市场主体共同发挥作用，助力经济运行和社会发展走出现实困境。在此过程中，要准确把握政府与市场的定位和关系，政府宏观调控既不能"缺位"，也不能"越位"，政府应主动作为，积极介入，精准施策，适度有效干预市场，旨在解决市场自身难以克服的问题，此时保持宏观经济和社会稳定尤为重要，这是特殊发展环境下的政府担当。

国家宏观调控政策目标的实现，需要相关调控政策配合实施。内需是我国经济发展的基本动力。当前，坚定实施扩大内需战略，将有力推动我国经济攻坚克难，把疫情造成的损失和外部环境影响降到最低限度。国家各项宏观政策应围绕扩大内需基本战略进行，持续深化供给侧结构性改革，充分利用包括财政政策、金融政策、税收政策、产业政策、消费政策等一系列政策在内的工具箱，打出一整套"政策组合拳"，发挥消费对经济增长的拉动作用，有效应对疫情对经济社会发展带来的冲击，推动我国经济高质量发展。税收政策作为宏观政策的一部分，要与国家其他各项宏观政策协调配合，增强政策的协同性、联动性，共同促进经济的健康发展。

税收政策与国家各项宏观政策之间要紧密衔接，同向发力。上下衔接配套，同步实施，方能落地见效。在经济下行压力较大的情况下，政府政策工具箱中的各项宏观政策应共同围绕"六稳""六保"的宏观调控目标，在政策层面做好统筹协调，在各自职能范围内充分发挥应有的调控作用，既不能各自为战、自行其是，又不能不闻不问、等靠观望，各项政策之间要实现同频共振，同向发力。税收政策作为国家宏观政策工具箱中的一部分，应找准自身定位、强化顶层设计，创新出台一系列减税降费政策，为国家经济发展和复苏提供有力支撑。

税收政策与国家各项宏观政策之间要一体推进，联动发力。税收政策作为国家宏观调控政策的一种重要工具，要服务于国家经济建设发展大局，服从国家宏观调控政策全局，与其他各项宏观政策实现深度融合、一体联动、协同推进，最大限度地彰显政策组合优势。

税收政策与国家各项宏观政策之间要点面结合，精准发力。国家各项宏观政策都有特定的出台背景和调控范围，相互之间具有关联性和协同性。针对关键领域和重点行业，要提供适时、适地、适量、适用的一系列税收优惠政策，及时呼应社会各方面的政策诉求，这对于恢复生产、保持社会生活的平稳有序非常必要。同时，还必须始终保持税收政策的可用可控、合理有序，实现瞄准靶心，精准发力，实现国家宏观调控政策效能最大化。

三、基于实施积极财政政策的视角

财政是庶政之母、邦国之本。自1998年东南亚金融危机以来，积极财政政策登上了历史舞台。2008年，面对中国经济成功实现"软着陆"之后出现的需求不足、投资和经济增长乏力的问题，特别是为防止国际金融危机的冲击和影响，以加大政府投资并以此撬动社会各方投资的跟进为特征的积极财政政策的实施，有效化解了金融风险的冲击，确保了经济平稳较快发展。进入新时代以来，面对经济发展面临的空前危机和挑战，积极财政政策不断加力提效，强化逆周期调节作用，对我国经济发展行稳致远发挥了重要保障作用。实践证明，积极财政政策这一具有中国特色的政策抉择对促进我国经济社会发展作出了不可磨灭的历史贡献。

当前，国际经济形势依然复杂严峻，外部不稳定、不确定性因素增多，经济运行面临一系列困难与挑战，特别是疫情对我国经济社会发展带来较大冲击，需要积极财政政策更好发挥作用。"积极的财政政策要更加积极有为"，这是党中央和国务院审时度势，科学把握国内外发展大势、深刻分析疫情对经济造成的冲击、统揽经济社会发展全局作出的重大决策部署，为财政政策选择指明了方向路径，提供了根本遵循。2020年，积极的财政政策要更加积极有为，要更有力服务宏观大局，更有效服务实体经济，大力提质增效，加大逆周期调节力度，把减税降费、优化财政支出结构等各项政策措施进一步落到实处。

积极财政政策要拓展巩固业已形成的减税降费成效。税收政策是财政政策的重要组成部分，税收政策应积极配合积极财政政策的落地、落实，研究出台更大规模的减税措施，有效推进结构性减税，促进积极的财政政策更加积极有为。实施更大规模减税降费是积极财政政策的"重头戏"，以往的积极财政政策更多地坚持以扩张性政府投资或财政支出为主，注重通过支出端对经济运行进行宏观调控，在收入端即税收收入方面，更多地强调以结构性减税为主要基调，即实行有增有减的结构性减税进行调控配合。在当前情况下，实施积极的财政政策，更加应当在收入端下功夫，实施更大规模减税降费要求税收政策应坚持普惠性与结构性相结合的减税策略，更多地实行有针对性的以减为主的普惠性优惠。在这个过程中，需要注重解决普惠性减税享受主体的针对性问题，通过制度性安排和阶段性政策并举，重点减轻中小微企业、个体工商户和困难行业企业税费负担；继续执行下调增值税税率和企业养老保险费率等制度，适当延长前期出台的部分阶段性减税降费政策的执行期限。

积极财政政策的落实要将减税和节支同步推进，通过两者的互补化解高强度减税增支带来的财政收支矛盾，为"六保"兜牢民生底线。减税降费对财政平衡形成冲击是政策与逻辑的必然结果，为了应对减税降费带来的支出压力，财政支出政策要进一步优化结构，相应减少除了必须不断提高的直接关系民生的有关支出之外的财政支出，特别是行政费用的支出，统筹把握、考量评估各类财政性补贴的资金使用效率，节约更多的财政支出用于保基本民生、保基层运转等公共服务领域。这样，减税降费落地与支出结构优化、支出效率提升，可以减轻财政收支矛盾，提高积极财政政策的作用实效。同时，面对实施减税降费后，地方财政收支平衡压力增大的情况，可通过完善特殊转移支付机制为"保基层运转"提供重要支持。国务院已明确新增的1万亿元财政赤字和1万亿元抗疫特别国债要通过特殊转移支付机制全部转给地方，直接下达基层政府，为基层财力"输血"。此外，针对当前地方财政支出压力较大的问题，可适当考虑调整中央与地方收入划分比例，将现有的中央与地方"五五"分成改为加大地方留成比例，减少入库税收在途时限，及时用于基层开支需要，有效弥补基层财力缺口，缓解地方支出压力，为落实减税降费政策提供重要保障。

在积极财政政策背景下，构建和完善地方税体系将是必然趋势。一直以来，地方政府承担大量的公共事务支出，财权与事权的不匹配以及地方税缺乏主体税种、税收渠道狭窄，导致地方财政捉襟见肘。为了平衡支出，地方政府不得不寻找其他财源以弥补收支失衡，因此，土地财政和债务性融资成为地方政府筹资的普遍模式，由此带来较大的地方财政风险，必须引起高度重视。疫情滞后效应带来的经济下行压力，无疑对已十分脆弱的地方财政是雪上加霜。化解一系列地方财政风险的根本路径在于进行以地方税体系为目的的财税体制改革。加大地方税体系建设，是防范地方财政风险的长期考量和制度性安排，应当早日提上议事日程。要通过加大地方税体系建设，努力提高地方税收占税收总收入的比重，增加地方财政来源，扩大地方政府聚财空间和调控能力，有效化解地方财政风险。

四、基于国家财力保障的视角

坚实的财力保障能力是国家强盛的重要标志。改革开放四十多年来，社会财富的日益增长带来了国家财力的累积和充裕，我国财政实力不断壮大，全国财政收入由1978年的1132亿元增长到2019年的19.04万亿元，实现了跨越式增长。国家财力保障能力建设是推进国家治理现代化的不竭源泉。在此次抗击疫情中，国家财力动员能力和财力保障能力得到了充分显现，我国财税部门不断加大资金投入，截至2020年4月19日，各级财政已安排疫情防控资金超过1452亿元。

税收是国家财力保障的最核心、最基本的手段。近年来，我国税收收入占财政收入的比重总体呈上升态势，2019年全国税收收入为157992亿元，占全国财政收入的80%以上。在统筹新时期经济社会发展中，应该给予国家财力保障建设足够的关注。今后应采取更加坚实有力的措施，进一步强化税收的财力保障功能，为维持国家运转和经济社会稳定，提供坚强后盾。

我国近年来不断巩固和拓展减税降费成效，一系列藏富于民、让利于企的减税降费措施的实施，无形中加剧了国家财力紧张状况，地方各级政府的财力保障水平和能力更是不容乐观，许多地方财政早已捉襟见肘、入不敷出。统计数据显示，自2017年以来，我国税收收入总额虽总体呈增长态势，但同比增长幅度逐年下降，从2017年的同比增长10.7%下降为2019年的1%。因此，国家财力保障的持久性问题以及如何有效维护地方财力、保持地方财力稳定增长问题应当引起高度关注。当前亟须拓展国家财力配置的新途径，有效发挥各种筹资渠道作用，如此，不仅能大力提升总体财力保障能力，而且也能为税收主渠道作用的发挥提供更为宽松的政策选择空间。

国债是国家筹集财政收入的一种特殊形式，其作为一种灵活有效的筹资手段在当前引发高度关注。通常情况下，当一个国家发展遇到极其特殊状况时，增税和发国债是可供选择和平衡的重要手段。在当前经济下行压力加大的状态下，增税显然不太可行，也与社会各方诉求和期盼不相吻合，因此越发凸显国债的筹资作用。2020年的《政府工作报告》将国债纳入国家财力配置的重要途径，加大国债筹款力度，新增政府债务规模将达到8.5万亿元，提高了财政赤字率，为各类国债运行机制发挥效能提供了广阔的空间。此前，我国发行过两次特别国债。第一次是在1998年，发行2700亿元长期特别国债，所筹集的资金全部用于补充国有独资商业银行资本金；第二次则在2007年，发行15500亿元特别国债，用于购买约2000亿美元外汇，作为中国投资有限责任公司资本金。在2020年这一特殊时期，通过发行特别国债的方式筹集财政资金并加大国债筹资规模，对于增加国家可用财力、弥补财政减收增支缺口具有重要意义。当然，国债与税收具有一定的替代关系，国债是需要未来偿还的，又可视作未来的税收。国债筹措的资金，理应用于具有经济效益的项目建设上，为未来的偿付提供实实在在的税源保障。国债筹资要考虑即期的财力保障能力增强问题，也要考虑将来税收增长的保障问题，避免过度国债发行带来未来税收增长的巨大压力，从而形成债务风险。可行政策在于逐步构建完善以税收为核心的国家财力保障机制，形成包括税收、国债、地方债、非税收入、国有企业上缴利润等在内的政府收入形成机制，各类收入与税收合理分工、相互配合、有机衔接、形成合力，共同发挥好国家财力保障作用。

五、基于优化营商环境的视角

营商环境是一国经济制度、政治制度、社会制度及其运行效果的集中反映，是衡量一个国家要素吸引力、市场竞争力的重要体现。近年来，营商环境引起高度关注，党中央、国务院持续推进"放管服"改革，指出要"以优化营商环境为基础，全面深化改革"，强调"营商环境只有更好，没有最好"。加强营商环境建设也是完善中国特色社会主义市场经济的重要内容。2019年，国务院颁布了《优化营商环境条例》，将优化营商环境上升为一项制度性安排。优化营商环境建设是党中央和国务院在新形势下作出的重大决策部署，是推动经济高质量发展的重要条件，同时也是更好发挥政府作用、激发市场主体活力的重要着力点。

税收改革与政策影响在优化营商环境中作用明显。在经济全球化的背景下，税收营商环境越来越成为衡量一个国家经济软实力的重要指标之一。自2006年起，"纳税"指标被首次加入世界银行发布的《全球营商环境报告》营商环境指标体系中，用以多方位衡量一个国家（地区）的税收营商环境，激励各国优化税制、提高征管水平。近年来，我国深入推进税务"放管服"改革，着力打造法治化、便利化、国际化的税收营商环境，取得了较好成效。根据世界银行发布的《全球营商环境报告（2020年）》，我国的税收营商环境持续改善，并有明显提升，处于稳步上升通道。今后还应不断发挥税收职能作用，大力优化和改善税收营商环境，为保障各类市场主体平等、有序发展提供重要的外部条件。

要不断增强税收政策的公平性。公平原则是税收政策制定的应有之义。税收政策的制定出台要使纳税人承受的负担与其经济状况相适应，并使纳税人之间的负担水平保持均衡。从纳税人角度来看，税收公平是纳税人最为关注的营商环境因素之一，纳税人渴望在公平的税收环境中进行市场竞争。因此，税收政策的制定应兼顾横向公平和纵向公平，同时要实现税收政策实施过程中的程序公平和实质公平，为纳税人营造公平的营商环境。

要不断增强税收政策的确定性。要健全完善现行税制要素规定中不甚明晰的制度规定，增强市场及纳税主体的可预期性。同时，随着现代信息技术的迅速发展，新经济、新业态层出不穷，给传统经济模式带来了颠覆性革命，给经济发展与稳定带来了新的机遇和挑战，也给税收管理提出了新的课题。复工复产的推进，显示出新经济业态的良好发展势头，应顺应信息社会的发展趋势，加强对新业态、新模式的调查研究，与时俱进地研究出台有针对性的税收政策和征管措施，为新经济模式的发展提供明晰度高、确定性强的税收营商环境，稳定和改善市场预期，支持和促进新经济模式的不断发展壮大。

要使企业承担的税（费）负担保持在合理范围内。"总税收和缴费率"是《全球营商环境报告》评估各经济体税收营商环境的4项指标之一，根据最新的《全球营商环境报告（2020年）》，中国"总税收和缴费率"由64.0%降为59.2%，企业税负明显减轻。前几年的减税降费更多聚集在减税上，2020年集中在社会保险费上。今后应将阶段性政策和制度性安排有机结合，研究出台更大规模减税、更大力度降费措施，"放水养鱼"，切实降低企业税（费）负担。伴随着减税降费力度的持续加大，"总税收和缴费率"将会呈现明显下降的态势。

要大力推进"放管服"改革，推动降低企业办税成本。应围绕企业诉求持续推进"放管服"改革，进一步完善纳税服务，减少不必要的审批制度，为企业创造更加宽松和富有活力的市场环境，不断降低企业办税成本。小微企业是我国市场经济的不可或缺部分，当前小微企业面临较大的生存和发展压力，可从税收征管方面加大对小微企业的支持力度，对其实行综合核定征收制度，定期按综合核定的税率纳税，为小微企业提供更加简明、高效的税收征管方式。

六、基于税收改革发展的视角

党的十八大以来，习近平总书记对税收工作和税收改革发展作出一系列重要指示和重要论述，赋予了税收发展新的使命任务，为做好税收工作提供了根本遵循。近年来，我国积极发挥税收在调控经济、调节分配、促进发展和改善民生方面的职能作用，以"营改增"、减税降费、个人所得税改革为突破口，不断深化税收改革，持续释放税收改革红利，取得了显著成效，谱写了新时代税收改革发展崭新篇章。

当前，我国必须用发展的眼光和改革的思路去破局，要始终坚持以改革创新为动力，以税收现代化建设为核心，使税收政策选择与税收改革发展相匹配，在"四个统筹"上下功夫、求实效：一是统筹考量税改目标与政策抉择，进一步理顺当前与长远分配机制的协调与重塑；二是统筹结合政策性安排与制度化建设，进一步加大总体框架设计改革与分税种改革实施力度；三是统筹减税降费的节奏和步伐，进一步优化引领当期税收策略的时机选择；四是统筹推进各项税收政策措施的实施落地，进一步确保与整个税制改革的目标、方向保持协调一致。

当前，我国经济已由高速增长阶段转向高质量发展阶段，持续深化税收改革以助推经济高质量发展已成必然之势。税收政策的选择、实施应助力税收改革发展前行，助推税收改革向更广阔的空间发展，助推税收机制的重塑再造。税收政策的选择要紧抓历史机遇，注重做好阶段性、临时性政策和长期性、制度性安排的有机统筹和总体谋划。

一方面，应着眼国家税收改革的总体布局，逐步提高直接税比重、降低间接税比重，构建真正意义上的以直接税和间接税为双主体的新型税制结构。我国目前税制结构仍然以间接税为主，2019年，我国国内增值税收入占全国税收收入的比重约为40%。增值税单个税种占税收收入比重独大的局面依然存在，尽管近几年的减税政策安排集中在增值税上，但其独特的聚财作用仍然没有受影响，持续深化增值税改革及消费税调整依然是降低间接税比重的重要途径。而所得税作为直接税，可以更加客观地反映纳税人的负税能力，税收调控作用更加直接、灵活、有效，因此被世界上多数发达国家所倚重。基于国内外所得税发展状况，提高直接税比重的重任可能更多集中在个人所得税上，特别是加强对高收入阶层个人所得税制的有效监管，增强个人所得税调节不同收入阶层的力度。应适时考虑调整税制结构，让直接税在经济和社会发展中发挥"自动稳定器"的调控作用，让间接税在国家财力保障建设中发挥"奠基石"的作用。

另一方面，各个税种的政策选择，也应该与税收改革发展的方向相一致或匹配，符合税收政策抉择的总体方向。一是在增值税改革方面，要按照建立现代增值税制度和实现增值税立法的目标，进一步完善增值税制度，加快推进简并增值税税率改革，三档并两档应是增值税税率改革的方向；要优化完善"营改增"后对特定行业采取的过渡性政策，将这些延续政策纳入增值税制度规范的管理轨道；要研究解决银行贷款利息的抵扣问题，适时将银行贷款利息支出纳入增值税进项税抵扣范围，打通金融业与实体经济之间的增值税抵扣链条，降低企业融资成本，更好促进实体经济发展；要加大留抵退税制度范围，建立现代化增值税留抵退税机制，优化增值税制度，切实降低企业税负。二是在企业所得税改革方面，结合全球竞争环境以及国际上企业所得税发展趋势，研究适当降低法定企业所得税税率；适时研究对"走出去"企业实行有限制条件的免税法，解决企业境外所得无法完全抵免或目前综合抵免难以落地的问题；统一高新技术企业认定管理办法和研究费用加计扣除办法中关于研发费用的管理办法，规范并激励中小企业加大研发投入，支持科技创新。三是在个人所得税改革方面，完善综合与分类相结合的个人所得税制度，降低最高边际税率，适时研究把综合所得45%的最高边际税率适当降低，对收入达到一定数额的纳税人，考虑实行加成征收，重点调节高收入纳税人；完善现有个人所得税的专项扣除项目规定，根据社会经济发展情况适时考虑扩大专项扣除项目范围，增加部分税前扣除项目。四是在消费税改革方面，在征管可控的前提下，将部分在生产（进口）环节征收的现行消费税品目逐步后移至批发或零售环节征收，将部分税收留在地方，实现中央和地方共享，拓展地方收入来源，但烟草和石油仍要作为特种消费税划归中央，保障中央财力。此外，在未来的税收改革过程中，要充分考量地方税体系的建设，调整完善地方税税制，培育壮大地方税税源，稳步扩大地方税管理权。

综上所述，在当前国内、国际环境下，应增强税收政策选择的确定性，基于多维视角拓展税收政策的选择空间，释放维护经济和社会发展的"正能量"，切实发挥税收在国家治理中的基础性、支柱性、保障性作用。

第三章 税制改革研究

税制改革是推进税收治理体系现代化建设的核心。本章通过梳理新中国成立以来的税制变迁历程,清晰把握税制改革发展的演进脉络,科学总结出走向新时代的税制变迁特点:党的领导直接引领税制改革先进方向,改革发展肩负着助力中国经济转型的重任,不同时期治税观推动税制改革逐步深化,试点先行稳妥推进成为税制变迁主线,减税让利是我国税制改革的始终关切;党的十八届三中全会对深化改革作出了全面布署,税制改革应当从国家治理层面、从落实税收法定层面、从经济改革层面、从社会管理层面、从国际化背景层面、从生态环境保护层面、从完善税收征管层面去深化;2018 年实施的个人所得税法修正案作出了一系列重大制度改革,可谓亮点纷呈,持续发展深化也有待关注和研究;进入新发展阶段,深化税制改革的任务更加繁重,要深刻分析新发展阶段税制改革的背景及影响因素,着力构建"税种科学、结构优化、法律健全、规范公平、征管高效"且匹配国家治理现代化、更加成熟定型的现代税收制度体系,进一步优化税制结构,提高直接税比重,健全地方税体系,加快推进重要税种的改革力度。

第一节 走向新时代的税制变迁:历程、脉络和经验

新中国成立七十多年来,税制变迁和国家整体发展始终一脉相承、一路同行、一体并进。不同历史时期的社会经济环境对税制建设提出一系列不同的要求,直接引领着税制的改革方向。税制建设与发展在具体的历史阶段有其自身轨迹,而每个时期税制变迁进程中具有代表性的重大历史事件,又昭示了该时期税制演进的价值内核。特定历史阶段的税制变迁呈现出其特有的运行态势,这些态势为我们提供了归纳梳理的良好契机。据此,本章渐次探寻税制变迁的社会经济背景、演进路径、标志事件、阶段

特征，或可构筑更为清晰的税制变迁历史脉络。

历史因思辨而深刻。七十多年来，税制变迁不仅反映着我国社会政治经济发展的内在流变，体现着政府与市场关系的深层变革，更为社会主义市场经济的培育壮大提供了深远动力。在分阶段历史叙事的基础上，本章深入探寻贯穿其始终的内在规律启示，或可阐发更为切实的税制发展逻辑内涵。

一、社会主义过渡和建设时期（1949—1978年）的税制变迁

（一）经济社会背景

新中国成立后的三十年，我国经历了三个不同历史时期：一是国民经济恢复时期（1949—1953年），时值新旧社会交替，中国经济社会发展面临的主要问题是收拾国民党旧政权留下的烂摊子，统一财经、统一税收，为新政权的有效运行提供必要的财力保障；二是过渡时期（1953—1956年），大规模生产建设工作启动，对非公有制经济进行社会主义改造以及进一步强化农业合作社、手工业社发展提上日程；三是社会主义建设时期（1956—1977年），对私改造基本完成，国有经济和集体经济占据绝对主导地位。当时中国经济发展的思路是遵照苏联模式，社会主义建设在探索中曲折前进。

（二）税制建设发展的演进路径

这一阶段的税制演进沿着节点分明的纵轴线展开。

1. 1950年建立新税制

在老解放区和国民党遗留税制并行状况下，1949年9月颁布的具有临时宪法性质的《中国人民政治协商会议共同纲领》明确，国民均有依法缴纳赋税的义务；同时提出，为了保障革命战争供给、照顾生产恢复和国家建设需要，建立统一的税制。1949年11月，首届全国税务工作会议召开，旨在整顿全国税收秩序，建立新中国的税收制度。为了履行共同纲领赋予税收的职能，1950年1月，政务院审议通过并发布了《全国税政实施要则》及其后附的各税种暂行条例，在清理旧税制的基础上，规定在全国范围征收14种中央税和地方税，由此统一了全国税政。1950年7月，国家对税制作进一步调整，初步形成了以按产品或流转额征税的货物税和工商业税中的营业税、按所得额征税的所得税作为主体税种，其他税种为辅，在生产、销售、所得、财产等诸多环节进行课征的复合税制。

2. 1953年修订新税制

1953年1月，为适应有计划、大规模的经济建设需要，国家对原工商

税制作了若干修正。当时中国还没有完全过渡到社会主义建设时期，仍然要坚持推行公私有别的税收政策。因此，公私差别对待，成了此次税制修订的主要特征和基本方向。在税制基本统一的大框架下，为体现出针对不同经济类型和经营状况的奖励和限制，税目数量一度达到上千个，同时实行不同行业、不同产品的差别税率，衍生出了一个庞大复杂的税制系统。

3. 1958年改革工商税制

1958年，我国进行了新中国成立以后第一次大规模的税制改革，其主要内容是简化税制，试行工商统一税，将货物税、商品流通税、印花税和工商业税中的营业税部分合并为工商统一税，将所得税从原工商业税中独立出来，建立了工商所得税，统一全国农业税制，从根本上改变了原来实行的多税种、多次征的税收制度，甚至一度在城市国营企业试行"税利合一"，在农村人民公社试行"财政包干"。在这一时期，"非税论"对于中国税制的影响已露端倪，税收在国家政治经济生活中的地位开始下降。

4. 1973年调整简并税制

1973年前后，已经简化的税制仍被批判为"繁琐哲学"，这次税制调整凸显了"税利合一"的简并特征，税目和税率进一步简化，通过合并税种，形成了简单划一的税制格局：对国营企业只征收工商税，对集体企业只征收工商税和工商税所得税，农村生产队只需缴纳农业税，公民个人基本不再缴纳税金，原来的复合税体系逐渐向单一税过渡。随着计划经济体制的建立，受"社会主义没有必要存在税收"的"非税论"思潮影响，国营企业创造的全部利润直接划归财政收入，"利润上缴型"财政制度日益巩固，税收在国家财政收入中占比严重萎缩。详见表3-1。

表3-1　　　　　　　　四次税制改革的内容（1949—1978年）

改革时间	改革内容
1950年	1950年1月，政务院颁布了《全国税政实施要则》，规定在全国实行统一的税收制度。除农业税外，全国统一的税收共有14种，即货物税、工商业税、盐税、关税、薪给报酬所得税、存款利息所得税、印花税、遗产税、交易税、屠宰税、房产税、地产税、特种消费行为税、车船使用牌照税
1953年	1953年1月，根据"保证税收、简化税制"的原则，对原工商税制作了若干重要修正。主要内容包括试行商品流通税，修订货物税、工商业税中的营业税、所得税和其他各税。修正后的工商税收共有12种，包括商品流通税、货物税、工商业税、印花税、盐税、关税、牲畜交易税、屠宰税、城市房地产税、文化娱乐税、车船使用牌照税、利息所得税

续表

改革时间	改革内容
1958年	1958年，本着"基本上在原有税负的基础上简化税制"的原则，对原税制进行了改革。其主要内容有三项：一是实行工商统一税；二是改革工商所得税；三是统一全国农业税制。至此，中国的税制一共设立14种税收，即工商统一税、盐税、关税、工商所得税、利息所得税（1959年停征）、城市房地产税、契税、车船使用牌照税、船舶吨税、屠宰税、牲畜交易税、文化娱乐税、农业税和牧业税
1973年	1973年进行了"简化"税制改革，其主要内容有两方面。一是合并税种。把工商统一税及其附加、对企业征收的城市房地产税、车船使用牌照税、屠宰税、盐税合并为工商税。合并以后，对国营企业只征收工商税、对集体企业只征收工商税和工商税所得税。二是简化税目和税率。税目由原来的108个减为44个，税率由原来的141个减为82个

（三）税制发展进程中重大事件评述

作为新中国成立之初的基本税收规范，《全国税政实施要则》明确了合理负担、统一税法税政、一切纳税人必须照章纳税等税收基本原则，确立了税收立法原则和权限。在《全国税政实施要则》指导下，新中国颁布了基本覆盖各税种的税收暂行条例和实施细则，确保了税制合规稳定运行，建成了统一的、多税种、多环节征收的复合税制体系，初步建立社会主义税收制度，有效保障了新兴人民政权的运转，有力摧毁了旧制度藩篱，也为抗美援朝提供了坚实的财力支撑。

（四）税制演变的特点

总体来说，这一时期的税制改革与变迁历程是稚嫩而彷徨的，基本上承袭苏联模式，是中国从社会主义革命向共产主义目标迈进中的坎坷探索的缩影，但在国民经济恢复和社会主义改造时期，发挥了其应有的作用。这一历史阶段的税制变迁呈现的主要特点包括以下三个方面。

1. 税收"工具观"引领着税制演变的前行路径

在这个历史阶段，税收被作为执行当时历史任务的特殊工具，为维护国家政权稳定、落实对私改造、开展阶级斗争、实行对国有企业经济核算等目标服务，税收"工具观"成为治税思想的主流，导致税制建设片面化，使"非税论"堂皇登场。

2. 税制历经了从复合税制到单一税制的变迁

1953年建立的新中国复合税制，几经简并，到1973年，基本上已走向了单一税制，国家政权更多地以企业上缴利润的形式实现对社会财富的直接占有，税收收入功能逐步弱化，税收的调节功能逐步丧失。

3. 税收法律制度的建设序幕逐步拉开

1956年成立的全国人民代表大会于成立当年颁布了新中国第一部单行税法——《中华人民共和国文化娱乐税暂行条例》。1958年，全国人民代表大会常委会通过了农业税条例和工商统一税条例的立法；同年，全国人民代表大会常委会审议通过《关于改进税收管理体制的规定》，下放了部分地方税的税收立法权，对我国税收立法权进行了首次调整。税收制度法律化建设开始起步。

二、改革开放初期市场化改革探索时期（1978—1992年）的税制变迁

（一）经济社会背景

1978年改革开放后，人们开始重新思考和探索中国未来的发展之路。党的十一届三中全会正式开启了中国改革发展的新纪元，瞄准解决全体国民的吃饭问题，明确以经济建设为中心，确立了"对内搞活经济、对外实行开放"的重大战略方针，成就了经济领域最为活跃的一段历史时期。尽管如此，由于受传统固有观念影响，当时大众对西方市场经济理论尚处于"批判地吸收"阶段，在相当长的一段时间内，政策倾向还是在维系计划经济的总体框架下，把计划经济的僵化体制搞活一点。从官方"计划为主，市场为辅""有计划商品经济"的表述可知，"计划"在当时还是第一位的。但与此同时，市场经济也逐渐找到发展的土壤。

（二）税制建设发展的演进路径

这一阶段的税制演进遵从"对外开放"和"对内搞活"两条主线展开。

1. 适应"对外开放"要求的涉外税制的建立与发展

尽快建立涉外税制、解决涉外征税问题成为当时税收领域最要紧的改革任务。在充分借鉴发达国家所得税制建设经验的基础上，本着以税收让渡换取外来投资的目的，1980—1981年，第五届全国人民代表大会相继出台《中华人民共和国中外合资经营企业所得税法》《中华人民共和国个人所得税法》《中华人民共和国外国企业所得税法》三部涉外税法，解决了所得税方面的涉外课征问题。同时，对中外合资企业、外国企业和外国人沿用原有税法继续征收工商统一税、城市房地产税和车船使用牌照税。后来又陆续制订了《关于外商从我国所得的利息有关减免所得税的暂行规定》（1983年）、《关于经济特区和沿海十四个港口城市减征免征企业所得税和工商统一税的暂行规定》（1984年）等鼓励外商投资的税收法规，一

套比较完整的涉外税收制度在中国初步建立起来。1983年，我国与日本签订了第一个双边税收协定。

2. 助力"对内搞活"改革探索的国内税制构建

呼应对内经济领域的扩大企业自主权、增强企业经营灵活性，税收领域主要解决的是对国有企业要不要征税，怎么征税的问题。对此，理论界作出了巨大贡献，充分论证了对国有企业征税的制度优越性。1979年，我国从法国引入增值税；1980年，在上海、无锡、广西等地陆续试点。1983年，在全国范围试点增值税，同年第一步利改税落地，开始对有盈利的国营企业征收所得税，但是，由于税种设置单一、税后利润分配复杂、分配方法不规范，加之财政包干体制影响，税利边界混淆。这也催生了1984年的第二步利改税，即国家对于国营大中型企业实现的利润继续按55%的税率征收所得税后，对剩余利润较多的企业再征收国营企业调节税，其余的利润全部留给企业。与此同时，工商税制改革全面启动，把原有的工商税分解为产品税、增值税和营业税3个税种，恢复和新增了盐税、资源税等其他税种。陆续开设了针对不同类型企业和不同收入来源的所得税制以及针对特定消费和投资行为的行为目的税，还包括具有财产课税性质的地方税种。截至1992年底，我国工商税制共设七大类37个税种。详见表3-2。

表3-2　　　　　　　　税制改革演进（1978—1992年）

改革时间	改革内容
1980—1981年	第五届全国人民代表大会先后公布《中华人民共和国中外合资经营企业所得税法》《中华人民共和国个人所得税法》和《中华人民共和国外国企业所得税法》，继续对中外合资企业、外国企业和外国人征收工商统一税、城市房地产税和车船使用牌照税
1984年	根据全国人民代表大会授权，国务院决定，在全国实施第二步利改税和工商税制改革。发布国营企业所得税、国营企业调节税、增值税、产品税、营业税、盐税、资源税等一系列行政法规
1984—1991年	国务院发布集体企业所得税、私营企业所得税、城乡个体工商户所得税、个人收入调节税、城市维护建设税、国营企业奖金税、集体企业奖金税、事业单位奖金税、国营企业工资调节税、固定资产投资方向调节税、特别消费税、房产税、车船税、城镇土地使用税、印花税、筵席税等行政法规。第七届全国人民代表大会第四次会议决定，将《中华人民共和国中外合资企业所得税法》与《中华人民共和国外国企业所得税法》合并为《中华人民共和国外商投资企业和外国企业所得税法》

续表

改革时间	改革内容
1992年底	初步建成一套适应有计划的社会主义商品经济的要求，内外有别新的税制体系。这个体系由37个税种组成。包括产品税、增值税、盐税、特别消费税、烧油特别税、营业税、工商统一税、关税、国营企业所得税、国营企业调节税、集体企业所得税、私营企业所得税、外商投资企业和外国企业所得税、个人所得税、城乡个体工商业户所得税、个人收入调节税、国营企业奖金税、集体企业奖金税、事业单位奖金税、国营企业工资调节税、房产税、城市房地产税、城镇土地使用税、耕地占用税、契税、资源税、车船税、车船使用牌照税、印花税、城市维护建设税、固定资产投资方向调节税、屠宰税、筵席税、牲畜交易税、集市交易税、农业税和牧业税

(三) 税制发展进程中重大事件评述

1. 创建涉外税制

20世纪80年代初，三部涉外税法的相继出台，虽然很大程度上是为了吸引外商投资、稳定外资预期，但也成为对外开放的重要政策手段。其税制设计基本上是借鉴或照搬国外税法，"两免三减半"等对外商投资企业殊为优厚的税收待遇，充分体现了税负从轻、优惠从宽、手续从简的政策意图。可以说，改革开放之初的涉外税制本身并不具有很强的财政收入意义，但却具有明显的对外开放助力价值，有效弥补了当时国内投资环境的不足。此外，三部涉外税法的创设带有较为鲜明的税收法定化色彩，先导了改革开放初期的税制改革。涉外税制自建立以来，一直区别于国内税收制度而自成体系，虽合乎时宜，但随着社会主义市场经济的发展，其弊端也逐渐暴露。

2. 实行利改税及工商税制改革

新中国成立以来实行的高度集中、统收统支的财税体制所造成的资源配置效率低下问题越来越严重。随着改革开放持续深入，以承包责任制为代表的农村改革率先取得巨大成功。1984年，改革的重点逐步由农村转向城市。而城市经济体制改革因价格闯关不利，启动闸锁定在分配领域。分配领域最核心的关系，就是国家和企业之间的分配关系，税收则是国家与企业分配关系最为规范的形式，于是利改税成为分配领域改革乃至城市经济体制改革的突破口。两步利改税实现了对国有企业征税的理论实践双突破，由"税利并存"到完全的"以税代利"，确定了国家通过税收参与国民收入分配的模式，进一步调动了企业依法自主经营的积极性。从1984年开始的工商税制改革打破了长期以来税种单一的局面，初步奠定了现行税收制度结构体系的基础，对1994年现代税制结构的形成具有深远影响。

3. 开启税收授权立法

1984年9月，全国人民代表大会六届七次会议上通过了《全国人民代表大会常务委员会关于授权国务院改革工商税制发布有关税收条例草案试行的决定》，赋予了国务院在税收立法方面的权力，开启了税收授权立法的先河。随后，国务院陆续公布了有关"利改税"及工商税制改革的税种条例（草案），中国进入了以国务院发布制定税收行政法规为主的税制建设阶段。这一税收授权立法的决定，一直引领着中国税收制度改革与发展的全过程，为形成和完善具有中国特色的税制发展奠定了基础，为税制改革发展更好适应经济改革需要提供了必要的法律保障。

（四）税制演变的特点

总体来说，这一时期的税制改革担当了改革开放先行军，充分适应了当时从"计划经济"向"有计划的商品经济"的体制转轨需要。这一历史阶段的税制变迁呈现的主要特点包括以下三个方面。

1. 双主体税制结构模式初步形成

这一阶段的税制改革基本完成了从单一税制向多税种、多环节、多层次的复合税制转变，初步建成了一套内外有别、城乡不同，以货物和劳务税、所得税为主体，财产税和其他税收为补充的新的税制体系，税收的职能作用得以加强。双主体税制结构模式一直延续至今。

2. 税制发展呈现内外并行发展轨迹

"对外开放"激活对外税制建设，"对内搞活"牵引对内税制改革，内外税制各成体系，且这两条发展轨迹基本上是并行发展，没有交叉。涉外税制呈现出法律化的税制发展模式，国内税制表现出以授权立法、行政法规形式确立的税制演进路径，满足了改革与开放两条发展主线的不同需要。

3. 税收作用认识上的变化推进税制改革

这一时期彻底摒弃了"非税论"和"税收无用论"的观点，国内税制建设取得重大进展。但是把税收作为规范国家与企业分配关系唯一形式的认识，在大搞承包制的时代氛围下，也导致了税前承包、税后承包等税收调节泛化甚或异化的现象。1984—1989年，税种数量井喷式增长，国营企业奖金税等一系列具有特定调节指向的税种陆续出台，导致税种税率过多过乱，税收的作用无形中被过度放大，甚至出现了"税收万能论"的倾向，显现出税收职能作用被"泛化"的特征。

三、社会主义市场经济建立和完善时期（1993—2012年）税制变迁

（一）经济社会背景

1992年，邓小平南方谈话拨云见日，党的十四大确立了社会主义市场经济改革发展总目标，标志着中国改革开放进入了新的重大历史发展阶段，社会主义市场经济必须要有健全的宏观调控体制，并明确要在财税、计划、投融资等领域迈出重大步伐。实际上，在此之前，由于财政包干制，我国的财政经济状况已经出现了重大问题，一方面，财政收入占国内生产总值的比重偏低；另一方面，中央财政收入占全国财政收入的比重偏低，严重影响到国家宏观调控作用的发挥，出现了中央财政向地方财政借款的问题，逐渐形成了所谓的"地方经济"。这两个"比重偏低"，也构成了1994年税改的重要背景。此外，我国在扭转1989年、1990年经济低速增长态势的同时，出现了经济过热的情况。治理通货膨胀，促使宏观经济尽快"软着陆"已成为迫切任务。

（二）税制建设发展的演进路径

这一阶段的税制演进呈现从主体改制到循序完善的递进态势。

1. 1994年的税制改革开启了税制发展大幕

1994税制结构调整和分税制改革是本阶段税制发展的主体工程。根据党的十四届三中全会通过的《中共中央关于建立社会主义市场经济体制若干问题的决定》，按照统一税法、公平税负、简化税制、合理分权、理顺分配关系、规范分配方式、保障财政收入的原则，我国以规范化的增值税为核心，相应设置消费税、营业税，逐步确立增值税和营业税并行征收、增值税和消费税交叉征收的货物与劳务税的征收格局；统一国内企业所得税，取消国营企业所得税、国营企业调节税、集体企业所得税和私营企业所得税，企业承包上缴所得税；对个人收入和个体工商户的生产经营所得税统一实行修改后的个人所得税法；调整、撤并、开征其他税种，为进一步完善税制奠定了坚实的基础。1994年的分税制体制建立了中央税收和地方税收体系，分设中央与地方两套税务机构，建立中央对地方的税收返还和转移支付制度。详见表3-3。

表3-3　　　　　税制改革演进（1993—2012年）

改革时间	改革内容
1993年	将城乡个体工商户所得税和个人收入调节税并入新修订的个人所得税法，自1994年起施行。统一内资企业所得税，自1994年起执行

续表

改革时间	改革内容
1994 年	1994 年税制改革的主要内容是：全面改革货物和劳务税制、企业所得税制和个人所得税制，大幅度调整其他税收。实际开征税种包括：增值税、营业税、消费税、关税、企业所得税、外商投资企业和外国企业所得税、个人所得税、房产税、车船使用税、车船使用牌照税、印花税、屠宰税、筵席税、资源税、城镇土地使用税、固定资产投资方向调节税、城市维护建设税、土地增值税、契税、农业税（含牧业税）、耕地占用税、证券交易税
1997 年	颁布《中华人民共和国契税暂行条例》
2000 年	颁布《中华人民共和国车辆购置税暂行条例》；停止征收固定资产投资方向调节税
2003 年	颁布新的关税条例
2005—2006 年	取消农业税，取消牧业税和屠宰税，对过去征收农业特产农业税的烟叶产品改征烟叶税，颁布《中华人民共和国烟叶税暂行条例》
2007 年	将对内资企业和外资企业分别征收的企业所得税合并，制定《中华人民共和国企业所得税法》，自 2008 年起施行
2008 年	修订《中华人民共和国增值税暂行条例》《中华人民共和国消费税暂行条例》和《中华人民共和国营业税暂行条例》，结合成品油税费改革调整了消费税
2010 年	将外商投资企业和外国企业纳入城市维护建设税的征收范围
2011 年	颁布《中华人民共和国船舶吨税暂行条例》
2013 年	共有 18 种税收，增值税、消费税、车辆购置税、营业税、关税、企业所得税、个人所得税、土地增值税、房产税、城镇土地使用税、耕地占用税、契税、资源税、车船税、船舶吨税、印花税、城市维护建设税以及烟叶税

2. 货物和劳务税改革与完善

经 2004 年东北三省试点，2009 年，我国基本实现从生产型增值税到消费型增值税的转型。2012 年，"营改增"在上海及部分省份启动试点。2000 年，以车辆购置税取代车辆购置附加费，实现了车辆购置费改税的历史性突破。自 2006 年开始，我国多次新增消费税税目，调整旧有税目的税率。

3. 所得税改革与完善

2008 年，将企业所得税暂行条例和外商投资和外国企业所得税法两法合并，制定新的企业所得税法。2005 年、2008 年、2011 年，我国分次将个人的工资、薪金的免征额从每月 800 元提高到 1600 元、2000 元、

3500元。2007年、2008年、2011年还就个人储蓄存款利息征收个人所得税、个人工资及薪金所得适用税率级数、个体户生产和经营所得适用税率等作出一系列政策和制度安排。

4. 其他税种改革与完善

2006—2007年，我国对车船使用税、城镇土地使用税等零星税种进行了调整完善。2006—2012年，车船税、城镇土地使用税、耕地占用税、房产税、城市维护建设税、资源税相继实现内外统一。2006年，农业税废止，沿袭两千年之久的古老税种退出中国税制历史。

（三）税制发展进程中重大事件评述

1. 1994年税制改革与分税制

本次税改是新中国成立以来规模最大、范围最广、内容最深刻的一次税制改革，不仅是经济领域的重大变革，也是政治领域的重大调整。统一、简化和规范的新型税制使税收集聚财政收入功能显著增强，适应建立社会主义市场经济体制需要的税制结构体系基本形成，对中国经济发展重大体制转型发挥了重要作用。建立在税制结构改革基础上的分税制，确立了此后20余年中央与地方政府间财政关系的基本框架，进一步稳定了中央与地方的关系，增强了中央宏观调控能力，为中国经济保持长期稳定增长奠定了良好的体制基础和制度环境。

2. 实现两法合一

内外资企业所得税不统一所引发的问题和矛盾在我国加入世界贸易组织后加剧激化。2008年，内外资企业所得税合并，实现了税基（税前扣除）、税率、纳税人、征收管理和税收优惠的统一。内外税制最终走向统一，优化了税种布局，为企业公平竞争和提高外资利用效益创造了良好的税收环境，在我国所得税发展史上具有里程碑式意义。

（四）税制演变的特点

总体来说，这一时期的税制改革基本建立了一个适应社会主义市场经济发展要求、符合国际通行经验的现代税收体系框架，有效促进了统一、开放、竞争、有序的现代市场体系的形成。这一历史阶段的税制变迁呈现的主要特点包括以下四个方面。

1. 适应社会主义市场经济的税制结构基本定型

新型税制格局顺应了社会主义市场经济阶段国家宏观调控体系建设的需要，初步实现了税制统一、简化和规范，形成了以流转税和所得税"双主体"税系为支撑的税收制度体系，有力促进了改革开放和经济发展。此后的税制改革都是在此框架下的完善修补。

2. 税制统一性的问题得到了有效解决

改革后的税制设计克服了1992年之前包干体制下,中央、地方、企业多方博弈导致的税制任意性,使地区间、行业间、企业间、产品间的税收负担进一步趋于公平。终结了内外有别的税制格局,改善了增值税链条不完善带来的税制运行混乱局面,初步建成了税政统一、税负公平、执法规范、政策透明的税收制度。

3. 税制的改革与完善助力市场经济发展

我国社会主义市场经济体制建设是靠政府行为推动的,税制规范统一,理顺了政府与市场的关系,公平税负也为市场主体平等竞争奠定了良好的体制基础。1994年国家推出的五大宏观调控体系改革中,最核心的就是工商税制改革。税制改革通过内在机制设计实现宏观调控任务,切实助力了社会主义市场经济提质增效。

4. 税收分享体制促进地方经济发展

分税制激发了地方政府发展的积极性,为地方力推GDP增长创造了良好的体制环境和基础,助力投资、消费、出口"三驾马车"一路并行,推动实现了我国经济较长时期两位数持续增长的历史性成就。实际上,在分税制改革的时候,中央给地方政府留了一个"口子",即预算外资金,也就是土地使用权转让收入归地方,这也催发了后来的房地产业迅猛发展。

四、新时代(2012年以来)的税制变迁

(一)税制演进的经济社会背景

党的十八大以来,中国经济发展进入一个新的时期,内外经济形势日益复杂,一系列深层次问题无法回避。党的十九大报告中指出,中国特色社会主义进入了新时代,我国经济已由高速增长阶段转向高质量发展阶段,正处在转变发展方式、优化经济结构、转换增长动力的攻关期,社会主要矛盾已经转化为人民日益增长的美好生活需要和不平衡不充分的发展之间的矛盾。推动经济高质量发展,必须加快建设现代化经济体系,必须牢牢把握深化供给侧结构性改革这条主线,把着力点放在实体经济上,这为新时代税制改革指明了方向。

(二)税制建设发展的演进路径

这一阶段的税制演进主要按照党的十八届三中全会关于深化财税体制改革的总体部署,从增值税、消费税、个人所得税、资源税、环境保护税和房地产税(尚未开征)六大税种入手的具体改革相继展开。

1. 推进增值税改革

2012年,"营改增"试点率先在上海市交通运输业和6个现代服务业实行;2012年9月到2012年底,分批扩大到8个省(市);2013年8月起,推广到全国,并将广播影视业纳入其中;2014年1月起,将铁路运输业、邮政业和电信业纳入"营改增"范围;2016年5月起,将建筑业、房地产业、金融业、生活服务业一次性纳入试点范围,实现增值税对货物和服务的全覆盖。2017年,营业税废止,至此,在中国实施60多年的营业税正式退出历史舞台。2018年以来,为推动以供给侧结构性改革为主线的高质量发展,增值税改革持续深化。

2. 建立综合与分类相结合的个人所得税制

2018年8月,我国对个人所得税法进行了第七次修订。从2018年10月起,大幅提高基本费用减除标准至每月5000元并适用新的税率表,进一步优化了部分税率级距;从2019年1月起,增加住房、教育、医疗、赡养老人等六项专项附加扣除项目,减轻中低收入群体税收负担。

3. 构建"绿色"环保税制

2018年,《中华人民共和国环境保护税法》正式施行,按照"费改税"负担平移的设计原则,平移排污费的征收范围,选择防治任务繁重、技术标准成熟的大气污染物、水污染物、固体废物和噪声4类污染物设定税目。环境保护税的开征有力促进了污染物集中处理、企业清洁生产和环境治理能力现代化。

4. 深化资源税改革

资源税改革以清费立税、从价计征为主要内容,促进了资源节约利用并增强了地方财力,提升了国家对资源行业的治理水平。2014年、2015年、2016年已分别对煤炭资源,稀土、钨、钼资源,矿产资源和盐全面实施清费立税、从价计征。自2017年12月起,水资源税改革在北京等9个省份实施扩大试点。2019年8月,全国人民代表大会通过了《中华人民共和国资源税法》。

5. 完善消费税制

先后取消了汽车轮胎、酒精、普通化妆品等产品的消费税,提高"高档化妆品"税率。提高成品油消费税税率,将具有污染的电池、涂料产品纳入消费税征收范围,对无汞原电池、锂电池等免征消费税。提高卷烟批发环节从价税税率。对超豪华小汽车在零售环节加征10%的消费税。

6. 加快房地产税改革

加快房地产税立法并适时推进改革工作,正在按照既定安排统筹推进。当前，社会各界对是否开征房地产税及如何科学设计房地产税制要素，尚存在分歧，看法不完全一致，只有经过立法，才具有权威性，这也是贯彻"依法治国"和"落实税收法定原则"所必需的。详见表3-4。

表3-4　　　　　　　　　新时代背景下的税制改革内容

改革税种	改革内容
增值税	自2012年1月1日起，在上海交通运输业和部分现代服务业开展"营改增"试点。2012年8月1日，试点扩大至10省市。2013年8月1日，"营改增"试点推广到全国，并将广播影视服务业纳入试点范围。自2014年1月1日起，将铁路运输和邮政服务业纳入"营改增"试点。自2016年5月1日起，全面"营改增"试点在"四大行业"全面推行增值税，实现货物与服务全覆盖。2017年实行税率简并及下调。2019年增值税税率下调至13%和9%，部分服务业实行加计抵减政策。2018年以来，结合减税降费政策实施，增值税制进行了相应的调整和改革完善，逐步推进留抵税额全面退税制度
个人所得税	2018年8月，我国对《中华人民共和国个人所得税法》进行了修订。从2018年10月起，大幅提高基本费用减除标准至每月5000元并适用新的税率表，进一步优化了部分税率级距；从2019年1月起，增加住房、教育、医疗、赡养老人等六项专项附加扣除项目，减轻中低收入群体税收负担
消费税	先后取消了汽车轮胎、酒精、普通化妆品等产品的消费税，提高"高档化妆品"税率。提高成品油消费税税率，将具有污染的电池、涂料产品纳入消费税征收范围，对无汞原电池、锂电池等免征消费税。提高卷烟批发环节从价税税率。对超豪华小汽车在零售环节加征10%的消费税
资源税	2014年、2015年、2016年已分别对煤炭资源，稀土、钨、钼资源，矿产资源和盐全面实施清费立税、从价计征。自2016年7月1日起，我国全面推进资源税改革并开展水资源税改革试点工作。自2017年12月起，水资源税改革在北京等9个省实施扩大试点。2019年8月26日，第十三届全国人民代表大会常务委员会第十二次会议表决通过了《中华人民共和国资源税法》，并于2020年9月1日实施
环境保护税	2016年12月25日，《中华人民共和国环境保护法》在第十二届全国人民代表大会常务委员会第二十五次会议上表决通过。自2018年1月1日起，正式实施
房地产税	党的十八届三中全会决定提出完善税收制度，加快房地产税立法并适时推进改革（尚未开征）

（三）税制发展进程中重大事件评述

1. "营改增"试点

2015年9月的中央经济工作会议后，我国经济治理方略发生了重大转变，在推进供给侧结构性改革中落实好"三去一降一补"的部署要求，是

2016年全面"营改增"推行的伏笔。国家层面降税费负担,首选切入点便是收入占比超40%的增值税。"营改增"的全面施行,打通了增值税的抵扣链条,简化了税制,降低了制度性交易成本,构成了结构性减税的主要措施。为了达到"税负只减不增"的改革目标,试点方案从顶层设计上,既承袭了原营业税税制要素中较好的优惠政策和措施,又制定出了切实可行的过渡性安排,基本上维持了税负在各个环节既有的分配格局。全面"营改增"试点改革整体成效显著,减税的政策诉求与课税机制的转换相得益彰,与国际接轨的现代增值税制度已基本建成。

2. 实行个人所得税改革

2018年个人所得税改革正式启动,20多年前提出的个人所得税改革构想终于兑现。新税制扩大征税范围,将工资薪金、劳务报酬、稿酬、特许权使用费等有较强连续性收入纳入个人所得税综合征收范围;调整税率级距和税负水平,降低中等收入阶层尤其是中低工薪收入者的税收负担;规范费用扣除标准和减免税优惠政策,确立与消费范围和物价水平相适应的、相对稳定的费用扣除标准调整机制。除此之外,本轮个人所得税改革还实现了代扣代缴制向预扣预缴制的转变,总体上结构性减税特征明显,个人所得税税负结构更趋合理,个人所得税制更具科学性、公平性。

3. 落实税收法定原则

为增强税制对经济改革转型发展的适应性,全国人民代表大会对税收立法曾采取了授权的变通模式。这也导致了长期以来,我国税收法定一直停留在国务院依授权制定暂行条例的层次。在中国特色社会主义法律体系已经形成的大形势下,只有少量税种立法,税收法律化程度较低。在和其他法律的执法争议过程中,暂行条例自然受到"下位法服从上位法""行政法规服从法律"的法理规则制约,税收利益往往得不到有效维护。落实税收法定原则与深化税制改革相辅相成,税制改革必须严格按照税收法定原则推进,税收立法也要主动适应改革需要,起到引领规范作用。2013年党的十八届三中全会"落实税收法定原则"的决策部署,以全国人民代表大会直接立法逐步取代授权立法,税收法定原则的落实前景已明朗,我国税收法治正从"有法可依"向"良法善治"时代转变。

(四)税制演变的特点

总体来说,这一时期的税制改革是磅礴而高屋建瓴的,深化税制改革踏上全新征程,新时代中国特色社会主义税制建设之路越走越宽广。这一历史阶段的税制变迁呈现的主要特点包括以下五个方面。

1. 以税收治理观统领税制改革深化

党的十八大以来，我国税制改革在习近平新时代中国特色社会主义思想引领下，立足国内经济社会发展实际，吸收借鉴国外税制先进经验和发展趋势，以满足人民美好生活需要为目的，有效兼顾改革发展稳定，在助力供给侧结构性改革、实施大规模减税降费的同时，与全面深化改革同频共振，适应国家治理体系和治理能力现代化的中国特色社会主义税收制度加快完善。

2. 以高质量发展引领税制改革

进入新时代，我国经济已由高速增长阶段转向高质量发展阶段，发展重心从稳增长更多地转向对质量的追求、结构的调整、方式的转变。作为现代财政制度的重要组成部分，税收在国家治理中的作用不言而喻。近年来，税制改革更加有力服务于新发展理念和新发展理念引领下的高质量发展，充分发挥税收对生产要素配置的调节作用，税收制度改革红利持续释放，对促进社会主义市场经济持续健康发展发挥了重要作用。

3. 主体税种改革取得历史性突破

新时代的增值税改革，创新税制与落实减税并重，成为税制改革发展的核心路径。将简并税率、降低税率与扩大抵扣、加计抵减、留抵退税等诸多完善税制措施同步推进，显示了我国增值税制的强大张力。全新的综合和分类相结合的个人所得税制的建立，实现了个人所得税制模式的根本变革，有效调节了社会再分配。

4. 减税降费语境下的税制完善

税费是经济运行的内在要素和组成部分，减税降费是党中央确立的应对经济下行的首选政策，特别是2019年的2万多亿元减税降费规模，其实是国家通过让渡大量既得利益，提振市场信心和市场活力的做法。从这个意义上讲，减税降费不单纯是一种临时性政策调整，更体现出政府与市场关系在新时期的新要求和新发展。新时代围绕减税降费主基调，结构性减税和普惠性减税相结合，有效激活了企业投资和居民消费，切实增强了市场主体获得感。

5. 税收法定原则落实步入快车道

党的十八大以来，我国已完成制定或平移环境保护税法等9部单行税法，现有18个税种已有12个完成了立法，展现了新时代健全现代税制体系、加强税收法治建设的可喜成果。目前，税收征收管理法（修订）、增值税法、消费税法等已列入立法计划，税收立法驶入快车道。

五、新中国成立 70 多年来税制变迁的内在特征

在这极不平凡的 70 多年里,税制变迁演进的脉络始终与中国经济发展的历程紧密契合。不同历史阶段的税制,在改革理念、功能结构、施行模式上不可避免地被打上了时代烙印。然而,从新中国税制萌芽之始坚守下来的"为国聚财、为民收税"的忠诚担当始终如一。当前"税种科学、结构优化、法律健全、规范公平、征管高效"的现代税收制度的确立,需要历史明鉴。现将新中国成立 70 多年税制变迁的基本经验归纳如下。

(一)党的领导直接引领税制改革行进方向

1950 年,时任政务院总理的周恩来同志亲自签署《全国税政实施要则》。毛泽东主席高度赞扬新中国成立之初统一财经、强化税收战斗的胜利,称之为"不亚于打赢了一场淮海战役"。此后,党和国家主要领导人在不同时期和发展阶段都曾对当时的税制改革工作作出指示要求。党的领导在历次重大税制改革中发挥了掌舵指向的重要作用。特别是进入新时代后,习近平总书记对税收工作作出了一系列重要指示,提出了一系列税收工作论述,赋予了税收在国家治理中基础性、支柱性、保障性的特殊定位,其科学论断直接指导着新时代中国税制改革发展。习近平总书记对供给侧结构性改革的经济形势判断,指引了 2016 年"营改增"的全面推开;习近平总书记主持审议方案,指引了 2018 年国税地税机构的历史性合并;习近平总书记在民营企业座谈会上的讲话,指引了 2019 年更大规模减税降费政策措施的出台。新时代的中国税制,正在习近平新时代中国特色社会主义思想的引领下,跨步行进在高质量发展的路上。

(二)税制改革发展肩负着助力中国经济转型的重任

从计划经济到社会主义市场经济,直至迈进新时代,税制改革和政策调整有力有效地推动了社会主义经济体系的完善优化,对于组织国家财政收入、调节经济运行、缓解社会分配不公等发挥了其他经济杠杆和行政手段不可替代的作用。在统一财经、改革开放、社会主义市场建设等关键历史节点,税制改革作为整体改革的突破口,成为解决中国经济问题的"牛鼻子",构建起一套符合改革各个阶段要求的税制和政策体系。特别是进入新时代后,税制改革作为全面深化改革的重要组成部分,既立足于改革需要,配合总体布局的推进,又在追求结构优化和税负合理的目标下,不断探索助力国家现代化发展的治税模式。新时代的税制改革,不仅是 1994 年财税体制改革的健全和完善,更是主动适应市场配置资源起决定性作用的、前所未有的重大税制变迁。

(三) 不同时期治税观推动税制改革逐步深化

治税观是国家关于税制发展战略的根本指导思想。从"税收工具观"到"税收经济观",再到新时代的"税收治理观",渐次演进的治税观引领税制改革的梯次升级。其间,税收职能经历了从"机械"到"能动"的定位转变,税收功能从单纯筹集财政收入拓展到经济、政治、文化、社会、生态文明等诸多领域,成为治国理政的重要基础。特别是"绿色"税制的构建,生动演绎了"绿水青山就是金山银山"的现代治理理念。当前,税收共治进程正与共建共治共享社会治理格局建设同步推进。站在国家治理现代化的崭新战略高度,新时代税制发展正从税收干预调节分配的单向化固有模式转向服务"五位一体"战略目标的系统化集成模式。

(四) 税制建设体现出借鉴国际经验与中国特色发展的有机结合

从20世纪50年代借鉴苏联税收模式,到20世纪80年代涉外税制建设、增值税税种引入,再到当前全面深化税制改革,我国在借鉴国外税制成熟经验的基础上,始终坚持结合国情,接续探索,接力实践。将金融业、房地产业、建筑业等国际公认"难征收增值税的"特殊行业纳入征收范围,从制度上突破世界增值税禁区;综合与分类相结合的个人所得税制度,从顶层设计上充分结合了我国征管实际,展示了我国税制建设与国际税制接轨的开放姿态和坚守中国特色道路的强大自信。与此同时,国外税制改革的取向和路径也成为我国税制改革的重要参考。随着经济全球化的不断发展,我国正更多地参与全球治理体系改革,"中国税务经验""中国税务方案""中国税务主张"也越来越多地被国际社会吸纳借鉴,我国在国际税收领域的话语权和影响力正不断增强。新时代的中国税制,正着力在国际舞台上展现出与社会主义现代化强国地位相匹配的大国税务新气象。

(五) 试点先行、稳妥推进成为税制变迁推进主线

我国税制改革多是在试点成熟后再全面推开的,这也体现了中国渐进式的改革发展思路。利改税自1982年提出后,于1983年和1984年分步推进;分税制于1992年先行在浙江等9省(区、市)试点后,于1994年推广;2012年开启的"营改增"按"地区试点""行业推广""全面覆盖"三步推进。新中国成立以来,几乎所有重大税制改革都是试点先行、以点带面、远近结合、逐步推广,兼顾了普遍性和特殊性,把握了改革力度和速度,放大了改革效果,确保了税制改革顺利推进。新时代税制建设的体系框架已定,正按照蹄疾步稳的改革总体节奏,统筹长远与当前、整体与局部、创新与稳定、成本与效益等关系,确保"试点先行"取得新突

破,"巩固推广"构筑新优势,"税制革新"创造新成就。

(六)减税让利是我国税制改革的始终关切

早在新中国成立之初,为配合社会主义改造,我国就先后颁布实施了促进农业合作化、扶持农村供销合作社、农村信用社和手工业合作社的税收优惠政策。20世纪90年代和21世纪初,出台了支持西部大开发、东北老工业基地振兴和中部崛起、提高科技自主创新能力、培育和做大做强市场主体等一系列促进经济发展的税收政策。党的十八大以来,减税降费成为税制改革发展的主旋律,税系、税种变革与税制要素调整多策并举,改革税制与降低税负相结合,定向型和普惠型的政策让利始终与税制改革一路同行。当前更大规模减税降费,包括由深化增值税改革、建立综合与分类相结合的个人所得税制、实施更有力度的小微企业普惠性税收减免、加大聚焦创新的企业所得税税收优惠、降低社会保险费率等一揽子税制改革措施的推出,正在全面加力提效,也顺应了世界减税浪潮。以减税为关切的税制改革将改革的力度、发展的速度和财政可承受的程度相结合,平衡政府、企业和个人三方利益,使收入分配逐渐向企业和居民倾斜,即以减企业之负、增民生之福为主路径,解经济之困、保发展之稳为主目标。进入新时代,为推动构建"市场机制有效、微观主体有活力、宏观调控有度"的经济体制,确保减税降费政策措施落地生根已成为当前税收工作主题,再次印证和彰显了共和国税收的制度初心。

共和国税制,与新中国共经风雨,共历成长,共迎盛世,为共和国擎起财力支撑,立起护航风帆,奏响昂扬凯歌。站在新时代、新方位,我国经济社会发展的新阶段、新特征对进一步深化税制改革提出了更高、更新的要求。

第二节 个人所得税制度改革(2018年):亮点评述

个人所得税涉及千家万户,关系百姓切身利益,历来都是社会各界关注的热点和焦点,也一直是税制改革的重点和难点。2018年8月,十三届全国人民代表大会常务委员会第五次会议审议通过的个人所得税改革第七次修正案(以下简称"2018年个税法")以广泛的社会共识为基础,以严格的税收法定为原则,以社会公平价值为导向,以与国际接轨为方向,既具备了科学性和严密性,又兼顾了法治化和国际化,在我国个税改革发展史上具有里程碑式的意义。

一、综合与分类相结合

2018年个税法第2条和第3条规定，工资薪金所得、劳务报酬所得、稿酬所得和特许权使用费所得合称综合所得，适用3%—45%的超额累进税率；经营所得适用5%—35%的超额累进税率；利息股息红利所得、财产租赁所得、财产转让所得、偶然所得适用20%的比例税率。这种课税模式安排实现了我国个人所得税向综合与分类相结合税制的实质性跨越。

回溯历史，我国此前一直实行的是分类个人所得税制度，但简化合并趋势比较明显。1980年版的个人所得税法、1986年版的城乡个体工商户所得税暂行条例和个人收入调节税暂行条例合计有15类所得，1993年上述三部税法合并后应税所得相应被简化归并为11类。1996年制定国民经济和社会发展"九五"计划时就已将个人所得税改革方向确立为"分类与综合相结合的个人所得税制"，此后从"十五"直至"十三五"，都反复强调建立或实行综合与分类相结合的个人所得税制度，至2018年前后，历时20余年才正式落地，可谓"千呼万唤始出来"。

综合与分类相结合的个人所得税制度的建立具有重大意义。

一是从经济效率角度来看，对四类所得实行综合征收，有利于减轻工薪阶层尤其是中产阶层税收负担，引导和"鼓励人民群众通过劳动增加收入"，是财税体制改革"加力提效"的重要方式。二是从社会公平角度来看，统一四类劳动所得的税率、费用扣除标准等，有利于缩小收入渠道不同带来的征税差异，彰显了税制公平性的价值导向。三是从国家治理角度来看，综合与分类相结合的个人所得税制度有利于引导纳税人更加积极地参与公共事务治理，倒逼不同政府部门提升协同治税水平，强化个人所得税的社会治理功能。四是从税收文化角度来看，综合与分类相结合的个人所得税制度有利于提升个人自主纳税意识，培育依法自主纳税的文化氛围。五是从国际税收合作角度来看，实施综合与分类相结合的个人所得税制度更易于我们融入现有国际税收合作体系，可以对标国际上个人所得税制的通行惯例，提升我国在国际税收领域的影响力和话语权，推动建立合作共赢的新型国际税收关系。

基于税收征管效率现状的考量，目前对勤劳所得、经营所得、消极所得采取分离课税方式具有一定的合理性，但经营所得累进税率、消极所得比例税率明显低于勤劳所得的累进税率，从长远看可能造成富人缴税更少的不公平状况。随着数字经济和互联网经济的崛起，非正式雇用劳动机会越来越多，个人所得税分类征收难度越来越大。为适应这一挑战，目前国际上个人所得税发展主要表现为两种趋势：一是越来越多的国家或地区由传统的分类个人所得税向综合的个人所得税转化，以运用累进税率更好地发挥个税的调节作用；二是一些国家或地区将一些传统的按比例税率进行分类征收的所得也加入了综合征税的因素。例如，美国对于传统按比例征收的资本利得和股息所得，也开始按个人普通所得适用的累进税率水平对应适用高低不同的比例税率。从这个角度来看，未来我国个人所得税制度从目前的"小综合"迈向"大综合"将是大势所趋。具体而言，可择机先将连续性的且同属劳动所得的工资薪金所得、个体工商户生产经营所得等合并，采用统一的累进税率征收。对于按20%比例征收的消极所得，也可酌情借鉴美国经验，采用加成征收等方式加入综合征税因素，缩小或者消除其与劳动所得之间的"税收歧视"。

二、专项附加扣除制度

2018年修订的个人所得税法第6条明确了"包括子女教育、继续教育、大病医疗、住房贷款利息或者住房租金、赡养老人等支出"的专项附加扣除制度。专项附加扣除制度的引入既是本次个人所得税制度改革的一大亮点，也是一大难点。早在1980年个人所得税法颁布之初，个人所得税扣除项目仅限于基本减除费用；2005年，个人所得税法改革明确基本养老保险费、基本医疗保险费、失业保险费和住房公积金等"三险一金"可专项扣除；此次个人所得税法改革再次新增了专项附加扣除项目。至此，我国个人所得税法初步形成以"基本减除费用＋专项扣除＋专项附加扣除"为主要内容的广覆盖、多层级、递进式的税前扣除体系。

专项附加扣除制度的增设具有深远的经济和社会意义。一是有利于改善民生。专项附加扣除范围主要包括教育、医疗、养老、住房四个社会最为关注的民生问题，高度契合了人民对美好生活的向往，充分体现了个人所得税制度改革以人民为中心的发展思想。二是有利于激发居民消费潜能。专项附加扣除可以与基本减除费用、专项扣除叠加在一起，共同作用于税基，减少居民的应纳税所得额，相应地影响他们适用的超额累进税率，减轻相应人群的税收负担，增加他们的可支配收入，最终起到刺激消费和拉动经济增长的作用。三是体现了量能负担原则。专项附加扣除可在家庭成员之间进行选择。如子女教育、住房贷款利息等家庭共同开支，纳税人可选择由家庭成员中的高收入者进行扣除，以降低所适用的税率，从而减轻家庭的整体税负，着重体现了对人民及其所在家庭利益的尊重和保护。

目前国际社会对专项附加扣除制度的实施出现了两大变化：一是相对限制专项扣除而适当提高标准扣除以达到普惠，并降低税收遵从成本，更好实现社会公平。二是随着信息技术的发展，过去为便于控制家庭生计扣除、个人赡养扣除而采用以家庭为课税单位的国家开始减少，大多数经济合作与发展组织（OECD）成员国更趋向以单身个人为课税单位。因此，未来我国个人所得税专项附加扣除制度的设计应充分协调好标准扣除和专项扣除之间的关系，特别是扎紧专项附加扣除口子，严格防止被滥用，并择机引入税收抵免方式。同时，要充分发挥以家庭为课税单位可以平衡不同纳税人负担的优势，适当扩大子女教育、住房保障等专项附加扣除范围，允许纳税人选择以家庭或者个人为课税单位进行申报。

三、部门信息协助制度

2018年修订的个人所得税法第15条明确规定，公安、人民银行、金融监督管理等相关部门应当协助税务机关确认纳税人的身份、金融账户信息。教育、卫生、医疗保障、民政、人力资源社会保障、住房城乡建设、公安、人民银行、金融监督管理等相关部门应当向税务机关提供纳税人子女教育、继续教育、大病医疗、住房贷款利息、住房租金、赡养老人等专项附加扣除信息。这标志着个人所得税部门信息协助制度的初步建立。

早在2013年6月，国务院法制办就曾向社会公布了税收征收管理法修正案征求意见稿，规定政府部门和有关单位应当及时向税务机关提供所掌握的涉税信息，明确银行和其他金融机构应当提供的涉税信息范围。可惜这一修正案征求意见稿最终并未如期出台。从这个角度来看，2018年个人所得税法中部门信息协作条款的出台具有明显的应急性质，是在程序法相关制度规定缺失的情况下不得已而为之。因此，短板相对也比较明显，主要表现在以下三方面。一是执行刚性不足。虽然规定了各个部门协助确认和提供信息的义务，但并未明确相关部门拒绝提供信息究竟应该承担什么法律责任。二是适用范围较窄。信息提供主要局限在身份、金融账户信息和专项扣除信息的相关管理部门，对于民政、市政、统计、计划、街道、社区等其他涉税信息部门没有作相应规定。三是信息提供方式不明朗。涉税信息相关部门应按何种模式、何种方式、何时向税务部门提供数据均没有明确。

在经济合作与发展组织（OECD）的30个成员中，美、日等国自然人税收征管的部门信息协助制度相对比较健全，其中又以美国最为完备。美国的部门信息协助制度具有两个鲜明特点：一是立法明确规定部门信息协助的义务与法律责任；二是建立纳税人识别号制度和运用信息化手段统一信息共享口径、格式，最大程度地保障信息传递的准确性和处理的高效性。未来我国部门信息协助制度的构建重点应该放宽到整个自然人税收领域，而非单独个人所得税一个税种。考虑自然人税收范围较广，且实体税法承载能力有限，因此未来自然人税收征管的部门信息协助制度构建重点应该放在程序法而非实体法上。下一阶段应尽早重新修订税收征收管理法，扩充有关自然人税收征管的部门信息协助内容。需要特别注意的是，应尽量完善和细化所有政府部门向税务机关提供信息的义务与内容，明确信息提供的时间、格式和内容以及不如实提供信息者的法律责任。同时应进一步提升税务部门的信息化水平和数据自动化处理能力，尽早实现与其他部门之间信息交换的互联互通。

四、个人所得税监管制度

2018年修订的个人所得税法第8条明确了个人所得税监管制度，第8条规定："有下列情形之一的，税务机关有权按照合理方法进行纳税调整：（一）个人与其关联方之间的业务往来不符合独立交易原则而减少本人或者其关联方应纳税额，且无正当理由；（二）居民个人控制的，或者居民个人和居民企业共同控制的设立在实际税负明显偏低的国家（地区）的企业，无合理经营需要，对应当归属于居民个人的利润不作分配或者减少分配；（三）个人实施其他不具有合理商业目的的安排而获取不当税收利益。"

对于高收入和高净值群体个人所得税进行专门监管，始于国税发〔2006〕162号文件①。该文件规定自2006年1月1日起包括年所得12万元以上的、从中国境外取得所得等四类人群应该按规定办理纳税申报，但由于缺乏严密监控体系和诚信申报机制，所以政策执行基本流于形式，脱离了政策设计的初衷。此后税总发〔2016〕99号文件②，正式将自然人按照收入和资产实行分类管理，由于该文件没有明确高收入高净值人群的具体标准，所以监管力度同样十分有限。

2018年修订的个人所得税法中个人所得税监管制度的亮点主要体现

---

① 国家税务总局关于印发《个人所得税自行纳税申报办法（试行）》的通知（国税发〔2006〕162号）。
② 国家税务总局关于印发《纳税人分类分级管理办法》的通知（税总发〔2016〕99号）。

在三个方面：一是首次明确税务居民概念，为高收入高净值群体的认定奠定了征税的主体基础；二是首次调整居住认定时间，将一个纳税年度内累计住满183天认定为税收居民，使其与国际接轨；三是首次建立反避税规则，参照企业所得税相关条款，赋予税务机关对非独立交易行为、不当税收利益行为等进行纳税调整的权力。这样一来，个人所得税监管制度可以同CRS信息交换制度、重大税收违法失信案件信息公布制度等密切结合，全面收紧对高收入高净值人群的个人所得税监管，充分发挥个税对高收入高净值群体的收入分配调节作用。

国际上的个人所得税监管制度普遍具有三个特点。一是明确高收入高净值群体的认定标准。澳大利亚将净资产超过3000万澳元的个人纳入高收入高净值群体；新西兰将持有资产超过5000万新元、涉及复杂税务事项、与超过30家企业有关联关系的个人均认定为高收入高净值个人；美国主要是兼顾收入和资产两个标准来界定高收入高净值群体。二是广泛实施自愿披露政策。在35个OECD成员中，有18个成员制定了鼓励高收入高净值个人自愿披露的政策，给予原先存在纳税不遵从的纳税人改正其税务事项的机会。三是对高收入高净值个人进行专项审计。考虑高收入高净值个人与众多大企业存在关联关系，大多数国家更注重采用"企业法"从全球财富的整体视角对高净值个人进行全面税务审计。

参照国际上的普遍做法，未来我国个税监管制度改革应主要聚焦四个方面。一是尽快制定高收入高净值个人的划分标准。建议结合OECD成员的经验并综合考虑税收征管成本，根据收入和资产两个标准来界定我国高收入高净值群体。二是加快制定自愿披露政策。可借鉴OECD成员的成功经验，按照全球税收情报自动交换新标准，通过一定的税收罚款和滞纳金减免让步，并辅以一些免于起诉的措施，鼓励高收入高净值个人主动披露。三是建立专项审计制度。可结合大企业和重点税源企业监控信息与审计经验，按照规模、行业、辖区等因素建立中央、省、市、县四级定期专项审计机制。四是完善反避税规则体系的衔接。充分发挥企业所得税反避税规则的丰富经验和强大作用，有效解决自然人的避税问题。

五、预扣预缴制度

2018年修订的个人所得税法第11条明确了预扣预缴制度，即"居民个人取得综合所得，按年计算个人所得税；有扣缴义务人的，由扣缴义务人按月或者按次预扣预缴税款；需要办理汇算清缴的，应当在取得所得的次年三月一日至六月三十日内办理汇算清缴"。

与预扣预缴相对应的是代扣代缴，在2018年《中华人民共和国个人所得税法》全面实施以前，代扣代缴方式始终占据着绝对性的支配和主导地位。2018年，随着综合与分类个人所得税制度的出台，预扣预缴方式才正式浮出水面。目前，预扣预缴实施范围主要被限定在居民纳税人的综合所得领域。具体而言，居民纳税人的工薪所得实行的是累计预扣法，劳务报酬、稿酬、特许权使用费等所得实行的是分月（次）预扣法；其他所有所得，包括居民纳税人的利息股息红利、财产租赁、财产转让、偶然等所得以及非居民纳税人的全部应税所得仍然沿用代扣代缴法。

总体而言，引入预扣预缴征收方式是个人所得税改革的重大制度创新，一方面继承了代扣代缴征收方式监控严密的优势，避免了完全放任个人自行申报可能引发的逃避税风险；另一方面顺应了自然人税收征管新模式、新思维的内在需求和国际潮流，有利于引导纳税主体主动参与汇算清缴。当前预扣预缴征收方式的难点主要集中在汇算清缴环节。一是退税主体问题。目前的个人所得税实行的是中央与地方六四共享分成的模式，汇算清缴环节产生的退税究竟是由中央与地方按比例退库，还是由中央或者地方一方单独负责，目前并没有明确；如果地方财政需要承担退税，那么究竟是应由纳税人实际居住地、工薪所得扣缴地还是大额收入来源地的哪一方地方政府承担，目前也没有明确。二是累计预扣问题。累计预扣法的最大好处是使绝大部分只有一处工薪所得的纳税人在纳税年度终了时预扣预缴的税款基本上等于年度应纳税款，因此无须再办理汇算清缴。但从另一个角度来看，它在本质上基本等同于原来的代扣代缴方式，可能会在一定程度上弱化预扣预缴的自行申报激励效应。

代扣代缴制度率先产生于英国，但在实施过程中，代扣代缴制度容易让个人所得税沦为"工薪税"的缺陷比较明显。为此，美国在1942年推出预扣预缴征税方式，目前美国和澳大利亚是世界上预扣预缴征税方式最为成熟的国家，这种征收方式的最大优势是如果纳税人不及时预扣预缴个人所得税，那么在年度汇算清缴时，很可能会面临税收惩罚。考虑综合与分类个人所得税制度刚刚建立起来，而且预收预缴制度和代扣代缴制度与个人所得税征管模式之间存在高度的关联性，因此预扣预缴制度也必然会在很长时期内与代扣代缴制度共存。下个阶段应着力从两个方面对现行的预扣预缴进行修补。一是着力厘清退税政府主体。可比照出口退税方式，由中央财政全额负担纳税人的汇算清缴环节退税，以遏制地方政府间不合理的税收竞争，减少地方政府退税抵制心理，提高退税效率。二是尽早制定相应罚则。要进一步明确扣缴义务人和纳税人的预扣预缴义务，对于没有如实履行预扣预缴义务的扣缴义务人和纳税人在汇算清缴环节采取一定的惩戒措施。

六、自行申报纳税制度

2018年修订的个人所得税法第10条明确要求，取得综合所得、取得应税所得没有扣缴义务人、取得应税所得扣缴义务人未扣缴税款、取得境外所得、因移居境外注销中国户籍、非居民个人在中国境内从两处以上取得工薪所得、国务院规定的其他情形7类纳税人应当依法办理纳税申报。事实上，自行申报纳税制度并非此次改革首创，1980年个人所得税法就已规定"没有扣缴义务人的，由纳税义务人自行申报纳税"。1993年个人所得税法将自行申报范围进一步扩大到"在两处以上取得工薪所得的"纳税人。2005年7月出台的个人所得税管理办法规定要建立双向申报制度，同年12月出台的个人所得税法实施条例进一步要求"年所得12万元以上的"纳税义务人需要自行申报纳税。

此次个人所得税自行申报纳税制度出台的最大意义在于它推动了个人所得税征管理念作出根本性、彻底性的全方位调整。首先，它将自然人的申报义务和法律责任明确放置在法治化框架下，有利于维护税务机关自身的合法权益。其次，它通过专项附加扣除、清缴退税等制度红利设计，有利于引导纳税人密切关注和积极参与"预扣预缴→汇算清缴→退税"等流程和环节，进而培养起自然人的良好纳税习惯。

目前，国际上典型的个人所得税申报制度主要有两种情形。一是以日本为代表的蓝色申报制度。允许诚实纳税的人用蓝色申报书，并给予蓝色申报者多种优惠措施；而使用白色申报书者不但不能享受税收优惠，还要受到严厉监督。二是以瑞典、挪威、丹麦和芬兰等北欧国家为代表的个人免申报制度。税务机关依托网络信息技术、涉税信息共享、法律制度体系等掌握的信息进行个人所得税预填报，纳税人只需签名确认。可以预见，随着大数据、云计算、人工智能等信息化手段不断完善，个人所得第三方直接与税务部门的信息网络相连的障碍将基本消除，个人免申报制度很可能是未来个人所得税征管改革的发展方向和目标。但在相关技术条件成熟之前，可借鉴日本的蓝色申报制度，通过奖惩激励的方式提升纳税人的自行申报意愿和动力。

七、税收授权立法机制

2018年修订的个人所得税法的第4条、第5条、第6条、第11条、

第18条、第21条明确了个人所得税授权立法的六类情形,并将被授权主体全部统一为国务院,明确了个人所得税的授权立法机制。详见表3-5。

表3-5　　　　　　　　历次个人所得税法授权情况

授权项目	1980年	1993年	1999年	2005年	2007年	2011年	2018年
实施条例	财政部	国务院					
储蓄存款利息所得个税的开征、减征、停征及其具体办法	—			国务院			国务院
公益捐赠扣除方式	—			国务院			国务院
劳务报酬所得加成征收办法				国务院			
其他应税所得	财政部	财政部					—
其他免税所得	财政部	财政部					国务院
其他减税所得	—			财政部			国务院
专项附加扣除				—			国务院
预扣预缴办法							国务院

个人所得税的授权立法早在1980年个人所得税法中就已经出现,只是被授权主体一直以部门为主。例如,1980年个人所得税法将被授权主体全部选定为财政部,1993—2011年个人所得税法授权立法行为有所改进,实施条例、储蓄存款利息所得个税、公益捐赠扣除、劳务报酬所得加成征收的被授权主体都是国务院,但其他应税所得、免税所得、减税所得的被授权主体仍是财政部。2018年个人所得税法草案一审时,专项附加扣除和预扣预缴办法制度仍然被直接授权给了相应的国务院组成部门,而在2018年个人所得税法正式公布时,被授权主体全部改为国务院层面。

总体而言,将个人所得税立法授权对象全部提升至国务院层面是税收授权立法机制的一大进步。一是它将个人所得税被授权立法部分的法律层级提高到了法规层级,提升了税收授权立法的权威性。二是它契合了立法法第9条"全国人民代表大会及其常务委员会有权授权国务院根据实际需要制定行政法规"的规定,维护了税收授权立法的正当性。三是它可以杜绝常常出现的以新规章替代旧规章、以新解释代替旧解释等行为,减少了税收授权立法的随意性。

与税收法定原则的严格要求相比,税收授权立法机制仍然存在一定的差距。其一,立法法第10条明确规定:"授权决定应当明确授权的目的、范围。"而2018年修订的个人所得税法第4条"国务院规定的其他免税所得"以及第5条"国务院可以规定其他减税情形"等都属于开放式、空白式授权。其二，立法法第11条规定："授权立法事项在条件成熟时，由全国人民代表大会及其常务委员会及时制定法律。法律制定后，相应立法事项的授权终止。"而2018年修订的个人所得税法第4条"国务院规定的其他免税所得"，第18条"储蓄存款利息所得开征、减征、停征个人所得税及其具体办法"等从出台至今分别已经历时数十年，却仍然处于依据法规和部门规章予以规定的状态。

从国际范围来看，税收授权立法是税收立法的一个重要组成部分。比如，美国联邦的税收立法权主要由国会行使，但联邦财政部和国内收入署也可以根据法律享有一定的立法权。日本的税收立法权主要集中在议会，但行政机构在法律的授权下同样可以进行税务立法。值得注意的是，美、日等发达国家非常注重对税收授权立法的监督。为了保障司法的专业性，美国设有专门的税务法院。日本的税务案件审理通常是由一般司法机构进行的，但是日本法院独具的违宪审查权限，给日本的司法机构提供了强有力的授权立法监督权力。

为避免越位授权以及税收立法的部门化，我国未来个人所得税授权立法应严格遵守税收法定原则，将被授权主体牢牢锁定为国务院，同时进一步改进和完善个人所得税授权立法机制。一是严格限定授权事项。明确授权理由、目的、被授权机关权限范围、授权立法适用范围、适用时效等，让被授权主体只能根据上位法规定进行操作性填充。二是及时进行授权清理。对已经颁布施行的个人所得税法规、规章、通知、决定等，符合立法法第11条规定的，尽早上升到法律层面。三是完善授权立法监督。在条件成熟时借鉴国际经验授予法院有限的司法审查权，即法院原则上无权审查立法机关的立法，但可以审查授权法或授权条款。

第三节　经济新常态下深化税制改革的多维视角[①]

全面深化改革是在新的历史时期和发展阶段我国面临许多突出问题背景下展开的，问题倒逼改革，在此大背景下，我国启动了新一轮税制改革。在全面建成小康社会新的历史时期，税制改革肩负着重要的历史命题，作为全面深化改革的重要举措，关乎中国治理现代化能否顺利实现。

党的十八届三中全会通过的《中共中央关于全面深化改革若干重大问

---

① 本节内容完成于2014年。

题的决定》，坚持以问题为导向，突出了改革的整体性、系统性，注意各项改革之间相互呼应。经济发展进入新常态，经济增速回落，经济改革进入"深水区"，资源对经济发展的支撑力度逐步下降，必须从加强税制顶层设计和建立现代税收制度角度，从国家治理层面、落实税收法定层面、经济发展层面、社会管理层面、国际化背景和生态环境保护层面以及完善税收征管层面，多维度、多视角、全面、系统地把握当前深化税制改革的各项目标任务，有序推进税制改革工作，助力经济转型顺利推进。本文正是基于经济新常态背景，阐释《中共中央关于全面深化改革若干重大问题的决定》中深化税制改革的研究维度。

一、从国家治理层面看待税制改革

《中共中央关于全面深化改革若干重大问题的决定》不仅提出了进一步健全社会主义基本经济制度，而且提出了推动国家治理体系和治理能力现代化，并专门论述了深化财税体制改革，提出"财政是国家治理的基础和重要支柱"，赋予了财税体制改革非常重要的使命和发挥支撑作用的地位，将财税纳入国家治理层面，而不是将其视为单纯的经济问题。

《中共中央关于全面深化改革若干重大问题的决定》提出，"科学的财税体制是优化资源配置、维护市场统一、促进社会公平、实现国家长治久安的制度保障"。财税体制在一个国家具有举足轻重的地位，新一轮税制改革不是简单的分配关系调整，而是肩负着非常重要的政治使命，是社会关注度非常高、敏感性非常强的政治命题，不能将其简单地作为经济领域的一项改革。

税收是财政的重要组成部分，税制改革目标能否实现、税收制度能否实现现代化，直接关系财税改革目标的实现和财税制度的现代化，进而关系国家治理体系和治理能力的现代化。税制改革是关乎国家治理体系和能力现代化的关键性改革，税收制度应当率先实现现代化，提升税收立法层级，构建科学、完备的现代税收法律体系。

党的十八大明确提出，法治是治国理政的基本方式。党的十八届三中全会明确提出，要形成系统完备、科学规范、运行有效的制度体系，使各方面制度更加成熟、更加定型；党的十八届四中全会部署全面推进依法治国。所谓国家治理概括而言就是国家一切行为和活动都必须纳入法治化轨道，体现出法治对国家治理的引领作用。国家治理的核心基础是法治化，系统完备、科学规范、运行有效的制度体系的最高级次就是法律，提高税收规范的法律级次，落实税收法定，成为新一轮税制改革的必然要求。以法治推进国家治理，必然要求运用法治思维、法治方式加强税制改革规划和方案的顶层设计，要求税制改革必须在法律允许的框架内实施，处理好税收制度改革、创新与税收立法的关系。应当加强税制改革的整体性设计，分阶段有序推进，增强与实现国家治理体系和治理能力现代化的匹配性。

二、从落实税收法定层面看待税制改革

在法律制度构建中，罪刑法定和税收法定是核心。税收是国家通过法律手段对负有纳税义务的公民财产的强制征收，因此，只有代表人民意志的法律才能对税收事项作出规定，没有法律就不应当课税。《中共中央关于全面深化改革若干重大问题的决定》第八部分"加强社会主义民主政治制度建设"中，明确提出了"落实税收法定原则"。税收法定原则作为税法的核心原则，是指税收基本内容和核心要素通过法律形式确认，一般包括税收要素法定、税收要素明确和税收程序合法等内容，是国际惯例。党的十八大召开之前，我国现行的税收制度体系只有个人所得税、企业所得税和车船税三个税种是全国人民代表大会立法，其他均是国务院发布的暂行条例，税收制度建设依然处在较低的层级，这有其历史原因。2000年，国家颁布并实施了《中华人民共和国立法法》，明确规定了"基本经济制度以及财政、税收、海关、金融和外贸的基本制度"等属于人民代表大会专属立法权。对于人民代表大会专属立法事项，只有在尚未制定法律，并经过人民代表大会授权的情况下，国务院根据实际需要才能对上述部分事项先制定行政法规。现在提出"落实税收法定原则"，实际上是国家提出过税收法定，但没有落实或者没有落实到位。《中共中央关于全面深化改革若干重大问题的决定》提出"落实税收法定原则"，实质就是逐步取消20世纪80年代全国人民代表大会常务委员会对国务院在税收方面立法的授权，实现税收制度法律化。在税制改革过程中，要不断强化税制改革与税收立法的统筹推进和顶层设计，赋予税制改革法治化色彩。推进税制改革，应体现税收立法的要求，符合法治导向，最终成果也应在税收立法中体现。税制改革能否完成，关键在于能否使改革的成果法律化，进而提高税收立法层级，通过改革，优化制度设计，形成结构合理、科学有效的税收法律制度体系。

落实税收法定原则，加快形成中国特色的税收法律制度体系，首先要推进形式法定，逐步取消相关立法授权，提升税收制度的法律级次；同时，要进一步加强税收法律制度体系的实质法定，进一步提升税收法律制度建设的质量。

落实税收法定原则，涉及税收立法和税制改革的关系问题。税收立法主要是从法治层面考量税制改革；税制改革是从经济层面考量税收领域的改革，是完善税收立法的重要途径，税制改革的过程实质是提升税收立法质量的过程。习近平总书记明确提出，"凡属重大改革都要于法有据"，税制改革必须在法律允许的层面和框架内展开。改革过程中存在两种模式：一种是先立法后改革，一种是先改革后立法。"营改增"属于先改革后立法的典型模式，先完善增值税制度，再通过法律形式规范，最终完成增值税立法。但在未来的发展改革和立法中，应当更多遵循先立法后改革的模式，房地产税制度和环境保护税改革都将遵循先立法后改革模式。

三、从经济改革发展层面看税制改革

税制改革是国家推动经济体制改革和对外开放的"先行军"、突破口。20世纪80年代初，国家刚提出改革开放就出台了《中华人民共和国中外合资经营企业所得税法》《中华人民共和国个人所得税法》和《中华人民共和国外国企业所得税法》三部涉外税法，为外国投资者来中国投资提供税收法律保障，一定程度上弥补了当时投资环境不足问题。20世纪80年代中期，改革重点转向城市经济体制改革，工商税制改革又成为城市经济体制改革的突破口，在价格不动或双轨制的情况下，通过两步"利改税"，界定并规范了国家和企业之间的分配关系。1994年，为了适应社会主义市场经济体制建设的需要，实行了影响深远的全面税制改革以及分税制财政管理体制，规范了政府与市场、中央与地方的关系。

税收是政府与市场连接的重要载体，深化税制改革的主要目的是进一步规范政府与企业之间的分配关系，进而进一步规范政府和市场的关系。政府与市场的关系始终是国家经济体制改革的核心问题。以税收形式筹集的资源或资金，表现为一定的社会资源。税收归属于国家统一支配，税负高低直接决定了政府占有和支配社会资源的数量以及政府对市场的调控能力。要发挥税收调控作用，通过税收作用于价格，释放政府对市场调控的信号，逐步改变政府对企业直接调控的方式，避免国家对微观经济的直接干预，完善国家宏观调控机制，有效调控、引导社会资源配置。发挥市场对资源配置的决定作用，就是要通过价格、价值规律引导市场资源自由流动，进一步消除垄断，使市场主体公平竞争，减少税收对市场主体行为的扭曲，降低税制的效率损失。间接税内含于价格，对整个市场资源配置会产生超额负担和效率损失，要逐步降低间接税比重，减少税制对资源配置的扭曲程度。应当通过税制改革完善税收制度顶层设计，充分考虑直接税

在未来改革中的作用,通过改革提升直接税的作用空间,以逐渐适应未来发展的需要。通过"营改增"不断扩大增值税征收范围,适当简化增值税税率,更充分地发挥增值税中性税制的特征,减少税制对资源配置的扭曲。

深化税制改革将有利于推动经济结构优化升级。当前我国经济发展的主要矛盾是经济结构不合理,需要通过深化税制改革推动整个经济结构优化升级。一是"营改增"改革试点推开,实施效果非常理想,达到了预期目标。二是此轮税制改革将进一步规范区域性税收优惠政策,加大行业性税收优惠政策力度,有利于保证税制统一,实现税收政策与产业政策有机结合,形成产业发展政策合力。三是消费税改革将强化其调控功能,重点是调整征收范围、环节、税率,要把高耗能、高污染产品及部分高档消费品纳入征收范围,取消对汽车轮胎等普通商品的消费税;同时要对消费税率进行结构性调整,提升高污染、高档消费的产品税率,降低甚至取消普通商品消费税,加大对高污染、高能耗行业的控制。四是开征环境保护税,提升高污染行业发展成本,淘汰落后产能。五是陆续出台鼓励技术创新的一系列优惠政策,实施科技型企业加计扣除政策,促进创新和科技发展。

深化税制改革,将有利于优化市场环境。一方面,市场机制是通过等价交换和公平竞争发挥作用的,此轮税制改革的方向是努力创造公平竞争的市场环境,使每一位市场主体在从事生产经营活动过程中的税收负担大致公平合理。另一方面,市场经济是法治经济,要落实税收法定原则,通过提升税收制度法律层级和规范化水平,提升市场的法治化水平。

四、从社会管理层面看税制改革

从社会管理层面来看,当前社会矛盾的焦点之一是收入分配不公平,我国基尼系数已经接近甚至超过国际公认的警戒线,必须要认真对待和解决收入分配不公问题。对于解决收入分配不公问题,通常的观点是借鉴西方国家征收个人所得税的经验,我国应当加强个人所得税对高收入者的调节功能。事实上,此种观点值得商榷,在我国现有的分配机制下,难以通过个人所得税制度解决分配不公问题。一是当前我国收入分配不公问题产生的主要原因是基础的分配手段和制度规定不合理,很难通过再分配手段解决初次分配导致的不公平问题。二是我国税收调控模式采用了先税后分模式,与西方市场经济国家采取的先分后税模式存在较大差别,再分配调节的空间小。三是我国个人所得税占税收收入比重偏低,个人所得税的调控能力弱。西方市场经济国家，个人所得税占税收总收入的比重一般在20%以上，甚至部分国家达50%，而当前我国该比例仅为6%左右。

从加强社会管理层面来看，深化税制改革将有利于缓解、促进解决收入分配不公问题。一是要加大税收的再分配调节力度，对税制改革与社会保障制度、转移支付等政策要统筹考虑。借鉴美国和日本等国家税制改革经验，将税制改革作为社会保障制度的配套措施，内含于社会保障制度改革中。二是要完善个人所得税改革。在当前我国实施分类征收模式下，个人所得税制度在保证公平、调节高收入、缓解分配不公等方面作用有限，应实施分类与综合所得相结合的税制模式，实现工薪所得与劳务报酬、稿酬所得、特许权使用费等勤劳所得实行综合申报。另外，要进一步完善个人所得税税率，提高税率级距。三是要实施房产税改革，选择性地对个人房产征收房产税，对持有多套房产的高收入阶层和富有阶层拥有的别墅征税，调节分配不公。四是要探索实施个体户个人所得税与小微企业相关税收合并单一征收。

五、从国际化背景看税制改革

当前税制改革的国际化、趋同化趋势非常明显，深化税制改革应当努力提升我国在税收领域的国际话语权，适应国际规则，利用国际规则，积极参与国际规则的制定，借鉴国际税制改革成功经验，充分考虑税收征管国际合作。

一是要立足我国国情，科学借鉴国际税制改革成功经验，助推我国税制改革。西方市场经济国家税制改革深刻影响着世界税制改革，在当前世界经济一体化趋势日益增强的情况下，世界税制趋同化显著。当前我国日益完善社会主义市场经济体制，提出发挥市场对资源配置的决定性作用，市场经济国家税制改革的成功经验对我们深化税制改革具有借鉴意义。为顺应经济全球化发展趋势和应对2008年国际金融危机，西方发达国家采取了拓宽税基、简化税制、减少税负等改革措施；但2010年欧洲债务危机爆发以来，世界税制改革中的减税趋势发生转变，无论是深受主权债务危机影响的欧洲发达国家，还是没有发生危机的美国、日本，均出现了增加税收收入、化解财政风险和加强税收征管的改革趋势。无论是国际税制改革成熟、成功的历史经验（例如，随着经济发展水平提高，直接税收入占比逐步上升），还是当前国际增值税改革中出现的新趋势（例如，对富裕阶层和大公司增税、对中低收入人群和中小企业减税以及加强税收征管，减少、防止偷漏税），都为深化税制改革提供了有益借鉴。

二是深化税制改革，应当考虑税基侵蚀和利润转移问题（BEPS）带来的国际税收征管合作现状和趋势。21世纪初以来，信息技术引发经济全球化，电子商务发展使商品交易方式发生重大变化，对税收主权利益带来了很大挑战，各相关国家对同一项所得均没有实现征税，产生了税基侵蚀和利润转移问题（BEPS）。为了解决这一问题，一方面，出现了税收征管合作的国际化趋势，各国正在致力于建立稳定的税收情报交换机制，例如，美国出台了《海外账户税收合规法案》（FATCA）；另一方面，税收征管的国际合作趋势会深层次影响国家之间税制安排，提升不同国家税制的相容程度，有利于税收征管国际合作。经济数字化背景下国际税收规则体系正在面临重塑，应当引起高度关注。

六、从生态环境保护层面看税制改革

《中共中央关于全面深化改革若干重大问题的决定》专门论述了"加快生态文明制度建设"，税制改革作为经济体制改革的主要组成内容，对其他领域的改革要发挥牵引作用，新一轮税制改革必然在保护生态环境方面有所作为。一是提出"加快资源税改革"。2014年12月1日，全国煤炭资源税由从量计征改为从价计征，既规范了资源税费制度，也将有利于促进资源节约集约利用和环境保护，推动经济发展方式转变。二是提出"调整消费税征收范围、环节、税率，把高耗能、高污染产品及部分高档消费品纳入征收范围"。自2014年11月以来，我国三次提高成品油消费税，促进了原油的合理开采、利用和成品油的合理消费，有利于环境保护。三是提出下一步资源税改革的重点是扩大征收范围，对水、湿地、森林等征收资源税，促进资源综合利用和提高资源补偿力度。四是提出"推动环境保护费改税"，清费立税，开征环境保护税。

上述税制改革的着眼点都是促进生态文明建设，推动资源合理开采、利用和节约使用，加强环境保护，促进生态文明建设。

七、从完善税收征管层面看税制改革

税收治理现代化目标是要实现良法善治。良法是善治的基础，税制改革的成果就是构建税收"良法"。但"良法"不仅是理想化的制度设计，更取决于法律制度的实施状况，即取决于能否实现善治，这是衡量法律制度是否"优良"的必备条件。税法善治的核心是税收征管，税收征管状况直接决定税收法律制度是否构成良法。税收征管是未来深化税制改革所要面临的首要问题，税制改革的目标能否实现以及实现程度，取决于税收征

管能否有效配套、跟进，税收征管制度及管理水平影响税制改革方案的设计和改革进程。增值税制度是优良的税收制度，如果没有当时在征管上采取的强硬措施，可能就没有我国现行的增值税制。完善税收征管制度是深化税制改革的保障，税收征管既要适应税制改革要求，也需要主动创新体制机制，推动税制改革的深化。

《中共中央关于全面深化改革若干重大问题的决定》明确提出"完善国税、地税征管体制"。税收征管是税收治理能力的核心，税制改革在顶层设计时，需统筹考虑税收征管对税收改革方案整体设计的影响，实现税收制度与税收征管协同发展、共同推进。目前税制改革之所以没有全面推开，很重要的原因是受税收征管因素制约。"营改增"扩围改革、消费税征税环节后移、个人所得税综合申报改革、房地产税改革推进等税制改革内容很大程度上都受制于税收征管制度和管理水平。

加快修订税收征收管理法，为深化税制改革提供保障，已成为当务之急。税收征收管理法的修订需要考虑与行政强制法、刑法、公司法、破产法等相关法律衔接；也要考虑当前国际税收征管合作趋势的变化，并借鉴国际税收征管经验将纳税服务的理念和保障纳税人合法权益的内容纳入税收征收管理法。但是更多应当适应当前深化税制改革的需要，按照深化税制改革的要求在税收征管上出台保障措施。征管法的修订过程漫长，可以率先将个人所得税、房产税等税制改革所亟需的征管措施优先纳入税收征收管理法修订日程。否则，税收征收管理法修订滞后税制改革需要，会制约税制改革，成为税制改革的障碍。

第四节 新发展阶段深化税制改革的路径选择

以"现代"二字标识中国财税体制改革目标，始于2013年11月召开的党的十八届三中全会（高培勇，2021）。《中共中央关于全面深化改革若干重大问题的决定》在"五、深化财税体制改革"一章中，明确提出完善地方税体系、逐步提高直接税比重等内容，昭示着深化税收制度改革的重要内涵。2014年6月，中共中央政治局审议通过《深化财税体制改革总体方案》，再次明确要重点推进三方面改革，其中之一是"深化税收制度改革"，包括优化税制结构、完善税收功能、稳定宏观税负、推进依法治税等内容。自此，深化税收制度改革成为贯穿新时代以及新发展阶段财税体制改革的一项重要内容。

2020年10月召开的党的十九届五中全会提出，全面建成小康社会、实现第一个百年奋斗目标之后，我们要乘势而上开启全面建设社会主义现代化国家新征程、向第二个百年奋斗目标进军，这标志着我国进入了一个新发展阶段。此次全会审议通过的《中共中央关于制定国民经济和社会发展第十四个五年规划和二〇三五年远景目标的建议》强调，要完善现代税收制度，包括"优化税制结构，健全直接税体系，适当提高直接税比重""完善个人所得税制度，推进扩大综合征收范围，优化税率结构""推进房地产税立法，健全地方税体系，逐步扩大地方税政管理权"等，这是新发展阶段建立现代财税金融体制、完善宏观经济治理的重要举措，也为"十四五"时期以及未来15年深化税收制度改革、优化税收结构指明了方向。

一、新发展阶段深化税制改革的背景

新发展阶段是我国社会主义发展进程中的一个重要阶段。准确把握新发展阶段的阶段性特征和时代背景，对更好推进和深化税制改革研究具有重要现实意义。

（一）推进国家治理体系和治理能力现代化

党的十八届三中全会提出，全面深化改革的总目标是完善和发展中国特色社会主义制度，推进国家治理体系和治理能力现代化。同时明确指出，财政是国家治理的基础和重要支柱，科学的财税体制是优化资源配置、维护市场统一、促进社会公平、实现国家长治久安的制度保障，提出了"建立现代财政制度"的要求。党的十九届四中全会明确提出了坚持和完善中国特色社会主义制度、推进国家治理体系和治理能力现代化的总体目标，即到我们党成立一百年时，在各方面制度更加成熟、更加定型上取得明显成效；到二〇三五年，各方面制度更加完善，基本实现国家治理体系和治理能力现代化；到新中国成立一百年时，全面实现国家治理体系和治理能力现代化，使中国特色社会主义制度更加巩固、优越性充分展现。

因此，实现税收治理现代化是新发展阶段税制改革的基本目标。作为现代财政制度的重要组成部分，建立并不断完善与国家治理体系和治理能力现代化相匹配、服务于全面建设社会主义现代化国家的现代税收制度，要更充分发挥税收在国家治理中基础性、支柱性、保障性作用，在更高水平、更高层次上彰显税收治理优势和税收治理效能。

（二）推动高质量发展

进入新发展阶段，经济社会发展的重心将逐步从重视经济规模的"高增速"转到提高效率和质量上来,实现"高质量"发展成为新的发展主题(何毅亭,2021)。党的十九届五中全会明确强调,"十四五"时期经济社会发展要以推动高质量发展为主题。这契合了党的十九大关于我国经济已由高速增长阶段转向高质量发展阶段的科学判断,标志着我们党对经济社会发展规律的认识和运用均达到新高度。我们要在全面理解以推动高质量发展为主题的深刻内涵和重要意义的基础上,按照税收事业高质量发展和充分发挥税收职能以促进经济社会高质量发展的理念,深化新发展阶段的税制改革。

(三) 推进供给侧结构性改革

党的十九届五中全会强调,"十四五"时期经济社会发展要以深化供给侧结构性改革为主线。推进供给侧结构性改革,是以习近平同志为核心的党中央深刻洞察国际、国内形势变化,科学把握发展规律和我国现阶段经济运行主要矛盾后作出的具有开创性、全局性、长远性的重要决策部署,是习近平新时代中国特色社会主义思想的重要理论创新成果,也是解决突出矛盾和问题、推动经济社会持续健康发展的良方。

税收政策作为推进供给侧结构性改革的重要抓手和政策工具,在推进供给侧结构性改革过程中主要发挥三方面作用:一是作为"降成本"政策的重要措施,通过减税降费减轻企业负担,在焕发企业经营活力的同时提高资本回报率,从而实现"六稳"任务、达成"六保"目标;二是通过税制改革促进税制的完善,矫正要素配置的扭曲,促进市场在资源配置中发挥决定性作用的同时,发挥好税收在资源和环境等"市场失灵"领域的调节功能;三是通过税收优惠政策的完善,鼓励创新创业,从而在促进产业结构升级、提高全要素生产率方面发挥积极作用。

(四) 构建新发展格局

加快构建以国内大循环为主体、国内国际双循环相互促进的新发展格局,是对"十四五"时期和未来更长时期我国经济发展战略、路径作出的重要调整完善,是着眼于我国长远发展和长治久安作出的重大战略部署。党的十九届五中全会对构建新发展格局作出全面部署,这是把握未来发展主动权的战略性布局和"先手棋",是新发展阶段要着力推动完成的重大历史任务,也是贯彻新发展理念的重大举措。

构建新发展格局,关键在于实现经济循环流转和产业关联畅通。根本要求是提升供给体系的创新力和关联性,解决各类"卡脖子"问题和瓶颈问题,畅通国民经济循环。要做到这一点,必须深化改革、扩大开放、推动科技创新和产业结构升级。要以实现国民经济体系高水平的完整性为目标,突出重点,抓住主要矛盾,着力打通堵点,贯通生产、分配、流通、消费各环节,实现供求动态均衡。未来税制改革要按照加快构建新发展格局的要求,以推进扩大开放、推动科技创新和产业结构升级、提升供给体系的创新力和关联性为目标,在促进生产、分配、流通、消费各环节的贯通、畅通国民经济循环等方面发挥更大的作用。

二、新发展阶段深化税制改革的主要影响因素

当今世界正经历百年未有之大变局,国内外经济社会环境正在发生深刻的变化,对新发展阶段深化税制改革有影响的因素,主要体现在以下方面。

(一) 经济数字化

要坚持创新在我国现代化建设全局中的核心地位,把科技自立自强作为国家发展的战略支撑,面向世界科技前沿、面向经济主战场、面向国家重大需求、面向人民生命健康,深入实施科教兴国战略、人才强国战略、创新驱动发展战略,完善国家创新体系,加快建设科技强国。同时,以数字经济、新能源、新材料、量子技术、生物工程为代表的新工业革命加速发展,世界主要国家在争夺新技术制高点上的竞争将愈演愈烈,这对我国既是机遇也是挑战。对税制改革而言,要进一步优化鼓励创新和产业升级的税收优惠政策体系,如对企业投入基础研究实行税收优惠,采取优化税制结构和营商环境的措施,为"创新驱动发展,全面塑造发展新优势"作出应有的贡献。

数字经济是新一轮科技革命和产业变革的重要组成部分,但其对税制改革的影响更为直接和深远。一方面,数字技术的广泛应用正在重新塑造各国内部和国际利益分配格局,对以工业经济为基础的现行税制体系及国际税收规则产生了革命性挑战。世界各国目前普遍面临着迈向数字经济时代的税收制度转型、深化全球税收制度与征管协调等重大任务。另一方面,数字技术改变了工业经济时代的生产组织方式、生产要素的空间布局以及生产与消费的联结方式,打破了现行税制和国际税收规则的基础,也为税务机关搜集利用涉税信息和优化征管流程提供了革命性的技术手段。税收征管数字化与经济数字化同步发展,税制运行成本将大幅降低,以工业经济为基础的现行税制体系将会被高效、简化且更为公平的数字经济税制体系所替代。

(二) 经济全球化

自2008年国际金融危机爆发以来,经济全球化进程进入新阶段,保

护主义、单边主义抬头，国际竞争格局正在发生深刻的调整变化。2019年底的疫情全球大流行对世界经济造成严重冲击，经济复苏和产业链、供应链稳定的压力对全球化进程产生深远影响，但和平与发展仍是时代主题。国内、国际形势的发展演变要求我们面向未来，要把满足国内需求作为发展的出发点和落脚点，加快构建完整的内需体系，大力推进科技创新及其他各方面创新，加快推进数字经济、智能制造、生命健康、新材料等战略性新兴产业，形成更多新的增长点、增长极，着力打通生产、分配、流通、消费各环节，逐步形成以国内大循环为主体、国内国际双循环相互促进的新发展格局，培育新形势下我国参与国际合作和竞争的新优势。

首先，在自由贸易试验区和海南自由贸易港建设中构建具有国际竞争力的税收制度是未来税制改革的重要任务。其次，面对新一轮科技和产业革命，要进一步完善促进新技术革命发展、鼓励创新和吸引人才的税收政策，支持战略性新兴产业发展和形成新的增长点、增长极。最后，按照加快构建完整的内需体系，要按照着力打通生产、分配、流通、消费各环节的要求进一步优化税制，同时审慎评估和研判国际税制发展趋势，提升我国整体税制的国际竞争力。从长期来看，为适应经济全球化发展和"一带一路"建设的需要，应以构建"人类命运共同体"的目标为指引，在提升我国税制国际竞争力的同时，应以全球视野加强国际税制的协调，为推动全球经济的互联互通和开放、包容发展奠定税制基础。

（三）人口老龄化

2000年，全国65岁及以上的老年人口为0.88亿人，占总人口的比重为6.96%；2018年年末，全国65岁及以上人口数量为1.67亿人，占总人口的比重为11.9%。中国发展基金会发布的《中国发展报告2020：中国人口老龄化的发展趋势和政策》测算显示，到2025年"十四五"规划完成时，我国65岁及以上的老年人将超过2.1亿人，占总人口数的比重约为15%。"十四五"时期，人口老龄化进程将进一步加速发展，不仅对我国的要素禀赋产生重大影响，导致储蓄、投资、消费结构的深刻变化，同时也对财政支出总量和结构产生重大影响，由此带来的财政收支缺口将对财政可持续性带来较大挑战。

仅就税制改革而言，人口老龄化的加速发展首先要求"十四五"时期加快推进社会保险缴费制度的改革，在推进全国统筹和税务机关统一征收的同时，要处理好适度降低社保缴费名义费率与提高征收率的关系，适时研究推进社会保险费改税。此外，人口老龄化带来的劳动参与率降低、企业有机构成提高等动态变化将深刻影响劳动报酬与资本报酬、储蓄与消费以及消费内部有形商品和服务的结构，这将对增值税、个人所得税的税基产生重要影响，税收制度要适应这一变化进行相应调整。

（四）共同富裕

党的十九届四中全会将按劳分配为主体、多种分配方式并存与公有制为主体、多种所有制经济共同发展和社会主义市场经济体制并列，作为社会主义基本经济制度的组成部分。同时，明确提出了"健全以税收、社会保障、转移支付等为主要手段的再分配调节机制，强化税收调节，完善直接税制度并逐步提高其比重"的要求。共同富裕已成为未来分配领域面对的核心目标。"十四五"时期，人口老龄化带来的要素相对价格变化，生产自动化、智能化、数字经济相关业态的发展对劳动力市场供求关系的影响和就业形态的变化将使收入的初次分配出现新的趋势和特征。而收入分配状态的改善不仅是新时代发展成果更好惠及全体人民的必然要求，同时也有利于扩大居民消费需求，促进以国内大循环为主体、国内国际双循环相互促进的新发展格局的构建。

因此，"十四五"时期的税制改革要更加重视通过税制结构优化充分发挥税收在收入分配领域的调节作用，继续坚持"逐步提高直接税比重"的税制结构优化方向，在"综合与分类相结合"税制框架下进一步完善个人所得税制，逐步提高税制整体的累进性，实现税收负担公平分配，为共同富裕目标实现贡献税收力量。

（五）绿色生态化

生态文明建设是"五位一体"总体布局上的重要一环，加强生态文明建设要求全面推动绿色发展。绿色发展是构建高质量现代化经济体系的必然要求，是解决污染问题的根本之策。重点是调整经济结构和能源结构，优化国土空间开发布局，调整区域流域产业布局，培育壮大节能环保产业、清洁生产产业、清洁能源产业，推进资源全面节约和循环利用，实现生产系统和生活系统循环链接，倡导简约适度、绿色低碳的生活方式，反对奢侈浪费和不合理消费。

近年来，为全面推动绿色发展，我国制定了《中华人民共和国环境保护税法》，推进了资源税从价计征改革和征收水资源税的试点改革，开征了环境保护税，适时调整了消费税的征收范围等。绿色发展贯穿生产、流通、消费的全过程，未来要进一步加强资源税与环境保护税、消费税等税种以及各类税收优化政策的衔接与协调，逐渐构建和完善起有利于绿色发展和生态文明建设的税制体系。

三、新发展阶段深化税收制度改革的基本内容

（一）完善现代税收制度

现代税收制度是现代财政制度的重要组成部分，是国家治理的基础和重要支柱。实现国家治理体系和治理能力现代化，必须从完善现代税收制度以及现代财政制度出发。所谓现代税收制度，主要是指与税种科学、结构优化、法律健全、规范公平、征管高效相匹配的国家治理体系和治理能力现代化、更加成熟定型的现代税收制度。

"税种科学"指在现有18个税种的基础上，进行增减、合并和优化改革，形成税负公平合理、税种设计科学、税种协调有序、要素配置合理的税收法律制度体系，基本建成现代货物劳务税制度、现代所得税制度和现代财产税制度，最大限度发挥税制内在功能作用。

"结构优化"指税收结构优化，主要体现为直接税与间接税结构合理、存量税与流量税比重合理、法人纳税人与自然人纳税人税收负担合理以及中央与地方税收收入划分科学等。应注重提高直接税比重，强化调节功效，注重存量资产的调节力度，加强自然人课税制度建设，深入推进地方税体系建设。

"法律健全"指全面落实税收法定原则，深入推进科学立法、民主立法、依法立法，全面提升税收立法质量，统筹协调税收立法、税收改革的关系，确保税收立法、执法、司法等活动全面纳入法治框架。注重实质法定建设，规范税收执法，用法治方式和形式构建和谐征纳关系，推动税法遵从，增强守法意识。

"规范公平"指全面清理规范税收优惠政策，确保税收负担在不同地区、不同产业、不同主体之间公平均衡。要把公平原则作为税制建设的首要原则，把税负公平合理作为深化税制改革的落脚点，把推动收入分配制度建设作为深化税制改革的重要内容和基本方向。

"征管高效"指基本建成集约高效、优化统一的现代征管制度，税费征管效能充分凸显。要推进税收征管数字化转型发展，加快智慧税务建设，加快推行发票电子化。

与此同时，税收政策体系作为现代宏观经济治理"工具箱"中的关键一环，是税收在国家治理中发挥着基础性、支柱性、保障性作用的重要体现，充分体现着现代税收制度的新时代内涵和重大意蕴。例如，提高研发费用加计扣除政策，与创新驱动发展战略密切相关；支持脱贫攻坚税收优惠政策与乡村振兴战略密切相关；支持扩大内需税收优惠政策与构建新发

展格局密切相关；支持粤港澳大湾区、长三角一体化税收政策与国家区域发展重大战略密切相关。我国深度参与国际税收治理体系改革，积极参与国际税收规则制定，将更多中国经验、中国方案、中国主张融入全球税收治理体系。下一步，要增强系统观念，立足当前、放眼长远，加强税收政策整体性研究，增强税收政策的针对性、精准性，使税收政策体系成为新时代丰富税收治理手段、提高税收治理能力、彰显税收治理效能的最直接体现。

（二）优化税制结构

优化税制结构主要体现在两方面，一是健全以所得税和财产税为主体的直接税体系，二是规范以增值税和消费税等流转税为主体的间接税体系。

1. 健全直接税体系

健全直接税体系，适当提高直接税比重，有利于更好发挥直接税筹集财政收入、调节收入分配、提升税制竞争力、稳定宏观经济的积极作用。一是要完善综合与分类相结合的个人所得税制度。要扩大纳入综合征税的所得范围，适时将个人经营所得、财产资本类所得纳入综合所得范围。完善专项附加扣除项目，优化扣除办法，动态调整专项附加扣除项目的范围和标准，进一步减轻中低收入人群税收负担。加强国际反避税协作，进一步细化个人所得税相关反避税条款关键要素的标准和内涵，并将相应条款修订扩展到新的税收征收管理法中。二是要合理调整完善企业所得税政策。要根据近年全球企业所得税税率下调趋势，适时调整企业所得税标准税率，进一步完善企业所得税制度。适应经济全球化发展和"一带一路"建设的需要，要实现国际税收协调，提升我国税制的国际竞争力。三是要清理规范税收优惠政策。立足全产业链视角，坚持"产业优惠为主、区域优惠为辅"原则，进一步完善所得税优惠政策体系，重点加大对研发活动、创新投入、成果转化等方面的优惠力度。同时要减少非必要的税收优惠和税收支出，拓宽税基，增强税制完整性、规范性和公平性。四是要完善直接税征管配套改革。要完善自然人纳税人征管体系，逐步建立和完善个人收入监控体系和财产实名登记制度。要建立健全全国统一的信用系统，缩小现金结算的范围，使隐性收入显性化。要研究建立高净值纳税人涉税信息数据库，进一步完善跨部门涉税信息共享制度，推进"金税四期"建设，夯实征管基础。

2. 规范间接税体系

规范间接税体系有利于更好发挥间接税税基宽广、税源丰富、引导和调节消费行为的作用,进而满足人民群众美好生活需要,夯实国家治理的税收基础,促进社会公平正义。一是要优化间接税结构。优化增值税与消费税结构,充分发挥增值税中性、普遍征收以及消费税特殊调节、寓禁于征的作用。二是要优化增值税税率。在降低标准税率的基础上,简并多档税率,科学合理设定新增值税的标准税率。适当降低高端制造、先进制造、高端服务等行业税收负担,使增值税收入规模占我国税收总收入的比重保持在合理范围。三是要深化增值税制度改革。完善抵扣制度,促进抵扣链条完整规范。在深化中央与地方增值税收入划分改革的基础上,加大增值税留抵退税改革力度,逐步分批退还纳税人存量留抵税款。四是要推进增值税立法。尽快完成增值税立法,加快建成公平、规范的现代增值税制度。五是要推进消费税改革。其中包括将部分过度消耗资源、严重污染环境的产品纳入征税范围;适当调整与国内产业结构、消费水平变化不相适应的部分应税品目的税率;提高部分高档消费品的现行税率水平等。

(三) 健全地方税体系

根据建立现代财税制度的要求,我国应通过深化地方税制改革,形成科学健全的地方税体系,推动地方形成地方财政收入稳定增长机制,引导地方政府更好提供公共服务,营造良好的投资和消费环境,进而理顺中央和地方税收分配关系,充分发挥中央和地方两个积极性。

1. 深化地方税制改革

完善地方税税制,培育地方主体税种。我国应统筹安排地方专享税和中央地方共享税各税种的衔接,考虑税种属性,科学合理确定专享税的制度规范和共享税的标准依据。稳步推进消费税征收环节后移改革,按照先易后难原则,逐步将条件成熟的消费税品目后移征收环节并下划地方。

2. 合理配置地方税权

在中央统一立法和掌握税种开征权的前提下,可以通过立法授权,适当扩大省级税收管理权限,授权省级根据本地经济社会发展实际需要,依法确定地方税具体税率、税收优惠政策等事项。

3. 积极稳妥推进房地产税改革

要按照"立法先行、充分授权、分步推进"原则,推进房地产税立法和改革。对工商业房地产和个人住房按照评估值征收房地产税,适当降低建设、交易环节税费负担,逐步建立完善的现代房地产税制度。尽快推出房地产税改革试点工作方案,稳定市场预期,为经济社会发展注入确定性。

4. 积极推进非税收入改革

要按照中央顶层设计和部署安排，稳步推进非税收入项目和社会保险费划转，提高税费征管效能，健全地方税费收入体系。推进非税收入法治化建设，尤其是面向社会征收的专项收入、政府性基金等具有税收性质的非税收入，要根据费类特点和税收法定要求予以规范，为将来统筹税费一体化改革、推进费改税等奠定基础。

第四章 "营改增"试点改革研究

"营改增"试点改革,既是深化供给侧结构性改革的重大举措,也是构建现代税收制度的重头戏。"营改增"顺应供给侧结构性改革的"降成本"需求,助力发挥市场在资源配置中的决定性作用,促进经济结构优化调整,同时也掀开了税制改革新篇章;全面实施"营改增",开启了构建现代型增值税体系的新纪元,体现了全面普惠性减税政策诉求,彰显了确保所有行业税负只减不增的顶层设计,呈现出由易到难的改革路径,可谓是"牵一发而动全身";"营改增"运行实效得到了社会各界的广泛认可,国内、国外的专家学者及科研团队对"营改增"运行效应从不同角度分析阐释,并予以高度评价,考量"营改增"效应,应注重从税制结构转换、税负只减不增的政策诉求和助力供给侧结构性改革三个维度去研判;金融业实行增值税制度是世界性难题。本章基于发票视角,通过广泛调研,形成了一系列助力金融业增值税制健全的政策建议,确保了增值税制在金融领域的全面推行。"营改增"试点推进过程中的物价波动、企业税负变动、银行净息差变动等若干问题,也是推行"营改增"试点改革需要回应的。

第一节 "营改增"试点改革:牵一发而动全身

"营改增"指将某些行业征收营业税改为征收增值税。2016年5月1日起全面推开的"营改增",通过惠及所有的生产经营单位,为供给者提供了较大的发展空间。与此同时,正在全面推进的供给侧结构性改革,重在用改革解决深层次矛盾,推进市场机制的重塑和调控政策的转型。在同一时期和阶段,寻找契合点、协同推进"营改增"和供给侧结构性改革两大改革举措,将有助于进一步发挥改革效力,释放政策红利。

一、顺应供给侧结构性改革的减税需求

减税已成为推进供给侧结构性改革凝聚的共识，而"营改增"所释放的减税红利，契合了供给侧结构性改革的紧迫要求，为供给者提供了较大的发展空间，也对刺激消费、促进消费升级产生积极影响。减税需求与减税取向、减税安排与减税策略的一致性，彰显出供给侧结构性改革战略与"营改增"改革举措的协同特征。值得注意的是，供给侧结构性改革注重解决供给的激励机制问题，而增值税公平合理的税负特点，可为推进供给侧结构性改革营造公平、公正的竞争环境，在顺应供给侧结构性改革方面大有作为。

二、助力发挥市场在资源配置中的决定性作用

供给侧结构性改革的更深层次目标追求是让市场在资源配置中发挥决定性作用，及时调整各类扭曲的政策和制度安排，矫正以往政府主导资源配置带来的结构性失衡问题。因而，回归市场主体理性预期，尊重市场价值规律基础上的政府有效调控，是破解长期累积的结构性、体制性突出矛盾和问题，推进供给侧结构性改革的战略选择。全面实施"营改增"，进一步降低企业边际成本、提高要素供给效率、增强企业供给能力，同时大幅度减税必然会减少政府对资源的直接占用和使用，有利于减轻对市场资源配置干预的程度。由于增值税具有"中性"特征，相对于营业税而言，对市场主体的行为扭曲较低、效率损失小，对价格信号的扭曲效应不甚明显；同时，增值税具有"税价分离"的形式特征，从而可使价格真正反映市场供求状况，引导资源配置方向。因而，价、税有效联动机制的形成，是"营改增"在供给侧结构性改革中精准施策的重要着力点。

三、推动形成公平竞争的市场环境

基于对总需求低迷和产能过剩结构性并存状况的科学研判，须及时调整深化经济改革的视角，通过供给侧结构性改革和经济结构的优化，形成公平有序的竞争机制，从而实现经济的可持续增长。实施"营改增"，将改变流转税领域两套税制造成的税负不公平状况，促进各行业间税负均衡。因此，也要注重保持增值税"中性"特征，结合税负结构优化一并推进。从以往"营改增"试点实施后的实际效果看，全面推行增值税制，对于规范市场主体的经营，加强成本效益核算，促进企业的科学化、制度化管理都具有重要作用。

四、促进经济结构进一步优化

经济及产业结构性失衡,是困扰经济持续发展的"瓶颈"因素,是推进供给层面改革的核心内容。一般来说,经济结构性问题与税制结构具有较强的相关性,全面实施"营改增",要通过优化税制结构进一步促进产业结构转型升级,加快形成以科技创新引领的新经济增长极。同时,"营改增"本身也属于结构性调整政策,有利于破解营业税与增值税并存所带来的经济结构失衡问题,有效解决营业税重复征收以及增值税抵扣机制不完善导致的税负偏重问题。

"营改增"全面推开,是税收改革主动适应国家发展战略大局的重大举措,也是税收政策助力经济新常态和供给侧结构性改革的重要措施,在这场关乎国家发展全局的供给侧结构性改革中,"营改增"必将发挥更大的作用。

五、掀开税制改革新篇章

全面实施"营改增"试点改革,意味着延续三十余载的营业税和增值税并行征收的格局宣告结束,流转税制重大结构转换基本完成,开启了税收发展新阶段,在中国税收改革和发展的历史上具有里程碑意义。

自1994年以来,增值税制改革的路径一直围绕着"转型"与"扩围"展开。先前增值税制改革在这两方面都取得了一定的进展,但仍没有彻底完成。"营改增"本质上是增值税对营业税的替代,是税制的结构转换,这是由营业税与增值税不同的运行机理和税制建设内在规律所决定的,是历史必然的过程,标志着流转税制结构格局的重塑。摒弃营业税,既是增值税改革发展的内在要求,也是营业税重复征收内在特质的必然结果。此次推开的"营改增"扩大试点改革,既包括扩大行业试点范围,也包括将不动产纳入抵扣范围,是"扩围"与"转型"的同步推进,实现了增值税对货物和服务的全覆盖,所有外购项目进项税准予抵扣。当前"营改增"扩大试点改革的稳步运行,意味着税制转换全面到位,标志着中国增值税制真正与国际上通行的增值税制接轨,为构建走向规范化的增值税制和最终实现增值税立法奠定了基础。

"营改增"的实质是税制转换,也是税收制度创新的集大成者,符合现代税收制度"税种科学、结构优化"的价值追求,具有鲜明的时代特征和前瞻性的前行脉络。与国际接轨的规范化增值税制的建立,将助推现代税收制度体系的改革和完善,开启了税收治理体系现代化的新征程。同时，税制转换必然带来税务管理方式的变革，推动税收治理能力现代化。营业税征收给征纳双方带来程度不同的管理盲点或管理上的自由裁量空间，对征税人来说，存在收入确认、入库时间等的随意性，也存在空转、虚增收入的可能性；对纳税人而言，由于交易各方不存在内在的关联关系，易于形成对内对外"两本账"的问题，导致偷漏税款行为的发生，造成税收流失。而在增值税征收环境下，由于环环抵扣，上下游企业交易存在关联关系，征纳双方通过链条机制联结起来，交叉比对认证交易行为，从而减少了税务征纳双方的涉税风险，并通过信息化手段，将交易各方串联起来，实现管理上的创新。不仅如此，以增值税发票管理系统为基础的税收征管信息系统，集中了大量的经营交易数据资源，挖掘、分析和利用税收大数据也会助力税收治理能力的提升。

按照现行财税体制，营业税是地方财力的支柱税源，增值税的分享体制对中央和地方财力的保障具有举足轻重的地位。全面实施"营改增"，直接动摇了以税种划分收入的分税制财政体制基础。营业税取消，地方主体税源也就丧失了，地方财力保证问题凸显出来，增值税作为共享税的75:25分成方式也要随之发生变化。虽然在"营改增"试点改革方案的顶层设计上，一直坚持确保地方财力不受影响的改革思路，但适时调整改革财税体制已迫在眉睫。可喜的是，在"营改增"全面试点改革即将实施的前夕，我国及时出台了调整中央与地方增值税收入划分的过渡方案，实行增值税中央与地方"五五"分成，并通过税收返还方式将上划收入返给地方。这种具有过渡性的财税体制改革的制度安排，不仅解决了"营改增"试点改革下增值税的分成比例问题，也使困扰地方政府的地方财力保障问题终于有了制度性解决方案，为确保"营改增"顺利推行创造了良好的制度环境。与全面实施"营改增"同步推出的央地收入划分的过渡方案，不仅明确了2—3年的过渡时限，也昭示着全面财税体制改革的大幕即将拉开。

供给侧结构性改革是我国当前重大的经济治理方略，"营改增"作为助力供给侧结构性改革的重要举措，担负着企业"降成本"改革的任务。此次"营改增"的推出，遵循"确保所有行业税负只减不增"的原则，"营改增"实施所释放的减税红利，减轻了企业的税费负担，增强了企业的盈利能力，增添了企业的活力，契合了供给侧结构性改革的内在要求。"营改增"释放的税制转换红利，降低企业边际成本，提升劳动和资本报酬，提高要素供给的效率，将助力发挥市场机制在资源配置中的决定性作用。"营改增"的全面推行，将改变在生产流通领域不同行业面临着两套税制而带来的税负不公平状况，促进市场主体规范化管理，推动形成公平竞争的市场环境；将优化税制结构，促进产业结构转型升级，助力消化存量，引导增量，调整结构，加快形成以科技创新为引领的新经济增长极。"营改增"的实施，是助力供给侧结构性改革的减税策略选择，也是税制改革助力经济持续稳定发展的重要体现。

第二节 "营改增"试点改革：特征分析

"营改增"作为深化财税体制改革的重头戏和供给侧结构性改革的重要举措，前期试点已经取得了积极成效，此次全面推开"营改增""双扩"试点，覆盖面更广，意义更大，影响更加深远。

一、增值税与营业税的运行机理

（一）增值税的运行原理

增值税是对货物和服务流转过程中实现的增值额征收的税种，其基本特征为：通过逐环节征收机制让供给链条上的每个经营者均参与到增值税的征收过程中，将其从顾客处收取的税款与付给供应商的税款的差额缴纳本环节应负担的税款，环环抵扣，逐环节征收，税负通过增值税链条不断向下游转移，最终由消费者负担。

（二）增值税的基本特点

自1954年法国正式开征增值税至今，全世界已有超过160个国家和地区开征了增值税，增值税已成为世界上发展最快的对货物服务流转行为征收的一种间接税。增值税之所以在国际上受到广泛欢迎，是因为其具有独特的优越性：一是聚集收入能力强，增值税以增值额为税基，受企业经营业绩和经济波动影响较小，收入较为稳定，已成为各国税收收入的主干税种；二是具有中性特征，避免了重复征税，税基公平，负担合理，并不会引起商品相对价格发生变化，从而不改变纳税人行为的选择，是公认的"良税"；三是征管效率较高，增值税的征抵机制环环相扣，上下游企业相互制约，可以有效控制偷漏税行为。

（三）增值税和营业税的主要区别

增值税为价外税，税价分离，不计入企业收入和成本；以货物和服务的增值额为税基，应纳税款为销项税额抵减进项税额的余额；由企业代税务机关向下一个环节收取，并通过抵扣链条层层转嫁，最终由消费者负担。而营业税为价内税，计入企业收入和成本；以提供服务的营业额为税基，应纳税额为营业额与适用税率的乘积；采取环环征收、不得抵扣的征收方式，具有典型的重复征税特征。国外一般在实行增值税制下，基本上不再另行征收营业税。

（四）我国增值税制的建立和发展

我国自1979年即开始试点引入增值税制度，1984年，国务院发布《中华人民共和国增值税条例（草案）》，标志着增值税作为一个法定的独立税种正式建立，当时与增值税并行征收的还有产品税和营业税。1994年建立覆盖所有货物的增值税制度，而对部分劳务、不动产和无形资产征收营业税，从而形成了增值税和营业税并存的税制结构格局。

（五）"营改增"势在必行

增值税与营业税长期并行，是1994年税制改革留下的"尾巴"，也是货物劳务税制建设中的一大缺憾。尽管后来对增值税的抵扣链条断裂采取了一定的弥补办法，当时营业税重复征税问题还不太突出，并采取了对部分服务业差额征税的措施，降低了重复征税的程度，但在中国经济运行进入新常态以后，营业税重复征税的弊端日渐凸显，阻碍了服务业等第三产业的发展，不利于制造业转型升级，削弱了增值税环环相扣的制度优势，"营改增"改革势在必行。

二、"3+7""营改增"试点成效明显

为了进一步完善增值税制，消除重复征税，促进经济结构优化，国务院决定自2012年1月1日起，率先在上海实施交通运输业和部分现代服务业"营改增"试点，拉开了"营改增"改革的序幕。此后，试点地区和行业范围逐步扩大。截至2015年底，"营改增"已覆盖交通运输、邮政、电信3个大类行业和研发技术、文化创意等7个现代服务业，并在全国范围内普遍推开。4年来，"营改增"试点运行工作平稳有序推进，基本实现了规范税制、减轻税负、促进发展、带动改革的预期目标。

（一）减税规模逐年递增

2012—2015年，全国累计实现减税6412亿元，其中，试点纳税人因税制转换减税3133亿元，占49%，非试点纳税人因增加抵扣减税3279亿元，占51%。而且两类纳税人的减税规模呈现逐年递增的趋势，表明"营改增"的制度设计体现了总体减税的要求。

（二）试点行业税负下降明显

与缴纳营业税相比，2015年试点行业税负下降32%，交通运输、邮

政、电信、现代服务四大行业分别下降10%、58%、26%和39%。其中航空运输、信息技术、文化创意、快递、广播影视等行业的税负下降超过四成,这表明"营改增"试点改革的红利在大量释放。

(三)试点行业新办纳税人户数大幅增长

截至2015年底,全国"营改增"试点纳税人已达592万户,是试点初期的3.8倍。从增幅来看,2014年同比增长55.5%,2015年同比增长近40%,均高于全国税务登记户数12.8%、4.2%的增幅。而且从行业看,呈现出减税幅度越大、户数增长越快的态势,这表明微观经济主体市场活力显著增强。

(四)推动了第三产业的发展

"营改增"打通了第二、第三产业抵扣链条,有利于服务业与工业深度融合发展。自前期"营改增"试点以来,第三产业投资规模明显扩大,占全社会固定资产投资比重由2012年的52.6%提高到2015年的56.6%,第三产业增加值占国内生产总值的比重由45.5%提高到50.5%。以上海为例,2015年第三产业占国内生产总值的比重为60%,2013年占62.2%,2014年占64.8%,2012年占67.8%,这表明"营改增"对第三产业的推动作用逐步显现。

前期"营改增"试点改革,初步解决了货物和服务税制不统一及重复征税问题;减轻了企业税负,激发了企业活力,拓展了企业发展空间,促进了"大众创业、万众创新";促进了服务业的发展,优化了产业结构,推动了工业转型升级,顺应了经济新常态下供给侧结构性改革的内在诉求。

三、全面实施"营改增"的内在特征

2016年3月18日,经国务院批准,财政部和国家税务总局正式发布了全面实施"营改增"的试点方案(以下简称"试点方案"),明确自2016年5月1日起,全面推开"营改增"试点,将建筑业、房地产业、金融业、生活服务业4个行业纳入"营改增"试点范围,自此,现行营业税全部改征增值税;将不动产纳入抵扣范围,无论是制造业、商业等原增值税纳税人,还是"营改增"试点纳税人,都可抵扣新增不动产所含增值税,为全面推行"营改增"扩大试点提供了政策依据和操作办法。"试点方案"具有以下五点特征。

(一)开启了构建现代型增值税的新纪元

此次改革既属于增值税的扩围改革,又属于增值税的转型改革。1994

年建立增值税制时留下的"两个尾巴"已接近完成，困扰增值税内在功能发挥的阻碍基本消除。此次"试点方案"的核心是扩大试点行业范围，并将不动产纳入抵扣范围。"试点方案"的推行，实现了增值税对货物和服务的全覆盖，所有外购项目进项税准予抵扣，意味着税制转换全部到位。"试点方案"实行之日，就是营业税终结之时，标志着中国增值税制真正与国际上通行的增值税制接轨，为构建规范化的增值税制奠定了基础，也为全面深化税制改革、建立现代税收制度、推动税收治理现代化开篇谋局。

（二）体现了全面普惠性减税的政策诉求

"营改增"既涉及试点行业，又涉及非试点行业，体现了全面普惠性减税的政策诉求。"试点方案"不仅涉及建筑业、房地产业、金融业、生活服务业四大行业，还将不动产纳入抵扣范围，无论是制造业、商业等原增值税纳税人，还是本次"营改增"试点纳税人，都可抵扣新增不动产所含增值税，而且新的试点行业还享受税制转换所带来的"减税"红利，总体上会实现所有行业全面减税。这种大规模减税背景下的"试点方案"出台，带有鲜明的"花钱买机制"特征，将惠及几乎所有的纳税人，尤其对资本密集型企业、现代高端服务业以及制造业等，也将释放出更加强劲的减税信号，推动形成以科技创新引领的新经济增长极。

（三）体现出所有行业税负只减不增的顶层设计

"试点方案"既保持了原有的优惠政策，又制定出可行的过渡措施，体现出所有行业税负只减不增顶层设计的良苦用心。现行的"试点方案"承袭了原有税制要素中优惠政策项目的规定，没有触及原有的企业税收利益，维持了既有的税负分布格局，使每个试点企业都不会因"试点方案"的推行而产生税负变化，并可享受净减税负的"试点红利"，同时也规定了确保试点改革平稳运行的几十项过渡性办法，有效实现了两种税制的转换和对接。做足了"减法"，将换取企业效益的"加法"，带动市场活力的"乘法"，确保试点改革平稳运行，确保所有行业税负只减不增的决策理念和务实、可靠的实施路径。

（四）体现出由易到难的改革路径

"试点方案"既总结了前期试点的经验，又预估了此次扩大试点的难度，体现出"营改增"试点由易到难的改革路径。自2012年以来相继实施的"3+7"改革试点，积累了许多宝贵经验，无论是最初"营改增"的方案设计，还是具体实施过程中存在的问题，都为此次"试点方案"的制定提供了有价值的借鉴。同时，新纳入试点范围的四大行业是增值税制运行中公认的复杂、棘手的领域,世界各国对不动产(含建筑业)、金融业等的增值税处理方式差别很大,缺少可供借鉴的、成熟一致的做法,是最难啃的"硬骨头"。带着"营改增"前期试点的成功经验,我国必将攻坚克难,使此次"营改增"试点顺利实施。

(五)助力推进供给侧结构性改革

减轻企业的税费负担已成为推进供给侧结构性改革的共识,"试点方案"所释放的减税红利将会降低企业边际成本,提高要素供给效率,增强企业有效供给能力,契合了供给侧结构性改革的迫切要求。减税需求与减税取向、减税策略与减税安排的一致性,彰显出供给侧结构性改革战略与"营改增"改革举措的协同特征。"营改增"本身也属于结构性调整政策,与当前注重解决经济结构性失衡问题具有显著的关联度,营业税与增值税最大的差别体现在经济结构优化配置层面,增值税将会在促进市场导向的资源配置方面发挥更加积极有效的作用,助力消化存量、引导增量,有助于培育经济增长新动能。

全面实施"营改增",是我国税制改革进程中的一件大事,可谓是"牵一发而动全身",对助力供给侧结构性改革、顺应国家经济治理方式转变、深化财税体制改革、推动现代税收制度建设都具有重大的现实意义,必将在税收改革发展史上留下深刻的印记。

第三节 "营改增"运行效应评估分析

一、社会各界对实施"营改增"的评价

(一)国内对"营改增"试点的评价

时任国务院总理李克强曾指出,"营改增"不仅给企业减税、推动税制调整,也助力国家经济发展,将会为中国经济转型升级写下浓墨重彩的一笔。全面推开"营改增"试点既是适应当前中国经济发展的需要、大力推进供给侧结构性改革的战略举措,又是立足长远、打造增长友好型税收体系的重大实践,彰显了中国推进国家治理体系和治理能力现代化的决心和成效。

中国社会科学院学部委员高培勇认为,中国现代税制改革要在稳定税负的大前提下,通过调整税制结构,也就是降低间接税比重,增加直接税比重来实现。在以"稳定税负"为约束条件的大环境下,全面"营改增"

作为减少间接税比重的一大举措，其腾挪出的税收空间应靠增加直接税比重达到平衡。

中国财政科学研究院院长刘尚希认为，"营改增"看似仅涉及两个税种，即增值税扩大范围和营业税退出，实际上牵动了整个财税体制。"营改增"是拉开整个财税改革大幕的抓手，将带动整个财税体制改革。

上海财经大学教授胡怡建认为，全面实施"营改增"是我国 1994 年实行分税制改革以来最为重要的税制改革，是构建中国现代税制体系、全面提升国家治理能力的具有里程碑意义的重大制度变革。实施以来，"营改增"在合理税制结构、理顺税收体制成效、助力供给侧结构性改革、激发市场活力、增强治税能力和提升国际形象多方面取得显著成效。

（二）国外对"营改增"试点的评价

维也纳经济大学全球税收政策研究中心主任杰弗里·欧文斯认为，现阶段中国的增值税改革不仅适应中国经济发展的阶段性要求，还通过彻底打通增值税抵扣链条，减轻企业负担，建成在世界范围内具有先导意义的现代增值税制度。中国能够在如此短的时间内推行这项重大改革，应归功于中国政府的战略决策能力以及中国财税系统的高效执行力。

国际货币基金组织（IMF）财政事务部主任维托尔·加斯帕尔认为，增值税是现代税收体系的关键要素，全面推开"营改增"试点将推动中国财税体制改革和国家治理能力现代化取得重大进展。

欧盟增值税专家让·克劳德·卜夏尔评价，中国以娴熟的技术设计将老旧的增值税制度转化成非常现代的增值税制度，堪称国际税制改革的成功典范。中国将金融行业纳入增值税征税范围并按较低税率征税，无疑是朝着正确的方向迈出了非常勇敢的一步。

挪威财政部高级官员奥拉海克通高度评价"营改增"，中国增值税改革的难度和工作量巨大，无疑是国际增值税领域最大的事件。中国政府的改革勇气和智慧、中国财税部门的责任担当令人钦佩，中国税务机关高效的执行力令人印象深刻。

经济合作与发展组织税收政策与管理中心副主任佩雷斯·纳瓦罗指出，对金融保险行业、二手房交易等征收增值税，是国际增值税领域公认的难题，而中国已成功地解决了这一难题。中国在这些领域的增值税制度设计方面具有一定的开创性，已走在世界前沿。

彭博社评论，"营改增"是中国二十多年来最大规模的税制改革，将致力于减少服务业的税收负担并鼓励制造业创新升级。因此，"营改增"不仅在短期内对经济增长有促进作用，从长期来看将有助于中国经济结构进一步优化。

美国《华尔街日报》认为,中国"营改增"对于全球增值税改革也具有开创意义。该报指出,目前全球多数国家对金融服务业征收的增值税仅限于简单的收费服务,而中国金融业"营改增"的范围更加广泛,包括银行向客户发放贷款收取的利息、买卖股票、债券或外汇交易取得的收入等。如果中国对金融业广泛征收增值税被证明是切实可行的,这将对其他国家的增值税改革起到示范效应。

二、基于不同视角的"营改增"运行效应评估分析

(一)国外评估分析

1. "关于中国'"营改增"'改革主要方面的中期评估"课题组:"营改增"极大提高中国增值税的中性程度

2016年,经济合作与发展组织(OECD)的皮特·巴提奥、澳大利亚新南威尔士大学迈克尔·沃波尔等负责的《关于中国"营改增"改革主要方面的中期评估》课题,对我国"营改增"的评价如下:

(1)"营改增"将服务业全部纳入了增值税范畴,极大提高了中国增值税的中性程度。一是通过调整抵扣和退税政策提高中性原则;二是通过逐步减少税率的档次提高中性原则;三是通过逐步降低小规模纳税人的划定标准提高中性原则;四是通过完善增值税在金融服务方面的政策提高中性原则。

(2)征管能力和纳税服务取得重大进步。一是征管能力的提高和纳税服务质量的进步引人瞩目;二是进一步简化流程、加强宣传,以增强全国范围内一致性;三是完善的金税系统实现了严密的发票认证。

(3)"营改增"进一步提高了中国增值税制度的国际中性原则。一是通过不断完善零税率和退税政策提高国际中性原则;二是通过对入境B2C服务加强征税完善国际中性原则。

2. 经济合作与发展组织(OECD)官网:中国增值税改革取得积极进展

2018年6月28日,经济合作与发展组织(OECD)官网刊发文章,指出中国政府近年来遵循国际通行增值税基本原则,与世界和中国的经济发展相适应,以推进国家治理体系和治理能力现代化为目标,实施了一系列增值税制度改革。一是优化税率结构,体现了效率原则;二是统一小规模纳税人标准,体现了公平、简便原则;三是扩大留抵退税范围,体现了中性原则;四是市场主体减税预期良好;五是终端消费共享改革红利;六是小微企业发展再添活力。

(二) 国内评估分析

1. 上海财经大学"上海'营改增'5年试点成效分析"课题组：激发新活力、涵养新税源，"营改增"助力上海经济转型升级

2017年3月3日，上海财经大学"营改增"效应分析课题组分析评估了上海市"营改增"5年实施情况及成效。

(1) "营改增"先行先试，上海发挥示范引领作用。从2012年"营改增"在上海市先行试点，到2016年"营改增"试点全面实施，上海市对我国"营改增"起到了先行先试、示范引领和积极推动作用。

(2) 减负效应明显，上海市"营改增"5年减税近2000亿元。自2012年实施"营改增"试点以来，上海市"营改增"5年累计减税总额达1967.3亿元，并且减税额呈现逐年递增的态势。这说明随着"营改增"向纵深发展，减税效果逐步得以体现，总体减负成效显著。

(3) 从宏观视角审视"营改增"，当好经济发展促进派。由于避免了重复征税，"营改增"减轻了行业税收负担，消除了服务业发展的税收制度性障碍，对于上海加快服务业发展，形成以服务经济为主体的产业结构，起到了重要促进作用。上海市2012年实施"营改增"试点后，经济结构持续优化，2011—2016年，第一产业占比由0.7%降为0.4%；第二产业占比由41.3降为29.1%；第三产业占比由58%提高至70.5%，并逐年上升。

(4) 激发微观主体活力，促进企业转型升级。"营改增"后企业外购设备和不动产增值税允许抵扣，对企业加快设备更新和商业不动产购置产生较大激励效应。"营改增"不仅降低了税负，更拉长了产业链，推动主辅分离发展，促进企业做大做强，并对企业创新驱动、转型发展具有积极推进作用。特别是对小规模纳税人适用3%征收率简易征税，有利于减轻小规模企业税负。

2. "'营改增'政策效应分析"课题组：行业越发达，地区"营改增"试点效应越显著

2017年11月，国家税务总局收入规划核算司和中国人民大学财政金融学院合作完成了《"营改增"政策效应》分析报告，课题从产业关联效应视角分析"营改增"对经济的作用机制，从微观、宏观角度分析全面"营改增"的经济效应。

(1) 从"营改增"微观视角分析。一是从整体上看，"营改增"行业发展程度越高的地市，"营改增"越能从整体上显著降低"营改增"行业企业税负水平，而对销售收入并无显著影响；二是从企业规模来看，"营改增"主要利于大型企业，其销售收入显著增加、税负显著降低，而小微

企业短期内减税效果并不显著、销售收入甚至出现了下降情况；三是对非2016年全面"营改增"行业企业而言，"营改增"主要有利于小微企业和中型企业，其固定资产投资比重显著增加，而大型企业固定资产投资比重增加并不显著；四是"营改增"的影响主要集中在金融业，从整体上看，金融业发展程度越高的地市，金融业"营改增"越能从整体上显著增加金融业企业的销售收入并显著降低税负水平；五是从企业规模看，金融业"营改增"使大型金融企业受益程度最大；六是对非2016年全面"营改增"行业企业而言，金融业"营改增"使小微企业受益最大。

（2）"营改增"宏观视角分析。全面"营改增"使企业纳税的税率发生变动，而企业实际税率是有差异的，因此"营改增"这一减税政策最终体现在企业增值税实际税率的变动上，报告由此认为企业增值税实际税率变动对地区经济增长和投资的影响是观察"营改增"宏观经济影响的一个绝佳视角。随后，报告基于我国县级地区数据分析发现，增值税权重税率数值较大、分布较为分散，这意味着在核算企业所在县级地区的总体税率时，对个体企业产值影响较小，还可以发现两种税率的均值均小于法定税率，且实际税率在地区之间具有较大的差异，因此，报告主要分析地区的税率差异导致的地区经济增长的差异。为研究增值税实际税率变动对经济增长的影响，报告利用相邻地区的税收竞争构建工具变量，消除因互为因果或者遗漏变量导致的内生性，实证结果表明，降低县级地区增值税税率1%，该地区的经济增长率将提高0.45%，其他稳健性检验也得到降低县级地区增值税税率将显著（或接近显著）提高该地区的经济增长率这一结论。为研究企业增值税实际税率变动对投资的影响，报告采用同样的分析方法，实证结果表明，降低县级地区增值税税率1%，该地区的实际投资率将提高1.04%，其他稳健性分析也得到降低县级地区增值税税率将显著（或接近显著）提高该地区的实际投资率这一结论。

3. "'营改增'试点改革效应分析"课题组："营改增"有利于减税降成本、优化结构、增强动能

2016年10月至2017年10月，国家税务总局税收科学研究所牵头的"'营改增'试点改革效应分析"课题组，从区域、行业、企业三个层次，对"营改增"试点效应开展专题研究。

（1）"营改增"对区域经济的影响。一是创新投资驱动，经济增速进一步提升。"营改增"从制度上解决了劳务和货物重复征税的问题，为东部地区高成长、高研发、高投入的高级制造业创造便利的资本投入环境。2016年，广东省先进制造业和高技术制造业增速分别为9.5%和11.7%，

高于规模以上工业增速2.8和5.0个百分点。二是整合业务资源，提升传统产业发展空间。"营改增"打破了产业融合及结构转型的壁垒，延伸了货物与劳务增值税抵扣链条，推动传统产业的转型升级，促进资源密集型企业加速发展。在"营改增"政策带动下，我国中部地区省份不断挖掘传统产业的增长潜力，推动传统产业不断向高端化、智能化水平发展。三是消除重复征税，促进第二、第三产业协同发展。"营改增"打通了第二、第三产业税收抵扣链条，消除重复征税，促进了第二、第三产业的协同发展，有利于西部地区集中发展具有竞争优势的核心领域，推动第二、第三产业朝个性化、专业化方向发展。四是释放改革红利，带动新动能迅速崛起。全面实施"营改增"进一步释放了改革红利，助力新技术、新产能、新业态加速成长，为供给侧结构性改革培育新动能、新活力。全面实施"营改增"后，东北地区注重从深层次提升经济发展质量，积极培育吸引战略性新兴产业和现代服务业，做大做强龙头企业。如打造新能源汽车、先进轨道装备、航空航天装备机器人和智能装备等支柱性产业项目，实现由"中国制造"向"中国智造"的转型。五是激发市场活力，调整产业发展布局。课题组通过对东部、西部、中部、东北地区的代表省份地方财政收入的四大区域面板数据进行分析认为，短期内地方财政收入表现为净减少。但从长期来看，"营改增"有助于地方政府调整产业结构布局，定位主导产业发展方向，挖掘新产业、新动能。"营改增"后，四大区域地方政府更加注重建设现代产业体系，升级改造优势制造业，做大做强龙头企业，着力完成一批战略性新兴产业与高端项目的培育工程。

（2）"营改增"对行业和企业发展的影响。一是"营改增"的实施使行业税负全面降低，减税规模逐步扩大，为企业的发展壮大提供了更为充足的资金支持，对产业结构调整与升级、市场规模扩大及扩大再生产起到了极为重要的作用。二是"营改增"税制结构的变化，使重复征税问题得到消除，促进了企业主辅分离，推动了企业经营的专业化，改变了企业过去"大而全、小而全"的经营模式。通过促进专业化分工协作，一些研发、设计、营销等内部服务环节从企业主业剥离出来，使企业更加专注于提供某类型服务，成为效率更高、专业更强的创新主体，催生了新技术、新产业、新业态和新商业模式，为实施创新驱动发展战略提供了更为广阔的发展空间，也为民营经济和小微企业营造了更为宽松的发展环境。三是"营改增"通过优化税制结构进一步促进了产业结构转型升级，加快形成以科技创新引领的新经济增长极，有利于企业降成本、强结构、强动能，促进了行业上下游产业链的细分、完善和调整，为供给者提供了较大的发展空间,也对刺激消费、促进消费升级产生积极影响。四是全面推开"营改增"打通了第二、第三产业增值税抵扣链条,企业将围绕着进一步降低税负,改变以往在营业税税制下的经营理念、会计管理、税收管理和合同管理等方式,使企业管理方式不断调整、更加精细,同时企业将跟随市场优化调整行业产品,以适应市场发展的需要。五是不动产进项税额分期抵扣政策的实施,激发了企业新购置不动产与扩大再投资的热情,加快了新旧动能接续转换,进一步提振了"大众创业、万众创新"的信心。

三、研判"营改增"效应的维度

从2016年5月1日起,我国全面实施"营改增",将试点范围扩大到建筑业、房地产业、金融业和生活服务业四大行业,并将所有企业新增不动产所含增值税纳入抵扣范围。全面"营改增"试点,是在当前供给侧结构性改革的大背景下推出的,是税制建设内在规律所决定的,并恪守"只减不增"的税改原则。为此,考量"营改增"试点效应,应从税制结构转换、税负只减不增的政策诉求以及供给侧结构性改革三个维度展开。

(一)税制结构转换顺利完成

增值税与营业税的不同运行机理、税制建设的内在规律以及增值税具有天然替代营业税的内在功效,决定了"营改增"在本质上是增值税对营业税的替代,是税制结构的转换,是历史必然的过程。全面"营改增"意味着对流转税税制结构格局的重构,既包括扩大行业试点范围,也包括将新增不动产纳入抵扣范围,是"转型"与"扩围"的同步推进。全面"营改增"的实施,意味着三十余载营业税和增值税并行征收的格局正式宣告结束,流转税税制结构转换顺利完成。

1. 建立了符合国际规范的现代增值税制度

自1994年以来,增值税税制改革的路径一直围绕着"转型"与"扩围"展开。"营改增"之前的增值税税制改革,虽然在这两方面取得了一定的进展,但仍没有彻底完成。2012年1月1日,酝酿已久的"营改增"试点正式实施,从"3+7"行业到2016年5月1日开始的四大行业,全面"营改增"试点实现了对货物和服务的全覆盖,并在棘手的房地产和金融领域全面铺开。特别是金融业"营改增",由于金融行业的特殊性,国际上很多国家对金融业不征或少量征收增值税。而我国从2016年5月1日开始对金融业施行全面的"营改增",并设计出对金融业普遍征收增值税的系列方案,标志着我国从制度上突破世界增值税禁区,解决了国际上对金融业征收增值税的难题,得到了国际社会的积极评价。当前,全面

"营改增"稳步推行,增值税开票和申报工作有序运行,税制结构转换基本完成。从2016年5月1日起,全国各级税务机关办理的试点纳税人交接超过1000万户,基本上实现了增值税对货物和服务的全覆盖,包括新增不动产在内的所有外购项目的进项税额均准予抵扣。"只减不增"的税改目标得以实现,助力供给侧结构性改革基本到位。全面"营改增"的实施,使我国增值税制度在覆盖范围和运行机制上与国际惯例更好地接轨,并逐步建立起符合国际规范的现代增值税制度。

2. 抵扣机制贯穿所有行业

抵扣机制是增值税的灵魂。"营改增"之前,施行营业税的行业无法被纳入增值税的抵扣链条之中,而增值税纳税人也不能将购入劳务所获取的进项税额进行抵扣,存在着抵扣链中断和重复征税等问题。虽然2009年的增值税转型试点改革将机器设备纳入了抵扣范围,但不动产方面的抵扣仍然没有被纳入,增值税改革仍然没有彻底到位。2016年5月1日,"营改增"的全面施行将应税服务和新增不动产纳入抵扣范围,使增值税的抵扣链条在三次产业间打通,并将抵扣机制贯穿全行业,营业税重复征税的弊端也从制度上得以消除。制造业企业外购服务的进项可以抵扣,激发了制造业购买服务的热情,实现了制造业和服务业的融合发展、互促提高,有力推动了现代服务业与制造业等实体经济的对接,使增值税的中性作用得以充分发挥,为培育经济发展新动能提供了税制保障。"营改增"不仅契合增值税的特征和内在发展规律,而且还非常有利于发挥增值税的制度优势。我国增值税对营业税的全面替代,简化了税制,降低了制度性交易成本,由过去企业管理两个税种到现在只管理一个税种,管理的风险和难度也相应减小。另外,全面"营改增"之后,通过以票管税,将征纳双方以及交易各方通过税控机制有机串联起来,交叉比对认证交易行为,减少了征纳双方的涉税风险。

3. 税制转换平稳有序

在全面推开"营改增"试点过程中,增值税发票管理、纳税申报和纳税服务等工作进展平稳有序。试点之初,四大行业企业均进行了财务系统改造和内部相关流程梳理,以适应增值税"以票管税"运行机制。为了顺利推进全面"营改增"试点工作,各地税务机关还围绕"开好票""报好税""分析好"和"改进好"四个阶段的工作,有针对性地制定了80条征管服务措施。首先是加强宣传,强化辅导,确保纳税人"能开票、会申报"。其次是运用信息技术,创新办税手段,确保办税提速增效。各地税务机关积极拓展网上办税、自助办税、智能办税等多元化办税渠道,方便纳税人办税。另外要通过简并手续，优化流程，确保纳税人方便办税。各地税务机关打破办税区域限制，全面推行同城通办。要通过国税、地税互设窗口，共建办税服务厅，共驻政务服务厅等方式，加强联合办税。

4. 助推财税体制重构

增值税和营业税是中央和地方的主要税种，两者加总占我国全部税收收入的40%以上。全面"营改增"动摇了以税种划分收入的分税制财政体制。目前，地方税已无主体税种，增值税一税独大，现行中央与地方的分税格局难以为继，必将引发新的财税体制调整。重构地方税体系，培育新的地方税主体税种，应成为当前最紧迫的任务。作为短期内的应对之道，与全面实施"营改增"同步推出的中央、地方收入划分过渡方案将增值税作为共享税的75:25分成调整为50:50分成，中央集中的收入增量通过均衡性转移支付分配给地方，主要用于加大对中西部地区的支持力度。这种具有过渡性的制度安排不仅解决了"营改增"试点下增值税的分成比例问题，也使困扰地方政府的财力保障问题终于有了暂时性的解决方案，为确保"营改增"的顺利推行奠定了制度基础。

（二）"只减不增"的税改目标得以实现

李克强同志曾提出，全面实施"营改增"是深化财税体制改革、推进经济结构调整和产业转型的"重头戏"，是一项"牵一发而动全身"的改革，要确保所有行业税负只减不增。目前，全国四大行业的减税规模逐月扩大，所有行业税负"只减不增"的税改目标得以实现。

1. 精准研判"只减不增"

2016年5月1日开始的"营改增"全面实施，将最后四大行业纳入试点范围，并允许新增不动产所含增值税进行抵扣。这两部分改革的内容既包含"扩围"的特征，也包含"转型"的属性，两者共同构筑了"确保所有行业税负只减不增"的政策底线。然而，在实践中如果过分关注"扩围"改革所带来的行业税负变化，而忽略了增值税"转型"改革所具有的全面减税价值追求，必然导致在"营改增"效应评价的考量上出现部分偏颇。为此，我们应辩证地审视和拓展"只减不增"的思维空间。从某种意义上讲，任何改革都不足以保证每个企业均能够实现减税，况且减税机制不是直接减除，而是税制转换所带来的减除。全面"营改增"试点改革所释放出来的"减税红利"，并非传统意义上所描述的税收直接减免，而是通过流转税税种的替代以及课税机制的转换等重大改革举措来逐步实现。试点改革既实现了营业税向增值税课税机制的有效转换，又达到了"只减不增"的政策目标，使几乎所有企业均能受惠。

2. 阶段性减税效果显著

为了达到"税负只减不增"的改革目标,试点方案从顶层设计上既承袭了原营业税税制要素中较好的优惠政策和措施,又制定出切实可行的过渡措施,税负存量格局没有被打破,基本上维持了税负在各个环节既有的分配格局。所有行业特别是"营改增"试点行业的税负,均不会因试点改革的施行而有所增加,并可以享受改革所带来净减税负的红利。全面"营改增"试点阶段性减税效果明显。据统计,2016 年 5—11 月,新纳入试点范围的 4 个行业共有 1069 万户纳税人完成税制转换,比 5 月初的 1011 万户增加了 58 万户。累计实现增值税应纳税额 6409 亿元,与应缴纳营业税相比,累计减税 1105 亿元,26 个细分行业全部实现了总体税负只减不增的预定目标,税负下降 14.7%。随着时间的推移,"营改增"减税效应会越来越明显。

3. 应正确对待个别企业税负上升

全面"营改增"之后,税负总体下降,所有行业"税负只减不增",但这并不意味着每个企业都必然减税,这样既不现实,也不科学。其实改革本身就是利益的调整,在实际操作过程中,由于个体情况的差异性,个别企业出现税负上升问题,尽管范围不大,税负上升幅度也不大,但也要认真进行分析和研究。从前期试点的经验看,个别企业在"营改增"试点初期,往往难以适应税制转换所带来的诸多变化,加之对增值税抵扣政策的了解和把握不够到位以及多档税率差所带来的征抵不一致等因素,企业税负的短期上升应属于正常现象。随着"营改增"试点的深入推进,企业对增值税的认知程度不断增加,并逐步适应税制转换所带来的新变化,个别企业的税负波动现象必将回归常态。另外,"营改增"之后,增值税的抵扣链条机制以及税控管理机制使买卖双方互相监督、相互约束,提高了征收效率,一些企业适用营业税时应缴未缴问题也可能逐渐浮出水面,此类企业的税负增加,实际上是纳税的真实归位,并不是真正的税负增加。

(三) 助力供给侧结构性改革基本到位

全面"营改增"试点不仅是税制改革主动适应国家发展战略的重大举措,也是税收政策助力供给侧结构性改革的重要策略选择。试点改革的实施有利于促进经济结构进一步优化,有利于减税降成本、优化结构、增强动能,有利于形成公平竞争的市场环境。

1. 有利于促进经济结构进一步优化

经济及产业结构性失衡是目前困扰经济持续发展的"瓶颈",也是当前推进供给层面改革的重要原因。经济结构性问题与税制结构性问题通常具有较强的关联性。2016年5月1日开始施行的全面"营改增"试点，就是通过税制结构优化促进产业结构转型升级，培育以科技创新为引领的新经济增长极。同时，"营改增"试点改革本身也属于结构性调整范畴，有利于破解营业税和增值税并行征收所带来的经济结构失衡问题，并有效解决营业税重复征税以及增值税抵扣链条断裂所导致的税负加重问题。全面"营改增"后的流转税收入总规模减少，即纳税人在商品和服务的流转环节所缴纳的税金减少，流转税额减少，流转税收入占全部税收收入的比重也减少。与此相对应，纳税人获取的经营成果——"所得"就会相应地有所增加，所得税额增加，所得税收入占全部税收收入的比重也增加，这"一减一增"的变化也是助推供给侧结构性改革的重要体现。

另外，从发展的角度看，我国经济发展方式由粗放型逐渐向集约型转变，由此也会带来整个社会投资报酬率的提高和企业所得占比的相对增加，从而所得税在整个税收收入中所占的比重也会提升。

2. 有利于降成本、优化结构、增强动能

当前，减税已成为推进供给侧结构性改革所凝聚的共识。一方面，"营改增"有利于减负降成本。全面"营改增"试点的实施，顺应了供给侧结构性改革的减税需求。而"营改增"试点改革所释放出的减税红利，正好契合了当前推动供给侧结构性改革的氛围和需求，为供给者提供了广阔的发展空间，也对刺激消费和促进投资升级产生积极的影响。"营改增"可有效降低企业成本，激发市场活力，增加有效供给。另一方面，"营改增"能有效促进产业结构进一步优化。"营改增"消除了制约服务业发展的税收制度障碍，为服务业的加速发展创造了良性的税收环境，对于形成以服务经济为主体的产业结构新模式起到了重要推动作用。在信息服务、物流辅助服务和文化创意服务等领域，企业将一些辅助性、非核心业务外包已经成为潮流。一些研发、设计、营销和鉴证等内部服务环节从企业主体业务分离出来后，成为独立的专注于提供某类型服务的创新主体。通过促进专业化分工与协作，不断拉长产业链，实现主业更聚集、辅业更专业。还有就是培育经济发展新动能，带来新的增长点。"营改增"试点改革催生了新技术、新产业、新业态和新商业模式等，为实施创新驱动发展战略以及推动大众创业、万众创新拓展了广阔的空间，也为民营经济和小微企业的发展营造了更加宽松的外部环境。

3. 有利于形成公平竞争的市场环境

供给侧结构性改革的深层次目标是引导市场在资源配置中发挥决定性作用，矫正过去由政府主导资源配置所带来的结构性失衡问题。因而，在回归市场主体的理性预期之下，尊重市场价值规律的政府有效调控，才是对长期累积的结构性、体制性问题和矛盾的破解之道。全面"营改增"试点的实施有利于市场在资源配置中发挥主导作用，将进一步降低企业边际成本，提高要素供给效率，并增强企业供给能力。与此同时，大幅度地减税也势必减少政府对市场和资源的支配和使用，有利于减轻其对市场资源配置的干预程度。另外，由于增值税的中性作用，和营业税相比，"营改增"后的增值税对市场主体的扭曲行为以及效率损失都有所减少，对市场价格的扰动影响也明显减弱。同时，由于增值税是价外税，其价税分离的本质特征可使价格能够真正地反映市场供求现状，正确引导资源配置。从增值税的作用机理上讲，价、税有效联动机制的形成恰恰是"营改增"试点在供给侧结构性改革中精准施策的重要着力点。总之，"营改增"释放税制转换红利，降低企业边际成本，增加劳动和资本报酬，提高要素供给效率，将进一步助力和发挥市场机制在资源配置中的决定性作用。全面"营改增"试点的推行，改变了生产和流通领域适用两套不同的税制所带来的税负不公现状，有效促进了市场主体进行规范化管理，有利于形成公平竞争的市场环境。

全面"营改增"试点改革整体进展顺利，减税的政策诉求与课税机制的转换相得益彰，试点改革已达到了预期效果。即"营改增"税制结构转换顺利完成，"只减不增"的税改目标得以实现，助力供给侧结构性改革基本到位。"营改增"试点的全面实施虽然取得了阶段性进展，但是增值税改革仍在路上。"营改增"后增值税多档次税率所引发的税负转移、过多的税收优惠政策影响增值税中性作用的发挥等问题，均需要进行改革和完善。今后，应适当简并多档税率，逐步清理增值税优惠政策，妥善处理好改革与立法的关系，为增值税立法不断创造有利条件。

第四节 金融业"营改增"问题研究：基于发票的视角[①]

一、金融业实施"营改增"面临的问题

（一）金融业与实体经济的增值税抵扣链条并未完全打通

根据相关政策，如果金融企业是一般纳税人，其提供贷款服务所取得

[①] 本部分内容完成于2017年10月，刘和祥亦有贡献。

的全部利息及利息性质的收入都要计算销项税额，但是贷款利息支出以及与该笔贷款直接相关的投融资顾问费、手续费、咨询费等费用，其进项税额不得从销项税额中抵扣。这就意味着金融业尤其是银行业与实体经济之间的增值税抵扣链条并未完全打通，银行提供贷款服务发生的相关业务成本相当一部分需要银行自我消化，而不能通过增值税扣税链条转嫁给被服务对象。对于相对弱势的中小企业与个人来说，如果银行通过提高利率的方式转嫁部分增值税成本，中小企业与个人可能不得不接受，相应的融资成本将会上升。而对于大型企业来说，银行很难通过提高利率的方式转嫁增值税成本，只能自我消化、减少自身的收入与利润。显然，贷款利息支出不允许抵扣进项税额的规定，造成了增值税抵扣链条的中断，既增加了金融业下游企业的负担，也影响银行等金融机构的收益。

（二）金融服务的复杂性与增值税的确定性较难兼容

从金融业"营改增"的试点情况来看，金融业务种类繁多、核算复杂，如何准确界定增值税税基及计算应纳税额成了较大的难题。从业务类型来看，金融业"营改增"涵盖银行业、证券业、保险业等众多金融行业，不同金融行业的业务差别比较大，加之金融产品不断创新、新型金融衍生工具不断涌现，这就要求税务部门应针对不同性质的业务制定不同的征税规则。而税法具有相对稳定性，现行的对多数金融业务实施"购进扣税法"、对少数金融业务实行"简易征收法"与"免税法"的金融业增值税征管制度，很难满足复杂、多变的金融业务管理需求。在这种情况下，税制的完善要赶上金融业的创新速度是很难的。那么在整个金融业范围内，在一定时间段内，可能会存在一些税收空白点。

（三）交易量巨大，对发票管理提出挑战

金融行业日均交易数量巨大，交易频繁且处理机制复杂，现有发票管理系统将降低金融服务业的处理效率，很可能造成开票量跟不上业务量的情况，且发票管理流程及安全保存难以保证。如何将其纳入金税系统开具增值税发票是对增值税发票管理的一大挑战。另外，红字发票的开具流程较为复杂，需要纳税人向税务机关提出申请，而金融服务业涉及范围广，开具红字发票所涉及的行业参与者数量庞大，这一管理模式严重影响运营效率。

（四）金融机构的增值税发票开具问题

在原营业税体系下，金融机构所开发票非常有限，许多时候是以银行票据、单证等代替发票，税务机关亦能接受。但是，增值税专用发票的开具、使用与管理都有严格要求，"营改增"后，金融机构需要将自己的开票系统与税务部门的"金税三期"系统对接，收集和提供更加完备的交易、银行账号、纳税识别号与客户地址等信息，尤其是要面对海量的开票义务，这势必会产生很高的开票成本。

从全球增值税实践来看，金融业营业税改增值税无疑是一道难题，其内在原因是增值税逻辑与金融业态存在一定的"不兼容"问题。在当前改革的大趋势下，金融业作为我国现代增值税的重要抵扣链环节，必须融入增值税的抵扣链之中。金融业"营改增"必须实现课税机制与金融业务的有机结合，即面临着与时俱进和创新发展的新挑战。本书对完善金融业增值税制度的相关建议如下：一是建议统一规范视同销售判定标准；二是尽快明确资管产品增值税执行细则；三是明确增值税应税项目和免税项目；四是完善金融企业进项税额认证和发票管理；五是采取有效措施积极推进电子发票的应用。

二、金融业"营改增"：专用发票存在的问题

（一）银行业代收费开具发票问题

银行普遍存在代收费情况，如代客户支付给境外的出口信用证通知费等，此类业务相关的开票问题，建议出台相关规定予以明确。此外，还存在资产证券化相关的开票问题。由于银行已将信贷资产出售，不应就代收的利息交税，借款人支付利息后一般仍向银行提出开票要求，但银行已非实际债权人，不能就代收的利息开票。另外，在"营改增"之前，银行开展的代收费（代收水电、通信、高速路通行费）业务，为客户提供的发票为地税局统一印制的"银行代收费业务专用发票"；代卖保险业务，为客户提供的发票为地税局统一印制的"保险中介服务统一发票"。根据《国家税务总局关于全面推开营业税改征增值税试点有关税收征收管理事项的公告》（国家税务总局2016年第23号）第三条第（七）款规定：自2016年5月1日起，地税机关不再向试点纳税人发放发票。试点纳税人已领取地税机关印制的发票以及印有本单位名称的发票，继续使用至2016年6月30日，特殊情况经省国税局确定，可适当延长使用期限，最迟不超过2016年8月31日。银行代收费业务将面临大量的开票需求。对银行代收费业务的发票使用和开具问题，国家税务总局虽未下发正式文件予以明确，但在2016年7月7日"营改增"视频通报会上进行了明确：银行代收水费、电费、燃气费、有线电视收视费、电信服务费、ETC通行费以及其他类似费用，缴费者索取发票的，银行可按代收费金额向其开具国税机关监制的通用机打发票；缴费者需要增值税专用发票抵扣增值税的，必须

由委托方自行开具，如委托方为小规模纳税人，可由主管国税机关代开专用发票。此外建议应明确，客户取得的银行代收费业务开具的票据能否作为企业所得税税前扣除凭证，否则会增加纳税人的税收风险。

（二）企业贷款利息收入及与之相关的咨询顾问费开具增值税专用发票问题

根据"营改增"试点实施办法的规定，企业接受贷款服务是不得抵扣进项税额的。但现实的情况是，部分企业虽然不能抵扣，但要求银行为其开具增值税专用发票。银行为其开具增值税普通发票后，曾遭受企业投诉，个别省份国税部门对此的解释是可以开具增值税专用发票。

（三）银行卡跨机构资金清算业务发票开票问题

根据《国家税务总局关于进一步明确"营改增"有关征管问题的公告》（国家税务总局公告2017年第11号）及5月27日中国银联《关于落实银行卡跨机构资金清算服务发票开具政策有关事宜的通知》，银行卡跨机构资金清算业务发票开具存在以下问题：一是发卡机构与清算机构、清算机构与收单机构之间开具增值税发票原则上采用"总对总"模式，即银联总部与各商业银行总行的银行卡结算业务采取了"总对总"开票模式，但商业银行总行与分支机构之间是否开票以及刷卡手续费在总行反映还是在分支机构反映收入问题，各商业银行尚未形成一个统一的操作模式，总行和分支机构均存在刷卡手续费收入和进、销项税额不匹配问题；二是收单行向商户全额开具增值税发票，并可向银联索取发票用于进项税抵扣。但目前银联手续费数据与商业银行计费系统数据存在差异问题可能会导致银行开票数据不准，存在一定的税收风险，建议借鉴发电企业和供电企业的结算模式，以银联手续费数据作为商业银行与银联直接开具发票的依据。

（四）银团贷款利息收入开具发票存在的问题

经营贷款业务的一家或数家银行牵头，多家银行与非银行金融机构参加而组成的银行集团采用同一贷款协议，按商定的期限和条件向同一借款人提供融资。贷款利息一般由牵头行统一收取，再按相应比例分配给参与行。理论上应由取得利息收入的各金融机构分别向借款人开具增值税发票。首先，借款人是否能够取得各金融机构开具的增值税发票存在不确定性，其次，借款人每笔利息支出可能取得几十张增值税发票。对此类银行业务建议简化手续，由牵头行统一向借款人开具发票，然后按分配后剩余利息缴纳增值税。

（五）保险公司开具增值税发票对象的确认问题

对于保费收入发票开具对象的确定，从政策层面来看，《中华人民共和国保险法》规定：投保人是指与保险人订立保险合同，并按照合同约定负有支付保险费义务的人。保险合同成立后，投保人按照约定交付保险费，保险人按照约定的时间开始承担保险责任。《中华人民共和国发票管理办法》规定：销售商品、提供服务以及从事其他经营活动的单位和个人，对外发生经营业务收取款项，收款方应当向付款方开具发票。所有单位和从事生产、经营活动的个人在购买商品、接受服务以及从事其他经营活动支付款项时，应当向收款方取得发票。取得发票时，不得要求变更品名和金额。以上两个文件明确了保险公司应当向支付保费的投保人开具发票。但是，在实际操作中存在矛盾。一方面，车险业务中，办理保险的是车主本人，要求投保人和被保险人均写公司，并要求车险公司向被保险人开具增值税专用发票，这种情况存在个人为公司虚开专用发票的可能。特别是一些较大规模财险公司的汽车保险，汽车保单数量约占其全年保单数量的80%以上，保费金额约占其全年保费金额的70%以上，这一比例下，车险业务增值税专用发票虚开的风险更大。另一方面，寿险业务中，旅行社是投保人，游客是被保险人，保费可能是被保险人承担，也可能是旅行社赠送。此时，旅行社要求保险公司向自己开具增值税专用发票，会存在旅行社多抵扣进项的风险。

（六）保险企业销项税计提时点问题

根据《财政部 国家税务总局关于全面推开营业税改征增值税试点的通知》（财税〔2016〕36号）文件相关规定，纳税人发生应税行为并收讫销售款项或者取得索取销售款项凭据的当天，先开具发票的，为开具发票的当天。保险企业按照保单生效日（发生应税保险服务行为日期）确认保费收入，即保险公司应在确认保费时计提销项税。但财税〔2016〕36号文件又规定，先开具发票的要提前计提销项税，即要求企业按照确认收入与开具发票孰先计提缴纳增值税。对于上述要求，企业认为给其合规纳税带来巨大挑战，并建议允许保险公司统一按照确认保费时点计提销项税。首先，一些保险业务要求企业提前出单、收费、开票，如财险公司交强险作为我国强制性险种，要求风险保障覆盖全年365天，如客户不提前续保、缴费、受票，待上年保单到期后再投保，可能存在风险保障的空白期，违反我国交通管理法。其次，保险企业的开票频繁且开票量巨大，无论是通过系统还是手工对先开票时点进行计税控制，均存在巨大难度，增加纳税差错风险，也给税务稽查增加了难度。再次，统一按照确认保费时点计税，不会影响纳税金额，仅存在一定的时间性差异而已，且随着企业持续经营与开票，这种差异影响几乎可以忽略不计。最后，统一按照确认保费时点计提销项税并不会对国家财税造成实质性影响，但复杂多样的纳税义务时点造成的计提规则不统一，反而会给税企双方带来巨大管理成本，并带来新的征纳风险。但是增值税属于价外税，保险企业预收保费并先开具发票的，可以先进行价税分离，这跟收入确认适用的权责发生制并不矛盾。如果按企业计费时点确认的收入计提增值税销项税，导致企业开票销售额与申报销售额口径不一，将会给增值税征管带来极大的困难。如果每个行业都强调本行业的特殊性，不愿遵循统一的增值税征管规定，增值税的管理成本和管理难度都将大大提高。

（七）保险业务发票开具抬头问题

根据增值税相关规定，合同流应与发票流一致，即发票开受双方与合同签订双方应保持一致。但目前，保险公司向客户出具的业务单证包括投保单、保单，上述单证涉及投保人、被保险人等多方。为了符合合同流与发票流一致的要求，避免被认定为虚开发票，保险公司增值税发票抬头是应该开给投保人还是被保险人，抑或两者皆可，需要进一步明确。如果投保人和被保险人不一致，增值税发票建议向服务的实际购买者（即投保人）开具，这样在税收政策方面的争议较小。

（八）保险销售自开票问题

保险企业销售给本单位的保险产品能否自开增值税专用发票方面，我国没有明确政策。如河北省规定"保险企业销售保险产品给本单位的，可以自行开具增值税专用发票。增值税专用发票的购买方填写本单位名称，本单位可以凭该增值税专用发票申报抵扣增值税进项税额"，但是其他区域没有明确规定。建议除交强险外，保险企业提供给本单位的保险产品不需要开具发票。

（九）再保险公司的负保费问题

再保险公司收到的账单中有可能存在金额为负的情况，如果采用开具红字发票进行冲红的做法，存在一定的难度。首先，收到负保费账单的当期可能与之前开具发票的时间相隔太远（几年以上），很难找到对应的发票；其次，再保业务一般是对多个账单汇总开票，负保费的金额几乎不可能直接对应到某一张发票。建议将负保费与当期同一个交易对手的正保费相互抵消，以抵消后的金额向交易对手开具增值税专用发票。

（十）共保业务开票方式存在风险问题

共保业务通常是由几个保险公司共同承担一笔业务，根据规定，主承保人与投保人签订保险合同并全额收取保费,然后再与其他共保人签订共保协议并支付共保保费的,由主承保人向投保人全额开具发票,其他共保人向主承保人开具发票;主承保人和其他共保人共同与投保人签订保险合同并分别收取保费的,由主承保人和其他共保人分别就各自获得的保费收入向投保人开具发票。通过调研发现,共保业务开票存在以下两个问题。一是主共保方给投保人开具全额增值税专用发票,则应按票面金额全额确认保费收入,这种开票方式,主共保方还承担着所得税方面的风险。二是主共方、从共方分别向投保人开票。但在实际操作中难度非常大,例如,共保体业务有40家会员单位,那么共保保费是按一定规则在这40家单位之间分配,则40家会员单位需要分别给投保人开票,对投保人影响较大。

（十一）财产保险公司实物赔付进项税额抵扣问题

山东、河北、广东、青岛等地有明确的文件规定,财产保险公司的增值税一般纳税人,发生机动车辆保险赔付时,从修理方取得的增值税专用发票,可以抵扣进项税额。但也有一些省市认为,从修理方取得的增值税专用发票不可以抵扣进项税额。目前,对于实物赔付问题,各地政策不统一。纳税人认为实物赔付是一种好的发展趋势,制度设计不应制约这种模式的发展。目前,保险行业也特别希望拿到这部分抵扣,以减轻"营改增"后所增加的税负。但最终的制度设计还要考虑到行业规则以及被保险人的权益等。此问题不在于税收政策,而在于保险公司与被保险人约定的理赔方式,如约定采用实物理赔,则保险公司取得的进项税可以抵扣;如约定采用现金理赔,即使其可以从汽车修理单位取得进项税专用发票,该专用发票上注明的进项税额也不得抵扣。

（十二）分出保费如何开具发票问题

在调研的过程中,发现人寿险公司和财产险公司对分出保费业务同样存在以下三个问题。一是原保险业务发生在分公司,分出保费是在原保险业务的基础上进行,总公司作为管理机构统一就分出保费与再保险公司签订合同,但成本列支发生在分公司,若再保险公司给所有分公司开具发票,假设有30家分公司,则再保险公司需要给30家分公司开具发票;若同一省份内的分公司未实现增值税省级汇总纳税,则再保险公司是否需要给每一级分支机构开具所对应分出保费的发票?若再保险公司统一将该省的分出保费的增值税专用发票开给省级分公司,省分公司抵扣进项税额是否存在税务风险?且再保险合同是总公司与再保险公司签订,是否违背"三流合一",存在税务风险?以上内容,目前均未出台政策进行明确。二是总公司与再保险公司签订合同,再保险公司给总公司开发票,由于成本列支和原保费收入均不在总公司,总公司取得的增值税专用发票是否可以抵扣进项税额,若可以抵扣,为保证增值税抵扣链条的完整,总公司是否需要给分公司开具增值税专用发票?三是向境外再保险公司分出保费时,保险公司需要在合同签订之日起30日内去税务局完成合同备案,若为应税保险产品,分出人应代扣代缴增值税和附加税,政策未明确由总公司统一代扣代缴还是由各分公司代扣代缴,若由分公司代扣代缴,涉及分公司较多的,会增加保险公司和税务机关的工作量。以上问题未解决前,保险公司的分出保费处理方式各不相同,对增值税抵扣链条的完整性产生了影响。

(十三)总分机构开票模式尚未明确造成进项税票延迟获取问题

根据中国证券监督管理委员会相关规定,证券交易所、中国证券登记结算有限公司开具的经手费、过户费等发票,不对交易直接参与方证券营业部开具,只对企业法人开具。而证券公司的组织模式多是"总公司—营业部"等层级。其中,总公司为一级法人单位、营业部为分支机构。部分证券公司在两个层级之间设立省级分公司,行使管理职能,不开展业务。根据《关于全面推开营业税改征增值税试点有关税收征收管理事项的公告》(国家税务总局公告2016年第23号)第三条第(五)款规定:采取汇总纳税的金融机构,省、自治区所辖地市以下分支机构可以使用地市级机构统一领取的增值税专用发票、增值税普通发票、增值税电子普通发票;直辖市、计划单列市所辖区县及以下分支机构可以使用直辖市、计划单列市机构统一领取的增值税专用发票、增值税普通发票、增值税电子普通发票。

目前,多数证券企业缴纳方式均为原营业税形式,各营业部均为属地独立纳税。只有极少部分的企业拟采用省级分公司汇总纳税形式。现行税收政策没有代购或转售服务的规定,公司总部取得专用发票后如何将进项税传递给独立纳税的下级营业部抵扣,没有具体的文件或操作规定可以遵循,影响总分支机构各自的税款计算和各自所在地的税收利益归属。

由于上述问题没有明确,证券公司作为法人单位虽然取得了交易所、中国证券登记结算有限公司等开具的发票,但由于后续内部处理尚不明确,出于谨慎,法人总机构没有给营业部开具发票,造成营业部税负较重。

(十四)基金业收取的管理费开具增值税发票存在的问题

对于基金管理费,基金公司需要穿透产品向投资人开具增值税发票。但这将面临诸多问题。一是数据量巨大。基金公司面对的客户数量是千万级别,向如此庞大的群体开具发票,意味着巨大的工作量。二是无法确定数据源。管理费是按照每只产品净值的一定比例按日计提,并非向客户收取,目前系统没有投资人个体贡献的管理费数据,无法获取投资人的开票金额。三是系统改造成本大。如果要开具发票,需要确定一定的开票规则,并进行复杂的计算,因此需要对现有的核心系统进行深度改造,而系统的改造成本较高,周期也较长,影响现有业务的正常运营。

企业认为,管理费作为基金产品的费用会降低基金产品估值,从而使投资人在赎回产品时的赎回价(即金融商品转让的卖出价)降低,进而使金融商品出售价差收益减少,增值税的纳税基数降低。企业认为,就基金管理费给投资人开具普票没有任何意义,管理费收入应该为不开票收入。另外,如果基金公司就管理费给投资人开具专用发票,将造成税款的重复抵减。2018年1月1日,资管产品增值税政策实施后,基金产品作为增值税纳税主体,按3%简易计税方式申报缴纳增值税,由管理人(基金公司)统一申报。因此,管理费等基金公司对产品计收并计入产品净值的费用不应向投资人开票。

(十五)基金业支付代销渠道开票存在的问题

对基金公司收到的销售手续费(包括认购费、赎回费和转换费)和销售服务费全额征税时,由公司向投资者开具发票,支付代销渠道的费用,获取增值税发票进行抵扣。但该做法存在两方面的问题。一是基金公司给投资者开具发票,没有确切的数据源,目前的系统不支持。二是从实际操作来看,代销渠道的客户资料都掌握在代销机构手中,代销机构不愿意将这些资料给基金公司,基金公司开具发票面临现实的障碍。

(十六)基金业发票进项抵扣方面存在的问题

基金业进项管理最大的难度是代销机构销售手续费(包括认购费、赎回费、转换费)和销售服务费相关发票的获取问题。"营改增"后,根据增值税相关要求,对于从客户收取的手续费和销售服务费,由基金公司先行全额计算销项税额,再按照分配给代销机构的金额获取增值税专用发票用以抵扣。但是目前一些代销机构,尤其是一些大的银行类的代销机构认为,法律法规没有明确的规定,暂不对上述收取的费用向基金公司开具增值税专用发票。

三、增值税普通发票存在的问题

(一)票据贴现现行政策易造成一窗式比对失败

2017年,财政部和国家税务总局先后出台两个文件,明确票据贴现增值税管理相关细节。一是《财政部 税务总局关于建筑服务等"营改增"试点政策的通知》（财税〔2017〕58号）第五条规定：自2018年1月1日起，金融机构开展贴现、转贴现业务，以其实际持有票据期间取得的利息收入作为贷款服务销售额计算缴纳增值税。二是《国家税务总局关于跨境应税行为免税备案等增值税问题的公告》（国家税务总局公告2017年第30号）第四条规定：自2018年1月1日起，金融机构开展贴现、转贴现业务需要就贴现利息开具发票的，由贴现机构按照票据贴现利息全额向贴现人开具增值税普通发票，转贴现机构按照转贴现利息全额向贴现机构开具增值税普通发票。在实际操作中，这两个文件易造成办理票据贴现的银行一窗式比对失败。具体分两种情况。

第一种情况：甲银行当期全额向贴现人开具增值税普通发票，取得并继续持有票据A（假设当期只发生这一笔票据直贴业务）。由于甲银行当期并未将票据A转贴现，因此，根据财税〔2017〕58号文件的规定，当期不需要全额确认收入。由于甲银行在申报期的一窗式比对中，直贴业务的开票数大于申报数，导致比对失败。

第二种情况：甲银行当期全额向贴现人开具增值税普通发票（假设当期只发生这一笔票据直贴业务），购买票据A支出100元，在当期以110元进行转贴现（假设当期只发生这一笔票据转贴业务），取得了10元差额的收入。根据财税〔2017〕58号文的规定，企业当期确认10元的收入。由于开票数是100元，申报数是10元，开票数大于申报数，导致比对失败。建议对票据贴现业务的开票行为，不进行一窗式比对。

票据贴现业务在实际执行过程中还存在如下问题：一是2018年票据直贴后已开票完税又发生票据转让时，可否冲回非持有期间的贴现利息收入，没有明确规定；二是2018年1月1日以后转让2017年12月31日以前的票据是否需要缴纳增值税，没有明确规定。

（二）基金业对个人开具增值税普通发票问题

基金业个人客户多、机构客户少，对个人开具增值税普通发票的工作量非常大。对个人开具增值税普通发票，具体由基金公司开还是由代销基金部门开，目前还没有办法明确。鉴于基金业自身系统非常完善，基金企业建议对个人不再开具增值税普通发票。

四、与增值税发票相关的其他问题

（一）银行业监管费无法抵扣问题

目前，银行业监管费、存款保险费等政府部门收取的费用不能开具增值税发票，无法抵扣。企业希望比照农产品发票、路桥通行费发票抵扣方式，按照行业监管费收费凭证注明的金额计算扣除进项税。政府部门收取的行政管理费不属于增值税征税范围，建议不能开具增值税专用发票，也不能抵扣进项税。

（二）银行业贷款服务利息收入对应的利息支出等进项税不得抵扣问题

从完善增值税税制角度，建议改单边利息收入征税为对银行净利息收入征税，针对净利息收入即资本增值部分征税，让银行业更专注信贷业务，减轻银行业信贷投放税负。

（三）抵债资产取得和处置环节均须缴纳税费，处置成本增加问题

抵债资产指银行依法行使债权或担保物权而受偿于债务人、担保人或第三人的实物资产或财产权利。在实际运作过程中，抵债资产往往由经营不善等原因造成，因此，抵债资产本身可能欠缴各项税费，银行在抵债资产确权时可能需要垫付大量税费欠款，且取得抵债资产无法取得专用发票，不能抵扣进项。同时，按照现行增值税相关规定，企业处置抵债资产属于销售行为，当处置的抵债资产属于增值税应税货物时，应按照暂行条例的规定缴纳增值税，一进一出使抵债资产的处置成本增加。考虑到银行取得抵债资产未抵扣过进项税的实际情况，建议在处置抵债资产时给予免税、按比例扣除进项税或允许差额征税等政策，降低银行不良资产处置成本，提高处置效率。

（四）逾期90天内应收未收利息纳税给银行带来经营压力问题

现行规定中对于逾期90天内的利息收入应先缴增值税，而在逾期贷款利息转表外时，只能冲销利息不能冲抵增值税，这种做法存在以下问题。一是系统改造的难度较大；二是银行需在未实际收到利息且未来收到的可能性很低的情况下先纳税，长此以往，银行的营运资金被垫付占用，不仅影响资金的市场投放，而且增加银行纳税负担，降低银行的风险防御和盈利能力。建议对结息日起90天内的逾期贷款应收未收利息的确定增值税纳税义务，对于贷款本金或利息逾期90天转入非应计贷款后，其已缴纳增值税的，90天内应收未收利息可以冲减当期应税收入。

（五）进项抵扣不足影响银行业税负降低问题

进项抵扣率的高低直接影响银行税负成本。根据现行政策规定，银行业资本项目下没有可抵扣项，包括与贷款有关的金融服务，在经营费用中占比高达70%的人工成本、监管费用等也均无法进行进项抵扣。现行办法还要求按照免税业务进行进项转出，将进一步减少银行的进项抵扣，使银行税负难以降低。建议将银行业金融机构更多的费用和支出纳入抵扣范

围,并且调整对于银行业进项税转出的要求。

(六)增值税发票管理存在不够科学的问题

一是银行由于交易频繁、数据量大,开票任务很重。银行电子交易、自助服务和跨地域服务较多,发票开具、保管、运输等都比较麻烦,银行同业交易、清算交易等都是根据相关业务系统的电子数据报文记账,逐笔开具发票的实现难度大、成本高。二是分支机构进销项不匹配的问题(总行获取进项发票,分支机构开具销项发票)只能通过总行向分支机构开票解决,或者需要按照代理业务签署相关的协议以支持该项开票行为。三是银行系统内往来涉及增值税业务上互相开票导致大量人、财、物的耗费,操作风险较高。建议推动发票电子化,加快推动增值税专用发票的电子化建设,有利于降低企业管理成本和操作风险,有利于提升财税部门的监管效率,进一步降低增值税征管成本。

(七)银行业跨境金融服务激励不足的问题

新规并未对广泛意义上的出口金融服务给予免税待遇,仅对特定条件下直接收费金融服务给予免税政策,从整体政策效应来看,鼓励银行业发展跨境金融服务的优惠力度仍然不足。这一规定也与增值税通常原则和国际惯例不一致:当我国金融企业出口金融服务时,可能会被"双重征税",即在中国出口时征收增值税,很多国家在进口时可能需要"逆向征税"。这一规定亦不符合经济合作与发展组织(OECD)《关于增值税/消费税的指引》,因为根据该指引的"目的性原则",跨境交易的服务和无形资产只在消费国征税。建议对出口金融服务的具体范围予以明确界定。对银行等金融机构的出口金融服务免税,使我国金融服务能够以不含税成本进入国际市场,与国外金融机构在同等条件下竞争,从而增强国际竞争力,扩大我国银行业在国际社会中的影响力。

(八)保险公司视同销售问题

保险公司赠送营销员的礼品及实物奖励,已经作为营销员的佣金收入的组成部分,是其提供代理服务的所得,并不是保险公司无偿赠送。保险公司赠送营销员的礼品及实物奖励等类似公司为雇员提供服务,不属于增值税的征税范围。另外,保险公司给客户赠送促销品现象非常普遍,目前各地对这项业务规定不统一。

(九)对投资者从证券投资基金分配中取得的收入征收增值税问题

根据《财政部 国家税务总局关于企业所得税若干优惠政策的通知》(财税〔2008〕1号)规定,对投资者从证券投资基金分配中取得的收入,暂不征收企业所得税。但现阶段相关政策对于是否征收增值税并未明确。

在营业税时代，是否征收营业税也不明确，但企业实务中大多是不缴营业税的。"营改增"后，本着营业税政策平移和不增加税负的原则，是否还是按照之前营业税时代的操作，各地说法不一。

（十）基金业专项风险准备金问题

根据《基金管理公司提取风险准备有关事项的补充规定》（证监会计字〔2007〕1号），基金公司以扣除当期提取专项风险准备后的管理费净额作为管理费收入。提取的专项风险准备作为负债，计入"应付专项风险准备金"负债科目，并存入专项风险准备专户。在进行亏损弥补时，从"应付专项风险准备金"科目转出实际使用金额，并将款项从社保风险准备金专户划出。"营改增"后，对这部分以负债形式存在的风险准备金是否缴纳增值税也没有明确规定。

另外，企业建议社保和年金的专项风险准备金在计提时暂不缴纳增值税。一是这部分资金存在退回的问题，不属于收入性质，属于负债。二是从资金的流转来看，专项风险准备金在划拨时由专户资金托管银行，根据社保理事会或者年金受托人指令，由托管账户直接划付至专项风险准备金账户，不经过公司的财务账户。三是从会计核算来看，如果以计提的专项风险准备金计缴增值税，将会造成财务收入和计税收入的不一致以及因风险准备金补亏造成的频繁红冲及申请退税处理。企业希望税务部门明确专项风险准备金的纳税义务时点，待相关合同终止并且双方就结算事宜达成一致以后，划付基金公司作为收入时再缴纳增值税。

（十一）金融业增值税发票红冲问题

"营改增"后利用发票违法犯罪行为屡禁不止，主要表现在增值税普通发票开具方任意红字冲销、任意作废以达到偷逃税目的，给购买货物或服务方带来因作废发票和红字冲销发票造成的经济损失和税收风险。金融业增值税发票红冲存在两个问题。一是保险分公司承保的业务部分退保时，涉及发票红冲处理。专用发票需要全部红冲后，再开具差额蓝票。对于客户已经认证的，后续发生部分退保，若客户不配合办理红票通知单，就会造成业务无法进展，企业建议可以采用普票形式直接开具负数发票。但研究认为，上述建议明显违背增值税原理。若对方已抵扣，则销方开具红字发票的前提是购买方先开红字信息表并转出进项税，然后销方根据信息表开具红字专用发票，这样增值税征扣税链条才能保持完整。二是增值税专用发票红冲时，需要填写"开具红字增值税专用发票信息表"。鉴于金税系统可以实现信息的实时传递，企业建议直接在金税系统中进行发票红冲操作，由系统自动传递红字发票信息给开票相对方。研究认为，取消填写"开具红字增值税专用发票信息表"这一操作步骤，不具可操作性，建议恢复由购买方发起才能红字冲销的规定。

(十二) 金融业跨境服务的税款征收问题

一是增值税政策与主管税务机关的执行口径存在差异。《营业税改征增值税试点实施办法》第13条规定："'对于境外单位或者个人向境内单位或者个人销售完全在境外发生的服务'不属于在境内销售服务。"这实际上要求按照劳务发生地确定进口服务是否需要在境内缴纳增值税。但个别税务部门依然按照《财政部 国家税务总局关于将铁路运输和邮政业纳入营业税改征增值税试点的通知》（财税〔2013〕106号）第10条，即"境外单位或者个人向境内单位或者个人提供完全在境外消费的应税服务"不属于在境内提供应税服务这一口径确认进口服务是否需要在境内缴纳增值税。这实际上是按照受益对象确定是否需要缴纳增值税。如果基金公司开展基金互认业务，委托国外的代理机构从事基金销售和清算事宜，对于支付给国外机构的相关费用，企业认为不应缴纳代扣代缴增值税，但主管税务机关要求必须代扣代缴，企业希望税务部门能统一明确。

二是境内、境外经纪人的代扣代缴问题。首先，境内经纪人的代扣代缴问题。境内分出公司将再保业务通过境内经纪人分出到境外接受人的业务，因增值税代扣代缴方（分出公司）和实际付汇方（经纪人）不一致，在实务操作中尚存在代扣代缴和付汇的矛盾点。若由经纪人代扣代缴，则分出公司就不能进项抵扣；若由分出公司代扣代缴，则经纪人对外付汇可能存在障碍。企业希望采用代理人与真实扣缴义务人双抬头方式开具增值税代扣代缴凭证。其次，境外经纪人的代扣代缴问题。境内分出公司将再保业务通过境外经纪人分出到境内接受人的业务，是否依然通过境外经纪人结算，存在问题。若通过境外经纪人结算，分出公司先将业务资金汇至境外，再由境外经纪人汇至境内接受人，由此会产生付汇和代扣代缴方面的障碍和问题。若由分出公司与接受公司直接结算，则会削弱经纪人的作用，增大分出公司的工作量。企业希望允许由境内接受人穿透经纪人开具发票提供给分出公司，即境内接受人交税，境内分出人抵扣，但资金依旧先支付给境外经纪公司，再支付给境内接受人（对外付汇时不需要代扣代缴）。对于通过境外经纪人向境外接受人分出的业务，境内分出人会将资金统一支付给境外经纪人，再由境外经纪人对接受人进行分摊。企业希望允许境内分出人以境外经纪人为交易对手统一办理代扣代缴。

(十三) 资管产品增值税发票问题

根据《财政部 国家税务总局关于明确金融业房地产开发教育辅助服

务等增值税政策的通知》（财税〔2016〕140号）文件要求，"资管产品运营过程中发生的增值税应税行为，以资管产品管理人为增值税纳税人"。目前尚有如下问题亟待明确：一是由于资管产品管理人与资管产品收益的纳税人为同一纳税主体，应如何解决管理人从产品中收取管理费的重复征税问题？管理人是否可以向自己开票？二是对于资管产品投资人而言，如何区分保本收益和非保本收益？是否穿透看底层资产是否保本？合同中有担保、回购条款但是无保本字眼是否视为保本？

2017年11月17日，中国人民银行、银监会、证监会、保监会、外汇局发布的《关于规范金融机构资产管理业务的指导意见（征求意见稿）》第18条规定，经人民银行或者金融监督管理部门认定，存在以下行为的视为刚性兑付：资产管理产品的发行人或者管理人违反公允价值确定净值原则对产品进行保本保收益；采取滚动发行等方式使资产管理产品的本金、收益、风险在不同投资者之间发生转移，实现产品保本保收益；资产管理产品不能如期兑付或者兑付困难时，发行或者管理该产品的金融机构自行筹集资金偿付或者委托其他金融机构代为偿付；人民银行和金融监督管理部门共同认定的其他情形。第13条规定，金融机构不得为资产管理产品投资的非标准化债权类资产或者股权类资产提供任何直接或间接、显性或隐性的担保或者回购承诺。能否以行业规范为标准，成为判断保本、非保本的依据。

另外，财税〔2016〕140号及财税〔2017〕56号（《财政部 税务总局关于资管产品增值税有关问题的通知》）文中均没有明确资管产品运营业务的发票开具规定。管理人可能需要作为产品的纳税人为投资对象开具增值税发票，但是应该以管理人的名义还是资管产品的名义开票没有明确。如果以管理人的名义开票，从税局数据稽核监控的角度来看，可能会造成管理人收取的管理费和资管产品运营产生的收益难以与企业财务数据匹配稽核。因此，如果以管理人的名义开票，存在如何将资管产品运营收益与管理人自身的管理费收入区别开的问题。如果以资管产品的名义开票，由于资管产品不能登记成为独立的纳税人，存在开票不好操作问题。

财税〔2017〕56号文件未明确未来资管运营收入的开票主体。在实际业务中，如资管计划人与投资者签订的资管计划合同书中不承诺本金收回，但资产管理人将资金用于受让大额存单收益权等资产，并向融资方收取利息，该利息费用的发票是由投资者还是资产管理人开具目前并不明确。部分资管产品管理人认为利息金额过大，资管产品管理人无法开具，且债权的权利义务主体依然是投资者与融资方，因此应由原投资者就利息费用开具发票。此外，财税〔2017〕56号文件自2018年1月1日起生效，对于2018年以前融资方支付利息费用索取发票的，目前应由资管产品管理人还是投资者开票也未明确。企业希望出具配套细则，明确2018年以前及以后的开票主体。

（十四）信托计划是否构成纳税主体问题

目前，信托计划不作为纳税主体，无法开具增值税发票，信托计划层面的收入，受托人仅能开具收据作为资金收讫的凭证，交易对方不予接受或当地税务部门不予认可。另外，受托人从信托计划层面收取信托报酬，并作为受托人的全额应税收入，但收取方无法向信托计划开具增值税发票。"营改增"带来的开票问题极大地困扰了信托公司与交易方的合作关系。金融信托公司作为轻资产型公司，"营改增"之后，进项税额可抵较少，税负较重，或将影响信托企业的可持续发展之路。企业希望税务部门能够梳理交易各方关系，为支付方获得会计入账及税前列支提供明确的税法依据。建议应按照资管产品征税规定，信托计划应由管理人作为纳税人开票缴税。

（十五）金融业推行电子发票存在的问题

自2015年12月1日起，增值税电子普通发票在全国范围推行，目前金融业可以申请普通发票的电子发票。金融业电子发票的推行存在四个问题。一是普通消费者无法辨别其真伪。目前，在增值税发票查询平台上无法查到电子发票。二是部分消费者不认可。部分年龄大的消费者，缺少电子阅读设备；偏远地区的消费者或者是对电子发票真伪无法认知、存在疑惑的消费者，他们均愿意选择纸质发票。三是开具电子发票需要安装税控专用服务器，成本较高，而且一般3—5年就需进行更换。四是当前电子发票的推广，重复报销问题不好解决，在安全性方面还有一些漏洞，尚存在安全隐患。

目前，电子发票的推广面临较大困难，无法为企业、消费者带来实质性实惠。不过，从长远来看，发票电子化是大势所趋，电子发票推广具有较大意义，有利于发票资料的全面电子化和集中处理，有助于企业本身的账务处理，并更为环保。

五、完善金融业增值税发票制度的建议

目前，从全球增值税实践来看，金融业营业税改增值税无疑是一道难题，其本质上是增值税逻辑与金融业态存在一定的"不兼容"问题。在当前改革的大趋势下，金融业作为我国现代增值税的重要抵扣链环节，必须，也只能融入增值税的抵扣链之中。金融业"营改增"必须实现课税机制与金融业务的有机结合，即面临着与时俱进和创新发展的新挑战。根据实际调研中所发现的问题，对完善金融业增值税发票制度的相关建议如下。

（一）建议统一规范视同销售判定标准

《中华人民共和国增值税暂行条例》及其实施细则和财税〔2016〕36号文件规定，企业向其他单位和个人无偿赠送货物、无偿提供服务和无偿转让无形资产、不动产的行为须视同销售缴纳增值税。但纳税人在实务操作中较难把握，带来政策执行差异。如对银行积分兑换礼品的行为，一种观点认为，积分是客户此前持续购买银行服务累积的，因此积分兑换的礼品或服务并不是银行无偿赠送的，是以客户此前持续购买银行服务并为银行带来经济利益为前提的。银行为客户提供礼品实质已向客户收取了手续费收入、利息收入等对价，且已就对价缴纳了增值税，因此不能将礼品的转移视同销售，否则会产生重复征税问题。另一种观点认为，积分兑换与源业务并非同时发生，因此积分兑换是相对独立的行为，属于无偿赠送，应视同销售。上述政策执行口径差异会直接造成各企业开展业务宣传活动的成本差异，带来企业间的不公平竞争，违背税收中性原则。建议以案例法形式进一步予以明确，减少视同销售政策的不确定性，降低基层执法风险和纳税人的遵从风险。

（二）尽快明确资管产品增值税操作细则

财政部、国家税务总局《关于明确金融 房地产开发 教育辅助服务等增值税政策的通知》（财税〔2016〕140号）及《财政部 国家税务总局关于资管产品增值税有关问题的通知》（财税〔2017〕56号）文件出台后，对整个资管行业产生重大影响，一些操作细节还有待进一步明确。为促进银行理财行业的健康发展，维护市场公平竞争，本书建议：一是给予银行理财产品与证券投资基金同等的金融产品转让收入免税政策，维护市场公平；二是申购赎回开放式资管产品作为持有至到期处理，不参照金融商品买卖征收增值税；三是资管产品增值税抵扣同一纳税主体涉及的增值税发票采用记账方式进行抵扣。

（三）继续延续营业税原有部分税收优惠

金融业"营改增"之后，应当充分发挥税收政策的调节作用，适当延续原有的部分税收优惠。如部分特殊险种（如交强险、民生险）承担着维护社会稳定的责任，但赔付率较高，需要财税政策予以支持。另外，在原有税收优惠政策延续的情况下，也应当根据具体情况规定一些新的税收优惠措施，比如目前航运险免税政策仅限于上海、天津和深圳前海深港现代服务业合作区，但实际发生此类业务的机构遍布全国，免税政策的区域局限性不利于航运险业务的开展，可以给予适当放宽。

（四）明确增值税应税项目和免税项目

根据我国目前营业税制下金融业务的分类方法以及显性收费业务课税而隐性收费业务免税的国际通行做法，建议将金融中介服务业务（包括贷款、贸易融资、存款、同业拆借、票据贴现等）、间接盈利金融业务（包括衍生金融商品、外汇买卖、债券自营交易、理财产品等）列为免税项目；将直接性收费业务（包括池融资及保理、财务担保合同、结算业务、代理业务、信用卡业务等）以及其他金融业务列为应税项目。对于免税项目，由于不用缴纳税款，从而税负将显著降低；对于应税项目，虽然"营改增"之后的增值税率会较之前的营业税率有所变化，但因可获取进项税抵扣，最终税负仍有可能下降。

（五）理顺增值税链条，逐步将贷款利息支出纳入抵扣

根据相关政策，如果金融企业是一般纳税人，其提供贷款服务所取得的全部利息及利息性质的收入都要计算销项税额，但是贷款利息支出以及与该笔贷款直接相关的投融资顾问费、手续费、咨询费等费用，其进项税额不得从销项税额中抵扣。这就意味着金融业尤其是银行业与实体经济之间的增值税抵扣链条并未完全打通，银行提供贷款服务发生的相关业务成本相当一部分需要银行自我消化，而不能通过增值税扣税链条转嫁给被服务对象。对于相对弱势的中小企业与个人来说，如果银行通过提高利率的方式转嫁部分增值税成本，中小企业与个人可能不得不接受，相应的融资成本将会上升。而对于大型企业来说，银行很难通过提高利率的方式转嫁增值税成本，只能自我消化，减少自身的收入与利润。显然，贷款利息支出不允许抵扣进项税额的规定，造成了增值税抵扣链条的中断，既增加了金融业下游企业的负担，也影响银行等金融机构的收益。

在国际实践中，贷款利息增值税的征税方式都不同于其他一般金融服务，并在征税选择权、进项抵扣方式、征税对象等方面都体现其特殊性和复杂性，对我国开征银行业增值税具有实践借鉴意义。

一是适当时机允许贷款利息抵扣进项税。随着改革逐步推进，在技术准备充分的前提下，可以有选择地允许抵扣进项税。由于贷款业务涉及对象多、发生频率高，逐笔计税工作量较大，应借鉴国外的进项税额抵扣方法，对贷款利息进项税按照固定比例进行抵扣，不仅便于操作，而且有利于降低征管和纳税成本，保证增值税抵扣链条的完整性，消除重复课税

难题。

二是区别对待贷款业务与其他金融服务。由于征收难度高,几乎所有国家对银行业贷款利息免征增值税,少数国家以选择性征税作为其辅助,这些都体现了贷款利息增值税的特殊性。我国银行业贷款利息收入仍是其主要收入来源,银行业对利差较为敏感,征税与否、如何征税将对经济金融环境产生较大影响。因此,在设计贷款利息增值税时,应综合评价其社会和经济影响,区别于其他金融服务业务。

(六)完善金融企业进项税额认证和发票管理

增值税普通发票的管理纳入金税三期税收管理系统后,建议税务征管部门在税企申报接口对接方面提供便利,即提供增值税发票电子底账查询系统,开放数据接口,取消金融企业进项发票扫描认证,增强企业增值税发票真伪的自动化校验,简化账务处理过程,进一步提高进项端涉税处理和管理的自动化程度,打通"互联网+税务"在纳税人申报数据填写环节的"最后一公里",实现整个申报表数据一键提交和接收,大幅减轻办税人员在网上申报工作中逐个填写和复制粘贴申报表数据的负担,提高信息化服务水平,提升办税人员对"互联网+税务"便利性的切身感受。

(七)采取有效措施积极推进电子发票的应用

电子发票是互联网时代发票形态及服务管理方式变革的新产物,电子交易双方在进行交易后,要开具专门的电子发票,并且将电子发票以数字形式发送给相关监管部门,使税务部门能够及时掌握开票信息及交易过程。电子发票无需纸质载体,没有印制、保管、打印和交接等环节,既有利于降低纳税人经营成本,节约社会资源,又有利于税务部门规范管理和数据应用,更好地服务宏观决策和经济社会发展。应结合我国实际情况,借鉴国外成功经验,金融业"营改增"后应加大电子发票的推行力度。

六、推进金融业"营改增"的政策建议

鉴于金融业"营改增"的复杂性和艰难性,未来金融业增值税改革仍需要不断在实践中总结经验,提炼方法。

(一)明确相关政策,为发票开具提供政策支持

为保证金融业"营改增"试点改革的顺利实施,改革中制定和出台了简易征收等特殊政策和过渡性政策。过渡性政策偏多,使金融业增值税税制呈现碎片化状态,加剧了税制的复杂性,破坏了增值税的中性原则。所以,应完善相关税收政策,打通增值税抵扣链条,充分发挥增值税的中性优势。另外,金融业"营改增"试点后,由于部分金融业增值税政策不明

晰，各地在"营改增"过程中存在同类业务不同税收待遇问题。因政策不清晰、不一致，导致发票开具困难。建议进一步明确相关政策，为发票开具提供政策支持。应考虑制定具有行业针对性的增值税政策，根据银行、证券等行业的特点，整合汇总各类文件和法律法规，出台带有行业特点的增值税实施细则，降低税收风险。

(二) 完善信息系统，解决技术障碍或难点

建议对增值税发票查询和认证平台进行升级完善，合理优化发票查询和认证流程，力求便捷性和稳定性，以方便纳税人。另外，还建议电子抵账库能够进一步向纳税企业开放。如从第三方机构根据税号向企业提供本机构的增值税发票四要素的电子数据流，能够提高企业的办事效率，解决增值税专用发票滞留票的问题。

一是实施数据推送。建立税务部门电子发票信息自动推送用票单位的相关制度。依托完整统一的发票信息库，税务部门根据受票单位，实行发票信息清分、比对和自动推送，方便各受票单位接收真实发票信息，以此作为重要渠道，更加方便广大纳税人和受票单位。规范财务软件技术标准，建立发票信息接收机制，实现发票原始凭证电子化。

二是自动计算验证。纳税人开具发票后，发票数据传输至增值税发票平台计算存储。增值税一般纳税人只需要在平台里确认不能抵扣的数据，申报时根据系统推送的数据自动计算相应进项数据；非增值税一般纳税人或行政事业单位根据系统推送的数据自动验证发票数据的真伪。

三是实现便捷查询。从长远看，应建设统一发票库，实现一库查询。整合代开发票库、增值税普通发票库、增值税专用发票库，形成统一完整的发票信息库。从当前看，应尽快推行发票二维码查询。通过手机等终端扫描发票上的二维码，可直接进行查询。

(三) 有效降低遵从成本，减少发票的无效运转

对于发票管理成本增加问题，建议简化金融业增值税发票管理流程，提高运转效率，降低管理成本。如简化归并申报表格数量，对系统内大量往来业务，简化抵扣方式，减少开票量，加大电子发票的推广力度。应逐步健全电子发票的安全系统，增强电子发票安全系数，逐步将增值税专用发票也采用电子发票的方式推广到企业，节约成本，提高效率。由税务部门编列预算，集中采购电子发票统一平台和配套服务，纳税人使用电子发票无须支付日常费用，减轻纳税人负担，消除电子发票推行的障碍，促进电子发票的推行，契合建设服务型政府要求。

(四) 打通增值税抵扣链条，完善金融业增值税税制

无论是简易计税法、免税法还是金融交易税法，均无法解决进项税金沉淀进入成本的问题。只有打通增值税抵扣链条，才能真正实现降低税负。当然，目前的增值税抵扣链条显然没有完全打通，一是利息无法抵扣，二是不开具发票或者无法取得发票抵扣，三是出口金融不退税。而当前解决链条不完整性的主要手段也仅是采用差额计税。如果以上这些问题解决了，进项税款不沉淀，"营改增"对于金融行业才是真正的利好。

(五) 加强"信息管税"的发票管理创新

在原营业税体系下，金融业所开发票非常有限，许多时候是以银行票据、单证等代替发票。但是，全面"营改增"试点之后，增值税实行的是"购进扣税法"和"以票管税"，对金融业增值税专用发票的开具、使用与管理都有严格要求。金融业"营改增"试点过程中，如何开具并有效管理增值税专用发票是另一项难题。根据金融业的特殊情况，未来可以考虑将银行记账凭证作为增值税进项税额的抵扣依据，降低发票管理风险。或者采用电子发票，将银行开票系统与税务部门的金税工程系统进行对接，直接生成电子发票，由金融机构分期提供交易明细账，并直接计算出可抵扣的进项税额，接受金融服务的下游企业据此进行进项税额抵扣。金融业要降低发票的含金量，特别是进项税款的计算，不仅要"以票扣税"，而且要"信息管税"，既管票也管信息。管票以保证信息的合法性，管信息以确保票的经济内容真实性。创新金融行业增值税发票管理方式，对金融业的某些不方便"以票管税"的环节，采用"信息管税"方式，通过"以票管税"和"信息管税"相结合的办法，简化金融业增值税发票管理流程，提高运转效率，降低管理成本。如减少开票量，对不需要开具增值税专用发票的业务，用信息凭证替代增值税发票。而对于那些金融业业务产生的业务收入，既能够发生销项税，同时也满足进项税抵扣的条件，则对这些业务项目实行"以票管税"。

第五节 "营改增"试点改革中的若干问题

作为推进财税体制改革的"重头戏"，"营改增"自试点以来一直受到社会各界的关注和热议。对于"营改增"的一些重要问题，如物价波动问题、企业税负问题等，社会上存在诸多误解。这里对"营改增"试点过程中的若干突出性问题进行分析。

一、物价波动问题

全面实施"营改增"试点改革,是国家推出的助力供给侧结构性改革的重大战略举措。然而,就在2016年5月1日"营改增"全面实施前后,社会上相继出现了一波涨价风,特别是以生活服务业为代表的部分商家,助推了涨价风潮,引发了社会各界对"营改增"的一些疑问,仿佛涨价都是改革造成的。这是对"营改增"改革的重大误解,需要予以澄清。其实,我国零售商品的价格属于"价内税"模式,其中已经内含了增值税金。因此,部分商家的"加税",是一种变相的涨价行为,并不是商家标榜的"为国家代收税费",只是为自身经营牟取不当利益,"营改增"无形中背了"黑锅"。

"营改增"是一项为企业降税减负的重大减税举措,基本遵循是"确保所有行业税负只减不增",最大程度释放"减税红利"。与当时的一些认识误区恰恰相反,"营改增"试点改革的最大赢家,惠及面最广、减税幅度最大的行业,正是生活服务业。按照"营改增"试点方案的规定,生活服务业一般纳税人(年营业收入500万元以上)适用6%税率,小规模纳税人适用3%的税率;而原有的营业税制下,按收入全额的5%计征营业税。适用6%税率的增值税一般纳税人,按营业税口径返测,相当于5.66%的营业税税率,名义税率仅增加0.66个百分点。再考虑外购项目所含税金的抵扣问题,一般而言,对于具有一定规模、构成增值税一般纳税人的企业,往往进货渠道比较规范、正规,取得外购项目可抵扣专用发票的概率会比较高,实际税负水平肯定是下降的。而对于小规模纳税人而言,由原来的全额计征5%的营业税到全额征收3%(按营业税下含税价格还原后为增值税下的2.91%)的增值税,净减税幅度约42%,是空前的"利好"。

就市场上的一些涨价行为而言,如果价格在合理区间内波动,也属正常现象,因为按照经济学的一般原理,商品的价格是由市场上的供求关系决定的,商家理性定价的策略属企业自身的经营行为。然而,如果把涨价行为与全面减税的"营改增"试点改革联系起来,把涨价归咎于"营改增",则是本末倒置。本来"营改增"是给企业减负,根本上是向消费者让利,个别"精明"的商家打着"营改增"的幌子,耍一些小花招,其行为是借机变相涨价,从中牟取不当利益。特别是一些不法商家借"营改增"之名,集体串通涨价,或刻意曲解"营改增"而价外加税,已经突破了相关法律法规的底线,属于价格欺诈,是一种干扰市场秩序和损害改革稳定大局的行为,应当予以纠正和惩戒。

"营改增"试点改革意义重大,影响深远,以 5000 亿元减税规模支撑的"营改增"试点改革,几乎惠及所有的行业和企业,是重大的"改革红利"。在落实过程中,包括商家在内的各个方面,应该尽最大努力让改革原原本本落地,真正达到给企业减负、向消费者让利的效果,让群众有更多的获得感。

二、企业减税效应问题

(一) 企业减税效应问题

一是原一般纳税人企业税负基本是下降的。在"营改增"之前,原一般纳税人购进的征收营业税纳税人的服务支出、购进或租赁的不动产支出都不能抵扣进项税。"营改增"之后,这些支出或多或少是可以抵扣进项税的,由此,原一般纳税人的税负总体是下降的。

二是原小规模纳税人企业税负保持不变。原小规模纳税人的征收率还是 3%,不能抵扣进项税。因此,税负不变。但是,为小规模纳税人提供服务的原营业税纳税人,在"营改增"后税负下降的情况下,有可能降低其服务价格,从而让原小规模纳税人有可能间接享受到"营改增"的减税效应。

三是新一般纳税人企业的税负可能会有降有升。一般情况下,选择简易计税方法的新一般纳税人,其税负是下降的。因为"营改增"后选择简易计税方法的新一般纳税人,其征收率为 3% 或 5%,虽然与营业税一样,但是由于增值税是价税分离,纳税基数按不含税销售额计算,实际税率为 $1/(1+5\%) \times 5\% = 4.76\%$,或者是 $1/(1+3\%) \times 5\% = 2.91\%$,税率比营业税时降低了约 0.24% 或 0.09%,计税依据小了,实际税负只减不增。新一般纳税人选择一般计税方法的,适用税率从 5% 提高到 11%,税率虽然提高了但可抵扣项目增加,再加上两种纳税基数不一致,在增值税发票取得和管理等方面控制良好的情况下,实际税负也将会有所下降。但是,如果不能抵扣进项税,税负可能是增加的。

四是新小规模纳税人企业税负是下降的。对新小规模纳税人而言,如果以前营业税税率是 5%,"营改增"后适用 3% 的征收率,其实际税率为 2.91%,其税负肯定是下降的。如果"营改增"之前是 3% 的税率,"营改增"后,尽管征收率还是 3%,但实际税率为 2.91%,税负也应该是下降的。

(二) 对所有行业税负"只减不增"的理解

一是整体减税，而不是所有个体都减税。"营改增"的减税，首先是整体减税，其次是行业减税。税收总量是下降的，纳税人在"营改增"之后缴纳的增值税要比"营改增"之前缴纳的营业税和增值税的总量之和要少。如果就行业分析，原增值税纳税人为主体的行业税负、原营业税纳税人主导的行业税负应该也是下降的。但是，对应到某个具体的纳税人，难以保证其税负一定是下降的，因为税负的升降不完全是税制的原因，还有许多非税制因素，如企业的生命周期等。

二是逐步减税，而不是立刻就减税。"营改增"的减税效应是逐步显现的，因为纳税人可以抵扣进项税的设备、不动产等是逐步购进的。因此，当时减税效果不明显的纳税人，之后有望随着"营改增"的逐步实施，减税效果逐步显现。

三是"营改增"的减税效应体现在制度减税和遵从减税两个层面。"营改增"试点改革首先是税制改革，通过制度设计，消除重复征税，实现减税的效果。"营改增"还伴随着税收征管改革，通过不断地简政放权，尤其是涉税审批事项的减少、金税三期税收管理系统优化版的运行等，简化了办税手续，降低了纳税人的遵从成本。

三、"营改增"并非银行净息差的痛点

"营改增"与银行业净息差收窄没有必然和直接的关系。"营改增"后银行业的总体税负是降低的，银行业只有正视盈利能力下降的主因，主动适应税制转换要求，才能扭转盈利能力下降的局面。

对于金融业"营改增"是否影响银行净息差问题，社会各界有不同的认识和看法。对此，有必要深入分析，以厘清"营改增"和银行净息差之间的关系。

"营改增"不会触动银行业的"奶酪"。2016年5月，金融业纳入"营改增"试点，银行由缴纳营业税改为缴纳增值税。从整体上看，税制转换的初衷是确保包括银行业在内的所有试点行业整体税负不上升，并实行了税制平移、保留法定优惠和采取过渡性措施等办法。尽管银行业的税率从原营业税的5%提升到现行增值税的6%，换算成价税分离，实际税率为5.66%，但增值税存在抵扣机制，外购法定扣除项目所含税金准予抵扣。因此，银行业实施"营改增"以后，实际税负应当不会上升，银行业净息差收窄原因不在"营改增"。

"营改增"之后，由于价税分离的原因，银行利息收入比营业税时有

所减少，但其在计算利润时不再扣除营业税，且银行业支出同样受价税分离的影响而变小，因此"营改增"不会对银行盈利能力产生直接的负面影响，其对净息差指标的影响很小。

其实，近年来银行净息差下降才是导致盈利能力减弱的真正原因。受2014年11月以来人民银行多次降息影响，银行业的净息差收窄。加上受利率市场化带来的存款利率浮动区间调整政策的影响，银行间竞争加剧，导致银行业的利润空间收窄。自2014年11月以来，央行先后五次调整基准利率，同时，由于央行放开存款利率浮动比例限制，银行出于吸收存款的需要，纷纷在基准存款利率的基础上将存款利率上浮，进一步缩减了存贷款的利率差。受市场监管、同业竞争及客户体验等方面的影响，银行的收入减少了，支出增加，息差必然减少。因此，利率调整和市场调节因素才是银行业净息差收窄的最主要原因，而与"营改增"政策的设置没有必然和直接的关系。

从税收制度设计角度来看，银行业总体税负是降低的。但不可否认，由于税制转换不到位，金融业增值税发票业务还存在政策边界问题，个别银行企业还存在初期税负小幅上升现象。主要原因在于企业对税法的理解和落实存在问题，造成无法取得增值税专用发票，或者虽然取得增值税专用发票，由于后续内部处理尚不明确，进项抵扣不足，应抵未抵，造成短期税负小幅上升现象。随着"营改增"的进一步深入，财税部门对金融业"营改增"存在问题不断优化和改进，金融企业对增值税认知程度逐步加深，采取措施能够取得足够多可抵扣的进项税额，银行企业的税负将呈现明显的下降趋势。

综上所述，"营改增"虽然影响银行净息差，但并未对银行盈利能力产生负面影响，其对净息差指标的影响有限，不应对此过分夸大。银行业应正视因降息等国家政策导致其盈利能力下降的事实，主动适应税制转换，将顺企业运行机制，努力发掘新的税收增长点，充分享受政策红利，以扭转盈利能力下降的局面。

四、"死亡税率"引发的税负问题

2016年，在实施以"营改增"为核心的减税降负背景下，有关媒体相继报道"死亡税率"问题，有关人士认为，"死亡税率是当前经济持续低迷的真实原因""税率之重，接近企业的'死亡线'""我国长期实行重税主义的后果，就是经济动力和活力的下降"。归结起来，其核心要义就是：税负过重严重影响企业生存空间，是导致经济下行压力的主要原因。

情况果真如此吗?

(一)"死亡税率"之说,严重误导了社会公众

有关媒体的报道称,当前我国企业实际税费负担接近40%,对企业来说意味着死亡,或称作"死亡税率"。这一说法的提出,足够吸引社会公众的眼球,激起了社会公众特别是企业界对经济下行压力的情绪宣泄,引发社会公众对税负问题的误解,带来一系列负面效应。所谓30%—40%的"死亡税率"是"我国当前经济持续低迷的真实原因"这一结论,严重曲解和低估了导致经济下行压力的深层次原因。实际上,经济增速下滑的诱因是多方面的,既有体制因素,又有制度因素,也有市场环境变化的因素。如果按照这一逻辑,是否可以这样推断:只要企业税费负担降低了,经济下行压力就会得到遏制。显然,经济运行状态的转变远非这么简单。至于"中国宏观税负与经济增长之间呈负相关关系",事实上,我国宏观税负近些年来一直稳中有降,特别是一系列减税降负措施的陆续出台,企业的税负大大减轻,但同期经济增长却出现了较大幅度的波动。可见,宏观税负与经济增长之间负相关的结论是不能成立的。

(二)正确看待宏观税负的水平

宏观税负并没有一个统一的口径,通常结合政府收入构成状况,分为大、中、小口径:大口径宏观税负是指政府全部收入占国内生产总值(GDP)的比重,按照国际货币基金组织(IMF)统计口径测算,2012—2015年我国宏观税负接近30%,远低于发达国家平均水平42.8%,也低于发展中国家平均水平33.4%;中口径宏观税负是指税收收入和社会保障缴款之和占GDP比重,按照经济合作与发展组织(OECD)测算口径,2012—2015年我国宏观税负为23.4%,而2014年OECD国家平均水平为35.5%;小口径宏观税负是指税收收入占GDP比重,2012—2015年我国宏观税负18.5%左右,并逐年下降,按照国际货币基金组织(IMF)数据测算,2013年发达国家为25.9%,发展中国家为20.4%。

此外,我国企业所得税税率为25%,高新技术企业适用15%税率,世界上征收企业所得税的126个国家标准税率平均为23.7%,欧盟国家所得税标准税率平均为22.1%,OECD国家平均为24.8%;我国增值税标准税率为17%,还有13%、11%和6%的低档税率,实行增值税国家的标准税率平均为15.7%,欧盟国家增值税标准税率平均为21.6%。

综上所述,我国的宏观税负水平总体上还是比较低的。当然,由于不同税种的计税依据不一致,税率设定不同,对企业而言,衡量企业税负的轻或重,不能简单片面地看税率的高低,税率并不等于税负,应当从多维

度综合衡量。

（三）税负的结构性分析

从税负构成及承担者来看，我国企业承担了90%以上的各种税费，个人承担的各类税费占比不足10%。这一方面是由目前我国以流转税为主体的税制结构所决定；另一方面也使企业对税（费）负敏感，尤其是经济下行压力加大、企业盈利能力变弱时，企业自然会感觉税费负担重。相比较而言，西方国家个人所得税和社会保险税（费）占比较高，企业直接负担的税费显得并不高。

从税负的转嫁性来看，收费往往与政府提供公共产品或服务有关，与企业具体的经营活动相关联，难以转嫁；占我国税收收入比重三分之二左右的流转税，由于依附于价格，受市场供求关系的影响，可以实现转嫁，纳税人与负税人分离，企业只履行缴税义务，并非负担者。流转税为主体的税制结构会导致按照世界银行公布的"总税率"指标计算的企业税负虚高。至于流转税的累退性，可以通过税制结构优化完成，但也是一个渐进的过程。

（四）完善我国宏观税负的几点思考

一是推进清费立税进程。加大费改税力度，切实将适合税收形式征缴的收费项目、基金项目改为税收；在大力推进税制改革的进程中，适时将某些收费项目并入税改方案中，统筹实施；在构建财税体制框架结构中，通过费改税，健全地方税体系，确保地方财源稳固。

二是加大减税降负力度。在明晰政府事权和规范政府支出的前提下，减少政府对社会资源的强制占有和使用的份额，着力把握好减税降负主基调，为刺激企业投资增长、增加居民收入水平以及扩大消费能力预留空间。妥善处理好政府与市场以及相互间资源占有和分配使用的关系，发挥市场在资源配置中的主导地位，为企业和市场松绑，为经济发展增添活力。

三是逐步提高直接税的比重。借"营改增"减税之机，进一步提高直接税比重，加快推进个人所得税综合与分类相结合的税制改革，积极研究房地产税立法，扩大企业所得税税基，规范税前扣除。通过税制改革，为政府实施精准调控预留空间。

五、精准评判税负只减不增

随着"营改增"试点改革运行的逐步推进，社会各界广泛关注"确保所有行业税负只减不增"试点改革目标的实现问题，甚至将能否实现

"只减不增"作为评判"营改增"效应的衡量标准。

基于"营改增"试点改革内容，应拓展审视"只减不增"的思维空间。此次"营改增"试点改革，一是将建筑业、不动产业、金融业和部分生活服务业纳入试点范围；二是将不动产纳入抵扣范围。这两部分试点改革内容既包含"扩围"的特征，也包含"转型"的属性，共同构筑了"确保所有行业税负只减不增"的政策底线。

"营改增"试点方案的顶层设计充分遵循了"税负只减不增"的改革原则。既承袭了原有税制要素中优惠政策的规定，又制定出可行的过渡措施，维持了税负在各个环节既有的分布格局和配置状况，税负存量格局没有打破，从而使所有企业特别是试点企业都不会因试点方案的推行而使税负有所变化，并可享受净减税负的改革红利。从"营改增"试点运行的阶段性效果来看，达到了预期目标。据统计，四大试点行业的1040万户纳税人中，税负下降或持平的户数达到了98.7%，而税负增加的只占1.3%，如果扩充到全部6000万户企业去考量，税负增加方面更加显得微乎其微，这足以证明"营改增"的试点改革成效是非常明显的。

减税的政策诉求与课税机制的转换相得益彰。此次"营改增"释放的"减税红利"并非传统意义上的税收直接减免，而是通过税种替代和课税机制转换等改革举措实现的。既实现了课税机制的转换，也达到了全面减税的政策意图，几乎所有企业均受惠于"营改增"试点改革，且改革平稳运行是"营改增"试点改革的最大亮点和价值所在。

个别企业出现税负上升问题需认真对待。尽管面不大，增幅不高，但也应认真分析：是企业主观因素造成的，还是政策衔接配套的问题？是短期的税负增加还是具有长期性？从前期"营改增"实际运行的经验来看，企业在运行初期往往难以适应税制转换的变化，加上对抵扣机制和政策把握不够到位，原营业税制下的税负不尽公正合理，税率差带来的征抵不一致等诸多因素会引起企业税负的波动，应属正常现象，随着试点改革的逐步推进必将回归常态。

第五章 税收法治研究

　　法治是治国理政的基本方式，税收法治是税收治理现代化的重要支撑和实现路径。"落实税收法定原则"是新时代税收法治建设的根本要求，税收法定强调税收由法律规定，税收法定原则与税收公平原则、税收公众信任原则、实质课税原则等关联度较高，把握税收法定，应处理好授权立法问题、税法解释、央地税收立法权分配问题，落实税收法定，应协调好立法与改革的关系、形式法定与实质法定的关系，提升税收立法级次，提高税收立法质量，是当务之急，要积极构建税收法律体系，形成以宪法为统领，以税法总则为根本遵循，以税收实体法、税收程序法、税收组织法为主干，以国际税法为补充，更加规范、透明、更具国际竞争力的税收法律体系；税收征收管理法修订事关税收治理效能提升，始终是税收法治建设的关注重点。税收征收管理法的价值意蕴体现在：强化税收至上理念、构建自然人税收管理体系、推进税收征管改革成果法治化、保护纳税人合法权益、提升税收国际话语权、加强数字税收法治化支撑。税收征收管理制度建构应在信赖保护原则引入、完善税收核定制度、建立自然人纳税识别号制度、建立税收预约裁定制度、完备涉税信息提供制度、深化纳税人权益保护制度、优化税收举证责任制度、改革税收争议前置制度等方面下功夫。

第一节 税收法定化背景下的税收法治建设

　　党的十八届三中全会提出"落实税收法定原则"。这表明党中央在深化改革、破解深层社会矛盾的过程中，对法治化背景下税收如何发挥应有作用作出了战略部署。全方位贯彻税收法定原则是完善国家治理体系、提升国家治理能力的重要制度支撑，是推进法治国家建设的重要一环；是深化经济体制改革，建立与经济转型、产业结构升级相匹配的现代财税制度体系的重要基础；是巩固依法治国、依法行政成效，保障人民基本权益，实现社会公平正义的有力支撑。在这样新的大背景下，值得重新审视、研究税收法定原则的内涵及对税收立法、行政执法的指导意义。

一、税收法定的一般原理

（一）税收法定原则的基本内涵

税收法定是税法的基本原则（也称税收法律主义或税收法定主义），基本含义指所有的税收活动必须依照法律的规定进行。一方面，课税只能在法律的授权下进行，税收机关必须依法征税，纳税人必须依法纳税；另一方面，超越法律的课征是非法和无效的，税务机关没有法外课税的权力，纳税人也不承担法外纳税的义务。其精神实质是限制政府的课税权力，保护纳税人的权利。从历史发展的角度看，纳税人法定最早的法律表述可以追溯到1215年，当时横征暴敛的英国诺曼王朝约翰国王，在社会各阶层的巨大压力下，被迫签署了大宪章，其中提出："一切盾金或援助金，如不基于朕之王国的一般评议会的决定，则在朕之王国内不允许课征"，① 此为税收法律主义的萌芽。1628年英国"权利请愿书"中进一步将其表述为"没有议会的一致同意，任何人不得被迫给予或出让礼品、贷款、捐助、税金或类似的负担"。② 这一规定，被许多人认为是税收法律主义形成的标志，它是当时资产阶级联合社会大众反对封建君主特权斗争的成果，其核心精神是课税必须经过纳税人同意。以后经过深化，演变成"未经代表同意不得课税"，逐渐为大多数国家所接受，成为普遍适用和被认可的基本法治理念和公认的税法基本原则。该原则的基本精神在许多国家的宪法中都有直接或间接的体现，成为一项宪法性基本原则。例如，1787年美国宪法第1条规定："一切征税议案首先应当由众议院提出。""国会有权赋课并征收税收。"法国宪法第34条规定："各种性质的赋税和征税基础、税率和征收方式必须遵守法律规定。"日本宪法第84条规定："新课租税或者变更现行租税必须以法律或法律规定的条件为依据。"埃及宪法也规定："只有通过法律才能设置、修改或取消公共捐税。"可见，税收法定原则作为法治精神的重要体现，在宪法层面得到多数国家的确认。

一般认为，税收法定包括课税要素法定、课税要素明确和合法性（程

---

① 金子宏. 日本税法原理 [M]. 北京：中国财政经济出版社，1989：48.
② 国家税务总局政策法规司主办的《比较税法》税收法制培训班参考资料.

序合法）三个基本内容。

1. 课税要素必须由税法直接规定

这里的课税要素应从更广的意义上去理解，不仅包括税种、纳税人、征税对象、税率等，还应包括征税程序和税务争议的解决办法。所谓"税法"是取其狭义，即由国家立法机关制定的正式法律。与此相关，税收委托或授权立法只能限于具体和个别的情况，不能进行一般的、没有限制的委托或授权，否则即成为对课税要素法定性的否定。在现代社会中，能对政府的行为起到限制作用的，只有法律。通过法律的规定，使国家与纳税人的分配关系得以确定。作为税收法律关系的一方，代表国家利益的政府不能超越法律的规定课税，但也不能随意放弃法律规定要求课征的税收，依法课税、严格执法是税收法律主义对其的要求；作为税收法律关系的另一方，纳税人不能拒绝纳税，但其仅就税法规定的限度承担义务。

2. 课税要素的法律规定必须明确

在税法体系中，有关税制要素、税款征收等方面的规定，必须尽量地明确而不应出现歧义，在基本内容上不出现漏洞，否则会发生税法执行上的混乱，法定性就无从谈起。要求税制要素必须明确，实际上也是对税务执法机关自由裁量权的限制。考虑执法中区别不同情况以及实现公平税负的需要，税务执法机关保留一定的自由裁量权仍是必要的。同时，由于税法体系中各单行税法的分工和立法技术上的要求，有些概念留待法律级别更低的税收法规或规章去作详细的说明，这属于税法解释问题，并非违背税收法律主义。但是不管是出于何种原因，不确定概念的使用以税法的基本精神与宗旨不被曲解为最低限度。税制要素的规定必须明确，更多是从立法技术上保证税制要素的法定性，从而体现税收法定精神。

3. 课税程序合法

课税程序合法也称程序合法性原则。程序规则是法有别于其他社会规范的重要标志。税收的课征作为社会公共权力的行使，必须遵循适当的程序，对税务纠纷也必须依照公正的程序予以解决。这一原则，一方面要求税制要素的调整变动必须经过正式的法律程序，不能自行决定；另一方面要求税收课征各环节，从登记、申报、计算、缴纳到检查以至处罚、诉讼都应有严格、系统、明确的程序保障。税款征收管理程序是税收法律的重要组成部分，不得以行政管理制度作为执法的依据。同时，税务机关执法所行使的法定范围内的自由裁量权，是为了确保税款征收的实现，提高整个征管效率，不视为对税收法定原则的违背或对税法的规避。

关于税收法定的内涵，还有学者探讨其背后的法理依据，如刘剑文教授认为税收法定原则体现的是"尊重和保障人权宪法准则的落实""财税民主的价值观""其核心理念是民主、法治"。① 张守文教授认为应将其视为税法的最高法律原则,因其是民主和法治原则等现代宪法原则在税法上的体现,对保障人权、维护国家利益和社会公益举足轻重。我国应当通过宪法修正增补体现税收法律主义的规定。② 还有研究者认为税收法定性原则应当包括税权法定、税种法定、课税要素法定、税收优惠法定、征税法定、税收管辖权法定、税收义务法定、纳税人权利法定、禁止不当追溯、禁止对税法作扩大解释及救济途径法定等。③ 许多研究者认为,税收法定是民主和法治原则等现代宪法原则在税法上的集中体现,应当与诚信原则在民法中的特殊地位类似,成为最高、最重要的税收法律原则。

(二) 坚持税收法定原则的现实意义

党的十八大以来,将依法治国上升到"坚持和发展中国特色社会主义的本质要求和重要保障,是实现国家治理体系和治理能力现代化的必然要求,事关我们党执政兴国,事关人民幸福安康,事关党和国家长治久安"的高度,法治建设成为今后一个时期各项工作的重要依托和着力点。在强化依法治国的大背景下,贯彻、落实税收法定原则具有很强的现实意义。

1. 落实依法治国的重要支撑和建设法治国家的客观要求

依法治国要求更好地体现社会公正,平衡社会利益,调节社会关系。在市场经济条件下,税收是国家与民众物质利益最基本、最重要的切割点,处理好国家与纳税人之间的税收利益分配关系,是体现社会公平、公正,缓解社会矛盾,建设和谐社会的重要方面。只有在税收法定的基点上处理税收分配利益关系,才能最大限度地平衡双方利益,对双方形成有力的约束,避免出现政府过于与民争利的偏向,为社会稳定提供重要的基础。

法律是治国之重器,法治是国家治理体系和治理能力的重要依托。提升政府的治理能力,并非指提升政府治理的强制力,而是提升其为民服务的能力,这就要求政府在依法行政的轨道上治理国家,建设法治政府。在税收领域,只有坚持税收法定,才能使税务机关的税收征管行为有法可依,提供高质量的纳税服务,不给纳税人带来额外的侵扰,在保证纳税合法权益的基础上实现税款的及时、足额征收。

---

① 王平. 税收法定原则:法治财税与国家治理现代化的基础 [J]. 国际税收, 2014 (5).
② 张守文. 论税收法律主义 [J]. 法学研究, 1996 (6).
③ 谭珩. 试论税收的基本原则 [J]. 税务研究, 1997 (9).

依法治国是完善国家治理结构、改进国家权力配置的方式与手段。税收问题的一个重要层面是不同层级政府间的税收利益分配，对此，在税收法定的基础上配置税权，能够使各级政府财政资源的获得更为稳定、均衡、充裕，提高各级政府人、财、物的匹配程度，实现真正的分税制。要避免地方政府为了保证财政充裕而采用其他手段（如土地财政、乱收费、过度的地方债务等）与民众争夺资源。

2. 体现"尊重和保障人权"的宪法精神，有利于提高税法的权威性

公共产品自身的特性决定其必须由政府采用税收等形式提供。税收法定实现了政府提供社会公共服务和对公共产品的需求与对公民财产权最小侵害之间的平衡，在既有的政治与法律制度下，最大限度地反映人民的意愿，是人民当家作主的集中体现，是在税收领域对宪法"尊重和保障人权"和"公民的合法的私有财产不受侵犯"条款的有力落实和基本保障，由此获得了课税的正当性与合法性。而且其制定程序更为严密、规范，质量更高，更为稳定，从而使税法更具权威性、及时性、系统性、针对性、有效性，更易于为广大纳税人所接受和遵守。

3. 完善税法体系的精神引领和理念支撑

全面推进依法治国，需要在新的高度和构架下完善整个法律体系，税法是国家法律体系的重要组成部分，不能脱离税收法定原则的要求。应当说，经过改革开放几十年的努力，我国税法体系基本形成并趋于完整，但与依法治国、依法治税的要求仍然存在许多不适应之处。因此，今后的税法体系完善，必须以税收法定为最高指导原则，规范税收立法，提升立法层级，构建结构合理、科学有效的税收法律体系，正确处理税制改革与税收立法的关系，实现从形式法定到实质法定的转变。

此外，按照依法治国——依法行政这样的逻辑脉络，在税收领域推进法治，即依法治税。20世纪80年代以来，从"以法治税"到"依法治税"的演变，体现着在治税法律理念上的巨大进步。依法治税的基本思想、基本内涵与税收法定是相通的，核心就是面对涉税事宜都要依法办事。但比较而言，依法治税是从税务机关的角度，主要针对税收行政管理，以约束执法权力、处理好税收征纳关系为核心提出的。而税收法定原则是站在更高的层次上为构建完整的税收法律关系提供指导，更多是从立法开始，对涉税的各个方面都有约束与指导，其范围更宽，法理基础更为牢固。从世界范围看，税收法定更为深入人心，更易于被纳税人接受乃至获得国际上的认同，某种意义上成为一个国家是否实现税法现代化的标准之一。因此，建议以税收法定原则代替依法治税作为基本的税收理念加以

推广,作为税法制定和税收行政执法中处理各类法律关系,特别是要求税务机关与纳税人共同遵循的最高准则。税务干部增强法治意识,特别是程序意识和证据意识,这是在更高层次上推进税收法治的需要,也是落实税收法定应有之义和必要条件。

二、税收法定原则与其他税法原则的关系

(一)税法原则概述

一般将法律规范分为概念、规则和原则三个层次。其中,法律原则是指可以作为规则的基础或本源的综合性、稳定性原理和准则。它是构成法律规范的基本要素之一。

在法律规范中,原则之所以必不可少,是因为:其一,原则有使法律规则保持连续性、稳定性、统一性、协调性的作用,同时还是后继立法的出发点;其二,原则作为法律体系的"神经中枢",体现着法律的本质,是正确理解法律精神,准确适用法律的重要保证;其三,原则有较强的适应性,从而弥补制度设计的不足;其四,原则能将国家执法、司法机关的自由裁量权限制在法定与合理的范围内。

所谓基本原则,是在原则的基准之上更进一层。从法理学的角度来看,基本原则体现着法的本质要求和根本价值,决定着法的全局性指导思想和出发点,维系着法的稳定性与统一性,决定着一部法区别于其他法律制度的根本界限,是该项法律制度的精神内核所在。而税法基本原则,就是指导一国有关税收法律文件的立法、执法、司法、守法诸环节的基础性法律理念。[1]

通常,税收原则可以被概括成税收法定原则、税收公平原则、税收公众信任原则及实质课税原则。从其内涵与立法上分析,有些可以被税法原则所吸收,但是其区别也是非常明显的。其一,两者的角度不同,经济学家对税收原则的研究,是着眼于课税经济后果的规律性来总结政府运用税收手段调节经济应遵守的规则;而法学家们研究的则是税收一旦经过立法后,贯彻执行中需要遵循的法律理念。其二,税收原则是学理性的,每个人都可以提出不同的学说,但是都没有约束力,而税法原则一旦经过立法程序,就具有普遍的约束力,税收征纳双方都必须执行。其三,税收原则更多考虑的是其经济内涵,不同的人对同一原则表述的差异很大,对其适用性考虑很少,而税法原则却是法律创设的内在精神体现。

---

[1] 刘剑文. 税法学 [M]. 北京:人民出版社,2003:116-117.

(二) 税收法定原则与税收公平原则的关系

公平是经济与法律的共同要求，但是比较而言，经济侧重于效率，法律则更侧重于公平。从终极意义上讲，公平是法的宗旨和实质。税收公平原则是近代法的基本原理，是平等性原则在课税思想上的具体体现，与其他税法原则相比，税收公平主义渗入了更多的社会性要求。税收公平原则的含义，从总体上讲是指纳税人的法律地位是平等的，不管是个人还是企业，公有还是私有，国内纳税人还是外籍纳税人，地位都是平等的，不承认有特殊法律地位的纳税人。其核心内容是税收负担的公平，即纳税人之间的税收负担必须根据纳税人的经济负担能力或称纳税能力来分配，负担能力相等，税负相同；负担能力不等，税负不同。实际上，除了上述纳税人税收负担这个核心问题之外，税法上的公平原则还应包含其他方面：纳税人得到的纳税服务、礼貌对待应当是平等的；纳税人得到的程序权利是平等的；纳税人的法律救济权利以及其他方面的权利是平等的；纳税人承担的法律责任是平等的。法律上的税收公平原则与经济上要求的税收公平基本思想内涵是相通的。但两者也有明显的差别：其一，经济上的税收公平往往是作为一种经济理论提出来的，可以作为政府制定税收政策的参考，但对政府、对纳税人尚不具备强制性的约束力，只有当其被国家以立法的形式所采纳，才会升华为税法基本原则，在税收法律实践中得到全面的贯彻。其二，经济上的税收公平主要从税收负担带来的经济后果上考虑，而法律上的税收公平不仅要考虑税收负担的合理分配，而且要从税收立法、执法、司法各个方面考虑税收公平问题。纳税人既可要求实体利益上的税收公平，也可要求程序上的税收公平。其三，法律上的税收公平是有具体法律制度予以保障的。例如，对税务执法、司法中受到的不公正待遇，纳税人可以通过税务行政复议、税务行政诉讼制度得到合理合法的解决。由于税收公平主义源于法律上的平等性原则，所以许多国家的税法在适用税收公平主义时，都特别强调"禁止不平等对待"的法理，禁止对特定纳税人给予歧视性对待，也禁止在没有正当理由的情况下对特定纳税人给予特别优惠。因为对一部分纳税人的特别优惠，很可能就是对其他纳税人的歧视。这样，判定税收差别待遇的合理性就显得十分重要，其涉及的主要问题为：是否为正式税收法律所规定；其政策目标是否合理；其实施效果如何；对公平税收负担原则的侵害程度。为了确保公正性，其判定者通常是法院。由于税收公平主义在许多国家被写入宪法，当税法或其解释出现歧视待遇时，就要被判违宪。

(三) 税收法定原则与税收公众信任原则的关系

公众信任原则是民法"诚信原则"在税收法律关系中的引用。"诚信原则"的基本含义为，在法律生活中，当事人应以善意的方式行使权利，以诚实信用的方式履行义务，对他人诚实不欺，恪守诺言，讲究信用，不得违背对方的合理期待和信赖。诚信原则实际上是以公平正义为目标，将人类最基本的伦理道德观法律化。日本、德国不论在税法理论还是税法实践中，都采纳了诚实信用原则。税收公众信任原则的目的在于公平分配征纳双方的权力义务，实现纳税人利益与国家利益的平衡。一方面，税收征纳双方的关系就其主流来看是一种相互合作的关系，而不是对抗性的关系；另一方面，税收征纳双方应当是相互信赖与合作的关系。税务机关作出的法律解释和事先裁定，可以作为纳税人缴税的根据，当这种解释或裁定存在错误时，纳税人并不承担法律责任。甚至许多西方国家的税法认可因税务机关的解释或裁定不当，纳税人少缴的税款不必再补缴。

显然，将税收公众信任原则与税收法定原则相比较，可以发现两者是存在某种对立或矛盾的。如果坚持税收法定，不管什么原因造成的对税法的违反，都应坚决予以纠正，并给予相应的处罚。但当出现税务机关已经向纳税人作出承诺等特殊情况时，如果推翻承诺，势必给诚实的纳税人带来一定的伤害，使其产生一种受骗上当的感觉，不利于税收法律关系和税收法律制度的稳定。由于许多国家同时使用上述两个原则，所以两者的矛盾必须解决，否则在法律适用上将无所适从。首先，这两个原则的关系必须明确，即两者不是处于一个位阶的。税收法定原则是作为一项宪法性原则出现在税法中的，因此在税法中具有最高法律原则的地位。而税收公众信任原则是为了排除税收法定原则在适用上所产生的不合理性而被接受的，其目的在于平衡国家与纳税人的利益，实现税法的正义，是税收法定原则必要又有益的补充。① 其次，对税收公众信任原则的适用需要作出一定的限制。一是税务机关的合作信赖表示应是正式的，即以公告、文件等书面形式作出，或由执法人员在正式场合口头作出。纳税人不能根据税务人员个人私下作出有违税法的表示，而认为是税务机关的决定，要求引用税收公众信任原则少缴税。二是必须是值得保护纳税人信赖的情况。如果税务机关的错误表示是基于纳税人方面隐瞒事实或报告虚伪作出的，则纳税人的信赖不值得被保护。三是纳税人必须是信赖税务机关的错误表示并据此进行纳税行为。也就是说，纳税人已经构成对税务机关表示的信赖，

---

① 包子川. 诚实信用原则与税收法定主义原则 [J]. 税务研究，2002 (8).

但没有据此进行某种纳税行为，或者这种信赖与其纳税行为没有因果关系，也不能引用税收公众信任原则。许多国家在税法中设定的事先裁定制度、预约定价制度等，在相当程度上体现着税收公众信任原则，其相关规定，恰是处理税法法定原则与公众信任原则冲突的例证。

（四）税收法定原则与实质课税原则的关系

实质课税原则是指在适用税法确认的各个要素时，须从实际出发，从事物的本质而不是根据其外在形式或表面现象去审查确认。如果实质条件满足了课税要件，那么就应当按实质条件的指向确认纳税义务。反之，如果仅仅是形式上符合课税要件，而实质上并不满足时，则不能确定其负有纳税义务。① 实质课税原则的提出主要是针对两个方面的问题：一是出于反避税的目的，即避免纳税人出于少缴税的目的而利用某些外在的形式来规避税法设定的纳税义务；二是受某些客观条件的限制，纳税人无法提供准确的纳税信息，需要税务机关采用特殊的方法去核定其接近真实的应纳税额。

实质课税原则从形式上看似乎与税收法定原则的要求并不完全吻合，但从本质上看，恰恰体现了税收法定原则的本质要求。因为在税务机关不能有效把握纳税人准确信息的情况下，所谓严格依法纳税是一句空话，这时如果教条地按照一般的法条规定进行课税，只能是离纳税人的实际情况更远。而采用某些间接的办法，实际上反而会更接近税收法定原则的要求。例如，我国税收征收管理法第35条关于税务机关有权重新核定纳税人应纳税额的规定，尽管赋予税务机关一定的自由裁量权，其核定的税额与规范的按账簿记载确定计税依据（依率计征）有一定的距离，但是其出发点正是要尽力缩短这一距离，达到这一目的，还需要有一些条件，如税法上的明确规定与对税务机关自由裁量权的合理限制等。在讨论实质课税原则时，我们经常关注的是纳税人实际应纳税款高于其表面上应纳税款的情况，同时也应当注意到，纳税人表面应纳税款高于其实际应纳税款的情况，避免对实质课税原则的片面理解。

三、税收立法权的分配

税收利益分配主要包括国家与纳税人之间及不同层级政府之间两个方面，税收立法权分配解决的是第二个方面的问题。在不同层级政府间进行的税收利益分配，关乎各级政府承担国计民生责任的落实，而且牵涉不同

---

① 马林.税收法制基本知识［M］.大连：东北财经大学出版社，2000：53.

区域人民群众的实际利益,所以不能采取上级对下级的简单行政命令方式处理,需要遵循税收法定原则,合理配置税收立法权。

(一)关于授权立法问题

根据立法法第 8 条关于税收基本制度应当制定法律的规定,我国的税收立法权归属全国人民代表大会及其常务委员会。同时,立法法第 9 条规定,应制定法律而未制定法律的,全国人民代表大会及其常委会有权作出决定,授权国务院可以根据实际需要,对其中的部分事项先制定行政法规。也就是说,全国人民代表大会及其常委会有权在一定条件下将部分立法权委托给国务院行使。改革开放初期,为了应对外商大量涌入对设立税收法律和建立新的税法体系的迫切要求,全国人民代表大会常委会先后两次作出决定,将税收立法权委托给国务院,即 1984 年作出的《全国人民代表大会常务委员会关于授权国务院改革工商税制发布有关税收条例草案试行的决定》,和 1985 年第六届全国人民代表大会第三次会议发布的《关于授权国务院在经济体制改革和对外开放方面可以制定暂行规定或者条例的决定》。我国绝大多数税种至今仍然由国务院制定,采用暂行条例的形式,带来许多问题:一是授权的范围已经不是部分"税收事项",而是绝大部分甚至全部"税收事项",实际上超出了立法法规定的授权立法范围;二是授权立法并不是一个正常状态。20 世纪 80 年代全国人民代表大会授权国务院就各个税种制定税收暂行条例有着立法周期短、程序简单、针对性强、较为灵活等特点,因此比较适应当时我国经济体制改革带来的社会生产关系的巨变。时至今日,各个税种仍以暂行条例的身份出现,位阶低、效力差、权威不够,对税收执法负面影响越来越大。所以全国人民代表大会收回授权,制定税收法律的时机已经成熟了。究其原因,一是我国经济体制改革的目标、方式、进程愈加明朗。改革已由最初的"摸着石头过河"迈向有序稳进阶段。尽管仍有许多社会、经济、政治关系需要通过进一步的改革来调整、理顺,但改革的巨变与不稳定时期已经过去,税收立法转换为国家立法权为主的模式,条件已经具备。二是市场经济是法治经济,依法治国、建立法治国家,需要有较高层次的、完备的法律制度作为保障。为适应市场经济的需要,税收立法也必须提高层级,以实施国家立法权为主。三是近几年来,我国加快了经济立法的步伐,陆续出台的法律大多采取国家正式立法的形式。这样,作为调控市场经济关系主要法之一的税法不应该还以行政法规为主。四是从改革开放以来我国税收立法的实践看,我国先后制定的税收法律实施效果良好,保持了基本稳定。由此,我们有理由推论,在进入改革的相对稳定时期以后,税收立法采用国家立法权为主的模式，不仅可行，而且是有益的。

（二）税法解释问题

税法解释实际上也是税权分配的一个方面，税法的法定解释可以分为立法解释、行政解释与司法解释三部分。目前税法的行政解释一方独大，解释过多、过频、过滥，替代立法的问题突出。因此需要在税法法定的原则指导下对其加以清理、规范。

1. 在立法解释、行政解释与司法解释之间形成基本的平衡

伴随着全国人民代表大会及其常委会收回税收委托立法权和税法级次的逐渐提升，应当增加对基本税收法律进行立法解释的数量；另一方面，司法机关也应当针对司法审判中遇到的税收问题进行必要的司法解释（不仅限于就涉税犯罪问题对相关刑法规定进行解释）。同时，在税收征收管理法中明确各级税务机关对税法的解释权限，提出各级税务机关解释税法的"权力清单"，适度限制其行政解释权力。

2. 税法解释要遵循税收法定原则，税法的行政解释必须依法进行

税务机关可以在法定权内，按照法定程序对税法作出符合其立法意图的解释，但是不得通过解释创设税法，更不得作出与税收法律对立、抵触的解释，不得违背立法精神与法律条文规定进行扩大或缩小解释。另外，虽然我国法律属于成文法体系，税法也是通过一定的立法程序创制出来的，但在税法整体上较为空泛、操作性不强的情况下，应当考虑将一些经过税务机关或司法机关处理的典型案件整理、编纂出来，权威发布，使其对相同或相似的税法问题具有指导作用，一定程度上解决执法中无法可依的窘境。

3. 以制定税收行政规章为核心构筑税法的行政解释体系

对税收法律的行政解释原则上通过制定税收行政规章进行，来不及通过制定行政规章解决，或者制定行政规章处理不好的问题再以"红头文件"的形式解决，同时应当将税收规范性文件的制定管理列入税务机关重大决策范围，建立税收规范性文件集体审议制度。

4. 对税法行政解释建立有效的审查机制

一是加强对税收规范性文件的备案审查和监督。国家税务总局以20号令的形式制定的《税收规范性文件制定管理办法》，对规范性文件的权限设定、制定规则、制定程序、裁决机制、公告发布、定期清理、异议处理、备案审查等方面作出了一系列的制度创新，是税收法治建设的一个里程碑，在很大程度上推动了税收行政解释的规范化。

二是完善税收规范性文件的清理与有效期管理制度。对现行的税收行

政规章和各类行政命令的清理应当常态化、制度化、规范化。一般税收规范性文件应当明确设定有效期限，有效期届满，规范性文件自动生效；对于没有明确设定有效期限的规范性文件，其有效期为5年，标注"暂行""试行"的，有效期为2年，届满同样自动失效。

三是探索建立税收规范性文件异议处理与问责机制。通过将税收规范性文件在规定的媒体上予以公布，为社会监督和提出异议提供必要条件；任何公民都可以向制定税收规范性文件的上一级机关提出异议而进入异议处理程序，该机关必须对异议审查结果给予书面答复；审查期间，被审查的规范性文件效力不变，对审查结果不服的，通过申述程序处理。这实际上是建立了有别于行政机关审核与事后行政复议监督的另一项对税收规范性文件的监督渠道。凡制定规范性文件超越权限、违反上位法规定或者明显不适当，给税法的权威性或者纳税人权益造成重大损失，给税务机关带来执法风险与公信力损害的，应当启动问责程序。

四是建立健全税收规范性文件评估机制。即从合法性、合理性、有效性、规范性、协调性五个方面，建立事前、事中、事后全方位的税收规范性文件质量评估机制。通过对评估结果的及时反馈，为税法的设立与进一步修订完善提供依据，推动税收立法与执法质量的不断提升。

此外，要加强税务行政机关的内部控制。包括健全对出台文件审核的有效内部管理机制，落实责任制。同时，要加强立法机关对税收规范性文件合法性的审查，建立相应的制度与机制，并尽快落实，而不仅是备案审查。

总之，作为税法行政解释载体的税收规范性文件只能是对税收法律规定含义的准确界定及延伸补充，不能替代税收法律成为税收行政执法的主要依据，也不能成为税务司法审判的法律依据。

（三）中央与地方的税收立法权分配问题

改革开放以来，中央与省级及省级与市、县级地方的税收利益分配是采用行政命令的方式由上级确定的，下级地方的税收利益保障缺乏确定性与稳定性。而且各级政府基于政绩的需要，本能地优先保证并努力扩大本级的税收收入。在各级政府的税收利益博弈中，下级政府要保证本区域各项经济社会发展需要的财政开支，在税收之外探求财政收入的办法。税权的纵向配置完全集中在中央，是许多混乱与矛盾的根源。所以，合理配置税权的纵向分配应坚持以下两方面。

其一，要在分税制的框架下，赋予省级地方一定的税收立法权。事实上，中央将税源较小的税种的税收立法权下放给地方，不会影响中央财政收入和税收立法权的统一。究其原因,一是这些税源本身有限,即使立法权在中央,税款也都作为地方税划归地方政府,立法权的变化不会影响相应税收收入的归属;二是有些区域性、地方性税源,各地差异较大,中央不便于统一立法征税,地方若有立法权,就会减少税源的流失,增加地方财政收入,减少转移支出,这从某种意义上也变相增加了中央财政收入;三是地方为了满足基本的财政需要,即使没有相应的地方税收立法权,仍然可以以收费、土地财政、地方债等形式与中央争财源,一样可以达到增加收入的目的。

其二,即使从经济和政府分工的层面考虑,也需要将各级政府间的税收利益分配原则与方式,采用规范方式确定下来。而且,宪法曾规定,省级地方人民代表大会及其常委会在不违背宪法、法律、行政法规的前提下,可以行使制定地方性法规的权力。此规定并没有将税收立法排除在外,而是支持省级地方分享部分税收立法权。在依法治国的背景下,按照税收法定的原则,在法律上确定中央与地方的税权分配是解决上述矛盾的可行方式。

我国税收立法权配置有三条基本界限。一是解决税权配置的宪法依据问题,在宪法中明确税权配置的基本原则。在此之前,应当在立法法中对此有原则规范。二是中央与地方实施彻底的分税制。在此基础上,明确国家立法机关具有对所有税种以及就税收征管等方面制定税收法律的权力。三是省级在宪法框架下,在不违背国家统一税法,不与中央财政争税源,不影响中央对宏观经济的调控,不妨碍全国市场统一、畅通的前提下,根据本行政区域内地方性税源分布和基本财政需要,由省级立法机关自行制定发布地方性税种,作为地方税收法规,省级政府可以制定相应的实施办法。鉴于税收在国家经济社会生活中起着特殊作用,对各方面利益分配影响重大,故对于税收立法权的归属与分配的基本原则,应当在立法法中予以明确规范。

四、税收法定的落实与完善

(一) 立法与改革的关系

1. 立法先行,立法引领改革

习近平总书记在2014年2月28日召开的中央全面深化改革领导小组第二次会议上指出:"凡属重大改革都要于法有据。在整个改革过程中,都要高度重视运用法治思维和法治方式,发挥法治的引领和推动作用,加强对相关立法工作的协调,确保在法治轨道上推进改革。"这一论断实际上已经为解决立法与改革试点关系问题指明了方向,确立了遵循的原则。税制改革与税收立法在本质上并不矛盾,从某种意义上说是一个事物的两个方面,具有较强的关联性。税制改革侧重经济视角,税收立法侧重法治层面。税收改革的推进应当体现税收立法的要求,符合法治导向,最终成果也将在税收立法中反映。因此,完善税收立法与推进税制改革一脉相承。尽管如此,在政策取向上,依然存在先改革还是先立法的抉择问题。

在依法治国的大背景下,"先立法,后改革",立法先行,立法引领改革应当成为常态。对于确有必要的试点,也要完善相应的法律程序。对此,试点的实施要有相应的授权,即涉及法律层面的试点要由全国人民代表大会常委会授权批准在一定时间、一定区域、一定范围内停止执行原有法律,实施改革试点方案,其具有准法律的地位;如果试点涉及的是法规层面的问题,则由国务院授权实施改革方案。试点结束后,应当在规定的期限内修正改革方案,完成相应的修法程序。一般来说,试点应当是个别地方或区域性的,一旦进入全面实施的阶段,就应当尽快完成修法。

2. 先改革,后立法:"营改增"实例

改革开放之初,中国的基本法律制度不成熟、不稳定。为降低改革风险,作为一种制度创新,一度采用"先改革,后立法"的方法。即由最高行政机关制订改革方案,由局部地区通过"试点"的方式加以验证,修正后以法规形式加以肯定并普遍适用。应当说,经济转型初期经济领域内的制度创新基本上是采用这种"先改革,后立法"模式进行的。2012年开始的"营改增"试点,即是典型的"先改革,后立法"。其依据主要是国务院批准的《营业税改征增值税试点方案》,分析"营改增"的实施过程可以看到,"营改增"是在国家经济转型大背景下进行新的税制改革的重要一环。无论"营改增"设计的初衷如何,最终目标之一还是实现增值税的法律化。"营改增"试点有序推进,为增值税立法创造了良好的体制环境,立法条件趋于成熟。目前,应当着手起草增值税法,科学设计和合理配置增值税各项制度要素,确保"营改增"后增值税立法加快推进(增值税法草案已提交全国人民代表大会常务委员会进行审议)。

3. 先立法,后改革:房地产税

税法作为公法,在法治社会下进行改革及内容调整的常态是"先立法,后改革",即改革方案必须通过法律的形式才能得以实施。以新一轮税制改革中受到广泛关注的房地产税改革为例,其立法是将目前对房产和土地征收的几个税种合并成新税种。房地产税涉及各个方面、各个阶层利益，调整的影响面大，社会关注度高，公众较为敏感。在加强顶层设计的同时，应当结合当前改革发展的实际，采取分步实施的办法逐步到位。推进房地产税立法并适时改革，是必由之路。

4. 税收改革是完善税收法定的重要途径

按照税收改革与税收立法关系的模式，税收立法还有一种状态，称为税法完善，在既有法律框架内实施改革，即对已有的法律不需要进行颠覆性修改，也不存在层级较低的法规或委托立法上升为法律的问题，个人所得税法即属于此种情况。从分类课征制向综合课征制的过渡，课税单位的变化，从单一扣除额向多重扣除额的转变，税率的调整乃至免征额的调整，都没有动摇个人所得税法的基本框架，没有大幅度地更新既有内容。因此个人所得税法修订过程中，应回归法治社会税收立法的规范状态，严格立法程序，依靠大数据开展细致、严谨、全面的调查来判断税法修订带来的各种影响。

（二）形式法定与实质法定的关系

1. 税收法定的法治考量

从根本上说，税收法定是社会主义法治建设的基础和必然要求，税收改革必须在法治的框架下进行，否则改革就会失去灵魂，迷失方向。从政治层面分析，税收法定是加强社会主义民主政治建设的要求。通过税收法定，人民的意志得到充分体现，纳税人的权利得到尊重和保障。从经济层面分析，税收法定是处理好政府与市场关系的要求。必须通过法治化的途径，用法治的方式处理好政府与纳税人、立法与行政、中央与地方等多种复杂关系。从国家管理层面分析，税收法定是提高国家治理能力的要求。税收法定使税收立法、执法在法律的框架下进行，更能体现税收公平与效率的要求，有助于降低税收风险，提高税务机关的征管水平，减少税法规定与实际税款征收的偏差。

税收法定是一个渐进的过程，其中必然经历一个从规范法律形式到规范法律实质的过程。这个过程是从量到质的飞跃，体现着公平正义的跨越。税收法定原则的落实过程，就是税收法治观念树立与深入人心的过程，也是不断以法律规范税权的过程。近期应当更注重解决形式法定问题，远期应更注重解决实质法定问题。

2. 形式法定与实质法定

对于税收法定，研究者认为有形式法定与实质法定之分。所谓形式法定，即满足税法制定的形式要件，包括税制要素法定、税制要素明确与程序合法性。满足这些要件，税收法定得到了初步的满足与体现。所谓实质法定，是指税法不仅要满足依法课征的形式要件，而且要从根本上体现公平正义，真正代表民意，契合宪法的基本原则精神，实现良法善治，从质量上提升税法的水平。显然，实质法定是税收法定原则发展的更高阶段。

形式法定的要求体现在立法和行政执法两个方面，前者的核心问题应当是保证税法应有的立法层次。为此，在立法上应当把握的原则是基本的税法规范（如税法通则），凡全国范围征收，收入划归中央财政或中央与地方财政共享收入的税种，税收征收管理的依据都应采用税收法律形式，按照立法法的要求，由全国人民代表大会及其常委会负责立法。在税收行政执法方面，则包括严格、公正执法，合理、适度限制税务机关的自由裁量权等。

3. 立法质量

实质法定的重要方面是提高立法质量。

首先，要依法立法。这是提高税法质量的基础，是科学立法与民主立法的保障。具体要求包括三个方面。一是税收立法应符合法定权限。在新的条件下，全国人民代表大会及其常委会需要收回委托给国务院的税收立法权并认真履行立法职责，而国务院与相关行政主管机关不得通过行政立法或其他方式侵蚀这项权力。在立法法中，国家与省级立法机关，国家立法机关与行政机关等税收立法权限划分界限必须明晰。二是法律优位原则必须得到彻底的贯彻执行。下位税法不得与上位税法抵触，税法行政解释不能创制新的规范，不能超出税收法律的基本精神。此外，对于难以避免的法律冲突，还应当遵循不溯及既往、特别法优于普通法、新法优于旧法等适用原则在一定程度上加以化解。三是建立必要的纠错机制，落实好定期清理制度。为避免和减少税收法律规范的矛盾与冲突，提高税收法律规范应有的效力与适用性，对于违背税收法定原则的立法与执法行为应当探索按照法定权限逐步建立日常清理与定期清理相结合的纠错与更新长效机制。其中包括按照新法优于旧法原则，新的税法规范出台后及时清理旧的规定和对于与上位法抵触、超越权限立法等问题的及时修改或废止。

其次，要科学立法。坚持科学立法，有助于提升税法质量，产生良法，有益于尊重客观规律，克服法治建设中的随意性与盲目性，减少失误，降低成本，提高效益。为此需要把握税收立法规律。只有在全面客观分析总结税收分配实践活动的基础上，把握其运行的规律性，才能确保税收法律规范创设的质量。一般来说，应当处理好如下几方面的关系：一是正确处理国家税收利益与纳税人权益的关系，实现两者的适度平衡；二是正确处理实体与程序的关系,切实解决税收立法中"重实体,轻程序"的问题,通过设定必要的程序规则约束税务机关权力的行使,保障纳税人合法权益的实现;三是正确处理立足现实与改革创新的关系。税收立法应当注意将立法进程与改革进程结合起来,立法要着眼未来,体现改革精神,这样税法才具有前瞻性,进而保持相对的稳定性;要用法律规范引导、推进和保障税收改革顺利进行。同时要把握好税收立法的进程,税法的设立与修订应与税制改革与征管改革相适应。税收科学立法需要建立健全税收立法的论证和评估制度。要积极探索建立对税收立法项目的成本效益分析制度,税收立法项目不仅要考虑立法过程成本,还要研究其实施后的执行成本和社会成本。同时要构建立法工作者、实际工作者和专家学者三结合的专家咨询论证制度,并逐步使其成为税收立法的必经程序。要建立健全立法后的评估制度,立法机关和实施机关应当定期对税收法律规范的实施情况进行评估,及时解决评估报告中反映出来的问题,及时修订、废止税收法律规范中不符合社会经济发展要求以及不符合公平、公正理念的相关规定。税收科学立法还需要努力提高税收立法技术水平。立法技术水平在微观层面影响税收法律规范的质量。其努力的方向应当是使税法内容、结构的处理全面、深刻体现立法精神,具有法律意义,以权利、义务的设定为基本的线索,专业、规范、合理、精练,避免内容、结构安排重复,逻辑模糊、混乱,具有较强的操作性;语言的使用要求是明确、具体、严谨、简明、易懂。具体而言,明确是指能够反映立法意图,概念要清晰、界限要分明,语义要确定,避免歧义;具体是指语言描述不能过于笼统、抽象,这一要求对于不同位阶的税法标准是不同的;严谨是指其内容含义必须确切,逻辑严密,结构完整,避免语法上的错误;简明则是指尽可能简明扼要,保证条文中的每一个字都是必不可少的,避免语意和文字的重复;易懂的标准应当是每个有一定文化知识的人都能正确理解税法条文的含义,即能够读懂字面意思就能正确理解其含义,而不需要专业人士予以帮助。

  最后,要坚持民主立法。民主立法是科学立法的前提,税收立法必须坚持社会主义民主,走群众路线,扩大公众参与度,广泛征求并尊重纳税人及社会各界的意见与建议,接受社会监督。一方面要健全税收立法草案起草和审议过程中的公开听取意见制度。其具体形式包括听证会、论证会、讨论会等,可以借此广泛听取公众意见,提高公民参与度,尊重、吸收民意,反映公众的根本利益,避免税收立法的失误与偏差,为提高税收立法质量打下良好基础。另一方面要积极探索建立意见听取与采纳的情况说明制度。这是税收立法公开化、增加透明度的要求，也是尊重人权，特别是社会公众参与权、知情权的必然结果。同时，客观上也会起到良好的税法宣传作用，反过来有助于提高税法质量，提高纳税人对税法的遵从度。

五、税收法律体系的构建

经过多年努力，我国税法体系初步形成，但存在的问题还比较多。由此，在依法治国、建设法治国家的大背景下，进一步完善税法体系是体现税收法治、落实税收法定原则的重要方面。对此，应当按照"简税制、宽税基、低税率、严征管"的基本思路，加快税收立法步伐，坚持以宪法为统领，建立健全以税法总则为根本遵循，以税收实体法、程序法、组织法为主干，以国际税法为补充，更加规范、透明、法治，更具有国际竞争力的税收法律体系。未来税收法律体系建设的方向应当是税法典，借鉴国际上税法典创设的经验，按照我国民法典的立法经验，研究推进税法典的建构。

立足当前发展，我国税法体系的基本框架应当形成"宪法统领—税法总则—多个单行税法"的模式。

第一，要在宪法中增设涉税条款，这是税收伴随市场经济发展重要性不断提升的需要，是依法治国的需要。

目前我国宪法关于税收的表述只是强调纳税人的义务而没有体现纳税人的权利（尽管有人对该条款作出保护纳税人权利乃至税收法定精神的解读，但还是有些牵强），没有体现宪法"尊重和保护人权"的精神实质，没有在纳税人的权利与义务之间实现平衡，更多的是强调税收的强制与权威，没有体现税法最高的原则精神，与许多国家在宪法中用很大篇幅表述税收法定相比，存在明显的差距。为此，建议将税收法定入宪，进行完整、准确、权威的阐述，使之成为税法领域高于其他原则的宪法性原则。初步考虑，宪法第56条的内容可以修订为"税款的课征须采用法律形式加以确定，税收法律制定、修改、废止的权力属于全国人民代表大会及其常委会"。此外，条件成熟时，还应当将税权分配的基本原则在宪法中加以表述。当然，鉴于宪法的特殊地位，修订并非易事，故应当将其作为税法建设一个较长时期的努力目标。不过，在此之前，至少应当将税收法定在修订的税收征收管理法中进行原则表述，而不仅是满足于在一些具体条款中体现税收法定的基本精神。

第二，从基本框架考虑，应当将设立对其他税法具有统领、约束作用的税收基本法（或称税法总则）作为税法体系建设的重要努力方向。在世界各国税法体系的总体构架模式中，有税法典、单行税法和税法总则加单行税法三种体例。我国税法与多数国家一样，属于单行税法，其内在结构松散，相互之间联系不够紧密，缺乏统领性的基本税法，所以应当向其他两种模式靠拢。在制定税法典之前，无论从体现税收法定原则与宪法精神，合理配置、平衡税权，提高税收行政执法效能，实现依法治税，还是从完善税法体系，充实税法内容上考虑，都应当将建立以税法总则加单行税法为核心的税法体系作为今后一段时期税法建设的目标之一。实际上，我国已经从20世纪90年代开始对此作出了持续的努力，已经有了较好的基础。所以，在今天法治环境大为改善，税收法定精神更加深入人心，税收立法更受关注的条件下，应当将制定税法总则作为较长时期税法体系建设的核心工作。从我国税法结构的总体安排考虑，税法总则应当规模中等，涉及面较宽，采用章、节、条、款、目结构，设立总则、分则和附则。税法总则是用来统领、约束各单行税法，具有最高法律地位的税法，所以凡属税收共同性问题，都在其规范范围之内。其内容应包括立法宗旨、适用范围、法律地位、用语定义、基本原则与适用原则、需在总则中规范的内容和税权划分、税收权利与义务、税务机构、征税程序规则、具体行政行为、法律责任、税务行政复议的基本原则及其基础性规范等。

第三，实体法和程序法构成了我国税收法律体系的核心。目前现行18个税种，已有12个税种采取了法律规范的形式，其他6个税种立法也已提上立法日程。增值税等税种立法进程正在加快，完成落实税收法定原则目标不会久远。税收征收管理法历经二十余载，一直没有大的修改，当前数字经济发展带来的挑战日渐突出，治税理念发生很多变化，民法典的实施带来的困惑增加，特别是党中央相继下发三份有关税收征管体制改革的文件，亟待植入税收征收管理法中。同时，近些年来税收征管改革及优化纳税服务措施大力推进，也需要补充到税收征收管理法中。

第四，从完善税法体系，规范税务行政执法的角度考虑，大的税法框架中还应包含税务组织法。其内容一般包括税务机关的机构设置、职责范围、人员编制、经费来源、各级各类税务机关设立、变更和撤销的程序和它们之间的相互关系以及与其他国家机关的关系等，使之与依法治国、提高国家治理能力的要求相适应。从长远考虑，应当制定独立的税务机关组织法。其具体步骤可以考虑分为几个阶段，第一阶段由国务院设立《税务机关组织条例》，形成基本规范，并作为进一步立法的依托；第二阶段在税法总则中对涉及税务机关组织的基本原则与内容加以规范；第三阶段设立专门的税务机关组织法。

第五，国际税法的变化也是日新月异。以国际税收协定为核心的协调国家之间税法的国际法规范，正在历经重塑的转折，国际税收规则调整已然取得重大进展，由税基侵蚀和利润转移（BEPS）项目到"双支柱"方案，由双边到多边，由规则再造到征管协作，给我国处理国家间税收权益分配关系提出了重大课题，提升国际税收话语权的任务十分紧迫而艰巨。

第二节 落实税收法定原则

党的十八届三中全会通过的《中共中央关于全面深化改革若干重大问题的决定》明确提出"落实税收法定原则"。党的十八大报告提出的"法治是治国理政的基本方式"这一理念在税收领域凸显，昭示着税收法治化建设的光明前景。该决定指出"必须完善立法……建立现代财政制度"，明确要求"完善税收制度。深化税收制度改革"，并对税制改革的主要方向和目标作出具体规定。该决定对财税工作的一系列阐述，彰显党中央对税收立法和税制改革高度关注。我们必须抓住这一历史机遇，在推进国家治理体系和治理能力现代化进程中，确立税收法制体系的基础性地位，推动税制改革成果法治化，加速实现税收现代化。

一、落实税收法定原则的本质要求

税收法定原则通常指税收基本内容和核心要素通过法律形式加以确定，一般包括课税要素法定、课税要素明确和税收程序合法等内容。税收法定原则中的"法"是指狭义的法律，即由最高立法机关通过立法程序制定的法律规范。税收法定原则作为税收的核心原则，在我国2000年颁布实施的立法法中得到了确认。根据立法法第8条的规定，财政、税收等的基本制度只能制定法律，属于全国人民代表大会的专属立法事项。这说明税收法定原则有现实的法律依据，只不过在实践中没有完全"落地"。这直接影响到税法的权威性，也妨碍了税法的有效实施，对税收征纳秩序的规范带来诸多不利影响。

"落实税收法定原则"与"1985年全国人民代表大会税收立法授权决定"（以下简称"1985年授权决定"）如何协调的问题备受关注。"1985年授权决定"在当时的社会经济环境下具有重要意义，但这一授权决定具有鲜明的"无限制授权"特征。《中共中央关于全面深化改革若干重大问题的决定》提出"落实税收法定原则",则拉开了逐步收回"1985年授权决定"的序幕。

早在第十届、十一届全国人民代表大会的立法规划中,就提出了要加快税收立法进程、逐步将税收暂行条例上升为税收法律的要求,说明立法机关已充分认识到落实税收法定原则的现实可行性。目前,在不能完全脱离行政部门主导税收立法的前提下,立法机关一方面应积极推动行政部门依据原有的税收暂行条例尽快起草税收法律草案,提交全国人民代表大会审议;另一方面可考虑自主承担部分税收立法任务,如涉及公民个人利益的房地产税等,由全国人民代表大会直接组织起草法律草案并进行审议。

税收法定原则能否落实到位,还取决于很重要的一点,就是能否将全国人民代表大会曾经制定的税收立法项目作出路线图、时间表,倒逼税制改革进程提速,转变以往"成熟一个,立法一个"的思维定式。只有这样,才能有效解决提升税法级次的问题,税收法定原则才可能切实"落地"。

2015年修改的立法法,明确规定"税种的设立、税率的确定和税收征收管理等税收基本制度只能制定法律",确保了税收法定原则的顺利实施。同时,全国人民代表大会制定的《贯彻落实税收法定原则的实施意见》的颁布,极大推动了税种法定化进程。

二、税收由立法机关制定是惯例

在现代法治国家中,"无法律,不纳税"早已成为公认的原则,不仅体现在法律制度中,也根植于国民观念里。

英国被认为是现代意义上税收法定原则的鼻祖,1215年颁布的《大宪章》奠定了税收法定原则的基础,伴随着"无代表则不纳税"的斗争,历经数百年发展,直至1628年《权利请愿书》和1689年《权利法案》的实施,才逐步完成了税收法定原则的确立。这是一个充满血雨腥风与不懈追求的艰苦历程,也是英国从封建专制走向民主自由、从人治走向法治的历程,其确立的税收法定原则被后续的现代法治国家效仿并不断完善。由此可见,税收法定原则是民主法治观念在税收领域的映射。

税收是国家对公民财产权的强制划转,税收法定原则体现的恰恰是将这种所谓的"强制"限定在法律范畴之内,即必须基于公民的"同意或认可",而立法的过程就是公民行使权利、保障合法财产权益不受国家征税权过度侵犯的过程。应借《中共中央关于全面深化改革若干重大问题的决定》提出"落实税收法定原则"之机,推动税收法定原则入宪,这也成为当前我国财税法学界乃至社会各界的一致呼声。

三、落实税收法定原则的路径选择

国家治理的核心是法治化,路径是坚持依法治国基本方略。《中共中央关于全面深化改革若干重大问题的决定》明确提出"必须完善立法、明确事权、改革税制、稳定税负、透明预算、提高效率、建立现代财政制度"。税收制度作为财政制度的重要组成部分,必然要按照《中共中央关于全面深化改革若干重大问题的决定》提出的要求进行改革与完善。在这一过程中,要赋予税制改革法治化色彩,不断强化税制改革与税收立法的统筹推进和顶层设计。

税制改革与税收立法并不矛盾,从某种意义上说是一件事情的两个方面,具有较强的关联性。税制改革侧重经济视角,税收立法侧重法治层面。税制改革的推进应体现税收立法的要求,符合法治导向,最终成果也将在税收立法中反映。因此,完善税收立法与推进税制改革是一脉相承的。尽管如此,在政策取向上,依然存在先改革还是先立法的抉择问题。

"营改增"是改革先行,相继解决立法问题的典型事例。无论"营改增"设计的初衷如何,其最终目标是实现增值税立法。"营改增"试点有序推进,为增值税立法创造了良好的体制环境,立法条件趋于成熟。房地产税是立法先行,分步实施。《中共中央关于全面深化改革若干重大问题的决定》明确提出"加快房地产税立法并适时推进改革",意味着房地产税将采取立法先行之路。房地产税是一个独立税种,是将目前对房产和土地征收的几个税种整合而成的新税种。房地产税的社会关注度较高,公众较为敏感,因此在加强立法顶层设计的同时,应该结合当前改革发展的实际,分步实施到位。可以预期,未来税收立法与税制改革的抉择中,将会普遍运用这一模式。

四、落实税收法定原则的价值取向

落实税收法定原则,提高税收立法级次,不是将现有的税收暂行条例简单"上移",而是要通过改革,优化制度设计,形成结构合理、科学有效的税收法律制度体系。

当前一项紧迫任务是要加快构建税收法律制度总体构架,为各单项税种的改革指明方向,提供改革预期。《中共中央关于全面深化改革若干重大问题的决定》对深化税制改革作了全面部署,明确了各主要税种的改革目标,下一步应分步实施《中共中央关于全面深化改革若干重大问题的决定》提出的税制改革各项具体任务，使各单项税制改革与整体税法体系构建协调一致。同时应当全面评估现行各项税收制度的实施效果，完善各项税收制度要素，为切实实现"良法"之治奠定基础。例如，在调整现行消费税功能定位前提下，研究扩大征税范围、改变征税环节的可行性，加快推动消费税改革和立法进程，力争改革与立法同步；推动房地产税立法并适时推进相关税制改革，在完成立法的同时分步实施；进一步扩大资源税征收范围，逐步推进计税方式改革，分步实现全部应税项目的从价征收；加快推动"费改税"进程等。

《中共中央关于全面深化改革若干重大问题的决定》提出的"完善地方税体系，逐步提高直接税比重"这一要求，仅靠单项税制改革是无法完成的，需要通过科学完备的税收法律制度体系总体框架去体现和落实。即在明晰总体税收法律制度框架的过程中，注重解决好中央税与地方税、直接税与间接税的关系，统筹协调各税种、各税系之间的关系，明确不同税收法律层次的职责分工。

总之，应当将《中共中央关于全面深化改革若干重大问题的决定》提出的"落实税收法定原则"与"深化税收制度改革"结合起来，统筹考虑，坚持顶层设计，进一步推动税收法治化进程。

第三节 税收征收管理法修订的价值意蕴与制度建构

一、价值意蕴

（一）适应直接税改革的需要，加强自然人税收征管

我国传统意义上的税收征管都是面向企业的；对于面向自然人征收的个人所得税、房地产税等直接税方面，尚未形成一套以自然人为中心的、较为系统的征管体系。现行征管制度的规定，难以适应直接税比重逐步提高、自然人纳税人数量增长迅速的征管要求。

个人所得税改革、房地产税立法一直是社会关注的热点问题。现行税收征收管理法对自然人的征收管理规定较为单薄，可以说，个人所得税的改革、房地产税的立法，将倒逼自然人税收征管制度尽快实现法治化、体系化。因此，建立较为完善的自然人税收体系，应该成为这次税收征收管理法修订的重点之一。征求意见稿虽然新增了一系列关于自然人税收管理的具体条款，但也只是试图在原有对企业的征管制度上植入一些对自然人

的管理措施。例如，作为基本征管程序启动环节的纳税人识别号制度、作为核心环节的税额确认制度，很大程度上还只是基于对企业纳税人的管理需要。就完善自然人税收来说，如何为个人所得税改革、房地产税立法等直接税改革提供程序法支撑，是当前税收征收管理法修订需要解决的问题。

（二）强化"税收至上"理念，推动第三方涉税信息的提供

第三方涉税信息提供一直是税收征管中的重点和难点问题，也是税收征收管理法修订要解决的核心问题。实际上，这个问题源于目前的行政协助制度存在法律缺失，即没有明确的法律制度对行政机关间协作关系加以约束。现行税收征收管理法中其他部门的税务协助义务只是一种原则性的规定，部门间协助只是一种指导性的要求，这种协作方式缺乏稳定的法律制度作为支撑，而解决这个问题的前提和基础应该是各部门要达成"税收至上"理念上的共识。

税收问题是国家利益的最高体现，税收利益是国家利益，在现代国家治理进程当中，税收发挥着基础性、支柱性和保障性作用。对国家而言，没有税收就没有国家，税收是国家的命脉；对社会成员而言，税收和死亡是不可避免的两件事。社会发展、国家运转都离不开税收，税收利益作为国家最高利益的体现必须加以强化。在这方面，其他国家有很多先进经验值得学习。例如，美国《海外账户税收合规法案》要求所有的国外金融机构要向美国政府（实际上是国内收入局）提供美国公民存款 5 万美元以上账户的信息。美国境内的金融机构也要按照征税机关的要求，提供美国公民的涉税信息。相比之下，我国金融机构在这方面还有很大差距，归根结底并非制度问题，而是缺少"税收至上"理念的共识。只有在"税收至上"理念的引领下，才能够建立有效的第三方涉税信息提供机制，税务机关履行征税职责提供必要信息才会得到法律的真正认同。

（三）以落实《深化方案》为契机，推动税收征管改革成果法治化

2015 年 12 月，中共中央办公厅、国务院办公厅印发的《深化方案》，是建国以来专门针对我国税收改革发展制定的第一部纲领性文件，为我国税收事业的可持续发展、为未来税收征管改革指明了方向。《深化方案》共提出 6 大类 30 多项具体举措，不单纯解决国税与地税、地税与其他部门的税费征管职责划分问题，还包括"最大限度便利纳税人、最大限度规范税务人"等一列制度安排，它更多承载的是未来税收征管改革的方向目标和战略举措，这恰恰是税收征收管理法修订中应予充实的重要成熟规定。

《深化方案》中被广泛认同的制度安排不能仅停留在文件中,要上升到法律层面加以落实。可以说,这些制度安排已经在中央决策层面取得共识,这种共识有必要通过法律固定下来。在下一步税收征收管理法修订工作中,应将这些年税收征管改革积累的经验和成熟做法转化为基本法律制度,为进一步深化税收征管改革提供强有力的法律支撑;尚未成熟的做法和措施,也可预留立法接口。总之,要为构建现代化的税收征管体系做好顶层设计。

(四)以税收确定性为核心,保障纳税人合法权益

"相对确定的社会生活不仅符合人类直觉性的安全偏好,而且有利于我们对社会生活作出主动计划和安排,增进社会生活的品质。"在税收领域,税收确定性原则的确立,不仅是为了防止征税机关的任意专断征税,影响纳税人税收实体负担,还要求征税的方式、步骤、时限和顺序确定,从程序角度满足纳税人对税收确定性的要求。

税收征收管理法是税务机关与纳税人进行征纳活动的基本规范,进一步强化税收确定性是税收征收管理法修订的基本要求之一。征求意见稿引入了税收预约裁定制度,用来克服税收实体法的不确定性和相对滞后性,保障纳税人的实体性权利,这是一项非常值得关注的征管制度创新之举。同时,我们还应当看到,现行税收征收管理法当中什么是税务机关权力、什么是纳税人权利,是分开设定的。纳税人权利没有同征税权力行使相匹配或者有机对应起来,在整个税收管理过程中没有充分体现出来。

在纳税人权益保护方面,我们也要注意处理好实体与程序的关系。征税权是一种公权力,现行税收征收管理法及征求意见稿对税务机关如何行使征税权有较多的"笔墨",但大多都出于维护征税权的角度进行权力配置。从行政法"控权"角度考虑,税收征收管理法也应对纳税人的"防御权"进行明确。现行税收征收管理法及征求意见稿对纳税人权益的保障性条款比较笼统,纳税人在征管程序中如何行使陈述申辩权、异议权及保密权等基本权利,没有与税务机关征税程序对应。从纳税服务的角度来说,不但要为纳税人办税提供便利,更深层次的要求是让纳税主体知道自己有哪些权利,并且清楚如何行使。征管程序设计要体现这一思想,要把纳税人的权利设定和税务机关的重要执法环节有机结合起来,这样才能进一步提升税收确定性。

(五)落实 BEPS 行动计划,提升税收国际话语权

税基侵蚀与利润转移(Base Erosion and Profit Shifting, BEPS)是二十国集团领导人峰会委托经济合作与发展组织(OECD)启动实施的国际税

收改革项目，旨在修改国际税收规则、遏制跨国企业规避全球纳税义务、侵蚀各国税基的行为。近年来，中国积极参与联合国和 G20 国际税收规则的制定，深入参与 BEPS 行动计划，国际税收征管制度有了重大发展。2013 年 8 月，中国成为《多边税收征管互助公约》（以下简称《公约》）的第 56 个签约方，这也是中国签署的第一份多边税收条约。

为巩固和提升我国在国际税收征管协作领域已取得的成绩，承担缔约国的税收征管国际义务，落实 BEPS 行动计划，应把国际法的国际惯例、好的制度融入我国国际税收征管制度当中，不应停留在法律层级较低的税收规范性文件当中，否则显然与"大国税收治理"的要求不相吻合。因而，BEPS 行动计划内容有必要在税收征收管理法中体现。通过修订税收征收管理法，将国际条约、协定完成国内法的转化，形成系统、合理的国际税收征管国内法体系，用约束力更强的法律文件，增强我国在国际税收事务中的话语权，建设更具稳定性和可预测性的国际营商环境。

（六）顺应数字时代的发展，强化税收征管现代化的法治支撑

数字时代到来，人们的生活习惯、工作方式、商业模式等方方面面都发生了巨大变化。法律不能脱离社会生活，从税收征收管理法修订的角度看，税收征管程序的设计，应当充分考虑当前征管工作面对的社会状况，数字化变革就是很重要的因素之一。一方面，数字经济蓬勃发展，是影响税收征管程序的重要外部因素。越来越多的贸易商通过互联网从事交易活动，基于"互联网＋"的新兴商业模式应运而生。从税收实体角度看，应税行为在互联网上发生，纳税义务人、征税对象、纳税义务发生时间等课税要素的识别标准需要重新设计。从税收程序角度看，针对互联网经济的税收管辖权、涉税电子数据的检查权、电子发票的使用、征纳双方数字签章的效力等基本制度还需要通过修订税收征收管理法建立和完善。另一方面，数字政务的长足发展，是影响税收征管程序的内在重要因素。互联网革命发端于技术领域，发展于经济领域，如今已经渗透到经济社会的各个角落，对政府治理方式也带来了新的机遇和挑战。税务机关与纳税人通过互联网交互，可以在互联网上完成绝大多数涉税业务；税务部门之间的任务下达、结果反馈、信息共享也完全通过数据交换实现。信息化、数字化不仅是一种手段，而成为一种"生态"基础，应对新问题，税收征收管理法修订中应当有所体现。

目前，各界对数字经济下的税收征管面临的诸多问题尚未形成广泛共识，这是此次税收征收管理法修订的重大"痛点"。可以考虑对其确立具有一定导向性的征管原则，并为下位法的补充完善和征管实践预留一定的

操作空间，彰显税收征管的原则性和可操作性的有机结合。

二、制度建构

（一）关于依赖保护制度建设

依赖保护原则是指行政行为的相对人基于对公权力的信任而做出一定行为，对此种行为所产生的正当利益应当予以保护。在税收领域引入依赖保护理念和制度，其意义和作用体现在以下三个方面。

1. 促进税法的确定性和可预测性，形成良好的税收秩序

依法治税要求税务机关的权力以一种可预测的方式行使，税法及税收政策一般不得溯及既往，不应频繁变更，不能随意废止。只有这样，纳税人才有可能对自己未来的涉税行为进行规划、安排，并且只有这种规划和安排形成的利益受到法律制度的保护，整个社会才会形成良好的税收秩序。

2. 增强纳税人对税务机关的信任，控制税收行政权力的恣意和滥用，促进税务机关的规范行政

保护税收上的信赖利益，可以"取信于民"，增强纳税人对税务机关的信任，促进纳税人的参与、协助与遵从，提高税收行政效率；保护税收上的信赖利益，可以促使税务机关更加审慎地做出行政行为，更加严格地进行自我控制和自我约束、履行正当秩序，提高行政行为的质量；保护税收上的信赖利益，意味着税收政策和形成的惯例不能随意变更，制定制度规范和做出具体行政行为要具有前瞻性和导向性，提高制度建设质量。

3. 在制度上促进整个社会经济运行效率的提高

法律秩序的安定性是市场经济条件下公平交易的前提，经济行为只有在法律的稳定性和可预测性的前提下才能得以广泛实施。而税法是影响经济行为和社会行为的最重要的法律之一，如果税法能够保护纳税人的信赖利益，将会有效地降低交易成本，更加有效地配置资源，更加有效地促进市场机制发挥作用。

由于信赖保护在我国的法律体系中引入较晚，在税法领域涉足得还不够健全，信赖保护原则要成为税法的基本原则的条件和时机还未成熟，但可作为一个努力的方向。因此，建议在税收征收管理法中宣示信赖保护理念，指导税收行政行为。具体可单列一条，指出税务机关要树立信赖保护的理念，要本着诚实信用的精神，以诚实信用的方式、方法做出税收行政行为。根据国外经验和我国的实践，在税收程序法中应将法不溯及既往、违法税收行政行为的撤销等领域明确引入信赖保护制度。

（二）关于税收核定制度

税收核定仅指在缺少直接账册凭证等证据资料的情况下，通过各种间接资料和方法推定计算纳税人应税收入（应税价格）、应纳税所得额等税基或应纳税额的计税方式。为保障国家税款征收，满足公共财政需要，维护税收公平和提高征收效率，避免纳税人逃避纳税，基于国家征税权的强制力，税收核定应运而生。在纳税人税法遵从度欠缺、未建立账册或账册记载不全，甚至出现纳税人恶意毁损、隐匿账册资料，不配合税务机关检查的情况下，从保障国家税收利益全局出发，通过税收核定方式，可有效挽回国家税款损失。税收核定作为查账征收的必要补充，是国家征税权的直接体现，是国家税收的坚实保障，从某种程度上说，也是一种征税威慑。因此，目前税收核定制度在国家税收征收管理中不可或缺。应从以下六个方面完善税收核定制度。

1. 坚持正确的核定理念及适用条件

对于核定适用情形，应始终坚持以查账征收为主，核定为辅的理念。对于有条件进行查账征收的，应当避免采用核定方式。

2. 规范完善税收核定方法

对于核定适用较多的所得税，应确立事前核定与事后核定独立的原则，并明确事前核定与事后核定适用的衔接问题。要规范整体核定及部分核定适用方式和限定条件，严格把握纳税申报与整体核定适用的矛盾平衡。应允许对账外经营企业所得税采用部分核定方式进行计算。同时，应加强第三方中介在核定中的作用。

3. 健全税收核定程序

核定程序的设置，应满足对税收核定滥用的规制、加强核定效率保障、提高核定准确性与合理性、保护纳税人合法权益方面的需要。一是约束核定自由裁量不当，应加强税收核定调查程序和告知程序，保障纳税人知情权；二是引入核定听证程序，提高纳税人参与度和保障核定合理性；三是加强核定审核程序，对税收核定尤其是税务稽查案件中的税收核定，应加强相关审核；四是加强核定公示；五是完善救济程序。

4. 合理分配举证责任

税务机关应负责核定基础数据和资料的合法合理性，保证税收核定方法的合理性。同时，纳税人对税务机关核定标准与核定数据不合理进行指证时，应承担相应的举证责任。

5. 明确核定效力

对存在逃税（偷税）手段的税务违法行为，税务机关有权核定并予以处罚。当然，对于核定基础薄弱、明显欠缺合理性的税收核定，则应慎重处罚。

6. 强化税收核定监督

为防止税务人员滥用核定权力，应加强对核定事项的审核监督，包括通过核定过程审核、核定结果公示、核定事项复查等措施，强化核定的监督，避免核定结果偏颇。

（三）关于自然人税收征管的法律制度

我国长期以企业为管理重心的税收征收管理模式下，对个人所得税等面向自然人征收的直接税方面，由于征收管理法律制度的不完善，尚未形成一套以自然人为中心的、较为系统的征收管理体系。为适应新一轮税制改革需求，应尽快修订税收征收管理法中针对自然人的税收征收管理法律制度，服务于深化改革和社会发展目标的实现。

现行税收征收管理法对自然人纳税人的管理措施较为单薄，征求意见稿新增了一系列关于自然人税收征收管理的具体条款。以征求意见稿试图构建的自然人税收征收管理制度为视角，对当前自然人税收征收管理存在的主要问题进行剖析，仍然可以看到《征求意见稿》存在进一步完善的空间，对自然人税收征收管理体系建设应进行整体设计。

1. 需要尽快进行自然人相关税收法律体系的顶层设计

自然人税收征收管理法律体系既包含税收实体法，也包含税收程序法。从整体情况来看，在实体法方面应尽快推进房地产税法等与个人财产相关的立法，加快建立综合与分类相结合的个人所得税制；在程序法方面，应全面修订税收征收管理法，使其在对企业纳税人和自然人纳税人的适用上都能高效有力地落实，特别是针对自然人实体法修订的规划，实现对自然人收入、财产的全面管控，依法保障自然人税收管理职能的实现。

2. 需要对征求意见稿再行完善

从自然人税收征收管理的大视角审视，需要进一步考虑自然人纳税人的特点和未来对自然人纳税人收入、财产、行为等税源监控及税收权益保护的需要，对征求意见稿作进一步完善，确保该法具备一定的前瞻性和较好的稳定性，易于基层税务机关执行和纳税人遵从。

3. 考虑相关配套法律制度体系的修订和衔接问题

对自然人税收征收管理法律体系的构建，不仅涉及税收法律法规，还涉及其他相关法律法规。例如，第三人信息的提供条款如何与《中华人民共和国商业银行法》中保密条款相衔接，为控制现金交易堵塞税源监管漏洞而完善现金交易管理相关法律法规的问题等。

4. 关于建立自然人税收征收管理系统的问题

自然人税收管理如果采取"以人盯户"的传统方式将寸步难行，必须依托税收信息化支撑，对海量涉税数据信息进行综合处理，才能实现对自然人的有效征收管理。《深化方案》明确指出，2018年实现征收管理数据向税务总局集中，建成自然人征收管理系统，并实现与个人收入和财产信息系统互联互通。

5. 关于组建与自然人税收管理相匹配的税收征收管理机构的问题

以风险管理为导向，组建与自然人税收管理相匹配的税收征收管理机构，汇聚税收业务、信息化应用，服务各方面人才，为顺利运用大数据开展自然人税收管理提供组织保障。

6. 关于利用大数据开展自然人涉税信息采集和分析的问题

对数以亿计的自然人纳税人，税务部门需要树立"大数据治税"的理念，创新完善内外部信息采集机制，全面整合自然人信息数据资源，深入开展自然人数据风险分析，发挥好大数据在自然人税收管理中的作用。

7. 关于逐步建立自然人信用评价机制和约束机制的问题

构建科学的自然人纳税信用评价机制是开展自然人税收管理的关键环节，可以通过以下四项措施扩大自然人纳税信用评价的影响力。一是向政府部门汇报，让自然人纳税信用等级参与其个人社会职务信用评价，例如，人大代表候选人资格审查时，将个人纳税情况纳入审查范围等，进一步扩大自然人纳税信用的社会影响力。二是与全国信用信息查询系统实现信用评价信息交互。建立类似全国企业信用信息查询系统性质的自然人纳税信用查询系统，探索与全国信用信息查询系统进行信息交互，展示企业股东（法人）个人纳税信用情况。三是与银行个人信用信息实现信用评价信息交互。同银行进行个人信用信息交互，实现税银联动，争取将个人纳税信用情况作为对自然人授信额度的衡量指标等。四是为相关部门提供可针对单个自然人查询的客户端口，让相关部门在作出自然人资格认定等行为时将纳税信用作为重要指标，进一步增强依法纳税的自觉性和影响力。

（四）关于自然人纳税识别号制度

自然人纳税识别号主要是指税务部门按照法定标准，为公民等自然人纳税人编制的确认其身份的数字或字母代码标识，通常这种数字代码标识是统一的、唯一的，并且是终身不变的。建立一套前瞻、科学、合理、完整的纳税识别号制度是自然人税收管理制度的前置性要求，这一制度的建立将有力支撑自然人税收管理体系，是自然人纳税申报、税款征收、纳税评估和乘客确定的重要基础。识别号制度研究也是深化财税改革的基础性课题，是税收征收管理发展的必然产物，是管理与服务必须面对的现实问题，是纳税人权利保护的必然选择。

世界各国通行的做法是进行识别号码登记，并为每个纳税人建立一个终身唯一的纳税人识别号码。经济合作与发展组织调研报告考察了54个国家纳税识别号的基本情况；使用社会保障号的有5个国家，使用税务机关编制的税务号的有27个国家；使用身份证号的有22个国家。在自然人纳税识别号制度设计上，一种是由税务机关编制单独的纳税识别号，另一种是身份证号码作为自然人的纳税识别号。

由税务机关单独编制年纳税识别号是未来的趋势。一是有利于个人隐私权的保护。随着社会经济发展，公民对于隐私权的保护意识不断增强，对于宪法赋予的权利内容也不断熟悉。二是有利于应对变革发展。在深化财税改革的大背景下，全社会各行各业每时每刻都在进行着变革，某一行业的新兴、撤转、合并都有可能产生代码规则的改变，从节约社会资源方面考虑应实行税务机关统一编码。三是有利于对自然人管理的全面覆盖。税务机关建立并实行全国统一的自然人纳税识别号码制度体系，方可实现与纳税人管理的无缝衔接。四是有利于自然人的分类登记。实行税务机关统一编码可以用纳税人识别号串联起各方面的信息，有助于夯实纳税人诚信体系，从而实现"一人式信息管税"。五是有利于对自然人管理的延续。与自然人切身利益紧密相关的直接税改革，都需要统一的信息化支撑。金税三期优化版可自动采集纳税人的涉税信息，所以，建立自然人纳税识别号制度已不存在技术问题和国家财政负担问题。综上所述，建议采用"区域码+相应的有效证件中的部分号码+税务特定码=自然人纳税识别号码"这一设计，可以保证颁布税收征收管理法的国家贯彻统一的纳税人识别号制度的立法精神，同时保障自然人纳税人的权利。

（五）关于税收预约裁定制度

税收预约裁定指税务机关就纳税人申请的关于未来的特定事项应当如何适用税法而专门发布解释性文件的程序。通过修订税收征收管理法，将该制度引入我国税法，必将成为更好地体现和维护纳税人合法权益，增强税法适用的确定性、一致性与透明度，提升税收征收管理质量的有力制度与法律支撑。

以美国为代表的税收预约裁定制度形成了具有共性的一些特征：一是经历了由税务机关的行政性裁定上升为法律的过程；二是裁定结果由保密走向公开，从仅适用于申请人到具有普适性，并从免费走向收费，但具体制度又有所不同；三是对于税收事先裁定的范围限定与程序上的申请并不相同，但都有相关规定，并且各具特色；四是对于税收预约裁定都从反面作出了限定，即在程序上规定了可以拒绝裁定的情形；五是裁定结果仅对税务机关具备单方约束力，裁定具备最终效力，不得申请复议。

我国设立预约裁定制度应当从以下几个方面着手。

1. 适用范围

关于预约裁定的适用范围，一般规定为"难以直接适用税法的预期未来发生的交易或事项"。出于限定规模的考虑，可以考虑在税收征收管理法中将申请人加上"符合法定条件"的定语限制，将金额限定等条件设置其中。对于预约裁定的适用范围，还应以反面排除的方式明确规定。

2. 申请主体

一般情况下，申请预约裁定的主体是纳税人，但还没有成为纳税人的预备投资者应当有权了解自己未来投资的税收成本，应当有权申请预约裁定；特定情况下，扣缴义务人、纳税担保人以及其他的涉税事项参与方，出于维护自身合法权益的动机，也应当有机会申请预约裁定。由此，建议将税收预约裁定的申请人资格定义为承担或可能即将承担缴纳税款责任的涉税当事人。

3. 裁定主体

鉴于预约裁定会引起税法归责模式的转换，将主要涉税风险由纳税人一方转移到税务机关一方，建议将实施税收事先裁定权力限定在国家税务总局和省级税务机关两级。省级税务机关实施预约裁定应由国家税务总局授权，并接受国家税务总局的指导。

4. 起草与公布

税收预约裁定制度需要在改善税法的适用、提升税法实际效力及公平性与保护申请人商业秘密之间求得平衡。涉及解释与适用税法的裁定可以公布，以提升税法的适用效力。

5. 约束力与异议

预约裁定应当对税务机关有约束力，对申请人不具备约束力，即只具备单方约束力。另外，对预约裁定结果不得进行复议，但作为例外，应当允许征纳双方就税务机关是否受理税收预约裁定产生争议，对纳税人有利的裁定不应允许撤销或变更，产生的争议适用行政复议与行政诉讼程序。否则，会使税务机关拒绝受理而使该制度形同虚设，同时，税收预约裁定虽然具有事先性，但具备最终的执行力，若没有法律救济的途径，难免对纳税人的合法实体利益产生负面影响。

（六）关于第三方涉税信息提供制度

涉税信息是指对确定应纳税额具有直接或间接影响的各种数据、事实等信息，特别是有关收入、支出等计税依据的涉税信息，是依法征税的前提和基础。涉税信息来源于纳税人和与纳税人相关的第三方，第三方包括纳税人交易的相对方（支付人）、金融机构、政府相关部门等。随着市场经济多种经济成分的不断涌现，经济规模、经济组织结构、纳税人经营核算方式和自然人纳税人数量等快速发展变化，信息不对称已成为税务部门征收管理的瓶颈。实践证明，第三方涉税信息对税收征收管理的作用越来越大，根据各国税收征收管理实践和发展趋势以及国内税制的改革要求，利用第三方信息治税已迫在眉睫。

1. 通过立法推动建立涉税信息提供制度

对立第三方涉税信息报告制度是修订税收征收管理法需要解决的核心问题之一，在征求意见稿中，已经大大增加了关于信息报告的条款，但还需要再进一步细化。涉税信息提供制度具有丰富的内容，仅通过一个条文难以真正建立有效的涉税信息管理制度，而授权国务院制定涉税信息提供办法，由于受到法律层级的限制，其立法空间不大，难以突破商业银行法等其他上位法律对涉税信息提供的阻碍。因此，应当通过推动税收征收管理法的"大修"，就涉税信息的提供主体、提供内容、提供时限和法律责任等作出详细明确的规定。

2. 构建第三方涉税信息提供制度的基本构架和工作机制

第三方涉税信息提供制度构建的核心是涉税信息采集制度，包括涉税信息提供主体的范围、涉税信息提供的内容和涉税信息提供的时限等。概括来说，凡是掌握涉税信息的第三方都有向税务机关提供与征税相关信息的协助义务。这是因为税收具有公益性，其征收事关政府公共职能的行使和公共服务的提供。

3. 搭建网络传输应用平台，提供信息共享技术支撑

应尽快完善信息共享传递机制，以信息共享、互联互通为重点，大力推进国家电子政务网络建设。税务机关应抓住这一时机，积极争取当地政府支持，由政府督促民政、法院、工商、国土和社保等有关部门加快信息化建设，充分利用现有电子政务网络条件，组织搭建统一的跨部门信息共享平台。

4. 构建国际涉税信息提供的法律体系

要尽快修订税收征收管理法。一是要明确税务机关可能根据税收征收和管理需要，要求纳税人和包括金融机构在内的其他相关方主动提供境外

涉税信息。二是要建立以终身唯一的纳税识别号为核心的自然人税务登记制度，构建纳税人各类涉税信息的逻辑关联，便于税务机关整合分析相关征收管理数据以及进行税收情报的分类检索。三是要明确通过情报交换机制从国外税务主管当局取得的税收情报与税务机关从国内取得的证据具有同行效力。四是要将税收促使和强制执行措施的适用范围扩大到非从事生产经营的自然人纳税人，增加税务机关对自然人税收违法行为的执法刚性。五是要强调税务机关可以获取纳税人金融账户涉税信息并开展国际税收情报交换。

（七）关于纳税人权利保护制度

我国宪法未直接规定纳税人权利。虽然宪法规定了保护公民财产权的内容，但难以直接适用于纳税人权利保护，这在客观上形成了宪法层面纳税人权利保护的缺失。

2015年3月修订的《中华人民共和国立法法》第8条第6项规定："下列事项只能制定法律：税种的设立、税率的确定和税收征收管理等税收基本制度。"这是税收法定原则在立法法层面的落实，可以给行政相对人实施具体行为以稳定性和确定性，对纳税人权利的保护至关重要。但是，立法法所确认的税收法定原则只涉及税收立法过程中的纳税人权利。

因此，纵观我国当前的法律体系，只有现行税收征收管理法第8条集中阐述了纳税人的各项权利。虽然税收征收管理法从根本上讲是一部程序法，但由于目前税收体制中有关实体的法律只限于单项法，而缺乏统管所有税种的基本法，因此，税收领域的基本法的缺位使税收征收管理法无法兼顾到保护纳税人权利的实体性内容。

鉴于目前在征收管理中反映出来的问题，现行税收征收管理法第8条的规定以及其他条款所涉及的纳税人权利可以进一步充实和完善。特别是在如何确保各项权利的落实上，部分发达国家已经通过长期探索和实践形成了成熟的理论基础与具体措施，值得分不同层级充分参考与吸纳，一是直接在税收征收管理法修订中从法律层面上加以借鉴；二是在具体操作层面上，通过实施细则乃至更为下位的规范性文件分级落实，以使纳税人权利保护体系更加完整，相关保护制度更加完备，纳税人权利得到更好的维护。

（八）关于税收优先权制度

税收优先权是指纳税人欠缴税款与其他未获清偿债务存在，且其剩余财产不足清偿全部债务时，税收可以排除其他债权而优先受偿的权利。理论上一般认为，国家设立税收优先权有公益性与风险性两大理由。公益性理由是基于西方财政学理论而产生的，其认为税收是一种公共收入，是进行公共支出、提供公共物品的物质基础，基于公共需要的公共物品提供与私人需要的满足具有内在的一致性。如果税收债权不能受偿，就会影响国家财政支出与国家机关的正常活动，进而不利于国家利益、社会利益、个人利益的保障。因此，税收优先权的设置具有正当性。风险性理由是指税收作为一种缺乏对待给付的债权，本身存在风险性，需要税收优先权作为保障手段。若不规定税收债权相对于担保债权的优先性，纳税人在产生税收债务后又以其财产设定担保物权，税收债权的清偿将难以得到保证。

税收优先权的设立旨在保障税收机关依法征收税款并保障税款及时入库，是行使国家权力、维护国家财政利益的体现。但从立法论的角度分析，税收优先权并非亘古不变的，更不是理所当然的事情。如学者所言，由于税收的发生缺乏公示性和确定性，第三方无从知晓其存在及具体数额，税收优先权会对民事交易安全构成威胁，损害其他债权人的合理期待利益。另外，税收的公益性和风险性并不必然支持税收优先权。在世界范围内，税收优先权制度呈弱化趋势，有的国家甚至将其取消，不少国家即便没有废止税收优先权，也在税收优先权的效力登记、适用范围、适用形式等方面呈现弱化的趋势。当然，立法论的分析只能供现行法律的修改完善以参考，现实问题的解决必须依靠解释论。

税收征收管理法对税收优先权的规定集中体现在第45条、第46条。其中，第45条前两款规定了税收债权对于无担保债权的税收优先权、税收债权与抵押权、质权、留置权之间的清偿顺位，税收债权与罚款、违法所得没收的清偿顺位，并在第3款对欠税公告制度进行了宣誓性的规定。第46条则规定了纳税人对于抵押权人、质权人的欠税情况告知义务以及抵押权人、质权人请求税务机关提供欠税信息的权利。具体建议是：第一，针对我国一般意义上的税收优先权是否应保留问题，基于我国具体情况考虑，现在就取消一般意义上的税收优先权还为时过早；第二，针对税收优先权与抵押权、质权的清偿顺位问题，建议以法定纳税期限（税款缴纳期限）届满作为税收优先权产生时间，以此判断税收债权与普通无担保债权的清偿顺位，即在税收优先权产生后，税收债权均优先于普通无担保债权清偿；第三，税收优先权与留置权的清偿顺位问题，建议无论税收债权与留置权谁先成立，留置权人都应优先于税收债权人受偿；第四，欠税公示制度的问题，建议对欠税公告的现行立法宗旨进行修订，不可将之作用局限于保障国家税款的征收，而应更多地考虑私法交易安全的维护，并以此为出发点，对具体规则的设计进行完善。另外，应逐步完善抵押权人、质权人请求税收机关提供特定纳税人欠税信息的具体规则,增强其可操作性。

(九) 关于税收举证责任制度

举证责任指当事人对其主张负有收集、提供证据并运用证据证明其主张成立的责任。由于现行税收征收管理法中并没有对税收举证责任制度作出规定,造成税收行政程序中的举证责任问题不够明确。在税收征收管理实践中,对举证责任的认识不统一,比较混乱。有时,税务机关对自己的举证责任过于苛求,影响国家税收利益的实现;有时,税务机关对自己的举证责任过于放任,造成对纳税人合法权益的侵害。应当在税收征收管理法中对于行政程序中的举证责任作出基本规定,在税务机关与纳税人之间公正、合理地分配举证责任,这样才能促进税务机关规范检查取证工作,保障税收征收管理的顺利实施。

税收征收管理法中欠缺税收举证责任制度规定,还影响涉税行政诉讼实践,造成各地法院在涉税行政诉讼中对税务机关举证责任的把握不统一,同样的情形产生的诉讼结果经常不一致,影响司法的权威性以及行政诉讼法对税收征收管理的保障作用。在税收征收管理法中规定税收举证责任制度,并不是排斥行政诉讼法规定的举证责任制度,恰好相反,是为了给涉税行政诉讼提供基础性依据,有利于法院在行政诉讼中明确税务机关与纳税人的举证责任,平等地保护国家利益和纳税人的合法权益。

现行税收征收管理法没有规定税收举证责任。征求意见稿第57条对税额确认的举证责任作出了规定,但存在不足。税额确认应实行"谁主张,谁举证"原则。主要理由有:"谁主张,谁举证"原则是举证责任分配的理论基础,在行政程序中应予贯彻;税收具有债权债务关系的属性,需要基本均衡的举证责任分配规则,才能维护债权债务关系的平衡性;"谁主张,谁举证"原则有利于实现权力优势与信息优势之间的平衡;行政诉讼法规定的对"行政行为"负举证责任不等同于对案件事实负举证责任,在行政程序中,案件事实的举证责任由行政机关和行政相对人依法分担;"谁主张,谁举证"原则是两大法系行政程序法以及税法中普遍适用的举证责任分配原则。

(十) 关于纳税争议前置条件的完善

广义上的税收救济程序又叫税收争讼程序,包括税收复议程序和税收行政诉讼程序两种。虽同为救济程序,但两者的价值取向是不同的。在征纳双方争议税收前置条件的设置上,征求意见稿将税收复议前置条件中的清税前置条件后移。

在税收征收管理法的修订中，应保留"复议前置"条件，并对"清税前置"条件作出修改，使其既能够保证税款的及时入库，又能够回应纳税人的期盼，也即倾向于"废"的观点中的"有保留废除"。

保留"复议前置"有其法律依据及必要性。一是具有明确的法律依据；二是具有丰富的立法实践；三是有助于提高税务机关的行政效率；四是可以节约税收案件对司法资源占用；五是与多数国家在税收争议过程中的通行做法相一致。

取消"清税前置"有其可行性。一是可以较好回应纳税人的关切；二是可以消除"清税前置"的弊端；三是可以通过加强制度设计避免纳税人的恶意诉讼；四是更能够与"税收债务关系说"的理念相适应。

第四节　税收征收管理法修订的具体建议[①]

2015年1月5日，国务院法制办公室公布了《中华人民共和国税收征收管理法修订草案（征求意见稿）》（以下简称征求意见稿），向全社会公开征求意见，这标志着《中华人民共和国税收征收管理法》的修订已经进入实质性阶段。在我国全面深化改革的大背景下，如何确定税收征收管理法的发展方向，是修法成功与否的关键。

一、修订税收征收管理法的基本取向

（一）适应深化税制改革要求

按照党的十八届三中全会确定的税制改革任务，深化税制改革已经进入攻坚阶段。推进税制改革，急需税收征管措施的配套。否则，税制改革的进程将会受到很大的影响，甚至难以实施。因此，税收征收管理法的修订，应当前瞻税制改革的内在要求和发展趋势，构建一个能够适应税制改革的新型税收征管体制。此次税收征收管理法修订的重中之重，是解决深化税制改革的征管保障问题，这也是当前加快推动税收征收管理法修订的直接动因。

全面推进深化税制改革的各项任务，都不同程度地迫切需要加快税收征管措施的配套，特别是个人所得税综合申报制度改革、房地产税的立法

---

① 本部分内容孙红梅、何小王亦有贡献。

与实施等，对现行税收征管制度和措施都提出了新的挑战。征求意见稿中反映出了一定层面的税制改革诉求，如纳税识别号制度的建立、金融信息的提供和披露、税收强制措施扩大到自然人范围等。

但是，与深化税制改革的要求相比，部分相关条款的规定显得针对性不强、未能充分体现税制改革在征管层面的诉求，还不能够为实施税制改革提供有效的征管保障。如对金融机构信息提供义务的规定，仍难以满足税务机关全面、及时掌握纳税人涉税资金信息的需要，对房地产税征收所需要的征管措施体现得还不够充分。

（二）切实体现税收治理现代化的内在要求

党的十八届三中全会明确提出，改革发展的总目标是推进国家治理体系和治理能力现代化，形成完备的制度体系。顺应国家改革发展战略的需要，结合税收工作实际，国家税务总局提出了税收现代化的战略构想，并成为指导未来税收工作的总纲领。税收征收管理法作为税务机关执行法律、履行职责的基本法律规范，其修订也应当体现新时期税收工作的基本要求，并切实落实到税收征收管理法的修订当中。

征求意见稿第1条增设了"推进税收治理现代化"，作为立法宗旨和目的。但随后的具体条款对这一立法宗旨的体现显得不够充分，揭示税收治理现代化的内在要求明显不足，使这一表述的加入显得有些过于原则化，对整个税收征收管理法修订的指导作用显得苍白。

尽管当前对税收治理现代化的研究成果和实践经验有待进一步探索和挖掘，但对已有的共识做法应当予以吸收，如治理现代化所强调的治理主体多元化问题、现实税收征收的行政协助问题，都是推进税收治理现代化面临的重要课题。征求意见稿第5条规定的政府、有关部门和单位的税收协助义务，显得过于原则、可操作性不强。比如，税收工作需要公安部门的协助以及金融机构的协助等规定，尚需明确和强化。长期以来困扰税收执法的地方政府干预问题，体现得也还不够充分。

（三）实现与其他法律之间的衔接配套

只有正确处理税收征收管理法与其他相关法律的衔接配套问题，避免法律之间出现抵触、脱节、歧义等现象，才能保障税收征管制度的顺利运行。

征求意见稿第3条确立了税收法定原则，加强了与立法法的衔接；第七章加强了与行政强制法的衔接，增加了对民法典规定的衔接和运用，部分解决了现行税收征收管理法与行政强制法等相关法律相冲突的问题。但是，征求意见稿在与其他相关法律衔接配套方面仍然存在不足。比如，第

3条对税收法定原则落实仍不到位；仍然使用"税收保全措施""强制执行措施"等与行政强制法不一致的概念；税款追征规则有背离民法典等所确立的基本民事责任制度问题；欠缺与其他部门行政法之间衔接配套的必要规定。

（四）加强纳税人权利保护、体现纳税服务的理念和要求

近年来，税收实践中推出了许多保护纳税人合法权益、优化纳税服务的举措，就构建现代税收征管体制进行了有益探索。

征求意见稿第11条增加了纳税人参与税收立法活动权利的规定，第32条强化了对纳税人金融信息的保密要求，第39条及相关条款关于修正申报的规定，增强了纳税人纳税申报的自主性。这些新增的规定都有利于纳税人合法权利的实现。但是，征求意见稿中强化纳税人合法权利保护的条款仍然偏弱，应当明显增加强化纳税人基本权利保护的规定；应当注重将纳税人权利保护与税收执法权力行使有机结合，相互衔接；应当更充分地反映税务机关纳税服务的理念和要求。

（五）注重权利、义务和责任相一致

法律法规的严肃性依靠其"罚则"的刚性执行来维护，如果不设定违法行为的法律责任，违法行为得不到纠正和惩处，相关权利、义务关系就难以有效维护。应当注重法律责任的设定是否系统、严密，是否与权利、义务规定相配合。

征求意见稿第9章增加、修订了部分法律责任条款，特别是对于过失行为的法律责任规定和对逃税、抗税、骗税等部分法律责任标准的调整，吸取了长期税收实践的经验教训，对于完善税收法律责任体系很有意义。

（六）合理借鉴国外先进的税收征管理念和制度

将国外较为先进的税收征管理念和制度吸收到税收征收管理法中，有利于加快我国税收征管现代化步伐；但是，需要结合我国国情批判地吸收。

征求意见稿在建立统一纳税人识别号、信息披露制度、税额确认制度、修正申报制度等方面，均较好借鉴了国外经验，并针对我国国情作了必要的调整。但是，在借鉴国外经验方面，有一些问题存在争议，需要进一步探讨。如修正申报是否免除法律责任问题，征求意见稿中规定应予处罚，而德国、日本等国家通常实行免责。税额确认制度中也存在如何建立有效的监控机制，防止税额确认中的随意性等问题。此外，税收征管的国际合作机制在征求意见稿中体现不够充分。

二、征求意见稿具体条款的修订建议

（一）征求意见稿第 3 条

建议改为：国家税收的基本制度由法律规定。

尚未正式立法的，国务院根据全国人民代表大会及其常务委员会授权制定的行政法规继续执行。

任何机关、单位和个人不得违反法律、行政法规的规定，作出税收开征、停征以及减税、免税、退税、补税和其他同税收法律、行政法规相抵触的决定，不得改变国家统一的税收征收管理制度，不得突破国家统一税收制度规定税收优惠政策。

理由在于征求意见稿第 3 条存在以下问题。

一是逻辑结构不完整。三款之间没有遵循同一逻辑，没有把税收基本制度的立法权交代清楚。第一款规定立法权，第二款规定执法要求，第三款规定禁止性事项。根据第一款，税收基本制度由法律规定；根据第二款，执法时承认行政法规的创设权；根据第三款，不禁止"国务院规定"的创设权。三款之间出现逻辑矛盾，产生第二款否定第一款、第三款否定第二款的结果。

二是不完全符合税收法定原则。税收基本制度属于法律保留事项，虽然存在授权立法，但国务院不宜制定新的税收暂行条例。第二款没有反映出立法上这一趋势和要求。而第三款中似乎有"国务院规定"可突破统一的税收法律、行政法规之意，不符合税收法定原则的法义要求。

三是没有反映立法法的修订趋势。根据立法法修正案（草案），税收征收管理也属于税收基本制度，其立法也应受到严格控制，但征求意见稿没有反映这方面的要求。长期以来，税收征收管理制度上的多变性、随意性，对纳税人构成重大影响。

（二）征求意见稿第 24 条第 2 款

建议改为：纳税人、扣缴义务人可以使用电子发票作为记账核算、计算应纳税额的依据。不符合规定的凭证，不能用于税前列支、抵扣税款、出口退税。

理由在于这里突破了发票使用管理的统一要求，将电子凭证使用普遍化。但这里的电子凭证包含哪些方面？有何要求？是从严管理，还是放开使用？如果从严管理，则须另行立法界定可以作为记账凭证的电子凭证的范围和要求，可能演化出新的行政许可或审批事项。如果放开使用，而在具体工作中由"征纳双方认可"，则随意性过大，易产生国家税收风险和税务人员执法风险。

发票的使用和管理，当前及今后一段时期仍然是我国税收管理的一块基石。刑法修正案（八）和新的发票管理办法仍然强化了发票的使用和管理要求。但还应注意，随着电子信息技术的发展应用，传统的纸质发票确实已不能完全适应科技和社会发展要求，应当加以改进，建立电子发票制度。

（三）征求意见稿第31条第2款

建议改为：单次给付现金达到五万元以上的，应当于次月纳税申报时向税务机关提供给付的数额以及收入方的名称、纳税人识别号。

理由在于，无论是从保障税款征收的角度还是方便纳税人的角度考虑，没有必要规定五日的期限。在目前现金流较大的交易习惯下，在信息披露程序（技术支撑）、途径还不够便捷和完善的现实情形下，五日的期限增加了纳税人的负担和法律风险，在实践中操作起来也比较困难。

（四）征求意见稿第6章

本章是关于"税额确认"的内容，绝大部分条款是新增设的，有以下问题需要认真对待。一是"税额确认"的名称。在税收征管实践中与之相关的内容是作为"纳税评估"去执行的。因此，有必要区别"税额确认"与"纳税评估"的关系，然而这是否意味着今后不再采用"纳税评估"的概念？二是"税额确认"的范围。单从本章第47条、第57条的表述看，税额确认的范围似乎仅限于纳税申报，而从本章第50条、第51条的表述来看，税额确认的范围又包含税额核定和特别纳税调整。

我们建议：一是增加一个条款，专门明确"税额确认"的范围、含义；二是将"税额确认"改为"税额评定"，与现行的纳税评估制度相衔接；三是明确"税额确认"的证明责任如何合理有效地在税务机关和纳税人之间分配。

（五）征求意见稿第57条

建议改为：纳税人对纳税申报的合法性以及向税务机关提供信息和材料的真实性承担证明责任。

纳税人申报应纳税额后主张申报有误，提供信息和材料后主张提供有误的，应当就其主张承担证明责任；税务机关根据纳税人提供的信息和材料调整其应纳税额的，应当对调整的合法性承担证明责任；税务机关根据另行收集的信息和材料调整纳税人应纳税额的，应当对另行收集的信息和材料的真实性和调整的合法性承担证明责任。

纳税人对税务机关按照第50条规定核定应纳税额有异议的，应当提供相关证据。

税务机关可以要求纳税人就取得的财产是否已经履行税收义务提供证明，纳税人不能证明的视为未履行税收义务。

理由在于，第57条实质上是在界定税务机关、纳税人的证明责任。该条试图针对税收的特殊性，突破行政机关承担证明责任的一般原则，将部分证明责任交给纳税人。但第57条的表述并不通俗易懂，甚至难以理解。而其中的证明责任的分配，有合理之处，也有不合理之处。

税收以纳税人自行申报为基础。纳税人有义务如实、依法申报纳税，向税务机关提供涉税信息和材料。纳税人应当担保其申报的税额是正确的，担保其向税务机关报告的信息和材料的真实性。因此，如果税务机关接受、认可纳税人的申报，则税务机关不需要对自己的征税行为承担证明责任。纳税人一旦向税务机关申报了税额，事后又反悔的，应当对其反悔事项承担证明责任；纳税人一旦向税务机关提供了涉税信息和资料，事后又否定其真实性的，应当对其否定事项承担证明责任。

如果税务机关接受、认可纳税人提供的信息和材料，只是根据这些信息和材料调整纳税人申报的应纳税额，则税务机关不需要对纳税人提供的信息和材料承担证明责任，而只需要对调整事项，即在纳税人提供的信息和材料基础上，如何正确适用税法计算应纳税额承担证明责任。

征求意见稿第57条第3款的含义似乎是：税务机关另行收集信息和材料调整纳税人应纳税额，只需要就收集的信息来源作出说明并就税额计算的正确性承担证明责任，如果税务机关取得的信息和材料本身有误，税务机关不承担查证的责任，而由纳税人自己找信息提供方更正向税务机关提供的信息。这样做有失公允，纳税人、法院无法接受，现实中也无法操作。税务机关否定或部分否定纳税人提供的信息和材料，即提出了与纳税人申报情况不一致的事实主张，税务机关如何能够不承担其所主张事实的证明责任，而只需要告诉纳税人信息和材料的来源即可？要求纳税人去找第三方更正信息在实际中如何操作？

纳税人应当妥善取得和保管其财产的涉税资料，当税务机关发现纳税人取得某项财产后，如果纳税人拒绝说明财产来源，不提供有关资料，税务机关通常无法查明该财产来源及其是否已经履行税收义务，这个问题在个人所得税征管中尤其突出。需要将纳税人取得和保管其财产涉税资料的义务落实为其证明责任，才能公正维护国家税收利益。

（六）征求意见稿第73条第1款

建议改为：税务机关征收税款，税收优先于无担保债权，法律另有规定的除外；纳税人欠缴的税款发生在纳税人以其财产设定抵押、质押或者纳税人的财产被留置之前的，税收应当先于抵押权、质权、留置权执行。

理由在于，征求意见稿规定与其他法律的规定相抵触。一是除企业破产法外其他法律也有例外规定。实践中某些民事债权，虽然没有物的担保，但为了保障当事人的最低生活需求或为了社会稳定，在法律作出明确规定的情况下，可以优先于税收债权受偿。如我国商业银行法第71条规定：商业银行破产清算时，在支付清算费用、所欠职工工资和劳动保险费用后，应当优先支付个人储蓄存款的本金和利息。二是国家将来很可能制定其他涉及职工工资、劳务费用、劳动保险费用、人身伤亡赔偿费用、个人储蓄、证券投资资金和清算费用方面的法律来限制税款优先权，仅限于企业破产法的表述显得过于僵化，也无法全部概括。

(七) 征求意见稿第86条

建议增加第四款：本条规定的期限，从违法行为发生之日起计算；违法行为有连续或者继续状态的，从行为终了之日起计算；纳税人超过期限自行缴纳税款的，所缴税款不予退还。

理由在于，税收违法行为的处罚时效一般为5年，违法行为处于连续、继续状态的，从行为终了之日起计算。因而有时税务机关可以对超过5年但处于连续、继续状态的违法行为实施行政处罚。但过去对于税款追征时效没有连续、继续状态的规定，超过一般追征时效的税款是否追征成为一个有争议的问题。如果税款追征不考虑连续、继续状态，则会出现一些超过时效的行为，可以处罚但不能追征税款，这样的现象极不合理。

此外，现实中还常常出现超过追征时效，纳税人自行缴纳税款的现象。超过追征时效后纳税人自行缴纳税款是否有效的问题，也需要明确。这在不动产转让领域尤为突出，不动产转让行为产生的应纳税款，因未办理产权过户手续而未被发现，待办理产权过户时已过追征时效，纳税人为取得产权过户登记而自行缴纳税款，这样的缴税行为是否有效，或者是否需要缴纳税款后才能获得产权登记权利，争议不少。

(八) 征求意见稿第104第1款

建议删除。

理由在于，一是与行政强制法冲突。纳税人、扣缴义务人欠缴税款，应当依法强制执行，而不能通过行政处罚来代替强制执行，或通过行政处罚来威逼当事人。对应当强制执行的行为实施行政处罚，行政强制法没有这样的规定。行政强制和行政处罚原则上不并用，这是行政法的基本原理。

二是与征求意见稿第 100 条不协调。第 100 条规定对欠缴税款而发生转移、隐匿财产行为的，给予罚款；这里又规定欠缴税款，没有转移、隐匿财产行为的，也给予同样的罚款。两条规定放在一起时，明显不公正，不合逻辑。

三是不具有现实可行性。征求意见稿第 104 条是对现行税收征收管理法第 68 条的修订。现行税收征收管理法第 68 条是一个不具有现实可行性的条款，在长期的税收实际工作中，几乎没有税务机关根据第 68 条处罚过纳税人。一个重要原因在于，在这种情况下，税务机关能够将欠缴的税款执行到位已经十分困难，另行罚款没有意义，也执行不了。

（九）征求意见稿第 107 第 1 款和第 108 条第 1 款

建议删除第 107 条第 1 款"非法代开发票"的表述，将其纳入第 108 条第 1 款虚开发票的范畴。

建议将第 108 条第 1 款修订为：虚构、虚增交易，开具或者接受与经营交易事实不符的发票或者抵扣列支凭证的；进行了经营交易，将发票或者抵扣列支凭证开具给非交易对象的第三方的；进行了经营交易，让他人为自己代开或者接受代开发票或者抵扣列支凭证的，构成虚开发票。

理由在于，一是将非法代开发票区别于虚开发票，使行政执法与刑事司法上对虚开的认定不一致。《最高人民法院关于适用〈全国人民代表大会常务委员会关于惩治虚开、伪造和非法出售增值税专用发票犯罪的决定〉的若干问题的解释》（法发〔1996〕30 号）第 1 条规定，"进行了实际经营活动，但让他人为自己代开增值税专用发票"属于虚开增值税专用发票，而征求意见稿将两者分开，不利于行政执法与刑事司法在认定上的衔接。

二是虚开发票是当前涉税违法犯罪的"毒瘤"和"顽疾"，一方面，由于逃税的需要，形成了大量的"买方市场"；另一方面，形成了骗取出口退税的重要来源，直接造成大量的骗税行为。税收实践中，在对发票进行先比对后抵扣的严格管理下，非法代开发票则成为所有虚开发票的源头，如果没有非法代开发票而形成的进项抵扣来源，就很难产生后续的虚构虚增业务的虚开发票行为。因此，非法代开发票是虚开发票的一个重要表现形式和总源头，应当列入重点打击对象范畴。税收实践中，确实大量存在"进行了实际经营交易，让他人为自己代开发票或者接受代开发票，或者将发票开具给非交易对象的第三人"的情形。若不把非法代开发票所有利益方纳入虚开发票范畴给予打击震慑，将给"以票控税"的税收秩序造成更大冲击。

(十) 征求意见稿第 132 条

建议改为：当事人逾期不履行行政处罚决定的，作出行政处罚决定的税务机关可以采取下列措施。第一，另行作出加处罚款决定书，每日按罚款数额的百分之三加处罚款；第二，采取本法第 64 条规定的强制执行措施；第三，逾期不申请行政复议也不向人民法院起诉、又不履行的，申请人民法院强制执行。

理由在于，把"逾期不申请行政复议也不向人民法院起诉、又不履行"作为行政强制执行的条件是不妥当的，行政处罚法和行政强制法都没有这样的约束条件。这样的约束条件出自行政诉讼法，是行政诉讼法规定的人民法院受理行政机关强制执行申请的条件。但当事人的自动履行或行政机关的行政强制执行条件，并不需要与人民法院受理条件相一致。税收征收管理法如果赋予税务机关对罚款的强制执行权，就应当遵循行政处罚法和行政强制法的规定，而不是参照行政诉讼法规定。

从实际效果上看，如果税款遵循行政强制法实施强制执行，而罚款要等到行政诉讼起诉期限届满后（根据修订后的行政诉讼法，行政诉讼的起诉期限由 3 个月延长到 6 个月，且还有一些法院批准延期的情形）才能强制执行，与税款的强制执行时间明显不一致，势必引起执行混乱。

另外，在行政处罚决定书中直接规定加处罚款，而实际上绝大多数情况下该罚款没有执行，也会产生执法风险。可在这里一并明确这个问题，将加处罚款作为事后根据原因和过错另行决定加处的事项。

(十一) 征求意见稿其他立法技术和部分语言表达的建议

1. 征求意见稿第 6 条第 2 款

建议改为：非因法定事由并经法定程序，税务机关不得改变已经生效的行政决定。

2. 征求意见稿第 35 条

建议：将该条款中的"财政"二字删除。

理由在于，财政部门并不是实际的征税部门，向其提供有关征税信息似乎没有必要，况且财政部门也难以管理这些涉税信息。如确有必要，可在其他法律规范中予以明确规定。

3. 征求意见稿第 63 条至第 70 条

建议：将"税收保全措施"和"强制执行措施"修订为"行政强制措施"和"强制执行方式"。

理由在于，"税收保全措施"和"强制执行措施"都是行政强制法颁布实施前使用的概念，有税收的特点，但也产生了一些混淆。如实施强制执行时查封、扣押纳税人的财产,把这种措施称为"税收保全措施"似有不当。行政强制法实施后,税收上也没有必要特立独行,应当尊重行政强制法的统一要求,使用行政强制法中的统一概念,并且使用行政强制法中的统一概念,对于税收征收管理法相关条款的表述并无影响。

4. 征求意见稿第 76 条

建议改为:税务机关扣押商品、货物或者其他财产时,应当开付收据;查封商品、货物或者其他财产时,应当开付清单。

即将征求意见稿中的"必须"改为"应当",因为法律在表述义务性规范时,一般用"应当",不用"必须"。

5. 征求意见稿第 82 条

建议改为:公司解散未清缴税款的,原有限责任公司的股东、股份有限公司的控股股东以及公司的实际控制人以认缴出资为限,对欠缴税款承担清偿责任。

6. 征求意见稿第 88 条(5)项

建议改为:到车站、码头、机场、邮政和其他物流企业及其分支机构检查纳税人托运、邮寄应纳税商品、货物或者其他财产。

理由在于,随着现代物流业的发展,除邮政外,涌现了大量的其他物流企业,也需要一并纳入检查范围。

7. 征求意见稿第 97 条第 3 款

建议删除。

理由在于,一是执法实践中,逃税手段花样众多,上述描述不可能穷尽所有手段。二是最高人民法院还未对此作出司法解释,税务机关据此作出的定性判断如果和司法机关不一致,会产生执法风险。三是可以考虑在实施细则中进一步明确。

8. 征求意见稿第 101 条

关于骗税的具体规定过于细致,与相关条款结构上显得不协调。建议将部分规定在实施细则中予以明确。

9. 征求意见稿第 131 条

该条属于税额确认的内容,建议列入第 6 章第 57 条之后。

10. 征求意见稿第 22 条、第 31 条、第 33 条、第 77 条、第 78 条

这些条款的行为应承担的法律责任应当在第 9 章法律责任中具体表述出来。

第六章 税收征管改革研究

税收征管体制改革是提升税收治理效能的核心，是推进税收治理能力现代化的关键。新时代税收征管改革的逻辑脉络，一直沿着党中央、国务院相继下发的三份文件而渐次推进。2015年下发的《深化方案》，从建立现代税收制度、完善税收征管机制、构建新型财税体制着手，坚持问题导向，以有效提高税收治理能力现代化为目标，以国税地税合作为核心，推动了服务深度融合、执法适度整合、信息高度聚合。2018年下发的《改革方案》，以国税地税合并为核心内容，非税收入划转，深化税务机构改革，既涉及税收管理体制征管制度的理顺，也涉及税收征管职责优化，还涉及多方利益调整，意义非凡，党对税收工作的领导得以加强，筑牢了国家财力可持续增长根基，为构建现代财税体制保驾护航，铸就了税收征管体制改革的历史丰碑。2021年下发的进一步深化税收征管的意见，开启了新发展阶段高质量推进税收治理现代化的新征程，体现征管改革发展的历史逻辑：从合作合并到合成，执法服务监管深度融合，信息化、数字化、智慧化梯次推进，以票控税、信息管税、以数治税持续发展，对推进精确执法、精细服务、精准监管、精诚共治作出了全面制度性安排，为构建智慧税务新生态提供了根本遵循。

第一节 深化国税地税征管体制改革（2015年）

一、深化国税地税征管体制改革的时代考量

随着财税改革总体方案的逐步实施，特别是"营改增"的全面推开，直接动摇了现行分税财政体制的基础，导致了地方政府缺少保证地方财力的稳定预期。这一状况直接推动了国税地税征管体制改革。国税地税征管体制改革虽是一项非常具体的改革任务，但是涉及面较广，特别是制约国

税地税征管体制改革的诸多因素尚处于不确定状态，从而给深化这项改革带来了较大的难度。深化国税地税征管体制改革，并不是国税地税机构的简单合并问题，应从建立现代税收制度、完善税收征管机制、构建新型财税体制入手，立足问题导向，以有效提高税收治理能力现代化为目标，着眼于未来国税地税征管体制与模式的科学定位。

（一）基本原则

推进国税地税征管体制改革，应当坚持统筹性设计方案、渐进式改革路径、稳步性有序推进的基本思路，正确处理近期改革与长远规划相结合、整体设计与分步实施相结合、深化税制改革与税收征管改革相结合、问题导向与顶层设计相结合、征管合作与职责整合相结合、国内经验总结与国际比较借鉴相结合的关系。

1. 合理分权，稳定财权

政府部门间事权范围清晰，支出责任明确，实现事权法定化。稳定中央与地方的财权，构建与事权相匹配的财权，调动中央与地方两个积极性。

2. 法治引领，统筹推进

把完善国税地税征管体制纳入法治化轨道，在法治构架内推动改革，凝聚共识。既要面对当前凸显的矛盾和问题，也要统筹考虑未来时期相关改革的目标定位，做到近期改革与长远发展相结合，顶层设计与分步实施相结合。

3. 职责整合，提升效能

明晰国税地税征管职责范围，划清各自征管的权力边界，优化征管资源配置，依托征管信息化平台，在发挥各自征管优势的基础上，提升税收整体征管效能。

（二）改革目标

以推动国家治理现代化为目标，充分发挥财税在国家治理中的基础性地位和支撑性作用，着力解决好政府层级治理的重大实践问题，科学定位地方政府在国家治理进程中的作用，充分调动中央与地方积极性，切实为实现国家长治久安提供强有力的体制保障。

国家治理的核心是法治化。任何重大改革必须于法有据，任何重大改革成果必须实现法治化，得到法律的确认。必须用法治思维和法治方式去处理国税地税征管体制中面临的问题，妥善处理好各方面的利益诉求，寻求改革变革的最大公约数。无论是从国内的经验教训还是从国际比较，都可以清楚看到，法治化及法定原则在国税地税征管体制中的强大生命力。缺乏税收法定作为保障的国税地税征管体制改革是难以到位的，也是难以长久的。因而，必须将法治化及税收法定的要求作为深化国税地税征管体制改革的目标要求确立下来。

（三）基本内容

合理划分国税地税征管范围，是深化国税地税征管体制的核心内容，按照《中共中央关于全面深化改革若干重大问题的决定》提出的考虑税种属性，进一步理顺中央和地方收入划分的要求，坚持中央税、共享税由国税部门征收，地方税由地方部门征收的原则，结合深化税制改革方案的逐步推进，可考虑以下几个方面：

1. 中央税（中央固定收入）

中央税包括消费税，视改革取向，可将烟、石油消费税税目单列，作为中央税；也可将石油、天然气的资源税纳入中央税，体现专卖收入和战略资源的国家所有特点，可考虑将证券交易印花税划归中央税，明确为证券交易税。

2. 共享税

共享税包括增值税、企业所得税、个人所得税。增值税分享比较的确定，不宜单纯按全国统一的比例法，应当考虑各地方人口因素、商品零售额及相关因素来确定不同比例，三年内不再调整；企业所得税由于总机构、分机构等税源流动性大，预缴和汇总缴纳相结合，适宜统一征管；个人所得税改革方向是分类与综合相结合，将涉及税款的补、退税等问题，需要统一管理。

3. 地方税

除上述税种之外的税收，由地方税务部门组织征收。特别说明的是：一是国税部门直接组织的税收收入将占税收总收入的80%左右，但部分通过分享比例可直接划入地方库；二是地方税务部门的现有征管人力资源过剩问题，既可以一部分划归国税，也可以承担一部分中央和地方确立的收费征收任务；三是国税部门仍然实行垂直管理，但执法重心下移，减少中间环节，加大总局和省级局人力配置强度；地税部门由省级政府确定是独立运行抑或与财税合并；四是国家税务总局只负责国税部门的管理，与地税部门只存在业务指导关系，地税部门的征收管理等业务事项由财政部门负责，或由地方人民代表大会负责；五是国税、地税部门征管范围边界清晰，互不交叉。

（四）基本要求

1. 与深化税制改革目标任务相结合

从《中共中央关于全面深化改革若干重大问题的决定》直接明确的税

制改革具体任务来看，仅涉及6个税种的改革，实际上，从落实税收法定原则的角度及构建现代税收制度的要求看，涉及整个税法体系的重新构造。因为健全的税制体系是划分税收征管范围的前提和基础，只有保持税制改革目标定位清晰，才能够准确划分国税地税征管范围，从而保持稳定性。

2. 与转移支付制度相结合

科学合理的财政转移支付制度是构建分税制的核心内容，是稳定中央与地方可支配财力的重要方面，也是能否充分调动地方积极性的关键点，与归属地方税收收入一道，构成了地方财力的主要来源，两者之间存在较大的相关性，互为补充。

3. 与费改税进程相结合

行政性收费构成了地方财力的重要组成部分，收费的合法性、合理性、规范性程度均不高，带来的负面效应越来越突出，急需全面清理和有效治理。从国际经验和发展趋势上看，确需保留的收费项目，可考虑逐步改成税的征收形式，通过立法将其纳入法治化的轨道运行，减少收费的随意性。

4. 与税收征管改革相结合

从目前的征管格局来看，国税地税征管职责范围划分仅是整体税收征管改革的有机组成部分。国税地税征管改革的目标取向，直接决定着未来税收征管职责范围划分的走向。

二、拉开新时代税收征管改革序幕

2015年12月24日，《深化方案》正式颁布。这是税收治理改革发展进程中的一件大事，标志着税收征管改革的大幕已经拉开。《深化方案》提出"发挥国税、地税各自优势，推动服务深度融合、执法适度整合、信息高度聚合"，表明此次深化国税地税征管体制改革，并非要解决国税地税机构合并问题，而是如何加强国税地税机构的全方位合作。改革任务的安排直面当前的问题，紧紧围绕问题而展开，问题找得准、改革举措实、针对性强，这是《深化方案》设计制定的最大亮点。《深化方案》的颁布实施，既是顺应纳税人期盼的民心工程，又是推动税务人创新的愿景工程，也是服务国家战略的奠基工程，更是推进税收事业可持续发展的纲领性文件，必将对税收事业的长远发展产生重大而深远的影响。《深化方案》着眼于建成与国家治理体系、治理能力现代化相匹配的现代税收征管体制，为进一步增强税收在国家治理中的基础性、支柱性、保障性作用谋篇布局。纵观《深化方案》，体现出以下几个特点。

（一）顶层设计与分步实施相结合

完善国税、地税征管改革，既涉及职责范围划分、征管资源配置等调整，又涉及国税、地税干部队伍的稳定，也涉及社会各方的利益诉求，牵涉面广，影响面大。《深化方案》明确了深化税收征管改革的总体要求，提出了6大改革任务、31类改革事项、近百项具体举措，形成了深化税收征管体制改革的总体架构。同时也提出了分步有序实施，积极稳妥推进的落实要求，规划了改革的时间表和路线图。《深化方案》集中体现出统筹性设计方案、渐进式改革路径、稳步化有序实施的基本思路。

（二）法治引领与创新发展相结合

《深化方案》将"依法治税"作为深化国税地税征管体制改革的首要原则，强调法治的引领作用，注重在法治轨道上深化国税地税征管体制改革，落实税收法定，强化共治善治。《深化方案》提出的诸多改革任务，具有鲜明的创新特征，是税收征管领域创新发展的集大成者。随着税收征管创新举措的逐步落实，需要通过法治方式巩固创新成果，吸收到相关税收法律制度中，将成熟、完备的创新举措通过法定形式确立下来，以确保税收征管各项改革举措在法治轨道上运行。注重运用法治思维，开创税收征管新格局，努力探索税收征管新机制，保证国税地税执法主体权力独立行使前提下，密切国税地税全方位合作。坚持法治引领与创新发展，体现了《深化方案》的原则性要求和实施改革任务的有机结合，是《深化方案》总体性与具体性关系的再现。

（三）问题导向与改革任务相结合

《深化方案》明确提出了我国现行税收征管体制存在着"职责不够清晰、执法不够统一、办税不够便利、管理不够科学、组织不够完善、环境不够优化"的问题，与此相呼应，《深化方案》提出了六大方面主要改革任务，可归纳为"分好工、服好务、管好税、合好作、治好队、聚好力"。改革任务的安排直面当前的问题，紧紧围绕问题而展开，问题找得准、改革举措实、针对性强，这是《深化方案》设计制定的最大亮点。不仅如此，《深化方案》在具体改革事项的安排上，每一类重大改革任务所要解决的主要问题非常明确，重点也非常突出，可有效打破税收征管工作中的瓶颈，回应纳税人关切，降低征纳成本，提高征管效率，创新服务举措，增强税法遵从度和纳税人满意度，从而切实提升税收工作的站位。

（四）职责整合与征管合作相结合

税收征管职责整合与合作，是《深化方案》立足解决的核心问题。

《深化方案》对国税地税征管职责范围作出了原则性规定，对深化税收征管的体制机制作出了具体规定，既为未来时期国税、地税征管范围的调整预留了空间，也为未来全面税收征管改革的推进规定了具体目标任务。根据财政体制改革和税制进程，逐步厘清国税、地税征管职责划分，体现出与相关财税改革的协同性需要。《深化方案》较好地处理了当前制约国税地税征管体制改革诸多因素尚处于不确定性状态的这一现状，又不失时机地提出并全力推进符合税收征管方向要求的各项改革任务。在坚持现有国税、地税机构分设的基础上，进一步突出强调了国税、地税机构执法与服务等工作的密切合作，推进国税地税服务一个标准、征管一个流程、执法一把尺子，让纳税人得到更快捷、更经济、更规范的纳税获得感。

《深化方案》确立改革目标任务，构成了"十三五"税收改革发展规划的核心内容，是指导改革、创新发展、推进税收治理能力现代化的行动纲领。《深化方案》的颁布实施，既是推进税收事业可持续发展的纲领性文件，必将对税收事业的长远发展产生重大而深远的影响。

三、构建税收征管新格局，全面提升税收征管效能

《深化方案》的公布，标志着以风险管理为核心的税收征管新格局基本形成，确立税收征管新路径，构建税收征管新机制，推动由信息管税向信息治税转变，优化征管资源配置。《深化方案》提出"以税收风险为导向，依托现代信息技术，转变税收征管方式，优化征管资源配置，加快税收征管的科学化、信息化、国际化进程，提高税收征管的质量和效率""实施对纳税人的分类分级差别化管理"，标志着新型税收征管模式的蓝图基本形成。

（一）以风险管理为核心的税收征管新格局基本形成

近几年，各级税务机关开展了一系列卓有成效的探索和实践，国家税务总局对规范税收风险管理的探索提出了一系列指导意见，催生了"以税收风险为导向"的税收征管格局的建立。风险管理—税收征管改革的核心点已经取得共识并确立下来，税收征管改革的方向已经清晰，目标取向更加明确，标志着税收征管改革的大幕将全面拉开，并将逐步引向深入。

（二）确立了分类分级差别化税收管理的税收征管新路径

对企业或法人按规模和行业，对自然人按收入和资产实行分类管理。各级税务机关针对不同风险等级纳税人实施差别化应对，对跨区域、跨国经营的大企业以及高收入的自然人，由国家税务总局和各省国税局、地税局集中开展税收风险等级分析和确认，并将结果推送相关税务机关应对。

这样，可以有效地解决税收征管针对性不强等问题，也便于税收征管资源的有效配置，实施有针对性的风险防控，降低征纳成本。

(三) 构建税收征管新机制

税务机关一直在推进大企业税收管理创新的探索，并取得了比较成功的经验。《深化方案》为创新大企业税收管理机制建设指明了方向。在基础涉税事项实行属地管理及不改变入库级次的前提下，提升复杂事项的管理层级，强化个性化服务、团队式作业，由目前的分散式管理向税源专业化统筹服务和管理转变。顺应"提高直接税比重"的改革诉求，积极构建面向自然人的税收服务管理体系和信息共享机制，逐步实现法人、非营利组织、自然人之间税收征管的均衡布局，为个人所得税、房地产税等改革提供征管层面的法律保障。

(四) 实施信息治税方略，推动实现由信息管税向信息治税的转变

《深化方案》对加快税收信息系统建设提出了明确的要求和实施的时间表和路线图，并要求加强数据增值应用，推进税收数据标准化。应当抢抓新一轮信息技术革命的难得机遇，建立稳固强大的税收征管信息系统，加强税收大数据及第三方涉税信息的开发、分析和应用，充分利用"互联网+"思维，引领税收理念和制度创新。着力探索信息治税的新路径，强化涉税信息整合和价值挖掘，为提高税收征管质效奠定坚实基础。近期应着力建成覆盖国税、地税所有税种和税收工作各环节的税收征管信息系统，实现国税、地税各层级税务机关之间的信息共享和互联互通。从长远发展看，应当围绕保障征管改革和税制改革，完成税收征管信息系统优化升级，建成居于国际先进行列的中国税收征管信息系统，同时力争实现税收征管数据等的标准化管理和数据向国家税务总局集中，从而为实现税收治理能力质的飞跃提供有力支撑。

(五) 优化征管资源配置

与以税收风险管理为导向的税收征管格局相适应，应当进一步优化税务组织体系，切实解决机构、职责上下一样粗，与税源状况不匹配问题。优化各层级人力资源配置，理顺各层级税务机关的征管职责，强化国家税务总局在税收征管的顶层设计、税收征管标准化建设、大企业及国际税收管理、信息平台及数据集中处理应用、税收风险集中分析等方面的职责，增强省级税务局区域性数据管理应用、风险识别推送等资源管理职责，具体征管重心下移，"人力资源配置要向征管一线倾斜"。积极探索建立跨区域税务稽查机构及督查内审机构。

总之，《深化方案》为我国税收征管体制改革描绘了愿景规划，提出

了诸多深化税收征管体制机制改革发展的新命题，破解了现行税收征管体制中存在的深层次突出问题。《深化方案》的逐步实施，必将为全面推进税收征管现代化，提升税收征管效能，增强税收在国家治理中的基础性、支柱性、保障性作用，续写新的篇章。

第二节 基于国税地税合并的征管体制改革（2018年）

一、《改革方案》的价值意蕴

2018年3月19日，《深化党和国家机构改革方案》正式颁布，标志着新时代党和国家机构改革拉开序幕。其中，改革国税地税征管制度是一项重要内容。党中央审议通过的《改革方案》规定，省级和省级以下国税地税机构合并，承担所辖区域内各项税收、非税收入征管，并实行以国家税务总局为主与省级政府双重领导管理体制。

《改革方案》是以习近平同志为核心的党中央作出的重大战略部署，是党和国家机构改革的重要组成部分，对推进国家治理体系和治理能力现代化，更好发挥税收在国家治理中的基础性、支柱性、保障性作用，必将产生重大而深远的影响。这次税务机构改革，既涉及税收管理制度的进一步理顺，也涉及税收职能职责的进一步优化，还涉及多方利益的调整，必将载入新中国税收发展史册，谱写新时代税收事业发展新篇章。

（一）《改革方案》是"利国利民利企利税"的重大举措

推进国税地税机构改革，首要任务就是要深入学习领会习近平总书记关于深化党和国家机构改革的重要讲话精神以及国务院领导关于推进国务院机构改革的明确要求，深化对机构改革必要性、重要性、紧迫性的认识。学深悟透落实《改革方案》，既要从整体上通盘掌握改革任务的核心要义，也要从细节上准确把握改革任务的操作要领，还要从落实层面掌控好改革任务推进的节奏。此次税务机构改革，体现出加强党对税收工作的全面领导、优化配置税收职责、理顺统一税制和分级财政关系，是"利国、利民、利企、利税"的重大举措。深化税务机构改革，是夯实国家治理基础的重要举措，是充分发挥税收在国家治理体系和治理能力现代化中新定位的重大制度安排，将其纳入党和国家机构改革总体方案中部署，彰显出税务机构改革在国家治理现代化中的足够分量和应有地位，显著提升税收服务国家治理能力和治理水平；包括税务机构改革在内的国务院机构改革方案，提交全国人民代表大会审议通过，体现出以人民为中心的发展理念，是发展所需、基层所盼、民心所向，深化税务机构改革，顺应了社会关注和人民意愿，拥有广泛民意基础。同时也必将为纳税人、缴费人提供更加优质高效的纳税缴费服务，增加纳税人、缴费人的获得感和满意度；深化税务机构改革，与"放管服"改革结合起来，可以有效降低企业制度性交易成本，消除妨碍市场公平竞争的体制机制障碍，激发各类市场主体活力，优化营商环境，提高企业的税费遵从和增强税费确定性；深化税务机构改革，着力解决了税务机构设置不够科学、职责交叉和效能不高等问题，破解了现行两套征收机构并存所带来的诸多弊端，也顺应了税制改革深入推进和现代财税体制构建的需要，将极大提高税收征管质效，推动税收征管模式创新发展，必将筑牢财政收入可持续增长的财力保障基础。

此外，《改革方案》确立了税务机构双重领导管理体制。从党的建设、干部管理、机构编制管理、业务收入管理、经费保障体制、构建税收共治格局、服务经济社会发展等方面，明确了央地税务双重领导管理体制的重要内涵，优化了税务系统党的领导组织架构，既是把加强党的全面领导贯穿国税地税机构改革各方面，也是重塑税务系统党的领导体制机制，为推动国家治理现代化和税收事业可持续发展奠定了良好基础。

（二）《改革方案》筑牢国家财力可持续增长的根基

伴随着税务机构挂牌的平稳有序、圆满完成，标志着深化税务机构改革取得了实质性进展，为后续国税地税征管体制改革纵深推进奠定了良好基础。国税、地税机构合并后，办税避免了"两头跑"，不需要再接受两头管、两头查，纳税的确定性明显增强，有效降低了纳税遵从成本，提升纳税获得感。按照《改革方案》的规定，逐渐把非税收入也纳入税务纳税征管体系，税收和非税收入将统一由税务部门组织征管。原来税收之外的诸多收费项目分散在各个部门组织征缴的，其规范性较差、随意性较大、确定性不强等，社会各界一直反映强烈，改革呼声很高。将非税收入统一归口由税务机关征缴，将使非税收入的征管在制度层面更具规范性，在执行层面更具刚性，为统一政府收入体系，规范收入分配奠定基础。随着国税、地税两套税务机构的合并顺利完成，逐步推进非税收入划转，对税务部门构建新型税费征管模式提出了新要求。国税、地税机构合并，业务平台统一，将彻底解决原有的两个部门信息整合利用效率问题，金税三期税收管理系统的整合力度将会极大增强，同时将非税收入纳入征管系统，有助于形成全国统一的覆盖涉税与非税征管和风险管控平台，国家财力的保障性作用得以提升，筑牢了国家财力可持续增长的基础。

（三）《改革方案》助力提升税收治理水平

当前的党和国家机构改革，是推进国家治理体系和治理能力现代化的一场深刻变革，是一场触及利益、触及灵魂的国家治理的重大变革，任何领域或层面的改革都必须坚持以推进国家治理现代化为目标，着力提升国家各个方面的治理能力和治理水平。早在2015年10月，中央下发的《方案》中明确指出，深化国税地税征管体制改革，充分发挥税收在国家治理中的"基础性、支柱性和保障性"作用，确定了新时代税收的战略定位，也为深化税收各方面改革指明了方向。此次国税地税机构合并改革，应当纳入推动国家治理现代化层面去统筹谋划，应该从着眼于发挥好税收治理的支柱性地位的战略高度去有序推进，着力在重塑税收征管新体制的构造上下功夫，打造适应国家治理现代化的税收治理模式。国税地税征管体制改革，不是国税地税机构的简单合二为一，应从建立现代税收制度、完善税收征管机制、优化税收征管资源配置、推动构建新时代财税体制着手，牢固树立并贯彻"优化协同高效"的理念，以有效提高税收治理现代化为目标，着眼于未来税收治理模式的科学定位，注重构建系统完备、科学规范、运行高效的税收治理体系，全方位提升税收治理能力。国税地税征管体制改革涉及权力和利益格局的深刻调整，覆盖税收治理领域的各个方面，构成一项结构复杂、关联紧密的系统工程，必须坚持统筹性设计方案、渐进式改革路径、稳步性有序推进的基本思路，正确处理好近期改革与长远规划、整体设计与分步实施、顶层设计与问题导向、机构整合与职责优化的关系，切实为实现国家长治久安提供强有力的制度支撑和体制保障。

（四）《改革方案》为构建现代财政制度"保驾护航"

党的十九大报告明确提出，要加快建立现代财政制度，建立权责清晰、财力协调、区域均衡的中央和地方财政关系。以国税地税机构合并为核心的现代税收征管体制改革是构建现代财政制度的重要内容，也是理顺中央与地方财政关系的基础性工程。对于构建科学完备的财税体制，充分调动中央与地方的积极性，提升国家治理水平，促进国家治理现代化，具有重要的作用。有序推进国税地税机构合并改革，必将全面提高税收征管能力建设水平，为国家财政收入的可持续增长奠定良好的体制机制基础，为进一步深化税制改革提供强有力的征管保障。"营改增"试点改革这一"牵一发而动全身"的举措，不仅极大增强了税收制度供给质量，夯实了税收治理的制度支撑基础，而且也直接改变了既有的税收征管格局，体现出税收征管顺应税制改革之需，从而助推了目前国税地税机构合并改革的全面展开。以个人所得税、房地产税等为主要内容的直接税改革将是构建现代财政制度的核心内容，深化税制改革与税收征管体制改革必须相向而行，有机结合，才能形成改革合力，达到预期效果。而直接税改革涉及的计税收入和财产，流动性强，分布不均衡，单纯依靠原有的地方税务机构的征管系统，无法实现有效的税源监管，这已成为推进直接税改革的"瓶颈"。原有的国税地税征管格局严重制约了税制改革深化和现代财税制度的构建，如果不能够有效解决这一征管机制的缺陷，直接税改革难以推进和全面展开。推进国税地税机构合并改革，是顺应税制改革深化的必然选择，唯如此，才能更好地发挥税收征管对税制改革落地实施的"保驾护航"作用。

二、国税地税机构合并改革的实践逻辑①

党的十九届三中全会以后，全国税务系统贯彻党中央、国务院关于改革国税地税征管体制的决策部署，勠力同心、忠诚担当，各项改革任务深入落实。省以下税务机构顺利合并，税务机构人员展示新形象，税收征管体系不断优化，税收治理能力有效提高，纳税人获得感得到增强。国税地税征管体制改革的胜利实施，成为我国税收征管改革历史上的一座丰碑，为高质量推进新时代税收现代化，更好发挥税收在国家治理中的基础性、支柱性、保障性作用打下了坚实基础。

（一）加强党的全面领导为国税地税征管体制改革提供了坚强政治保证

税收征管体制改革是以习近平同志为核心的党中央作出的重大决策。2012年11月，党的十八届三中全会通过《中共中央关于全面深化改革若干重大问题的决定》，提出要深化税收制度改革，完善国税、地税征管制度。2015年12月，中办国办印发了《深化方案》，提出要不断推进税收征管体制和征管能力现代化。党的十九届三中全会审议通过的《中共中央关于深化党和国家机构改革的决定》和《深化党和国家机构改革方案》，将国税地税征管体制改革作为重要内容。可以说，税收征管体制改革是党和国家战略层面的制度安排。这次改革涉及范围广、利益调整深、矛盾冲突大，是改革开放以来我国税收征管体制最重大的一次变革。全国税务部门始终坚持以加强党的全面领导为统领，确保了改革的平稳推进。

1. 全面从严治党为国税地税征管体制改革营造了优良的政治生态

党的十八大以来，以习近平同志为核心的党中央驰而不息推进全面从

---

① 本部分内容，黄立新、刘峰亦有贡献。

严治党，营造了风清气正的良好政治生态，为改革的顺利完成提供了土壤、创造了条件。

全国税务系统牢固树立"四个意识"，认真落实"把抓好党建作为最大的政绩"的指示精神，推进全面从严治党，不断取得新成绩。形成了一套抓党建的思路办法。出台了加强干部日常管理的举措，构建了落实主体责任、健全党内组织生活、深化精神文明创建、加强思想政治工作、严格干部管理监督等制度体系。摸索建立了一整套党建管理的创新举措。实施绩效管理抓班子带队伍，推行数字人事制度，创新巡视巡察方式，搭建税务系统内控制度框架和监督管理平台等，开创了税务系统全面从严治党新局面。坚持把全面从严治党的要求落实到征管体制改革的每一个环节，在全系统形成了推进改革的良好政治氛围。地方各级党委政府认真履行共同责任，各相关部门积极履行支持责任，在组织人事、经费保障、业务划转、信访维稳等各个方面大力支持配合，形成了全面助推改革的大格局、大气场，确保了税收征管体制改革顺利落实。

2. 建好建强各级税务部门党委为国税地税征管体制改革提供了可靠的组织保证

各级税务部门自觉地把加强党对税收工作的全面领导作为根本要求和最高政治原则。在新机构挂牌前在省市县税务局先成立国税、地税联合党委，统一领导改革和各项税收工作，再要求将联合党委变更设立为党委，保证了党的领导不缺位、不断档。优化税务系统党建组织架构，强化各级党建工作力量。各级党建工作部门与党委合署办公，增加各级纪检监察部门人员力量。明确办公室、组织人事、巡视巡察、督查内审、考核考评、宣传教育等相关部门共同承担党建工作的职责。建立各级税务机关党的基层组织。按照新的机构体系组建各级基层党组织。建立健全了党领导下的工青妇组织，协助党组织开展工作。结合税务部门垂直管理的特点以及党员组织关系在地方等实际情况，探索构建了"纵合横通强党建"机制体系，即"条主动、块双重、纵合力、横连通、齐心抓、党建兴"的党建机制体系，形成了党建工作新格局，为税收征管体制改革提供了坚强有力的组织保证。

3. 全面加强党的建设确保国税地税征管体制改革始终沿着正确的方向前进

各级税务部门把全面加强党的建设贯穿税收征管体制改革的全过程。在改革中充分发挥党委领导核心作用、党委委员示范引领作用、党支部战斗堡垒作用、党员模范带头作用，让完成改革任务成为各级党组织和广大党员干部的政治责任、政治使命。充分发挥各级党委的领导核心作用。各级税务部门联合党委在改革之初就先行集中办公,抓紧抓实党建工作。联合党委改设党委后,就着手建立健全规章制度,及时建立工作规则,明确议事决策清单,把党委集体领导落实到改革和税收工作中,立规矩、促运行、保功效。充分发挥各级党支部战斗堡垒作用。认真落实"三会一课""主题党日"等制度,履行好对党员的管理责任。充分发挥广大党员模范带头作用。组建"党员突击队""党员先锋队"等,勇挑重担、迎难攻坚。开展了"新时代、新税务、新作为、新贡献""争做改革标兵、争做岗位先锋"等一系列各具特色的主题教育实践活动,增强了党员干部的党性意识、大局意识、担当意识。生动活泼的党建工作成效激发了各级党组织勇于担当作为、克难攻坚和广大党员干部拥护改革、支持改革、投身改革、践行改革的精神情怀。

4. 强大的思想政治工作是化解国税地税征管体制改革矛盾问题的法宝

各级税务部门认真处理好改革、发展、稳定的关系,始终把做好干部群众思想政治工作、保持队伍稳定作为重要任务和重大政治责任扛牢抓实。

各级税务部门认真落实国家税务总局关于做好改革期间思想政治工作的通知要求,强化思想政治工作责任,用好谈心谈话这个"法宝",层层实现正职与副职、上级与下级、领导与干部谈心谈话"三个谈心全覆盖"。加强上下沟通,通过建立微信群、局长接待日、在12366开通专线、在税务内网设立"我为改革建言献策"专栏等方式,面对面与干部沟通,直接听取和回应干部诉求。制作改革宣传片、发布《中国税务之歌》、开展改革征文诗歌征集、推介干部自发创作的抒发改革情怀的动漫或歌曲等,展现改革精神,激发改革斗志。

(二)科学组织周密实施确保了国税地税征管体制改革平稳推进精准落地

为了落实好《改革方案》,国家税务总局精密设计、精准把控,各级税务机关挂图作战、对表推进,确保了改革蹄疾步稳,取得了好于预期的改革成果。

1. 注重营造"上下同欲"的改革氛围

不断提高站位,自觉把税收征管体制改革放在党和国家机构改革的大局中,放在更好服务决胜全面建成小康社会、开启全面建设社会主义现代化国家新征程、实现中华民族伟大复兴的中国梦的历史进程中去认识和落实,增强了推进改革的责任感和使命感。

高层次、高效率开展改革动员部署。在2018年全国两会期间,时任国家税务总局局长王军在"部长通道"接受媒体采访,解读了党中央、国务院关于征管体制改革的政策。之后,他在不同会议场合发表一系列讲话,讲改革的部署和要求,回应广大税务干部职工的关切。改革期间,税务系统高效率、分阶段、分层次召开一系列的改革动员会、推进会、专题会,宣讲政策、凝聚共识。从而统一了思想、明确了方向、鼓舞了士气。大规模、多轮次组织开展学习培训。对各级税务机关主要负责人和联络(督导)组成员主要培训改革主要内容和实施要求,努力让改革的"操盘手"成为改革的"行家里手";对广大税务干部职工主要培训新机构职能和履职规范,努力让每一个税务干部成为"改革的明白人";对基层一线干部职工主要培训税收业务融合,加快干部队伍知识更新、能力提升和本领增强。通过改革专题培训,引导各级税务干部融入改革、支持改革、服务改革。

2. 注重构建"一张蓝图绘到底"的工作格局

为了确保《改革方案》圆满落地,国家税务总局制订了一系列配套方案、办法和措施,包括"改革方案+配套办法+操作文件"三个层面一整套的制度体系,形成了改革的"一张蓝图"。

绘就改革任务"一张蓝图"。这次改革的主要任务概括为:强化一个根本,完善双重体制,打赢三场主攻战,夯实四大支撑点。强化一个根本,即加强党对税收工作的全面领导;完善双重体制,即明确税务总局为主、省区市党委和政府双重领导的管理体制;打赢三场主攻战,即新税务机构挂牌、制定落实"三定"规定、社保费和非税收入征管职责划转三场主攻战;夯实四大支撑点,即围绕三场主攻战,整合优化税费业务和信息系统、强化经费保障和资产管理、清理修改相关法律法规和规章、规范干部人事和编制管理。这些规划全面系统、重点突出、简明扼要,为凝心聚力打好改革攻坚战、实现改革预期目标提供了明确指引。在具体实施中,将改革总体进程分为"统一思想保稳定、顶层设计定方案、动员部署鼓干劲、改好省局树样板、市县推进全覆盖、总结经验找差距、优化完善再升级"等七个重要阶段,制定改革总台账和分台账,对12大类215项主要任务近700个具体事项明确了任务书、时间表、路线图。每周有具体安排,每天有情况反馈。同时对每个阶段进行检查验收,各项任务层层衔接、有序落实,有效确保了改革的统一和规范。

3. 注重建立"令行禁止步调一致"的落实推进机制

按照党中央、国务院工作部署,国家税务总局精心构建了一套科学有效的征管体制改革组织推进工作机制,确保各项改革任务在全国落实到位。

搭建"1+10+36+6+N+1"改革工作机制。即1个机构改革工作小组牵头,下设10个专项工作组,向36个省级税务机关派驻36个联络(督导)组,分区域设置6个指导协调组,机动派出N(若干)个纪律检查组,开展1轮改革落实情况专项巡视。各类小组协同作战,形成有效推进改革的"组合拳"。全国各省局和市局比照国家税务总局的做法,分别建立了改革推进机制,为落实改革任务提供了坚强的保证。重大改革事项实行模板化操作。全国税务系统层级多,管理水平差异大,为确保改革措施精准到位,国家税务总局在反复征求基层意见基础上,针对重大改革事项,统一下发参考模板,实行模板化操作。各地严格按照模板规范化操作、标准化实施,有效防止了改革任务跑偏走样。

4. 注重释放"两不误、两促进"的改革红利

在改革过程中,全国税务系统坚持一手抓征管改革,一手抓组织收入,实现了税收征管体制改革稳步推进,维护了国家税收安全。

坚持将税收制度改革和税收征管体制改革统筹安排、共同落实,积极推进个人所得税改革,认真落实增值税、环境保护税和资源税改革,实现了税制改革和征管改革同步推进。坚持"机构改革、服务先行",持续开展"便民办税春风行动",稳步推行"一窗通办"、"一厅通办"、"一键咨询"、"一人通答"全覆盖、"最多跑一次清单"等办税、缴费便利化措施,释放改革红利,纳税人、缴费人获得感明显增强,也赢得了各方面对改革的大力支持,实现了征管体制改革和优化税收服务的共同促进共同提高。

(三)国税地税征管体制改革助力夯实国家治理基础

税收征管体制改革的顺利实施,进一步规范了政府、企业与个人的分配关系,从制度上稳定了中央与地方的财政分配关系,为正确处理政府、市场与社会的关系提供了有效途径,为国家精准施策创造了条件,有利于发挥税收在国家治理中的基础性、支柱性和保障性作用,提高了国家治理的能力。

1. 税收征管体制改革夯实了国家治理的基础

税收征管体制改革是推进国家治理体系和治理能力现代化的一场深刻变革。将国税地税征管体制改革纳入党和国家机构改革总体方案中部署,彰显出税务机构改革在国家治理现代化中的分量和地位。通过改革,我国

的税收管理机构设置更加合理和专业,一个系统完备、科学规范、高效统一的税费征管体系在全国建立。实现了税费征管资源整合、税费大数据资源聚合,实现了税费执法和服务规范统一,有效提高了税务部门服务国家治理的能力。

2. 税收征管体制改革规范了政府、企业与个人的分配关系

政府、企业与个人之间的分配关系,是社会长期稳定发展的基础。税收征管体制改革以后,税收业务、社会保险费和非税收入征管业务由税务部门负责管理,可以有效厘清税源和费源,在保证国家财政收入和人民群众长远利益的基础上,有利于从税收和非税收入两方面综合考虑负担水平,总体调节国家、企业与个人的分配关系,实现社会公平。同时,税务部门对税收、社会保险费和非税收实行统一管理,可以实现所有税收信息和非税信息共管、共享,统一全国执法标准,使纳税人的税费负担更为公平合理。进而提高了国家调节收入分配关系的能力,完善了国家治理体系。

3. 税收征管体制改革从制度上稳定了中央与地方的财政分配关系

正确处理中央与地方财政分配关系,有利于充分发挥中央和地方的积极性。税收征管体制改革后,中央与地方政府的收入划分进一步透明规范,从制度上稳定了中央与地方的财政分配关系,也进一步优化了中央和地方的财政收入结构。将税收和各类非税收入统一由税务部门征管,为财政上的分级管理提供基础性条件。随着信息技术的进步,越来越多的现代化信息手段在税收工作中广泛运用,特别是"金税三期"系统对各项税收和部分非税收入进行征收管理,税收入库信息可实时追踪,中央与地方政府的税收收入划分日益透明、规范,进而也提高了各级政府的财政保障能力和治理能力。

4. 税收征管体制改革为正确处理政府、市场与社会的关系提供了有效的途径

税收是政府调节市场、管理社会的重要手段和工具。税收征管体制改革的实施,提高了政府通过税收政策调节市场,实现经济发展、稳定物价、充分就业、平衡国际收支等目标的能力。政府通过税收总体政策和单项政策,依法适度有效地调节市场。既能够制定相机抉择的税费政策,促进市场经济的发展,也可以制定相应的政策,对经济结构、产业结构和消费结构依法进行引导。既能够统筹税费政策调节个人收入分配,调节地区收入差别,也可以合理合法地保护国家税收权益和本国纳税人、缴费人利益;既能够通过合并国税地税机构提高税收管理的质效,也可以优化纳税

服务、简化审批程序，进一步方便纳税人和缴费人，规范政府与市场主体的法律关系。税收征管体制改革实现了国家对自然人纳税信息和缴费信息的统一管理，将纳税人履行纳税义务、缴纳社会保险费与享受社会保障服务联系在一起，提升了政府对社会管理和服务的效率和能力。

5. 税收征管体制改革提高了国家精准施策的能力

国家精准施策，需要规范、全面、可靠的经济数据的支撑。税收征管体制改革实现了税费征管信息资源整合，实现了全国税费征管信息的大集中，形成了规范、统一的税收大数据。对这些税费大数据进行分析，一方面有利于加强税收管理薄弱环节的风险监控，强化征管，堵塞漏洞；另一方面有利于精准分析、评估税费政策效果，为税费改革、政策调整提供量化可靠的决策参考，为国家精准施策提供了依据，提高了国家评估和分析税收政策效果、根据经济发展精准施策的能力。

(四) 国税地税征管体制改革助推高质量新时代税收现代化

党的十九大报告提出，到21世纪中叶把我国建成富强民主文明和谐美丽的社会主义现代化强国。税务部门也确立了高质量推进新时代税收现代化的奋斗目标。税收征管体制改革顺应了时代的发展需要。

1. 优化高效统一的现代税费征管体系基本确立

伴随着改革逐步向纵深推进，国税地税征管机构和征管业务整合统一加快推进。

征管业务流程标准统一规范，初步形成了以税费风险管理为导向，以分类分级管理为基础的税费征管格局。自然人税费征管体系初步建立，加快推进信息交换和系统建设衔接，形成与其他部门交流协作和业务沟通机制。全国统一的税费管理信息系统初步构建。实现了征管模式从"以票管控"向"信息治理"的转变，在一定程度上解决了征纳双方信息不对称问题，强化了源头控管。税收营商环境持续优化。深化"放管服"改革，"纳税次数""纳税时间"等指标不断优化。世界银行最新公布的《2019世界营商环境报告》中，中国排名大幅提升，税收营商环境持续优化。

2. 公平公正的现代税收法治体系正在建立

税收征管体制改革与税收法治建设相辅相成。坚持将法治思维贯穿税收征管体制改革始终，维护了纳税人和税务机关的合法权益，确保了改革的顺利推进。

坚持深化税务行政审批制度改革，规范税收执法，开展行政执法公示制度、执法全过程记录制度、重大执法决定法治审核制度试点，深化税务稽查改革，确保税收执法在法治轨道上有序运行。深化简政放权改革，完善税收执法程序,提升税收执法水平。深化政务公开和办税公开,继续推行税费缴纳人以及第三方对服务质量定期评价反馈的制度,在全社会引导形成崇尚税法、遵守税法、捍卫税法的良好氛围。优化高效统一税收征管体系的建立,为落实税收法定原则,建立税法统一、税负公平、调节有度的新时代高质量的税收法治体系打下坚实基础。

3. 稳固强大的现代税收组织体系初步形成

全国税务系统认真落实科学合理、权责一致的要求,实现了税收组织体系的"瘦身"与"健身"。税务部门组织体系得到优化。合并了省市县乡四级税务机构,合理设置内设机构,优化派出机构。办税两头跑、办事多头找、执法不统一、服务不规范等问题得到较好解决。设立税收经济分析、大数据和风险管理、社会保险费和非税收入、纳税服务中心等部门,使机构职能更加适应税收现代化。调整完善人力资源配置,全国一百多万名税务人员逐级安排到位,实现了征管资源优化配置。强化考评激励机制。创新构建绩效管理体系,使组织绩效和个人绩效"双轮驱动"。将大数据理念融入干部队伍的管理中,全面推行"数字人事"管理,成为新形势下加强干部管理的新抓手。创新人才培养方式,广泛开展"岗位大练兵、业务大比武"活动,干部素质能力进一步提高。严明组织纪律,注重增强广大税务干部的纪律意识和廉洁意识,确保作风改进、服务更优,为实现"事合、人合、力合、心合"提供了有力保障。

4. 开放包容的中国税收治理模式逐步形成

税收征管体制改革的成功实施,为世界税收征管改革和发展提供了中国智慧、中国方案、中国力量。国税地税机构的顺利合并,社会保险费和非税收入征管职责划转的有序推进,形成了具有中国特色的税费治理模式,彰显了我国社会主义制度的优越性和社会主义市场经济体制的强大生命力,也为破解税收征管体制改革的世界难题提供了中国样板。

我国在全球税收征管合作领域的话语权不断提高。积极参与国际税收规则体系的制定,由国际税收规则的旁观者、跟随者向参与者、引领者转变。在国际税收协调中发出更多中国声音、提出更多中国方案,更好地维护国家税收权益,为构建公平的现代国际税收体系作出积极贡献。不断深化国际税收合作,合力打击国际逃避税,保护纳税人合法权益,维护国家税收权益和世界税收秩序。加大对发展中国家的税收技术援助和支持,帮助发展中国家提高税收征管能力。在国际税收规则制定和国际税收征管合作中,世界更加需要中国发出声音,更加需要中国帮助发展中国家提高税收征管能力,实现包容性发展,为构建公平的国际税收体系作出积极的贡献。

第三节　新发展阶段深化税收征管改革（2021年）

2021年3月24日，中共中央办公厅、国务院办公厅印发了《关于进一步深化税收征管改革的意见》（以下简称《意见》）。《意见》围绕把握新发展阶段、贯彻新发展理念、构建新发展格局，对深入推进税收征管改革做出全面部署，拉开了新发展阶段深化税收征管改革的大幕，开启了"十四五"时期高质量推进新发展阶段税收现代化的新征程。

一、《意见》的时代价值

（一）《意见》是深化税收征管改革的重要制度安排

1.《意见》确立了"十四五"时期税收现代化的总体规划

2020年底，习近平总书记在中央全面深化改革委员会第十七次会议上，强调指出要优化税收执法方式。党的十九届五中全会对深化税收征管改革也提出了明确要求。国务院多次强调，要深化财税金融体制改革，纵深推进"放管服"改革，加快营造市场化、法治化、国际化营商环境。《意见》充分体现了党中央、国务院的决策部署，提出了进一步深化税收征管改革的指导思想、工作原则、发展目标和改革路径，为"十四五"时期高质量推进新发展阶段税收现代化确立了总体规划，指明了改革方向，提供了根本遵循和制度保障。

2.《意见》是顺应纳税人缴费人的重大民心工程

《意见》紧紧抓住纳税人缴费人的新要求新特点，坚持为民便民惠民，聚焦解决纳税人缴费人的堵点、难点、痛点，着力降低纳税遵从成本，增强税收确定性。《意见》将"放管服"的基本要求融入制度架构中，立足以有序"放"，激发市场主体活力，释放发展潜力，减少对市场的干预，助力新发展格局；以有效"管"，注重加强事后监管，积极推进柔性执法，实施无风险不打扰，维护税收公平正义，构建和谐征纳关系；以优质"服"，打通纳税遵从的堵点，破解遵从的难点，促进办税缴费便利化，提升税费服务智能化与个性水平。

3.《意见》彰显了提升税收征管质效的重大制度设计

《意见》是当前和今后一个时期全面推进税收征管数字化转型、实现税收征管模式变革、提升税收征管质效的纲领性文件。《意见》以提升征管质效为根本出发点，以着力构建高集成功能、高安全性能、高应用效能的智慧税务建设为目标,推出了一系列围绕"精确执法、精细服务、精准监管、精诚共治"(以下简称"四精")为核心内容的制度措施。《意见》中系列制度安排,既从解决当前税收征管困局入手,也对标国际先进经验,更从长远发展层面做出的集成设计,充分体现出税收事业长远发展之大计。

4.《意见》对标国际税收征管改革方向

《意见》是适应世界税收征管变革大势的应时之举。当前,税收征管数字化转型已成为世界各国税收征管变革的新趋势,2020年12月OECD税收征管论坛(FTA)发布了《税收征管3.0:税收征管的数字化转型》提出了税收征管数字化转型的目标及实现路径。税收规则及制度要素规定将纳入市场主体的会计系统等自有系统中,自动计税、自动申报、自动缴纳,税收征管将全面进入"自动化"时代。《意见》顺应了世界征管变革浪潮,汲取了国际先进税收征管理念和成功做法,通过征管制度的优化完善、征管流程的重塑,并与现代信息技术的实际应用相衔接,为国际税收征管数字化转型提供"中国方案"。

(二)《意见》的创新突破点

《意见》不仅体现出税收征管改革发展的历史逻辑,而且也是亮点纷呈。

1. 从合作、合并到合成

党的十八大以来,我国税收征管改革先后经历三次大变革。2015年中共中央办公厅、国务院办公厅印发的《深化方案》,推进的是国税地税业务上的"合作",通过全面加强征管业务的合作,推动服务深度融合、执法适度整合、信息高度聚合;2018年中共中央办公厅、国务院办公厅印发的《改革方案》实施的是征管职责上的国税、地税"合并",通过优化机构设置,税费统一征管,推动建立规范、高效、统一的税费征管体系;此次制定出台的《意见》,可概括为"合成",即执法、服务、监管的系统优化以及业务流程、制度规范、信息技术、数据要素、岗责体系的一体化融合升级,开启了税收征管集成创新发展之路。

2. 执法、服务、监管的深度融合

《意见》通篇贯彻了习近平总书记有关优化税收执法方式、强化税收有效监督的指示精神和"以人民为中心"的理念。《意见》体现建设服务型政府的要求,推行优质高效智能税费服务,而且突出强调寓执法、监管于服务之中,把服务理念有机融入税收征管各个环节之中,形成和谐的税收征纳关系。《意见》提出了一系列创新举措,比如创新行政执法方式,提高执法的精确度,让执法既有力度又有温度;在税务监管领域建立健全纳税缴费信用评价体系，让守信者健步阳光道，失信者要过独木桥。

3. 数字化、智能化、智慧化

《意见》强调，要全面推进税收征管数字化升级和智能化改造，倾力打造智慧税务。以发票电子化改革为突破口，着力推进发票全领域、全环节、全要素电子化；以税收大数据为驱动力，深化税收大数据共享共用，不断完善税收大数据云平台，加强数据资源开发利用，持续推进与有关部门信息系统的互联互通，提升数据增值能力；运用现代信息技术，驱动税务执法、服务、监管制度创新和业务变革，加快推进"一户式""一人式""一员式""一局式"信息架构系统，整体性集成式提升税收治理效能，最终形成智慧税务新生态。

4. 以票控税、信息管税、以数治税

《意见》提出了要实现从"以票管税"向"以数治税"的转变，构建全新的数据治税征管模式。纵观我国税收征管模式的变革历程可以看出，最初的"以票控税"，注重强调堵塞税收漏洞，严格控制税源的征管理念，利用发票实施税收征管并发挥了独特的作用，随着信息技术的发展和税收信息化建设，更加强调信息在税收征管风险管理中的应用，不仅是通过发票反映的交易信息，还通过自行申报采集的纳税信息，更加突出利用第三方信息，加强税收征管，侧重强调了税务征管的管理型理念。而随着现代信息技术在税务领域的广泛应用，极大拓展了税收征管与服务的作为空间，促进了税收业务与技术手段的深度融合，形成了以大数据作为重要驱动力的税收征管改革新路径，"以数治税"征管模式得以确立。

二、新发展阶段深化税收征管改革的路径分析

《意见》明确提出："深入推进精准执法、精细服务、精准监管、精诚共治，大幅提高税法遵从度和社会满意度，明显降低征纳成本，充分发挥税收在国家治理中的基础性、支柱性、保障性作用，为推动高质量发展提供有力支撑。"这是进入新发展阶段对税收征管改革提出的目标任务，也是进一步深化税收征管改革的基本遵循，为全面提升税收征管质效指明了方向。

（一）精准执法

1. 健全完备税费法律法规基本制度

一是税费法律制度规定是实施税收征管的前提和基础。税费实体法律

制度建设的状况，直接影响着税收征管程序法的实施效果，是制约税收征管质效的关键因素。深化税收征管改革必须同步加强税费法律法规制度建设，只有在健全完备的税费法律制度下，税收征管的效能才能得以充分展现。

二是着力提升税费立法及制度建设质量。以落实税收法定原则为契机，在提升立法级次过程中，健全税费法律制度，同时通过税费制度的改革，来促进税费立法的进程。加快推进税收征收管理法修订，更好保障税费制度的落实。增强税费义务性规定的确定性，税费制度要素要明确、确定，减少制度释义的裁量空间，确保征纳和谐，促进遵从。

三是着力提升税收执法的精准度。不断创新税收执法方式，优化税收执法机制，推行柔性执法，实施税收执法案例与指引制度。全面推行"首违不罚"清单制度，大力倡导说服教育、约谈警示等执法方式，并加以制度化。按照包容审慎原则，大力支持新业态的健康发展，为新市场主体提供公平的竞争环境。

2. 健全税务执法区域协同机制

一是服务于国家区域协调发展战略，强化区域税收征管协作机制，探索区域税收征管新模式，从而促进统一税收征管范式的拓展与提升。

二是积极推进区域内税收执法标准的统一和规范，切实推动执法信息互通、执法结果互认、执法人员互动。简化企业涉税涉费事项跨省迁移程序，实现资质异地互认。

(二) 精细服务

1. 强化服务理念

为纳税人缴费人服务好，是践行以人民为中心的发展思想的具体体现，也是一贯奉行纳税人优先为导向的税收征管的重要内容和本质体现。切实推进"管理思维"向"服务思维"的理念转变，着力推进优质高效智能税费服务，全面落实"放管服"改革，大力营造良好营商环境。

2. 大力改革办税缴费方式，全力压减纳税缴费次数和时间

推进数据采集与数据共享，减少纳税人缴费人重复报送。非必要，涉税资料由事前报送改为留存备查，推行税务证明事项告知承诺制。拓展"非接触式"办税缴费服务，扩大涉税事项的网上办理。大力推进税（费）合并申报和综合申报，简并征期，建立纳税缴费信用度高的"绿色"通道，切实缩短办税缴费时限。

3. 构建体现纳税人缴费人正当需求的税费服务新体系

提高纳税人缴费人的遵从度和满意度，是税费服务优化的直接动力。

要问计问需于纳税人缴费人,了解其正当、合理的纳税缴费需求,把其作为优化执法方式、提升服务质效的重要依据,增强纳税缴费服务的针对性,从而提高有效性。

4. 加快推进智能型个性化服务

全面改造升级12366税费服务平台,提升诉求回应率、问题解决率和服务满意率,实现全国咨询"一线通达",逐步实现智能化咨询。运用税收大数据智能分析识别纳税人缴费人的实际体验、个性需求等不同涉税缴费需要,精准提供线上咨询服务。特别要利用税费优惠政策落实之机,提高税费政策和征管措施解读的及时性和针对性,确保税费优惠政策直达快享常态化,确保市场主体及时准确享受税费优惠红利。

(三)精准监管

1. 强化以"信用+风险"为基础的新型监管机制建设

"信用+风险"的监管机制,是新时代以来税收征管改革经过实践探索后总结提炼而成的行之有效的监管模式,应当进一步健全完善。提升纳税信用在社会信用体系建设中的中坚地位,完善守信激励与失信惩戒机制,完善纳税缴费信用评价制度,推行实名办税缴费制度,推行纳税人缴费人动态信用等级分类和智能化风险监管,增强监管的针对性。

2. 加强重点征管领域的风险防控

建立税务执法重大制度、系统和流程风险预警机制,做好征管风险的源头防控,强化事中风险阻断,加大事后追责力度。对逃避税问题多发的领域,包括行业、地区和重点人群,实施严格重点防控,对故意隐瞒收入、虚列成本、转移利润等经营行为以及利用各区域"税收洼地""阴阳合同"和关联交易逃避税收管辖的行为,要依法防控并加大监督检查力度。

3. 依法严厉打击涉税违法行为

利用税收大数据,排查风险点,严重异常的,及时出击予以精准打击。利用现有的税务网络可信身份系统,即时验证发票开具、使用等全环节,针对性对虚开骗税行为予以查处,并逐步由事后打击向事前事中精准防范转变。精准打击利用"假企业"虚开发票,转移利润和收入,利用"假出口"骗取出口退税,或串通骗取退税,利用"假申报"骗取税费优惠,或变相偷逃税等行为,确保国家财力安全。

(四)精诚共治

1. 健全税收共治体系

税费征管涉及面广、政策性强、实施难度大,深化税费征管改革是一条凝聚各方共识的协同之路，需乘势而上推进精诚治税格局，进一步健全"党政领导、税务主责、部门协作、社会协同、公众参与、国际合作"的税收共治新体系，特别是要充分发挥税收大数据优势，通过数据联通贯通并共享，为税收共治拓展新空间，为征管改革汇聚强合力，充分体现"税收利益至上"的税收国家观，确保国家税收安全。

2. 聚焦部门协作、社会协同、司法保障

加强税收共治格局的重要作用，注重联动融合、开放共治，进一步扩大税收治理"服务圈、朋友圈"，凝聚更大合力为税收事业发展提供强大支撑。建立完善制度性规范化协税护税机制，强化跨部门协同共治，特别是深化数据交换与共享。充分发挥行业协会和社会中介组织的作用，推动其依法依规有效提供个性化服务，坚持市场化标准，加强对社会中介的执业监管。推动警税联合办案制度化常态化，建立完善与司法机关的联系机制，搭建线索移送、执法监督平台，促进行政执法和刑事执法有效衔接。

3. 深度参与国际税收合作

积极参与G20、OECD经济数字化背景下国际税收规则和标准制定，提出中国主张和维护发展中国家的税收权益，主动分析评估"双支柱"方案对我国的影响及效应，持续推动全球税收治理体系建设，落实BEPS行动计划，维护我国税收权益。主动融入"一带一路"征管合作机制，支持发展中国家税收征管能力建设，完善税收协定网络，加强涉税国际争议化解机制的协调，做实做细国别税收指南，全力服务高水平"走出去"和高质量"引进来"。

三、"智慧税务"建设的框架结构

（一）"智慧税务"新生态建设的理论逻辑

1. 注重以提升税收治理效能作为逻辑起点

强化税收治理观的研究引领，基于治理视角展开研究，立足于"互联网+税收治理"的思维定式，深入探究提升税收在国家治理中地位的实现路径，以实现税收现代化六大指标体系建设为出发点和落脚点，构建"互联网+"背景下税收治理创新模式，提升税收征管质效，提高税收治理现代化水平。强化税收领域由管理到治理的理念更新，重塑税收征管新秩序，通过科技赋能税收治理，推进征管数字化转型。优化税收执法方式，提高税收监管效能，其根本路径在于现代信息技术在税收征管实践中的广泛运用和创新发展。数字经济下税收治理的机理、机制都面临着前所未有挑战，也孕育着很大的机遇，在数字经济时代，以智能物联网为支撑，以税收大数据应用为引擎,以税收法治建设为保障的现代税收治理格局正在逐步形成,"互联网+"背景下的税收治理结构、治理方式、治理生态都发生了巨大的变化。

2. 注重推动税收征管制度机制变革作为底层逻辑

制度建设是提升治理效能的基础和前提。在互联网经济背景下,现行税收征管制度面临着巨大的挑战,直接影响着治理效能的充分发挥。原有的税收征收管理法难以适应数字经济快速发展的需要,急需修正,"互联网+"思维应当有效体现在新型征管制度建设之中,税收征管流程需重新构造,税收征管程序需重新规范,税收征管机制需重新设计,这是从根本上提升征管质效的必要路径。税收征管制度上的反思与重构,征管理念上的更新与重塑,信息不对称,第三方涉税信息难以获取,税收共治机制尚不完备,税收征管资源配置不尽优化等,都充分彰显出数字经济背景下税收征管制度和征管机制变革已迫在眉睫。同时现代信息技术在税收征管实践层面的广泛运用,也越来越受到制度建设的严重不足和征管流程的不相匹配而带来困扰,受到的阻碍越来越大。平台经济、零工经济的税收征管制度建设应引起高度重视,避免造成现行征管规则对新业态发展的阻碍作用。因而,适时强化法治建设对制度效能的保障和促进作用已是刻不容缓。

3. 注重加强现代信息技术在税务征管实践中的创新应用作为逻辑进路

依托"互联网+税务行动计划",将行动计划构建的各项目标作为分析研究的起点,深刻总结梳理各级税务机关的基层创新实践案例,从不同层面揭示"互联网+"与税收征管的有机融合。课题研究自始至终都强调大数据、云计算、区块链、人工智能等与税收征管机制创新发展相融合,注重解决征管中的风险管控和征管质效。深入研究"互联网+"在税务数据治理、技术支撑、征管应用平台和机构重置等方面的融合提升,利用税收征管大数据云平台结合前沿技术进行应用拓展的探索,有序推进税收征管数字化转型的前瞻性研究,构建出以现代信息技术应用为支撑的信息化架构系统,为全面打造"智慧税务"新生态提供技术支持。

4. 注重将数据治税模式创新作为逻辑主线

数据是生产要素,本身也能创造价值,数据也是数字经济的核心要素。税收数据具有重大的应用价值,不仅体现在组织收入、加强征管中,而且也体现在税收治理的各个方面,是彰显税收在国家治理中支柱性地位的重要元素。信息化逐步走向数字化,更贴切地说是走向数据化。企业交易活动信息、个人收入来源信息、社保缴费信息等将成为税务数据库的重要构成部分，由"信息管税"转变为"数据治税"是一种必然趋势，数据治税模式成为税收征管模式创新发展的当然选择。强化税收大数据在税收征管中的运用，有助于提质增效。税收数据作为数字经济时代的"公共产品"，将同作为"私人产品"的企业数据有机融合，全面提升国家治理效能。税收数据增值潜能有待挖掘，税收数据资产价值有待提升，税收治理的新"三性"功效有待数据价值及增值能力的开发。

5. 注重以电子税务局建设为载体，推动构建智慧税务新生态作为逻辑内核

早期的电子税务局建设更多的还是在便利纳税人义务履行层面的制度安排，更多服务于纳税人缴税，运用现代信息技术提供便捷的纳税服务。当前应提升电子税务局的功能定位，更好服务于征纳双方，成为覆盖征纳全过程的新型平台。通过流程再造、跨界融合、管理创新、组织变革，形成集约共享的技术架构、资源整合的业务平台，真正成为规范税收执法的"主引擎"、优化纳税服务"大平台"，精准税收监管的"信息池"，提升税收治理的"数据源"，有效对接"精确执法、精细服务、精准监管、精诚共治"的基本要求，逐步发展成以税收大数据为驱动力的具有高集成功能、高安全性能、高应用效能的智慧税务新生态。适应这种定位的转变，尚需关注法治储备、功能整合、流程再造、结构优化等一系列问题。电子税务局建设逐渐成为智慧税务新生态建设的重要通道。

（二）"智慧税务"建设的目标取向与实施路径

1. "智慧税务"的顶层规划

《意见》明确提出，着力建设以服务纳税人缴费人为中心，以发票电子化改革为突破口，以税收大数据为驱动力的具有高集成功能、高安全性能、高应用效能的智慧税务。"智慧税务"建设过程，也是推进税收征管数字化升级和智能化改造过程。为了实现2025年基本建成"智慧税务"新生态目标，《意见》强调，推动税收执法、服务、监管的理念和方式手段等全方位变革，到2023年，基本建成"无风险不打扰、有违法要追究、全过程强智控"的税务执法新体系；基本建成"线下服务无死角、线上服务不打烊、定制服务广覆盖"的税费服务新体系；基本建成以"双随机、一公开"监管和"互联网+监管"为基本手段、以"信用+风险"监管为基础的税务监管新体系。2025年实现税务执法、服务、监管与大数据智能化应用深度融合、高效联动、全面升级的"智慧税务"新格局。

2. 稳妥推进发票电子化改革

全面建成全国统一的电子发票服务平台，全天候提供电子发票申领、

开具、交付、查验等服务。加快推进电子发票的试点范围，逐步推向全国，从而全面实现全国范围的发票电子化，有序推进铁路、民航等行业领域的电子发票推广工作，省域与行业交叉推进。制定实施电子发票国家标准，打通电子发票链条，完善电子发票与会计软件、会计档案的技术融合，健全以赋码制、授信制为核心的"全电"发票管理制度，逐步替代"纸票"，全面推进增值税发票全生命周期及上下游税收业务的配套改革，初步实现交易即开票、开票即交付、交付即归集、归集即税控的改革愿景。

3. 深化税收大数据的应用

税收数据的集成及增值能力建设，对"智慧税务"新生态构建具有决定性意义。通过数据高度聚合和涉税信息的有序流动，着力打通内外部、前后台、线上线下的信息、流程、系统壁垒，从而实现技术应用与征管制度、业务流程、岗责体系的相互适配与深度融合，以数据驱动"四精"治理的制度创新和业务变革，并将大数据智能化应用融入执法、服务、监管、共治等各个领域，从而实现税收征管数字化转型升级。一是推进以税收大数据为驱动要素的系统集成：经济交易信息"一票式"集成；个人税费信息"一人式"集成；法人税费信息"一户式"集成；税务人履责信息"一员式"集成；税务局信息"一局式"集成；税务系统信息"一揽式"集成；执法服务监管信息"一体式"集成；内外协同信息"一并式"集成。以集成促融合，实现税收征管的业务变革、组织变革与技术变革，增强高集成性功能。二是推进数据治税，要确保数据绝对安全、可靠，要建立健全税收大数据安全治理体系和管理制度，大力推进安全态势感知平台建设，适时开展数据安全风险评估和监测预警，储备足够的应急处置预案，确保数据全生命周期安全。三是大力推动新技术手段在税收征管各个领域的推广应用，科技融入税收治理全过程，推动治理理念、治理方式的创新发展；深化大数据共享应用，协同治理，发挥数据的倍增效应，有效实现数据的价值增值。

第七章 数字经济与税收治理研究

数字税收问题是新时代税收治理的崭新课题。数字经济迅猛发展已成为变革治理格局的重要力量和影响因素,数字经济组成架构包括产业数字化、数字产业化、数据价值化、数字化治理。增强产业数字化的税收治理匹配性,要明确平台经济等新业态的税制适用标准、课征标准、征管标准,提升税收确定性。创新提升数字产业化的税收治理适配性,相机选择税收治理工具,完善以数字技术创新为核心的税收优惠政策体系,加大数字化企业并购重组税收支持力度。加强数字技术与数据要素的价值创造机理研究,是摆在学术界面前的重大命题。数据价值化的核心是价值形成与价值增值,并创造新模式新业态,推动国家治理创新体制机制变革。税收数据增值的逻辑架构是大数据采集是逻辑起点,大数据预处理是基础和前提,大数据分析挖掘体现核心价值,大数据存储与安全是保障。数据可税性命题具有很大挑战性,可从经济、法律、征管等维度去分析,对数据是征收直接税还是间接税,抑或是财富税,涉及现代税制结构的优化选择。数字化治理实质上是数字技术的应用问题,税收征管数字化转型是要构建以数治税新征管模式,并紧扣税收治理现代化六大体系,税收征管数字化转型的底层逻辑在于数字技术应用和数据开发利用,目标是构建智慧税务,实现数据赋能税收征管最大化。

第一节 数字经济及其发展概况

一、数字经济及其特点

"数字经济"一词最早出现在美国作家 Don Tapscott 所著的《数字经济》(1996)一书中。该书将数字经济描述为:数字经济是继农业经济、工业经济之后的更高级经济阶段,是知识经济的一种重要体现,是经济发展的新趋势，将对商业行为产生重大影响。美国商务部在《浮现中的数字经济》（1998）报告中，将数字经济描述为：因特网为基础设施，信息技术为先导，信息产业为支柱，电子商务为经济增长的发动机。在 IT 技术推动下，经济形态将由工业经济向数字经济转变。2016 年，G20 领导人杭州峰会发布的《G20 数字经济发展与合作倡议》，将数字经济界定为"以使用数字化的知识和信息作为关键生产要素、以现代信息网络作为重要载体、以信息通信技术的有效使用作为效率提升和经济结构优化的重要推动力的一系列经济活动"。国务院发布《"十四五"数字经济发展规则》提出，"数字经济是继农业经济、工业经济之后的主要经济形态，是以数据资源为关键要素，以现代信息网络为主要载体，以信息通信技术融合应用、全要素数字化转型为重要推动力，促进公平与效率更加统一的新经济形态"。

从数字经济内涵演变的进程可以看出，随着信息技术的迅猛发展，对数字经济含义的认识逐步深化并形成共识，其内在含义可归纳为：一是以互联网发展作为底层逻辑而展开的，离开了互联互通也就无法形成数字经济新业态，这是数字经济的载体和原动力；二是信息通信技术的创新应用，在赋能传统产业发展中，逐渐衍生出新经济业态，并通过融合发展，提升全要素生产效率；三是体现出数据作为核心要素的价值，数据作为新生的创造价值要素，成为推动数字经济发展的驱动力，并彰显更大的作为空间；四是数字经济是一种新型的经济形态，是依托现有工业经济并日渐独立发展的新经济模式，必然会对社会发展产生巨大变革。

数字经济基本组成架构包括：产业数字化、数字产业化、数据价值化、数字化治理。具体见表 7-1。

表 7-1　　　　　　　数字经济的"四化"框架

生产要素	生产力	生产关系
数据价值化： 数据采集 数据确权 数据定价 数据交易	数字产业化： 基础电信 电子信息 软件及服务 互联网	数字化治理： 多主体参与 数字技术+治理
技术 资本 劳动 土地	产业数字化： 数字技术在农业中的边际贡献 数字技术在工业中的边际贡献 数字技术在服务业中的边际贡献	数字化公共服务

二、发展数字经济意义重大

国际社会普遍认为,数字经济已成为变革全球治理格局的重要力量,各国纷纷采取措施,助力数字经济的快速发展,抢占未来经济社会发展的制高点。习近平总书记多次强调,要站在统筹中华民族伟大复兴战略全局和世界百年未有之大变局的高度,不断做强做大我国数字经济。党中央、国务院相继下发了一系列有关数字经济发展的纲领性文件,做出了顶层设计、制度安排和保障措施。大力推进数字经济发展意义重大,表现在:一是建设新发展阶段现代化经济体系的重要引擎。大数据的发展和应用,是推动经济体系现代化的重要驱动力,数字经济具有高创新性、渗透性、广覆盖性,可成为引领建设现代化经济体系的重要助推器。数字技术正在颠覆传统经济运行模式,不断赋能千行百业,推动传统领域数字化转型,推动各个领域治理方式变革,并成为推动构建统一开放、竞争有序市场环境的重要力量。二是构建新发展格局的重要支撑。畅通国际、国内经济循环,增强经济发展韧性,数字技术的广泛应用必不可少。数据作为关键生产要素,深入渗透到社会再生产的各个环节,也是连接产业链、供应链的重要纽带,引领着土地、资本、劳动力、技术等要素网络化共享、集约化整合、协作化开发和高效化利用,实行高水平供需动态平衡。三是构筑国家竞争新优势的重要途径。现代信息技术创新发展,引领新一轮产业变革,并成为重组全球要素资源、重塑全球经济结构、重建全球竞争格局的关键力量,为全球经济发展增添新动能。四是推进共同富裕的必由之路。共同富裕是第二个百年奋斗目标,具有重大的战略意义,实现共同富裕离不开数字技术驱动的经济高质量发展,数字经济自身也对促进财富及公共服务均等化带来重大影响。

三、我国数字经济发展具有显著的国际竞争力

数字经济对经济社会的引领带动作用日益凸显:一是数字经济发展规模全球领先。到 2020 年底,已开通 5G 基站超过 140 万个,占全球总数 70% 以上,5G 终端用户达 5 亿人,庞大的网民规模(10 亿户以上)奠定了超大规模市场优势。二是数字经济赋能实体经济提质增效。近 6 年来,我国全球创新指数排名由第 29 位跃升至 12 位,制造业数字化转型持续深化,数字技术的广泛应用推动新业态新模式蓬勃发展,数字技术在农业生产经营活动的渗透率不断提升。三是数字经济拓展经济增长新空间。数字经济拉动投资增长,带动数字产业领域投资近千亿元,农村电商、电子商

务、智能化产品、数字贸易、跨境电商、可数字化支付等增长明显。四是数字抗疫发挥举足轻重的作用。数字经济、数字技术在支持抗疫、复工复产、稳就业、供应链韧性等作用显著。

根据中国信息通信研究院发布的《中国数字经济发展报告（2022）》显示，我国数字经济发展呈现出以下几个特征：一是数字经济作为国民经济的"稳定器""加速器"作用更加凸显。2021年我国数字经济规模达到45.5万亿元，同比名义增长16.2%，占GDP比重达到39.8%；二是数字产业基础实力持续巩固，占GDP比重达7.3%；三是产业数字化发展进入加速轨道，占GDP比重达32.5%；四是数字化治理体系正在构建，数字政府建设加速，新型智慧城市建设稳步推进，数据价值挖掘探索更加深入，数据资源化资产化确权等有序推进。

按照《全球数字经济竞争力发展报告（2021）》显示情况看，该报告以数字产业、数字创新、数字设施和数字治理为主要框架，构建全球数字经济国家竞争力评价指标体系，反映各国数字经济竞争力水平（见表7-2）。

表7-2　　　　　　　　国家竞争力评价指标体系

国家	数字产业		数字创新			数字设施			数字治理		
	经济产出总量增速	国际贸易（跨境）	创新产出（专利、技术出口）	人才投入	研发投入	网络设施	通信设施	终端设备	安全保障	服务管理	市场环境
美国	40.15		88			88.37			90.18		
英国	15.31		78.13			84.57			80.45		
日本	7.67		85.27			85.36			76.29		
德国	19.53		83.29			82.74			79.84		
中国	62.72		62.99			69.78			76.61		

资料来源：王振，志斌主编. 全球数字经济竞争力发展报告（2021）［M］. 北京：社会科学文献出版社，2022.

四、持续做强做优做大我国数字经济的战略重点

当前，百年变局加速演进，国际格局深刻调整，国内经济面临困扰，对加快数字经济发展提出了新的更高要求。

1. 推进关键核心技术攻关

集中各方面力量，围绕实现高水平自立自强，突破数字关键核心技

术，构建开放协同创新体系，促进数字技术成果转化。

2. 超前部署新型基础设施建设

"新基建"是数字经济发展基础和重要支撑，加大信息基础设施建设，构建一体化大数据中心，加速传统基础设施数字化改造，形成网络化、智能化、服务化、协同化的融合基础设施。

3. 加快数字技术与实体经济深度融合

提升数字生产力，激活发展新动能，助推传统产业升级，深化企业数字化改造升级，打造一体化数字平台，助力构建三大融通发展新模式，促进时空数据赋能数字化转型，着力打造区域数字化转型创新综合体。

4. 推动数字产业创新发展

数字产业的质量和规模是数字经济核心竞争力的集中体现。推进数字产业基础提级增效，推进数字产业链现代化，培育新业态新模式，规范平台企业建设，大力发展智能经济。

5. 提升数字经济治理水平

健全数字经济治理政策法规体系，完善协同监管机制，探索建立适应平台经济特点的监管机制，推进共治格局建设。

6. 筑牢数字安全屏障

增强网络安全防护能力，健全网络安全应急预警机制，提高防范和抵御安全风险能力，守住网络安全底线。

第二节　产业数字化、数字产业化与税收治理

一、产业数字化与税收治理

1. 数字技术与传统产业的深度融合

产业数字化通常是指数字技术与传统产业融合所带来的产出和效率提升部分，其发展路径即实现数字技术与实体经济的深度融合，包括但不限于工业互联网、智能制造、车联网、平台经济等融合型新产业新模式新业态。通过数字技术赋能传统产业和实体经济，推动制造业、服务业、农业等全方位、全角度、全链条转型升级，从而提升全要素生产率，进一步拓展经济增长新空间，产业数字化已经成为构筑稳增长的关键引擎。工业互联网是产业数字化转型的核心方法论，工业互联网融合应用，形成了平台化设计、智能化制造、个性化定制、网络化协同、服务化延伸、数字化管

理等六大典型融合应用模式，应用广度不断拓展，应用程度不断加深，应用水平不断提高；服务业数字化转型成长迅速，各类传统服务市场因数字化赋能实现了线上线下融合发展，持续活跃。网络零售、电商平台发展迅猛，2021年全国网上零售额达13.1万亿元，同比增长14.1%，网络直播场次超2400万场，累计观看超1200亿人次，直播商品数量超5000万个，活跃主播数量超55万人。网络支付体系完善促进消费扩容便利，2021年移动支付业务增长22.73%，互联互通加速推进；农业数字化转型成效显著，数字技术在农业生产经营活动和农村生活领域的渗透率不断提升。农业生产信息化水平已达20%以上，农村电商助力乡村振兴，数字乡村建设深入推进。此外，数字技术助力中小企业化转型方面成效也非常明显。2021年，我国产业数字化规模达37.2万亿元，同比名义增长17.2%，占GDP比重为32.5%。近些年来，日益发展壮大的数字经济，特别是产业数字化的融合发展，在确保"六稳""六保"等方面都发挥了卓有成效的作用，也必将在新发展格局构建中发挥更加积极的作用。

2. 增强产业数字化发展的税收治理匹配性

一方面，现行的税收治理架构，是以工业经济为基础逻辑而建立起来的，通过不断的改革完善和优化调整，是基本适应当前的经济运行状态的。但是，涉及技术创新带来的知识产权、无形资产等的课税难题，始终是税收治理面临的重大困扰，这在增值税、公司所得税、个人所得税等主要税种的制度规定和征管保障方面都有明显的体现。而数字经济的快速发展，又进一步加大了税收治理的这一短板。面对新老问题共存的状况，应当增强税收的匹配性，在难以对现行税收治理格局进行全面改革的背景下，进一步完善现行税制，特别是针对无形资产等课税要件，研究提出有针对性和更加有效的改革举措，提升税收治理的匹配度，确保税收确定性。

另一方面，尽快明确平台经济新业态的税收政策。数字技术与传统产业融合形成新的经济业态，是助推传统产业转型升级的重要路径，也是数字经济发展进程中催生的新经济模式，特别是蓬勃兴起的平台经济、共享经济、直播经济等业态，对现行税收治理提出了严峻挑战，税法的适用性带来了税收征管的盲点，这在个人所得税具体课征对象方面存在较大疑惑，税法遵从度大打折扣。要着力完善个人所得税申报制度和平台企业预扣预缴制度，加强税源征管，防范税款流失；完善平台企业的涉税信息报告制度，平台企业的交易信息具有可查性、可控性、真实性，并依法依规向税务机关提供相关数据，并助力形成"政府＋平台＋金融机构"的共治机制；完善平台企业中个人所得税认定和费用扣除，单一从事平台经济服务提供的个人收入，视同工资薪金所得，兼职从事的视同劳务报酬所得，借助不动产或固定资产提供服务取得的收入推定为经营收入，实施法定费用扣除，区别不同类型的所得，适用相应的课税机制；增强税制与征管的确定性，针对产业数字化进程中的新业态，及时明确税制的适用性，确定具体的课征标准，减少征管的随意性及差别性，增强税收确定化水平。

二、数字产业化与税收治理

1. 数字产业化平稳持续发展

数字产业化即指信息通信产业，包括电子信息制造业、电信业、软件和信息技术服务业、互联网行业等。我国数字产业化基础牢固，内部结构持续优化，无论收入规模、增值规模及增速，都呈现出较为强劲的发展势头，为稳增长打下了坚实基础，为创新发展提供了有力的支撑，为数字经济健康发展提供了强大引领带动，是新的经济增长极。2021年，我国数字产业规模达8.4万亿元，同比名义增长11.9%，占GDP比重为7.3%。从内部结构上看，电信业稳中向好，增速同比提高4.1个百分点，电子信息制造业增速较上年快8.0个百分点，软件和信息技术服务业同比增长17.7%，增长较快，互联网等相关服务业增速持续，较上年加快8.7个百分点。

2. 创新提升数字产业化的税收治理适配性

把数字产业化发展作为税收治理的首要选项，把创新激励作为税收优惠政策选择的基点，并针对新情况、新变化，调整税收治理策略，最大限度增强税收治理的适配性。

第一，最大限度增强现行税收治理体系对数字产业化发展的适应性，最大限度减少对数字产业化发展的阻碍。随着数字产业化的深度发展，必然会带来相应税收治理结构的不充分性，对现行税收治理架构带来全新的挑战，这就要求税收治理策略作相应的调整和转换，顺应数字产业化发展的内在要求，至少不应当影响数字产业化发展。

第二，科学评估税收治理工具的选择。国家为了激励信息通信产业的创新发展，已制定实施了一系列税收优惠政策，包括增值税"超税负返还""即征即退"等优惠，也包括所得税方面的税收优惠措施。这些税收激励政策的制定初衷，当时还仅局限于信息通信行业发展之需，而没有站在整个数字经济发展前沿的高度去审视对待数字产业化发展问题，需要提供更加科学、力度更大、效果更佳的税收政策工具，应当注重关键核心技术的自主研发、新基建投资、创新产品转化、技术入股等层面，制定具有较强针对性的激励措施，提升税收优惠质效。

第三,积极构建以数字技术创新为核心的税收优惠政策体系。持续加大数字化产业税费扶持政策,提高政策"含金量",加大创新风险准备金的计提和税前扣除范围,设置创新风险投资担保基金,并给予税收照顾,承担必要的创新风险,对具有原创性和自主性知识产权等专利技术的成果转化,给予更大的优惠支持。

第四,加大数字化企业并购重组的税收支持力度。数字化企业在激烈的市场竞争和技术迭代升级中,兼并重组是数字经济时代的惯常做法,也是数字化企业成长发展难以逾越的鸿沟。时下兼并重组的所得税政策有待进一步完善,个人转让专利技术和股权所得的税收政策有待进一步明确,税收确定性增强,将对数字化企业兼并重组、做大做强做优数字经济具有至关重要的影响。

第三节 数据价值化与税收治理[①]

一、数据要素价值创造的理论解析

(一)加强数字技术与数据要素的价值创造机理研究

数字经济发展为传统经济理论等相关创新发展提供了诸多契机。《"十四五"数字经济发展规划》明确提出"深化数字经济理论和实践研究,完善统计测度和评价体系"。聚焦数字经济发展的创新理论研究,是实施有效税收治理的重要前提。

数字经济有别于工业经济,是一种新型经济形态,其发展速度之快、辐射范围之广、影响程度之深前所未有,引发了传统宏观与微观经济领域理论创新的尝试变革。欧阳日辉(2022年)曾指出,要从理论上深入研究数字经济的本质、内涵、范式、演进规律,认识数字经济对经济增长和发展的作用机理和动力源;以数据为核心的数字经济,对就业、收入分配、区域发展的现实作用机制;要建构数字理论体系,加强数字技术和数据要素对经济发展的影响机理研究。数字经济增长主要依靠数字技术和数据要素推动,数据价值创造的生成逻辑,包括包容性、融合性增长及内生动力,需要给出理论阐释。数字经济下的创新理论需要基于数据和数字技术进行重构,着力研究新技术、新产业、新模式的创新机制,数字技术和

---

① 本部分内容刘同洲亦有贡献。

数据要素促进数字产品、生产方式和商业模式转型。数字技术和数据要素应用引起生产函数和消费函数变化，对市场垄断和竞争、公平与效率、安全与风险等一系列规制理论都带来新的挑战。李扬（2022年）提出，全部经济学将会因为互联网而重新改写。金融是现代经济的核心，但随着互联网技术兴起，衍生出许多经济元素，特别是以数据为核心，以数字技术发展为动力源的数字经济，对金融领域及金融工具的运用都带来重大影响，传统货币功能正在面临巨大挑战，数字货币的兴起正在改变传统金融格局。可以说，关于数字经济理论研究的革命性、共识性成果尚不多见，研究深度尚显不足，基本架构尚未形成，摆在理论界的使命依然任重道远。

（二）数据是数字经济价值创造的"核心资源"

数据可被视为数字经济时代的"石油"，是数字经济商业模式价值创造的关键核心资源。原始数据价值并不算高，如同"原油"，其价值需要进一步提炼、创造，并形成具有高附加值的产品，其价值得到进一步提升。数据要素的价值形成机理具有与此相似之处，拥有数据是数字化企业市场竞争力的具体体现。姚丽（2021年）分析认为，数据作为无形资产，较其他通过研究而形成的交易型无形资产相比，对数据的估值愈加困难，因为数据有可能因为过时而快速贬值，也有可能因为商业模式创新导致其他数据重组或聚合而快速升值。WENDY（2019年）将数字经济下价值创造过程总结为四个阶段，即"数据价值链"构成为"数据收集、数据存储、数据分析、数据驱动商业模式"，这四个渐进发展阶段，对应不同程度的价值创造和价值实现贡献度。数据收集与存储，体现数据的所有权和排他性，具有基础性价值作用，数据分析和挖掘，是技术性处理，将数据对满足市场社会需求的差异性挖掘出来，找到价值实现的支撑点和通道，商业模式创新，通过商业增值活动本身分配价值，并随同前端创造的价值一并传递给市场，并实现价值创造货币化。

二、数据价值与税收数据增值

（一）数据价值的基本内涵

数据的价值是数据对人和社会在经济上的意义，应从数据、信息、知识和智慧的演变和贡献上予以理解。根据数据（Data）、信息（Information）、知识（Knowledge）、智慧（Wisdom）模型[1]，数据、信息、知识、

---

① R. L. Ackoff. From Data to wisdom [J]. *Journal of Applied Systems Analysis*, 1989, 16 (01): 3–9.

智慧的关系可表示成一个金字塔，底层是未加工处理的海量数据，是对事实的记录，是最原始的"材料"，没有回答特定问题，缺乏意义；上一层是经过对原始数据清洗、过滤、标准化后的信息，具有了对事实的意义；再上一层是经过对信息聚类、分类、模式识别后产生的知识，是对事实的剖析；最上层是人类的智慧。笔者认为，数据价值包含初始价值、基本价值、应用价值和终极价值四个阶段，每阶段分别代表对事物发展规律认知的"道、法、术、器"四个维度①。

1. 数据的初始价值——记录和描述事实

数据，顾名思义，"数"是计数，"据"是凭据，即数据是对客观事物性质、状态及相互关系进行记录和描述的结果，是承载于龟板、竹简、纸张、计算机等各类物理实体上人为创造的符号。"器"指有形的物质，逻辑上与数据一脉相承，数据的初始价值是从"器"的层面对事物发展规律的记录和描述，是未经加工的资源。在此阶段，数据以碎片化和非结构化予以呈现，没有直接的应用价值，仅具有潜在的经济价值。

2. 数据的基础价值——提炼信息和知识

"术"代表在认知事物规律过程中工具方法。从"术"的层面而言，数据通过采集、预处理、分析挖掘等方式方法能够提炼出信息和知识，经过资本、劳动和技术等要素的投入，形成具有市场交易价值的产品或资产，这构成了数据的基础价值。数据的基础价值是数据作为生产要素所产生的客观价值，价值量取决于其他资源的投入规模，是数据资产价值的重要组成部分。就基础价值内涵而言，信息是对物理世界无序性和不确定性的度量，是知识的原材料。知识是在人类认知过程中不断积累、总结、验证的信息，是智慧的原材料。信息和知识囿于时代局限，对事物运行规律的揭示仅是基础性的，通常以独立的各个要素予以呈现，对于要素间的关联程度和要素重组后的效能认知不够深刻、全面。例如，数据、应用、技术、组织、人才都是数字化转型的基础性要素，但数字化转型成功不仅应考量要素的自身规律，也要在转型主体的战略目标统筹下，重点分析要素间的关联性和重构后的效能，因此需要对数据的基础价值予以进一步挖掘。

3. 数据的核心价值——驱动创新

"法"代表在认知事物规律过程中的规则。就"法"的层面而言，数据的核心价值在于对数据的基础价值深度挖掘后，将构成事物的诸多要素

---

① 见《老子道德经注校释》，中华书局出版。

重新"增减"和"组合",创造出新的规则和秩序,即所谓的系统优化和机制创新。数据要素与经济活动深度融合,与各类生产要素高效连接,形成了多业态融合的经济价值网络,这是数据核心价值的具体表象。数据要素作为连接各方的纽带推动了资源的跨界整合,深刻改变了原先的生产方式、交易模式和组织结构,催生了新的经济业态,如数字经济、平台经济、共享经济等。这种新业态新模式颠覆了基于"线下"物理场所的传统经济的雇佣关系,劳动关系由原先的"企业—员工"雇佣模式逐渐转变为"平台—个人"的合作模式,构建出一个多市场主体参与、多生产要素投入以及多应用场景实现的生态系统。在该生态系统中,平台企业基于强大的算量、算力、算法,实时掌握市场中供需双方的行为偏好,价值创造方式与交易定价规则被重新定义。

4. 数据的终极价值——智慧治理

"天地以自然运,圣人以自然用。自然者,道也",故老子有云"道法自然"[①]。"道"是事物运行发展的规律,而智慧是对"道"的认知,是对事物发展变化中规律的总结,是将大量信息点构成的知识网进行系统性分析后,形成的一套解释当下现状和判断未来趋势的认知框架和思维体系,能够在空间维度上从局部推断整体,时间维度上从现在推断未来,并经得起实践的检验。与数据价值的前几个阶段不同,数据的终极价值强调预判性和探索未来,以智能化的方式驱动决策,这为数字时代公共部门科学决策和精准施策奠定了基础。因此,数据终极价值的开发利用程度不仅将决定征管数字化在未来能否顺利"迭代升级",更影响税收治理现代化乃至国家治理现代化进程能否"行稳致远"。

综上可知,数据的价值不在于其本身,而在于将原始数据"开发利用",通过对海量数据的集成、挖掘和分析、应用、赋能,产生新信息,获得新知识,创造新制度新模式,最终形成对国家治理有前瞻性和指导意义的认知框架和思维体系,这一过程即为数据增值的过程(见表7-3)。

表7-3 数据价值开发利用各阶段特征表

认知维度	价值属性	价值内涵	功能作用	时代背景	数据开发利用要求
道	终极价值	智慧治理	宏观经济运行趋势预判;智慧决策;精准施策	智慧化时代	数据从精到智,推进国家治理现代化

---

① 见《老子道德经注校释》,中华书局出版。

续表

认知维度	价值属性	价值内涵	功能作用	时代背景	数据开发利用要求
法	核心价值	创新制度	业务变革：执法、服务、监管的流程再造	数字化时代	数据从优到精，推进数字化升级和智能化改造，提高服务水平和用户体验
			组织变革：组织体系集约化扁平化；岗责体系重塑		
			技术变革：中台架构引入		
术	基本价值	提炼信息和知识	数字化转型的基础要素归集	信息化时代	数据从有到优，提升征管效率
器	初始价值	记录和描述事实	人工记录和申报	手工化时代	数据从无到有

（二）数据价值核心要素

价值化的数据是数字经济发展的关键生产要素，加快推进数据价值化进程是发展数字经济的本质要求。数据价值化包括但不限于数据采集、数据标准、数据确权、数据标注、数据定价数据交易、数据流转、数据保护等。

1. 数据要素

习近平总书记多次强调，要"构建以数据为关键要素的数字经济"。党的十九届四中全会首次明确数据可作为生产要素按贡献参与分配。2020年4月9日，中共中央、国务院印发《关于构建更加完善的要素市场化配置体制机制的意见》（以下简称《构建意见》）明确提出，要"加快培育数据要素市场"。数字经济下，数据、技术、资本、劳动力、土地构成生产要素组合。数据不是唯一生产要素，但作为数字经济全新的、关键的生产要素，贯穿于数字经济发展的全部流程，与其他生产要素不断组合迭代，加速交叉融合，引发生产要素多领域、多维度、系统性、革命性群体突破。具体而言：一是数据要素将推动技术、资本、劳动力、土地等传统生产要素的优化重组，生产要素的新组合、新形态将赋予数字经济强大发展动力。例如，催生出人工智能等"新技术"、金融科技等"新资本"、智能机器人等"新劳动力"、数字孪生等"新土地"。二是数据要素与传统产业广泛深度融合，凸显乘数倍增效应。例如，数据要素推动农业向数据驱动的智慧生产方式转型，推动工业向实现智能感知、精准控制的智能化生产转型，推动服务业深度发掘数据资源，探索客户细分、风险防控、信用评价。未来，应着重培育数据要素市场，加快构建数据要素市场规则，培育规范的数据交易平台和市场主体，探索场内、场外相结合的数据交易模式。

2. 数据资产

数据（Data）是"已知"的意思，也可以理解为"事实"，是反映客观事物未经加工的原始素材，是对客观事物的真实表达。根据《企业会计准则——基本准则》，资产是指企业过去的交易或者事项形成的、由企业拥有或者控制的、预期会给企业带来经济利益的资源。在资产概念中，"控制"产生经济利益，"权利"是核心内涵。由此可知，数据资产是企业由于过去事项而控制的现时数据资源，并且有潜力为企业产生经济利益。数据资产是企业生产经营中每天都会碰到的符号，是世界通行的一种语言方式，是科学研究的基础和经济决策的依据①。

3. 数据确权

明确数据归属，界定数据所有权是数据交易的前提。对于上传数据的初始用户，如何界定初始数据与用户之间所有权归属是数据确权的难点。包括《中华人民共和国民法典》在内的我国现行法律对数据所有权没有明确规定，国际上也缺乏成熟的法律文本予以借鉴。现阶段，区块链技术是厘清数据归属的有效工具。美国社交平台Facebook的CEO扎克伯格提出将"数据归还用户"，通过区块链将数据封装为可上链的数据对象，为用户数据赋码确权，被打上唯一、不可篡改、可追溯的标记，即使在后续流转中发生合并、拆分，也都可通过标识，保障用户数据的所有权。

（三）税收数据增值的逻辑架构：以大数据为例

税收数据增值利用的逻辑框架，主要包括大数据采集、大数据预处理、大数据存储与安全、大数据分析与挖掘、大数据应用五个层次（见图7-1）。

1. 逻辑起点：大数据采集

大数据采集是税收数据增值的逻辑起点。大数据采集层建设应以"数据可知、数据可取、数据可联"为目标，保障数据初始端口的真实性、全面性、多元化，聚焦构建多渠道、多维度的数据采集体系，拓展税务系统内部数据与外部数据采集的渠道，为实现内外部数据的互联互通与分析比对奠定基础。其中，拓宽内部数据来源主要是将企业财务数据与自然人数

---

① 秦荣生. 企业数据资产的确认、计量与报告研究［J］. 会计与经济研究，2020，34（06）：3-10.

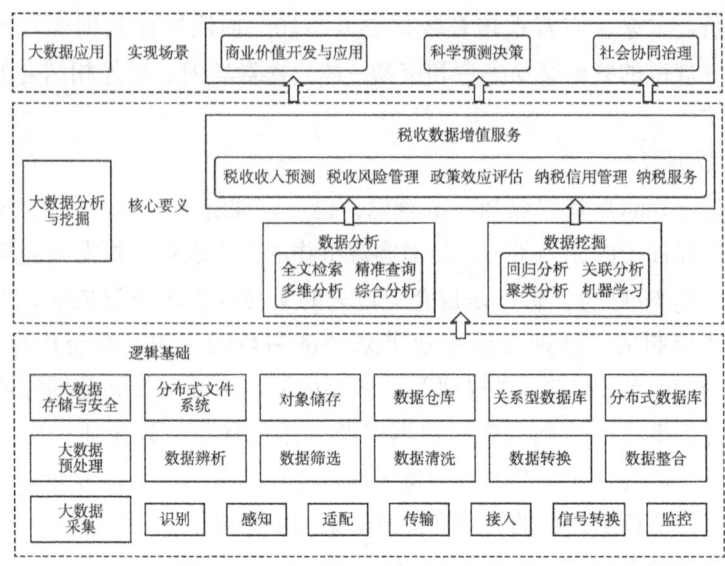

图 7-1 利用大数据的五个层次

据纳入采集范围；拓宽外部数据来源主要是获取其他政府部门数据、第三方数据以及国际情报交换的离岸税收数据，尤其是银行、证券交易所等金融机构的数据以及互联网数据。

2. 必要前提：大数据预处理

大数据预处理是税收数据增值的必要前提。该层次建设以"数据可用、数据实用"为目标，以数据标准化为核心，对数据采集层上报的数据统一定义、统一口径、统一标准，将多种涉税数据加工整理，保障数据质量的"真实性、完整性、精准性"，具体包含数据辨析、数据筛选、数据清洗、数据转换、数据整合多个环节，主要处理对象为发票信息、纳税评估、税务稽查等事务数据以及其他公共部门数据。

3. 运行保障：大数据存储和安全

大数据存储和安全是税收数据增值的有力保障。其规划建设应匹配大数据分析与挖掘层对数据处理性能的要求，即应满足该层次多维度税收数据即时调用分析计算的业务需求，进而支持科学预测决策。大数据存储与安全层建设的核心是搭建分布式数据存储架构，并逐步与人工智能技术相融合，实现对数据处理性能的自调优、自诊断、自运维。同时，也应尽快引入图数据库技术①，利用其对复杂关系网络处理的性能优势，助力税务

---

① 图数据库是利用图结构进行语义查询的数据库。该数据库技术根据边的标签，对复杂结构甚至任意结构的数据集予以建模，广泛应用于社会网络分析、反洗钱审计、税务稽查等领域。

部门的关联方交易分析等业务。此外，大数据存储过程中时常面临因管理与技术漏洞产生的数据泄露风险，构建与数据存储能力相匹配的数据安全保障体系至关重要。就顶层设计而言，出台《大数据安全管理指南》等数据安全国家标准，可以让数据安全保障有制可守、有规可循，提升数据存储及其管理的标准化与规范化水平。

4. 核心价值：大数据分析与挖掘

税收数据增值服务和大数据分析与挖掘的内在逻辑。大数据分析与挖掘层建设以形成税收数据增值服务为最终目标，数据分析与挖掘是达成该目标的技术性工具，技术性工具运用是否恰当，对税收数据增值服务的精准性与科学性起决定性作用。其中，税收数据增值服务的核心内容是"评价纳税行为、监控执法过程、优化纳税服务、提供决策支持"。实际上，税收数据增值服务的生成，如同产品的生产过程，以全文检索、精准查询、多维分析、综合分析为代表的生产方式（数据分析）在高质量税收数据增值产品的供给上稍显乏力，急需以回归分析、关联分析、聚类分析、机器学习为代表的生产方式（数据挖掘）的优化升级。当然，深化数据挖掘并不是忽视数据分析，两者应协同匹配，共同发挥合力，从而提升税收数据增值服务的质量。

大数据分析与挖掘的"承上启下"支柱作用。大数据分析与挖掘是税收数据增值系统逻辑的核心价值，发挥着"承上启下"的支柱作用。就整个逻辑架构而言，无论是由大数据采集、大数据预处理、大数据存储与安全所构成的逻辑基础，还是由大数据应用所构成的场景实现，只有通过大数据分析与挖掘的支撑，整个系统方能运行通畅。若将税收数据增值的逻辑架构视为产品的生产流通过程，大数据采集、大数据预处理、大数据存储与安全则分别代表不同层级的原材料，通过对原材料的逐层"优化提纯"，才能保障大数据分析与挖掘层次生产要素的高质供给。税收数据增值服务代表产成品，数据分析与数据挖掘代表生产方式，通过差异化生产方式对生产要素的加工升级，生成多维度功能的增值产品，进而满足企业部门、税务部门以及其他公共部门的业务需求；大数据应用代表着增值产品投入市场后的流通方向，供应于企业或个人将降低交易双方因信息不对称产生的风险，是增值产品商业价值开发与应用的体现，供应于税务部门则助力政策决策的科学性与前瞻性，供应于其他公共部门则有利于推进社会协同治理，通过税收数据增值产品为各部门的市场行为与政策决策提供智力支持。

5. 场景实现：大数据应用

大数据应用是税收数据增值的成果展示层，是新时代税收职能的场景应用。新时代税收工作既要完善财政资金筹集、宏观经济调控、收入分配等经济职能，更要履行新时代赋予的社会治理职能。

其一，"非接触式"办税缴费服务的拓展。"非接触式"办税缴费服务，即通过打破地域和时间的界限，以最大限度减少纳税人缴费人与税务人员的线下见面时间，促使纳税人缴费人以最便捷的方式办理涉税事项与咨询服务。通过涉税业务的"线上办理""一键办理""掌上办理"等"非接触"方式，达到"服务不见面，时刻都在线"的效果，为疫情防控与涉税服务"提质增效"。

其二，税收大数据精准对接供销双方并畅通产业循环。税收大数据帮扶复工复产企业畅通产业链上下游。税务部门基于税收大数据，对企业复工复产状况进行了多维度分析，通过全国数据共享和信息联动，协助解决产业链上下游和供需双方的配套衔接问题。即利用增值税发票数据对企业销售状况持续跟踪和深入分析，从地理位置、纳税人信用等级、开票金额三个方面，筛选出适宜的原料销售方和购买方信息，在保护纳税人商业秘密和个人隐私的前提下，基于市场化原则促成交易双方进行商业往来。

其三，税收大数据协助税务部门科学决策。除了精准帮扶企业实现供销对接外，通过对税收大数据的分析与挖掘，实现数据的增值利用。即从行业、地区、规模、企业类型等不同维度，动态分析经济运行现状，客观反映企业生产、经营、投融资等状况，提出切实管用的帮扶措施，为其他公共部门科学预测决策与精准施策给予支持。例如，企业资金流遇到困难，通过"银税互动"，将纳税信用转化成融资信用，协助企业申请银行贷款。积极推进银行和税局的数据直连，实现小微企业贷款网上"一站式"办理。对于受疫情影响较大的企业，基于税收大数据，协助银行金融机构精准放贷，一定程度上缓解了企业现金流压力。

其四，动态"信用+风险"精准监管模式的落地。税务部门已初步建立了纳税人动态信用、监控预警、风险应对、联动融合的全流程新型监管机制，该机制以数据要素为导向，通过对业务流程的系统化和整体化设计，改变了以往分散的线条式业务管理模式。新模式将纳税人的动态信用风险状况融入分类分级服务与监管的全过程，实现风险、稽查、内控的一体实施，促进业务管理与数据治理的相互赋能。在"以数治税"的模式下，税务部门可利用大数据、区块链、人工智能等信息技术，持续推进动态"信用+风险"管理体系建设，通过对海量涉税数据进行"一户式"

"一人式"的归集整理,依靠先进的算法群与多模型组合对纳税人涉税数据进行多维度关联分析,实行动态信用评价和监控、差异化风险识别和预估,实现"无风险涉税行为不打扰,高风险涉税行为及时阻断",达到对市场主体干扰最小化、监管效能最大化、基层减负最实化的目标。

第四节 数字化治理与税收征管数字化[①]

一、数字化背景下的政府治理

"数字化"作为一种新的社会经济形态,其伴随着现代信息技术的发展而不断演变,并成为现代国家治理的重要手段,同时也给国家治理带来了新的挑战。将"数字化"与"治理"的有机结合,成为当下政府治理面临的崭新课题。而"安全风险"问题是数字政府建设进程中最为关键的问题,这是数字化政府治理的基础和前提。

(一)政府数据安全治理问题

政府的数字化治理、技术风险是极其重要的,既包括网络信息攻击,也包括信息安全漏洞,还有信息泄露等,关键核心技术的"短板"尚未突破,潜在风险犹存。而在数字政府建设中,数据安全是核心,这是影响国家安全的重要因素。数据安全治理是实现国家总体安全、推进治理现代化的重要基石。政府数据安全治理问题,是指数据治理实施中面临内外部环境变化时可能引发的对数据采集、整理、运用、经营、反馈、维护等各个环节、各个领域造成的冲击和负面影响。提升政府数字化治理水平,首要的是实现政府数据安全的全流程、全方位治理,其中最为关键的是政府数据滥用和政府数据监管。技术风险与数据安全相互影响,技术安全风险的存在,会对政府在政务数据运营和使用、监管和反馈过程中产生重大影响。同时,政府数据滥用、监管不到位等也会导致技术标准不过关,规范性不够,也易产生技术风险。

政府数据滥用。政府通过数字化手段收集了大量管理相对人等的敏感信息。数字政府与普通民众在数据使用上的地位不对等,政府能够对用户提供的个人隐私信息提出要求。如果未经授权就把用户数据提供给第三方,极易产生信息数据滥用的风险,降低政府的信任度。

[①] 本部分内容刘和祥亦有贡献。

政府数据监管难度加大。现代信息技术广泛应用不断延长了数据链，这样参与主体不断壮大，数字政府对数据使用、流动、管理的参与主体、参与环节、参与的监管难度增加，数据传播途径日渐复杂和多样，进一步增大数据监管成本，导致监管效率下降，从而破坏政府数据运行机制，降低数据治理效率。数据规范的体系化建设尚显不足。虽然相继出台了确保网络信息安全、数据安全管理等公共政策和法律规定，但其时效性、执行力、约束力等方面仍有不足，造成法律法规、公共政策等数字经济治理等方面存在一定"真空"地带，对数字政府利用数据治理造成一定冲击。

此外，数字政府治理模式尚不完善，也直接影响着数据安全治理。数据管理部门与业务部门的权责不清晰，各部门间的"数据职责"尚未实现清单化管理，导致数据采集、整理、更新、共享等难以实现规范化管理。同时部门间的协同性较弱，线上线下流程和业务间协同衔接不畅，无法实现有效对接，严重制约了数字政府的运行效率。

（二）数字政府治理的路径

有效规避和防范数字技术风险、数据安全风险等，是数字化政府治理顺利推进的重要保障。

1. 健全数字化政府机制，推动政府职责体系与机构设置适应数字的要求

一是推动实现数字政府标准化建设，做好数字政府治理的顶层设计，整合数字政府资源，形成全力联动；二是加强业务协同，明晰政府各部门各层级数据采集、存储、共享、开放等职责，建立数据全流程清单，整合线上线下业务部门的协调对应；三是坚持以社会需求为核心，以平衡各方利益、展现政府作为为原则，提升政府数据水平；四是充分利用数字政府平台，加快全能型"数字人才"培养，实现数据"善治"目标。

2. 推动数据要素市场化进程，提升数字政府运行效率

既要加强对数据要素的保护，又要积极推进数据要素市场化改革，政府集中掌握的公共数据也要纳入数据要素市场化改革中同步推进。一是健全数据要素市场的法律法规、政策制度，从法治层面确定数据资源的所有权、使用权、流转权等，最大限度发挥数据要素市场化的价值；二是构建一体化数字资源系统，以数字资源生命周期为管控对象，并形成数据资源智能化系统，有序放开政府数字资源，加快数字化治理进程；三是优化数据运行生态环境，要以市场化、标准化为交易准则，以市场价、成本价、现金流为定价手段，健全数据评估机构和交易场所，打造良好数据要素市场秩序和环境。

3. 着力提升数字政府治理中各个参与主体、治理主体、应用主体的素养水平

数字化背景下，政府部门、市场主体、社会主体、公民个体逐步形成一个整体，成效取决于合力的效果。一是强化政府管理层、业务层、技术层的工作职责、道德操守、思想认识等；二是健全数字政府数据开放共享过程中管理层、业务层、使用者、应用者之间的反馈、修正等机制，实现多元参与主体、治理主体的有效联动。

二、"以数治税"税收征管模式创新

（一）"以数治税"的底层逻辑分析

我国经过将近40多年的税收信息化建设，在征管制度、协同共治、信用支持、科技手段、安全保障等方面为"以数治税"征管模式的建立奠定了重要基础，"以数治税"将在税收征管改革中发挥重要作用。

1. 制度基础

新技术新业态的发展对税收制度及征管制度也带来了巨大挑战，在大数据技术和网络环境的助推下，数字经济业已成为新经济发展的重要形式，数字经济企业主要依托互联网等数字技术提供产品和服务，而不再依赖传统实体性机构开展交易。由于数字经济征税主体的虚拟化、物理空间与实体不统一、全球范围内组织体系和业务不再遵从传统模式，因此，在跨地区征税、来源地税收管辖权等方面给税收征管带来巨大冲击，税收征管制度需要及时进行修订。要引导数字平台经营管理者认真履行对平台内的经营者进行涉税信息收集、核验和登记等义务，鼓励数字平台经营管理者定期向税务部门提供平台内所有经营者的涉税信息。未来税收相关法律制度的制定，应适应数字经济运行中税制和征管方面带来的一系列挑战，重构当前的税收法律义务关系，以符合当前新经济的运行特征，引导优化税制及分配关系的建立，强化先进技术手段在税收征管工作中的应用，为"以数治税"征管模式建立奠定完整的制度基础。

2. 共治基础

政府部门间的税收征管协作是实现"以数治税"共治的基础。目前，全国各地税务机关在政府部门间涉税信息合作上已有众多尝试，但整体上来说，政府部门间税收信息合作仍处于初始阶段，需要进一步拓展合作的范围。一方面，由于配套的制度缺失，政府部门法律地位不明确，合作大部分采取政府文件、联席会议、双方协议等形式进行；另一方面，由于各部门信息系统不一致，数据信息的标准和口径也不一致，导致"以数治

税"的信息互通存在障碍,涉税信息交换的效率不高。《构建意见》提出推进精诚共治,健全"党政领导、税务主责、部门协作、社会协同、公众参与、国际合作"的税收共治新体系,并对加强部门协作、社会协同、税收司法保障、国际税收合作等方面作出部署,为进一步深化税收共治提供了有力支撑。推动"以数治税"离不开政府部门间的税收征管协作,各部门之间明确责任和义务,形成协调配合的税收征管协作机制,才能奠定"以数治税"社会共治基础。

3. 信用基础

在推进社会信用体系建设过程中,纳税信用是社会信用体系建设的重要组成部分。在数字经济背景下,纳税信用作为纳税人履行税收义务的直接反映,客观上体现了纳税人对社会、对国家的信用,也是一个企业是否合法合理经营的重要衡量指标。建立跨部门信用信息共享机制。开展纳税人基础信息、各类交易信息、财产保有和转让信息以及纳税记录等涉税信息的交换、比对和应用工作。进一步完善纳税信用等级评定和发布制度,加强税务领域信用分类管理,发挥信用评定差异对纳税人的奖惩作用;积极持续推进税收违法"黑名单"和联合惩戒制度,运用税收"大数据",建立纳税人诚信档案,通过加强部门间信用信息共享,构建守信联合激励、失信联合惩戒长效机制,推进纳税信用与其他社会信用联动管理,共同营造"守信者一路绿灯,失信者处处受限"的信用环境,不断提升纳税人税法遵从度。

4. 技术基础

近年来,创新驱动发展战略正引领科学技术飞速发展,不断推进人工智能、大数据、云计算、区块链等新技术与税收征管深度融合,科技创新深刻改变了经济社会活动的面貌,成为助推税务"以数治税"的强劲动力,必将带来税收征管制度创新和业务流程变革,从而实现征管模式的优化、征管效能的提升。当前,税务部门通过对海量税务数据资源进行分析,并将相关结论和建议应用于税收风险管理、违法线索识别和税收经济政策决策,无疑能有效提升税务征管的质效,充分发挥税收在国家治理中的基础性、支柱性、保障性作用。在2021年浙江省杭州市税务部门查处的网络主播涉税案件中,大数据分析发挥了重要的初始发现、关键节点识别、证据记录和过程回溯的执法和监管功能,也对行业税务违规行为和失序状态形成了"警示性"压力,督促纳税人和相关市场主体严格遵循税法申报纳税。

5. 安全基础

随着数据作为生产要素的价值不断显现,数据安全已成为事关国家安全的重要方面，是数字政府、数字经济的生命线，也是数据管理工作和"以数治税"的前提和底线。当前，数据在税务机关执法、监管和服务过程中的作用越来越重要，税收数据库中拥有纳税人缴费人的大量交易信息和涉税信息，涉及很多个人隐私和商业机密，存在被泄露和使用不当而产生的风险。在"互联网+税务"背景下，纳税人缴费人信息的采集和共享有可能受到网络病毒的攻击，纳税人缴费人的信息存储也可能受到"黑客"的恶意窃取，从而导致纳税人缴费人隐私泄露。要在保障税收信息的安全与纳税人信息的安全之间取得平衡。不断完善税收数据安全相关制度规范的建设，及时填补制度空白，修复管理漏洞，杜绝税收数据安全隐患，并与保密工作相协同，推动数据安全保密一体化落实。

（二）"以数治税"与税收治理现代化

新业态加大了税收征管的难度，新技术则为税收征管创造了机遇。①随着新业态和新技术的迅速发展，深刻改变了税源的结构、形式及流动性，税收征管模式为了适应当前的挑战，必须及时进行重构。《构建意见》立足于解决深化税收征管改革中存在的突出和深层次问题，并把构建"以数治税"的理念贯穿于税收征管改革全过程，当前构建"以数治税"征管模式必将围绕税收现代化"六大体系"② 而展开。

1. 构建"以数治税"征管模式下的党的领导制度体系

构建"以数治税"征管模式下的党的领导制度体系，可将党建、党务、纪检、组织、宣传、内审、财务等部门相关数据"一盘棋"统筹，构建税务行政管理大数据融合分析平台，通过跨平台数据共享，打通党建、综合办公、数字人事、绩效管理、财务管理、采购管理、内控监督、学习兴税、税务宣传等税务系统行政服务数据链条，深化业务协作，深挖数据潜在价值，提升数据应用效能，实现系统的共融共通。切实做到税务干部信息"一员式"归集、税务部门情况"一局式"汇总。实现党务政务系统与税收业务系统相对接，为党务政务工作提供决策信息和业务大数据支撑。

2. 构建"以数治税"征管模式下的税收法治体系

税收法治体系要在筑法治之基、行法治之力、积法治之势中推动，大幅提高税法遵从度。当前，数字经济蓬勃发展，对传统税收征管带来巨大

---

① 李伟．新技术、新业态与税收征管［J］．国际税收，2018（05）：6-10．
② 国家税务总局办公厅．带好队伍展现新气象 干好税务开拓新局面 高质量推进新发展阶段税收现代化——全国税务工作会议在北京召开［EB/OL］．http：//www.chinatax.gov.cn/chinatax/n810219/n810724/c5160614/content.html，2021-01-08/2022-02-04．

挑战，而我国现行的税收法律法规并未跟上数字经济的发展步伐，数字经济交易活动涉及较多是无形资产，数字经济背景下课税对象界限相对于传统产品或服务的课税对象更为模糊，数字产品、数字服务价值的评估难度较高，现行税制难以明确征税对象和税收优惠的适用性，也给税收征收过程中课税对象的确定和计量带来挑战。我国相关经济法和税法对数字经济的定义也几乎为空白，对数字经济商业模式产生的新类型的所得定性也没有明确的条文规定，包括税收管辖权的划分问题、税源地与收入地背离问题等。

当前，构建经济数字化转型背景下的税收法治体系，需要对数字经济时代的税收征收管理法、个人所得税法、企业所得税法、经济法、公司法、合同法等都应及时作出相应的补充。同时，司法机关对法律条文作出具体的解释和执行标准，解决基层税务机关在具体执行之中的无法可依的难题。

未来税收法律法规和征管制度将按信息化、数字化、智能化管理标准作修改，设计从"以票管税"到"以数治税"、纸质到数据的系列涉税管理制度，实现"交易即开票"，推行数据驱动的后台无感监管新模式，涉税强监管，无税不打扰。税法设计将充分体现税收中性原则，税收监管制度设计更加合法、合理，符合数字化、电子化操作管理要求，实现公平公正公开、精确执法。

3. 构建"以数治税"征管模式下的税费服务体系

税费服务体系要在提升办税缴费体验中大幅提高社会满意度。《构建意见》提出，到2023年，基本建成"线下服务无死角、线上服务不打烊、定制服务广覆盖"的税费服务新体系，实现从无差别服务向精细化、智能化、个性化服务转变。税务部门以现代信息技术为支撑，将大数据、云计算、人工智能、区块链等技术与办税缴费业务相融合，可建立智能感知、智能引导、智能处理的多元化办税缴费方式。同时，打通线上线下办税缴费服务渠道，通过加载强大在线收付功能，支持多元化办税缴费方式。建立按需定制、因需而变的需求诉求实时协调响应机制，运用税收大数据智能分析识别纳税人缴费人的实际体验、个性需求等，加强与纳税人缴费人的交流互动，全面采集纳税人缴费人在办税缴费过程中需求、问题、意见和评价，对纳税人缴费人开展数据和行为分析，精准定位纳税人缴费人诉求，精准提供线上和线下服务。通过创新征纳双方的互动模式，实时回应并精准识别纳税人缴费人的具体需求，制定个性化服务模式，加强线下和线上服务模式的相互衔接，主动提升办税缴费新体验。持续优化线下服务，更好满足特殊人群服务要求，确保税收业务最短时限直办快结，在"管"上规范用力，确保涉税诉求最大限度直通快办。切实推动税费服务向精细化、智能化、个性化转变。

4. 构建"以数治税"征管模式下的税费征管体系

税费征管体系应以"以数治税"为导向，要在推进理念、方式、手段变革中更加优化、高效统一，形成税费征管新格局，实现税费征管数字化转型。构建"以数治税"征管模式下的税费征管体系要围绕构建智慧税务建设目标，着力推进"两化、三端"建设。①

一是实现数字化升级和智能化改造。在数字化升级方面，税务部门将以发票电子化改革为突破口，将各类业务标准化、数据化，让全量税费数据能够根据应用需要，多维度适时化地实现可归集、可比较、可连接、可聚合。税务系统将利用新技术搭建数字化税源管理体系、智能化的业务办理体系，全流程风险防控体系，电子发票体系，可视化的决策指挥体系等为多维度、立体化的"数字化"税收管理体系，从实际税收征管实践视角，纳税申报、税款征收、税收法治等税收管理重点将围绕"数字化"快速转型升级。在智能化改造方面，税务部门将基于大数据、云计算、人工智能、区块链等新一代信息技术，对实现数字化升级后的税费征管信息，进行有机整合，并通过其反映现状、揭示问题、预测未来，更好地服务纳税人缴费人，更好地防范化解征管风险，更好地服务国家治理。

二是推进"三端"平台建设。在纳税人端，通过打造法人税费信息"一户式"、自然人税费信息"一人式"税务数字账户，成为纳税人在税务局的数据资料"保管箱"，数据将成为连接征纳双方的新纽带，以数据驱动业务，实现法人税费信息和自然人税费信息智能归集。可实现对同一企业或个人不同时期、不同税种和费种之间，以及同规模同类型企业或个人之间税费匹配等情况的自动分析监控。征纳面对面互动频率会大幅减少，征纳成本大幅降低。在税务人端，通过打造"一局式"和"一员式"应用平台，实现税务系统所有单位和人员信息可分别进行智能归集，并按照税务人员所处层级、部门、职务、岗位、业务范围等进行标签化和网格化管理，智能推送工作任务，进行个性化考核评价，从而大幅提升内部管理效能。在决策人端，通过打造"一览式"应用平台，实现对征纳双方、

---

① 国家税务总局办公厅. 深化亚太税收合作　共绘数字发展蓝图——王军局长在第50届SGATAR 年会上的发言［EB/OL］. http：//www.chinatax.gov.cn/chinatax/n810219/n810724/c5170676/content.html，2021－11－18/2022－02－04.

内外部门数据,可按权限在不同层级税务机关管理者的应用系统中进行智能归集和展现,为管理指挥提供一览可知的信息,促进提升智慧决策的能力和水平。

5. 构建"以数治税"征管模式下合作共赢的国际税收体系

一是构建"以数治税"征管模式下合作共赢的国际税收体系需要多方发力。中国应当积极参与数字经济背景下的国际税收规则制定。深度参与国际税收规则和标准制定,加强对国际税收新问题新趋势的研究,做数字经济相关规则制定的参与者、引领者,提升话语权和影响力。在推动全球应对数字经济挑战、重塑数字经济全球税收治理秩序的发展过程中发挥重要作用。二是进一步打造优质便捷的国际税收服务体系。要持续推进"非接触式"办税缴费,不断提升纳税缴费便利度,实现国际税收主要涉税事项"网上办"和"跨国办",并建立"普惠+定向"的分类服务模式,推行优质便捷的个性化服务。三是要加强国际税收合作,严厉打击国际逃避税。推动完善国际税收合作与协调机制,执行好多边税收公约,加强税收信息交换,形成深度交融的互利合作网络。加强申报管理及跨境利润水平监控系统等数据的应用,挖掘案源信息,聚焦重点行业、重点领域,有针对性地开展打击国际逃避税,维护我国税收利益。加强大数据背景下的涉税情报交换,形成打击国际逃避税的征管合力。以"智慧税务"建设为契机,统一国际税收信息系统,依托信息化手段切实提升国际税收征管精准度。坚持数据驱动,提升跨境税源管理质效。全面落实 BEPS 行动计划,构建数字经济背景下反避税国际协作体系。稳妥推进"双支柱"方案在中国的落地生效。

6. 构建"以数治税"征管模式下的税收队伍组织体系

一是实施人才支撑战略为征管数字化转型提供保障。结合深化税收征管改革发展需要,推进"以数治队"的现代化税收队伍组织体系建设,配强人员和力量,进一步破除部门间管理联动壁垒,打造高效协同的组织管理体系,提升税务人力资源配置效能。推动全体税务人员尤其是领导干部学大数据、懂大数据、用大数据,成为助推"以数治税"的行家能手,满足"以数治税"征管模式下的税收工作要求。结合构建"以数治税"征管工作实际,对难度大、涉及面广的复杂事项,组建跨层级、跨部门、跨区域风险应对专业化团队,实施"专业化+跨区域"团队式应对,在实战中提升本领、锻炼干部。

二是提升干部队伍的"改革能力"和"用数能力"。在《构建意见》落实过程中,税务干部必须具备专业化思维与能力,要树立数据是重要资产的理念，让税务干部在潜移默化中增强精确、精细、精准、精诚的理念，强化"用数"意识、增强"用数"能力，依法依规"用数"、科学"用数"。同时关注基层数字治理能力短板，正视数字鸿沟，提升治税能力，在信息系统易用性、便捷性上下功夫，在基层税务机关各部门设置数据治理岗位，逐步提升整体治理能力。

三是坚持"以数带队"与"以数治税"联动。按照"制度加科技、管队又治税"的思路，坚持"以数治税"与"以数治队"联动，全面上线内控监督平台，将内控监督规则、考核考评标准渗入业务流程、融入岗责体系、嵌入信息系统，实现过程可控、结果可评、违纪可查、责任可追的自动化联动监控，不断拓展"以数治税"乘数效应，大幅增强带队治税的税收治理效能。

三、税收征管数字化转型

征管数字化转型的底层逻辑在于数据开发利用，终极目标在于构建智慧税务。即在复杂数据中充分挖掘数据资源的价值，持续推动数据要素价值的释放，从围绕优化流程向数据挖掘、智能决策等更深层次的数据增值应用发展。无论是信息化、数字化、智能化，根源皆在于数据价值的开发利用，信息化侧重于数据基本价值挖掘，将原始数据进阶为信息和知识，巩固了数字化转型的基础；数字化更侧重于数据应用价值的发挥，为税收征管数字化转型给予支撑。通过税收征管系统内部各基本要素的优化重组，推动税收执法、服务、监管体制机制的创新，这种创新将融入征管数字化转型的三大变革之中，如业务变革中的流程再造，组织变革中的岗责体系重构，技术变革中的中台架构引入等；智慧化侧重对数据终极价值的挖掘，将数据要素终极价值释放与国家治理现代化相结合，充分发挥税收在国家治理中的基础性、支柱性、保障性作用。即借助人工智能技术建立对经济社会发展规律的认知框架和思维体系，协助税务部门乃至其他政策制定部门对经济运行趋势予以预判，并建立风险防控和快速响应机制，实现决策智慧化和跨周期逆周期调控的精准有效。

综上可知，强化数据增值必须更好地发掘数据要素的基本价值、应用价值和终极价值，将数据要素对数字化转型的赋能效用最大化，这是税务部门数字化转型的难点，需要从逻辑上明晰税收征管数字化转型到底"转什么""如何转"又"转到哪里"。

（一）税收征管数字化转型"转什么"

"转什么"，简言之就是转变税收征管模式的驱动力，实现税务执法方式的根本性变革。即在现有税收征管模式岗责流程和任务表单驱动的基础上，升级优化为数据驱动、规则驱动、人工智能驱动，以"嵌入式"征管推进纳税人自愿遵从的"报税"模式向纳税人自动遵从的"算税"模式转变，包含业务、技术、组织三个层面，业务变革是主体，技术变革是支撑，组织变革是保障。业务变革的方向在于业务流程的融合升级和优化重构，是精确执法、精细服务、精准监管和精诚共治的内容，技术变革是为业务变革和组织变革提供支撑，即通过一系列数字技术"组合拳"的应用，实现内外部涉税数据智能归集和分析，线上线下有机贯通，驱动税务执法、服务、监管的制度创新。组织变革是在数字化背景下的组织优化和机制完善，以适应经济数字化为导向，明晰并优化税收组织职能、岗责设置、人员配备。

（二）税收征管数字化转型"如何转"

征管数字化转型"如何转"，具体包含业务、技术、组织三个方面。其中，业务变革的"如何转"体现在：摒弃征管改革就是优化业务流程的固化思维，坚定数据驱动理念，让业务变革向数据分析和挖掘、智能决策等更深层次的数据增值应用发展。具体表现为税务、财务、业务的一体化深度融合。现行监管模式是基于纳税人自行填报数据，是对过去发生的应纳事项的反馈，税收监管是对风险的"事后"识别，涉税信息的滞后导致了税收的不确定性，税收风险识别具有"先天劣势"。因此，转变税收征管模式，将征纳双方的"接触点"由过去的"有税"关联转变为现在的"涉税"即关联，发展到下一步的"未税"即时关联，使税收规则、算法、数据直接融入纳税人经营业务中，伴随着每一次交易活动自动计算纳税金额，确保在应税事项发生的时间节点纳税人就能遵从税收规则，实现征管的即时化。①

技术变革的"如何转"体现在：通过现代信息技术促进征管数字化升级和智能化改造，包含数据驱动、应用升级和技术革新三个方面。数据驱动的关键不在于算力和算法，而在于算量，即数据的可得性和安全性。现阶段，数据安全性会极大地影响数字化转型基础——数据获取。囿于各政府部门、市场主体、自然人对数据外部交换和共享的安全性担忧，一定程度上抑制了与涉税业务有关的第三方数据的获取。应将数据安全建设作为数据驱动的重点，在"原始数据不出域，数据可用不可见"原则的指导

---

① 王军. 深化亚太税收合作 共绘数字发展蓝图［EB/OL］.（2021-11-16）［2021-12-6］. http://www.chinatax.gov.cn/chinatax/n810219/n810724/c5170676/content.html.

下,通过基于安全多方计算(MPC)的隐私计算技术,从源头上消除"数据孤岛",为数据要素流通"保驾护航";应用升级主要是建设"金四"为代表的智能应用平台体系。在纳税人端,打造"一户式"和"一人式"税务数字账户,实现法人和自然人涉税信息智能归集和监控。在税务人端,构建"一局式"和"一员式"应用平台,实现各级税务机关和工作人员信息智能归集和管理。在决策人端,构建"一览式"应用平台,实现对征纳双方、第三方数据的智能归集和展现,提升管理者决策的科学性和精准性;技术革新主要是中台架构的引入,构建支持业务优化的数据链闭环。

组织变革的"如何转"体现在:一是考虑组织机构中嵌入数字政府理念,突破科层制的管理壁垒。数字化理念并不仅是设计一个税收数字系统,而是对税务组织全方面、多维度的改造和升级,最终促使税务组织体系向横向集约化和纵向扁平化转变。二是明晰税务部门的职能定位,重塑税务系统内部的职责体系。使税务部门的组织职能划分更加明确、岗责设置更加科学、人员配置更加高效。三是将内控监督规则、考核考评标准渗入业务流程、融入岗责体系、嵌入信息系统,实现人事管理的自动化联动监控,增强治理效能。

(三)税收征管数字化转型"转到哪"

智能化是税收现代化重要特征,智能化基于数字化,而数字化服务于智能化,两者同时服务于智慧税务①,故智慧税务是征管数字化转型的高阶形态。这里的"智慧"与数据终极价值的"智慧"一脉相承,从理念、制度、技术三个层面探知数字时代税收征管数字化的"道",回答了征管数字化转型"转到哪"的问题。

就理念而言,纳税人至上,多元主体协同共治。纳税人至上是"以人民为中心"发展理念在税收领域的具体落实。征管数字化转型始终是围绕纳税人缴费人实际需求,通过提供精细化、高效化、智能化的公共服务,为人民群众创造美好生活。多元主体协同共治是新发展阶段处理国家与纳税人关系的创造性思维,税收治理从税务部门和纳税人这一单向关系逐渐向多元化治理体系转变。即构建纳税人、税务部门、其他公共部门、第三方机构共同参与、反馈互动、协同共治的多元主体合作机制,以群策群力的方式产生"1+1>2"的协同效应;就制度而言,征管数字化转型的目

---

① 谢波峰. 智慧税务建设的若干理论问题——兼谈对深化税收征管改革的认识[J]. 税务研究, 2021 (09).

的是为构建适应数字经济的现代税收制度提供保障。基于实体经济运行与属地原则的征管模式已与数字经济不相适宜,征管数字化转型为数字经济税收征管提供了一种解决方案,保障税收制度的有效运行并倒逼现代税收制度的构建;就技术而言,"嵌入式"征管实时感知业务需求并智能预判和应对。智慧税务的关键在于算量、算法、算力的一体化深度融合,通过"嵌入式"征管对纳税人数据实时获取,全面感知纳税人生命特征和行为模式,智能分析纳税人可能存在的涉税业务需求,精准预判涉税风险。

第八章 全球税收治理研究

国际税收治理体系的调整与重塑是百年未有之大变局的税收内质,是新时代税收治理的重要内容。国际金融危机的阴影还未消除,新冠疫情突如其来,全球治理格局面临巨大考验。综合施策成为世界各国税收政策首要选项,税收改革趋势相向而行,政策措施各异,主流改革发展方向趋同。由于经济数字化发展而带来的国际税收治理规则变革成为国际税改的一大亮点,掀起了由BEPS行动计划到"双支柱"方案的规则博弈。BEPS行动计划开启了国际税收治理规则调整序幕,其成果发布,奠定了新发展时期国际税收规则调整的实践基石和调整方向,助力构建良好、公平、公正的国际税收秩序。"双支柱"方案历经多次谈判博弈,终于达成初步共识,实属不易。"双支柱"方案须经各国法律认可,形成多边公约,支柱一认同市场国征税权,支柱二建立全球最低税制度。数字服务税一直在国际税收规则调整中引发关注,虽有逐步退出之势,但还存在分歧,前景不甚明朗。中国倡导构建的"一带一路"税收合作机制在全球税收法治格局中彰显出强大的生命力。

第一节 百年未有之大变局的世界税收发展趋势

2008年国际金融危机爆发以来,各国经济复苏乏力,增长动力不足,特别是近期"逆全球化"思潮暗流涌动,经济全球化遇到挑战。但是,经济全球化的大趋势不会改变。在经济全球化背景下,各经济体一荣俱荣、一损俱损,没有哪一个国家可以独善其身。了解世界税改走势,以大国担当与民族智慧有效运用税收政策,促进我国经济增长,参与甚至引领国际税收治理体系的调整与重塑,发挥好税收在防御世界经济风险、促进全球经济治理中的重要作用,对于建立共商、共建、共享的全球治理格局具有重大意义。

一、世界税制改革趋势基本研判

（一）宏观经济背景

1. 全球经济增长疲弱

在疫情暴发前，全球经济增长前景的脆弱性已不断上升。到2019年，随着全球贸易摩擦的发展及政策不确定性对投资、贸易和产出带来的影响，世界经济下滑的迹象日益显现。全球国内生产总值（GDP）增速从2018年的3.4%进一步放缓至2019年的2.7%，远低于国际金融危机前20年间平均3.75%的增速。虽然劳动力市场需求旺盛，但工资涨幅较小，抑制了消费支出增长。同时，生产力水平提高有限，资本存量增长缓慢。2019年，大多数OECD成员国人均GDP增速放缓。

疫情的暴发，使世界各国经济受到冲击。为应对疫情，各国采取了一系列隔离限制措施，导致经济陷于大面积瘫痪，生产、消费和就业率大幅急剧收缩。预计2020年第一季度全球GDP下降约3%。劳动力市场状况大为恶化，失业人数和短期工作求职人数大幅上升，反映了工作机会减少、工作时间缩短。全球贸易也急剧收缩，2020年第一季度商品和服务贸易量预计将下降3.75%。疫情暴发初期，金融市场避险情绪严重，资产价格大幅下跌、波动剧烈。但随着各国央行迅速采取全面应对措施，金融市场稳定性得到一定程度的恢复，资产价格出现反弹，波动幅度缩窄。

2. 赤字率上升，公共债务率持稳

2019年，OECD成员国赤字率由2018年的2.9%上升至3.3%，主要原因是美国的赤字率从2018年的6.7%提高至2019年的7.3%所致。非OECD国家中，南非和中国赤字率有所上升，印度、印度尼西亚和俄罗斯有所下降。OECD成员国广义政府公共债务率在国际金融危机后迅速上升，近年来已稳定在一个较高水平。

3. 收入不平等现象依然严重

初次分配收入不平等程度依然严重。从基尼系数看，虽然到2018年底已恢复至接近国际金融危机前的水平，但以绝对值衡量，收入不平等程度仍然很高，反映了国际金融危机爆发前的30年间，多数OECD成员国的收入不平等程度就已经显著扩大。各国通过税收和转移支付政策手段，在一定程度上缩小了收入不平等程度。

（二）宏观税负和税收收入结构变化情况

1. OECD成员国宏观税负平均水平相比上年几无增长，但各国差异较大

2018年，各国宏观税负平均水平趋于稳定，与2017年相比基本持平，

这与2008年国际金融危机后至2017年间宏观税负每年增长的情况发生了变化。各国具体情况差异明显：最高依然是法国（46.1%），丹麦和比利时（44.9%）次之；最低是印度尼西亚（11.9%）、墨西哥（16.1%）和智利（21.1%）。但各国呈现出向OECD平均水平趋近的态势。

2. 各国税收收入结构保持稳定

从税收收入结构看，以所得税（包括个人所得税和公司所得税）为主要税收收入来源的国家有20个，其中丹麦、澳大利亚、新西兰和南非所得税收入占税收总收入的比重超过50%，但这4个国家很少或没有征收社会保障税。以社会保障税为主要税收收入来源的国家有11个，其中斯洛伐克共和国、捷克共和国、立陶宛和斯洛文尼亚社会保障税收入占税收总收入的比重超过40%。以流转税为主要税收收入来源的国家有9个，其中智利和阿根廷流转税收入占税收总收入的比重超过45%，而个人所得税的占比分别仅为9.7%和7.4%，为这些国家中最低。

从OECD成员国平均水平看，税收收入的主要税种为社会保障税、个人所得税和增值税。2018年，OECD成员国中，社会保障税收入占税收总收入的平均比重为28.2%；个人所得税的平均占比为23.9%；增值税的平均占比超过20%，其他流转税的平均占比约为12.0%；公司所得税和财产税的平均占比分别为8.8%和5.5%。

（三）主要税种改革趋势

1. 个人所得税继续减税，社会保障税变化不大

个人所得税继续减税，尤其是针对中低收入家庭的减税措施持续发力，这延续了近年来个人所得税改革的总体趋势。个人所得税税率正呈现普遍下降的态势，面向家庭和低收入者缩窄个人所得税税基的措施也频频出台。针对家庭资本所得的税收措施变化不多，增税措施和减税措施并存。社会保障税变化不大，主要措施包括降低社会保障税税率和缩窄税基，但总体上较为温和，改革步伐相比前几年有所放缓。

2. 公司所得税税率继续下降，数字经济征税问题成为焦点

2020年，OECD成员国综合（包括中央和地方）公司所得税税率平均为23.5%，一些高税率国家的税率下降明显，各国法定税率进一步趋同。许多国家还加大了税收优惠力度，以刺激投资、创新和环境可持续发展。经济数字化带来的税收挑战依然是许多国家关注的焦点。目前国际社会正在积极推动达成以共识为基础的多边解决方案，以应对挑战。但与此同时，越来越多的国家已宣布或实施了对某些数字服务收入征税的临时举措。

3. 增值税税率保持稳定，税基扩大与缩窄并存

许多国家的增值税税率已然很高，限制了进一步提高税率的空间。这种情况下，不少国家致力于打击增值税欺诈和对跨境在线销售有效征税，以实现增加税收收入和强化增值税税制的双重目标。与此同时，越来越多的国家扩大低税率适用范围，这与前几年增值税改革主要以增加税收收入为目标的趋势略有不同。

4. 消费税延续往年增税趋势

2020年，许多国家延续了前几年消费税增税的趋势，特别是对烟草、酒精和加糖饮料等产品实施增税。2020年，有9个国家提高了烟草产品消费税税率，3个国家提高了酒精相关产品消费税税率。对加糖饮料征收消费税成为近年来许多国家的政策选择。新增2个国家对软饮料或加糖饮料征税或考虑征税，还有2个国家提高了软饮料消费税税率。

5. 环境相关税种的改革继续缓慢推进

尽管与2019年相比，环境相关税种2020年所实施的改革措施数量有所增加，但改革只集中在少数几个国家。大多数改革与能源使用税有关，但与往年不同的是，改革的重点不再是运输燃料，而是碳税和对用电征税。除能源使用外，运输行业的税制改革仅限于对车辆登记税进行调整和对使用替代燃料的车辆予以减税。与其他环境税税基（例如塑料和废物）有关的改革也有所增加。

6. 财产税改革增多，增税趋势明显

以前年度通常显示财产税的改革措施较少，2020年显示发生了变化，财产税改革措施数量有所增加，包括提高税率和扩大税基。此外，以前年度财产税改革包括增税和减税两个方向，但今年增税的趋势更为明显。

二、后疫情时代全球税收政策走势

2020年全球疫情以来，不仅改革了全球治理格局，也对各国税收发展改革带来了重大影响，呈现出结构性减税特征和国际税收治理规则的变革，推动了全球税收治理格局的转变。

（一）应对疫情的税收举措聚焦在以减税为核心的结构性调整

突发疫情蔓延世界各国，扰乱了刚刚显露复苏迹象的世界经济。经济处于恢复性增长，政府财政压力并未从根本上改善，全球经济依然处于缓慢且脆弱发展状态，这无疑对全球经济发展"雪上加霜"。以减税为特征的政策工具再次引起世界各国的普遍关注。梳理各国采取的应对措施，主

要包括：一是增加企业现金流和家庭收入的税收政策及财政补贴政策，如允许延期缴纳增值税和公司所得税，加速增值税退税举措，提高个人所得税宽免与抵免额度，如加大投资的税前扣除力度，降低增值税率、减征或免税部分税费、实施针对性的税收返还、降低防疫物资供应和进口适用税率。最初实施的应对疫情的税收政策具有一定的时限性，大部分实施年限不是一年，但随着疫情的持续发展，部分到期的税收优惠政策得以延长，可以说短期举措特征明显。另一方面，世界各国普遍面临的财政压力，使得本已捉襟见肘的财政盖更加严峻，在实施必要且有限的减税政策同时，也在部分税种上实行增税措施，如有的国家对增值税提高税率，部分地方性税种的增税举措也时有发生。整体来看呈现出减税为主，结构性减税为核心，维持财政状况和政府支出压力减轻。随着疫情常态化发展，减税步伐也有所放缓。

与此同时，在疫情影响下，世界经贸往来受阻，特别是逆全球化问题日渐凸显，提振内需成为各国促进后疫情时代经济发展的重要驱动力，税收激励政策更加集中在刺激居民消费的选择上。韩国政府自2021年以来一直致力于快速恢复本国经济活力，在降低投资风险方面，采取长期股权投资税收减免、租赁住房财产税和资本利得税减免等措施，并逐步落实。在促进消费方面，对家庭消费支出超过上年5%以上的家庭，可加计特别扣除个人所得税，购买节能家电及汽车，给予退税或减征，提高对5G投资的税收抵扣率。值得关注的是，疫情暴发以来，数字服务业在全球经济中的重要性不断增加，引起各国政府高度关注，部分国家相继推出数字服务税，并将其作为筹措财政资金、缓解困难的新税源，加速推动数字服务征税已成为新的税收增长点。

OECD最新发布的税收政策改革报告中，分析了疫情将会导致税收收入持续缩减。经济活动和就业机会的减少，将会导致税源萎缩，收入下降；疫情期间的隔离限制措施，带来支出的下降，且消费者更多的是消费零税率或免税必需品，导致增值税、消费税和环境税减少，也可能通过影响当地的房地产价值而导致财产税收入下降；各国为应对疫情以及经济增速下滑而采取的各类减税措施也将导致税收收入减少。同时也指出，各国应做好长期应对疫情的准备，加大保障能力建设，适度控制赤字率。

（二）应对全球气候变化的税收政策日益引发关注

气候变化是全人类共同面临的严峻挑战，关乎着人类的生存和发展。2015年12月，联合国气候变化大会签署的《巴黎协定》提出，大幅降低全球温室气体排放，并努力寻求控制在1.5℃以内的目标。2021年10月，联合国气候变化框架公约缔约方大会通过的《格拉斯哥气候公约》，描述出将全球气候变暖限制在1.5℃的路线图，并加强国家间气候合作，具体实施路径就是碳达峰和碳中和，碳达峰有望在2030年实现，碳中和各国承诺在2050年前后实现。为实现承诺，各国相继制定出台了一系列分阶段发展目标，比如日本、俄罗斯等国将其纳入绿色增长战略发展规划中。

在碳达峰和碳中和目标承诺基础上，各国不断增强本国税制"绿色化"水平，利用税收手段减少二氧化碳排放。归结起来，大致分成两类：一类是涉及能源使用的税收。为节约使用能源，减少温室气体排放，或独立设置碳税税种，或是在环境税费中专设二氧化碳税目。从以往已实施碳税的国家来看，效果还是非常明显的，如芬兰、瑞典等，各国碳税的征收范围有较大差别，税额确定标准不一，但在促进节能减排方面的效应是显著的。另一类是涉及交通运输的税收。运输业对化石燃料的依赖程度最高，其排放的二氧化碳占终端使用部门总量的三分之一多，从而也成为各国运用税收手段予以调控的重点。一方面将二氧化碳排放量作为车辆购置税及车船税的计税依据，并实施不同额度的税额或差别税率，有利于节能环保汽车的消费；另一方面对电动汽车给予税收优惠，包括购买补助或税收减免，主要集中在增值税和个人所得税方面。

（三）经济数字化国际税收规则调整基本成形

伴随着经济数字化进程的加快，数字化企业的商业模式和价值创造模式也发生了重大改革，在助推经济增长的同时，也对现有国际税收规则造成较大冲击，由于各国税制差异和政策取向不同，形成相关国家税收利益同时受损的格局，表现在：用户通过参与数字化的经济活动为大型国际化数字企业带来巨额利润，但其所在的市场国按照原有的国际税收规则难以征到税款；这类大型网络公司利用各国税制差异和规则错配进行税基侵蚀和利润转移，造成税收收入流失，特别是"税收恶性竞争"和大量避税地存在，使利润长期脱离有效税收监管，导致国家税收主权受损。在经济数字化背景下，为解决税收管辖权的划分，维护相关国家税收主权利益，达到既防止重复征税又落实税基侵蚀和利润转移（BEPS）计划的目标，加强国家间税收合作已成必然选择。

最初，欧洲国家为了应对经济数字化带来的税收挑战，特别像谷歌、亚马逊等大型互联网企业带来的利润转移问题，英国首先倡议开征"谷歌税"，后来逐步演变成在多国开征数字服务税等单边措施，但受到了美国的严重阻挠，认为具有歧视性，给美国企业造成额外负担，并启动了"301调查"，并采取加征关税等反制措施。

美国与欧盟成员国关于数字服务税之争实际上是一场经济数字化输出国和输入国对税收权益、经济利益的争夺之战。G20授权OECD主导的BEPS包容性构架，提出了"双支柱"方案，并于2021年10月达成共识。自此，应对经济数字化的国际税收规则调整基本完成，"双支柱"得到了世界上绝大多数国家的认可，具体实施细节有待进一步明确，待各国完成各自本国立法后，寄希望于2024年全面实施。这将是具有里程碑意义的国际税收领域重大事件，标志着全球税收治理格局将发生重大调整和变革，百年国际税法迎来崭新篇章。

第二节 由BEPS行动计划到"双支柱"方案

一、全球税收治理架构

伴随着经济全球化与数字化时代，经济数字化的迅猛发展，世界金融体系日趋复杂，全球治理面临巨大挑战，国家间的相互交融关系达到了前所未有的程度，原本属于各国国内法管辖领域的税收事项不断涌入国际层面，形成了复杂的全球性税收治理难题。而到目前为止，尚无一种超越国家层面的"世界税收组织"承担协调解决全球性税收问题，只得选择在现有全球治理框架下的协调机制予以解决，形成了以G20提供政治支持、OECD为主导并提供技术支持制定税收规则、其他国际组织参与协调的全球税收架构。

（一）G20

G20是"二十国集团"的简称，是由G8财长会议于1999年倡议成立，由全球19个国家和欧洲联盟共同组成。国际金融危机爆发后，由美国倡议，G20提升为国家领导人峰会，于2009年匹兹堡峰会将其确定为国际经济合作的主要论坛，标志着全球经济治理改革取得重要进展，为推动全球治理机制改革带来了新动力和新契机。

G20成立伊始，就将国际税收事务纳入其工作主题，自2000年G20财长会将税基侵蚀问题列入国际社会共同打击的目标，国际税收问题就成为当时G20历届会议的常客，予以充分关注。G20领导人峰会成立后，也将国际税收合作列入议程，2012年G20领导人峰会将国际税收政策协调与合作置于全球政治议程讨论的首位，特别是2013年，G20授权OECD主导实施税基侵蚀与利润转移（BEPS）行动计划，开启了国际税收合作机制构建的新篇章,并全面拉开了国际税收规则调整的序幕。G20虽然具有更加广泛的代表性,使得全球经济治理,也包括税收治理具有一定的包容性,一定程度上打破了发达国家长期垄断全球经济治理话语权问题,但也难以从根本上改变发达国家主导国际话语权的状况。G20没有一个固定的办事机构,也更没有专门研究协调解决国际税收事务的常设组织,无法独立承担着技术性很强的国际税收事务的协调合作等工作,利益诉求难以形成共识,G7、OECD和欧盟依然主导国际税收规则调整的话语权。从某种意义上说,G20反而强化了OECD的国际税收话语权。虽然G20给予了新兴经济体为代表的发展中国家表达利益诉求的平台,但却难以发出真正有影响力的声音。G20曾呼吁OECD与其他国际组织建立税收合作平台,以确保技术援助项目实施,并为税收项目和直接技术援助提供资金支持。

(二)经济合作与发展组织(OECD)

OECD一直被称为"富国俱乐部",并一直主导着全球税收的话语权,至今均无法撼动。面对百年未有之大变局,OECD着力加强在国际税收事务领域的话语权,一直致力研究变革格局下的税收利益调整和经济数字背景下国际税收规则的变革,并保持了相当大的优势。OECD自诩为国际税收标准和规则制定的市场领导者,《OECD范本》《OECD转让定价准则》等具有一定约束力和影响力的"软性文本",对世界各国税收改革,政策调整和征管强化都发挥了重要影响,并引领着国际税收制度的形成和发展。

OECD在全球税收治理中居主导地位。从历史发展轨迹中可以看出,经G20授权OECD着手制定BEPS行动计划,实质上更进一步强化了其主导地位。OECD构建出的基于BEPS包容性构架,让更多的非OECD国家都参与国际税收规则的制定、审查、监督和实施,以在更大范围内解决税基侵蚀与利润转移问题,提高了国际税收规则的一致性,并确保更透明、更公平的税收环境,减少了新兴经济体的质疑,使其更加具有全球影响力。基于G20的政治背书,OECD主导全球税收治理的地位得以巩固和强化,OECD有关国际税收规则调整的建议,更加彰显出发达国家的利益诉求,并得到更大范围的政治认同,看似发展中国家的诉求有所表达,但其实质利益关切并未引起足够重视,而在多方博弈中得到妥协,也是一种不得已而为之的艰难选择,形成的国际税收规则重塑的局面也为后继的实施埋下了执行上的伏笔,有待观察。

不可否认的是,OECD本身具有了强大的专业能力和丰富的治理经验,推出了一系列治理举措的确具有前瞻性和引领性,值得世界各国的普遍认可。OECD还是全球税收治理最主要的行动者，在制定具体制度并提供技术支持和征管保障都有系统全面的构架，其内部设有专门的税收政策协调发展机构，专门从事既有国际税收规则适用的研究，也有适应新业态发展的国际税收规则变革发展的研究，一直在引领全球税收治理的前行方向。

（三）其他国际组织

在全球税收治理格局架构中，其他国际组织，如联合国、国际货币基金组织和世界银行等，都积极参与其中，并发挥了一定的作用。

联合国经济和社会理事会一直努力提升联合国在国际税收合作方面的作用，特别是寄希望通过合作，切实表达发展中国家对税收利益的关切，多次召开会议强调，应特别关注发展中国家和经济转型国家的诉求，提出侧重于发展中国家的需要和优先事项的解决办法。作为国际联盟的继承者，联合国本应在形成包容性税收政策共识方面有更大的作为空间，而实际情况却是有些被边缘化了。在2013年5月联合国国际税收合作特别会议上，绝大多数国家提议将联合国国际税务专家委员会改造成政府间委员会，专司国际税收合作事项，但由于美国等国的反对和抵制，未能如愿。2015年召开的联合国发展筹资国际会议上，关于成立全球性税务组织的提议讨论再次成为会议的焦点，最后仍然无果而终。看来，发展中国家在全球税收治理话语权、影响力方面还有很长的路要走。

国际货币基金组织和世界银行，是在金融领域具有重大影响力的国际性组织，税收事务的国际协调与合作并非"主业"，但一直以来对推动发展中国家的经济转型和税收改革，提升发展中国家税收征管能力建设方面都作出了应有的贡献，在未来的全球税收治理构架内也将发挥重要作用。

（四）发展中国家在全球税收治理中的话语权问题

随着世界多极化治理格局的显现，发展中国家的迅速崛起，由单一发达国家主导的税收国际规则和治理模式也在发生变革，新兴经济体更加积极维护其在国际税收政策协调与发展应享有的利益，要求参与制定国际税收规则的呼声越来越高，在各种磋商、论坛、对话等场合，都表达出发展中国家强烈的利益诉求，虽然无法左右着国际税收规则的调整，但也逐步成为不容忽视的重要力量，成为国际税收治理平台中的重要成员。发展中国家特别是新兴经济体，应当借助区域治理平台，加大税收事务的研究力度，对接发达国家主导的税收平台，逐步形成在全球税收治理中与发达国家相对平等的协商机制，逐步扩大全球税收治理的话语权和有效参与者。

二、BEPS 行动计划：开启国际税收治理规则调整序幕

2015 年，G20 安塔峰会正式核准《G20/OECD 税基侵蚀和利润转移（BEPS）项目行动计划》，标志着国际税收领域 BEPS 时代的到来，意味着重塑国际税收规则体系的进程取得了实质性进展，必将对国际税收治理秩序的重塑产生积极影响。

（一）启动 BEPS 项目的动因在于数字经济和税收主权利益

1. 数字经济是引发 BEPS 项目开展的经济动因

随着国际经济交往日益紧密，国与国之间经济发展的关联度日益增强，互联网、数字经济的兴起并迅猛发展，世界变成了"地球村"，使得经济国界变得越来越模糊，在此基础上传统税收利益分配的"防火墙"岌岌可危。数字经济及由此带来的商业模式变革，对现有国际税收制度体系带来系统性挑战，也催生出对国际税收规则体系改革与重塑的强烈愿望。"常设机构"的确认标准、所得的实质归属、如何在数字经济环境下确保利润在经济活动发生地和价值创造地行使征税权、如何构建解决数字经济税收问题的规划等诸如此类问题，需要进一步加强国际协调与合作，研究提出具有针对性的解决方案，确保国际税收治理秩序沿着良性轨道前行。BEPS 行动计划的使命也即应运而生。

2. 税收主权利益保护是催生 BEPS 项目开展的政治诱因

税收主权是国家主权的重要组成部分，国与国之间的交往，表现的是外交活动的博弈，其背后是重大经济利益的争夺，税收主权利益作为国家利益的重要体现，也走上了国际关系的大舞台，并日渐引发各国政府的深度关注。近百年前构建的国际税收规划体系，已深深根植于世界经贸往来的总体格局中，并呈现出积极的效果，虽然其间也存在着一定程度的税收利益纷争，但在既定的国际税收规划框架内都能够得到有效缓解和消除，并未引起世界各国政要的广泛关注。而 2008 年国际金融危机的爆发，打破了这一沉寂。部分欧洲国家出现了"主权债务危机"，许多国家政府陷入了"财政悬崖"的困局，对既有经济秩序有重大影响力的发达国家同样受到危机的冲击。面临着经济增长乏力、财政困境加剧，各国政府将摆脱这一局面的视野转移到维护税收主权利益方面，从而使税收主权利益的争夺更加激烈。如美国《海外账户税收遵从法案》（FATCA），既是一种单方面的税收主权利益维护的努力，同时也给其他国家以及国际组织参与其中提供了良好的范例，从而赋予了 BEPS 行动计划对新国际税收秩序的追求。

（二）BEPS行动计划既是对原有国际税收规则的充实和发展，也有创新和变革

1. BEPS行动计划维系了现有国际税收规划体系的完整性

构建于20世纪20年代的国际税收规则，一直是处理当今国与国之间税收领域问题的基本遵循，形成的国际税收惯例已被广泛认同，虽然面临着经济发展的严峻挑战，但仍是处理解决国际投资、资本流动的重要规则。在世界经济发展格局及新旧商业模式的变革处于胶着状况下，BEPS行动计划并没有抛弃原有国际税收规则，而是在原有的框架内进一步充实和完善了适应新经济业态的规则内涵。从已发布的所有15项行动计划报告的内容看，如常设机构构成规则、转让定价规则、协定滥用、利息扣除等，均是原有国际税收规则的重要内容。

2. BEPS行动计划呈现出国际税收规则再造的迹象

从已发布的BEPS行动计划的成果项目上看，还是显露出新的国际税收规则的创建。BEPS项目的突破可归纳为五个方面：实现了征税的突破；防止国际规则滥用；透明度；确定性；多边工具。尤其是建立国际税收争端解决机制、国别报告制度、数据与量化证据等规则，尚属首次，是新的经济发展背景下国际税收规则的创新发展，它们将同现有规则一同构成新的国际税收规则体系，成为国际税收规则体系大家庭中新的成员。

3. BEPS行动计划开启了全球税收合作的新模式

正如经济合作与发展组织BEPS项目负责人拉斐尔指出的那样，"BEPS行动计划所带来的是一种改变"。这不仅体现在BEPS项目一直追求的目标定位上，即明确应税所得在经济活动发生地和价值创造地申报纳税，而且也表现在促进各国税务机关在情报交换、争端解决机制、多边协议遵从等税收征管合作当中，涉及国际税收规则的完善、创新以及国家间征管合作的加强，共同应对全球化的挑战。另外还有很重要的一点是，BEPS项目由全部OECD和G20成员国以及19个其他发展中国家平等参与，其项目成果的形成过程也是世界上主要经济体国家竭诚合作的典范。可见，BEPS行动计划推动了全球税收合作模式的创新和发展。

（三）中国与BEPS：由最初的规则被动遵从者到规则的撼动者和引领者

1. 国际税收规则的被动接受者

自20世纪80年代开始，中国实施了对外开放的发展战略，大量吸引国外资本到中国投资兴业，在既有的国际税收规则框架体系内，为有效解决跨国投资的重复征税等问题，先后与世界上100多个国家和地区签署了

双边税收协定，协定主要以"OECD 范本"为主。中国一直严格遵循和接受国际税收规则，并努力尊重国际税收惯例，中国深度融入世界经济新发展格局并发挥着积极作用，税制构建充分吸收国际税收规则的先进成果，2008 年实施的中国企业所得税法就是一个很好的例证。

2. 国际税收规则的积极撼动者

中国经过 30 余年改革开放的进程，取得了举世瞩目的发展成果，经济总量已跃居世界第二，对世界经济发展的贡献逐年提升，成为世界经济稳定发展的助推器。以中国为代表的新兴经济体在国际经济领域急需与其发展相匹配的话语权，国际税收规则体系的重塑，为包括中国在内的广大发展中国家提供了很好的契机，完全由发达国家主导国际税收规则的时代已经过去。此次 BEPS 项目成果，不仅包括中国在内的诸多发展中国家的共同参与，并在制定、讨论、协调过程中也彰显出发展中国家的声音和利益诉求。中国深度参与 BEPS 项目的设计、监督和审议，参加 BEPS 相关议题和专题会议达 86 次之多，向 OECD 提交表明中国立场声明和建议千余条，其中许多意见被吸收采纳并体现在最终成果中，提升了中国在国际税收领域规则制定的话语权和影响力。

3. 后 BEPS 时代中国应当成为国际税收新规则的重要引领者

BEPS 项目成果的发布，标志着国际税收新规则体系建设取得了重大实质性突破，但 BEPS 行动计划还远没有结束。后 BEPS 时代的矛盾焦点将主要集中在 BEPS 行动计划的全球实施上，包括破解金融交易的转让定价、难以估值的无形资产定价、金融业集团的利息支付税务扣除问题以及谈判和起草多边公约等。可见，尽快构建后 BEPS 时代包容性工作架框，扩大 BEPS 成果落实的范围，并为世界各国普遍接受，这仍是一项重大的挑战。中国已成为多边公约谈判和起草委员会第一副主席成员国，在后 BEPS 项目进程中将发挥更大的作用，将与国际社会携手完成 BEPS 相关后续工作。

4. 主动作为，履行好引领者应尽的职责

作为国际税收新规则的领头羊，不仅要掌握新规则制定的主导权，而且应当在落实新规则方面发挥积极的影响力。我们要在维护国家利益的基础上，履行国际承诺，并在如何实施相关措施方面尽量与国际社会协调一致。一是推进国内相关法律的修订，将 BEPS 积极成果尽快吸收到现有的法律制度中，如已列入修法日程的税收征收管理法和个人所得税法，完善或增加反避税条款，为有效打击国际逃避税，加强国际征管合作，提供必要的法律支撑；二是完善现有的有关反避税、转让定价、情报交换等政策文件，加快修改特别纳税调整制度，将国际最新规则、新理念与我国反避税实践有机结合。

（四）BEPS 行动计划的基本内容

2015 年 9 月 21 日，OECD 财政事务委员会在法国巴黎召开会议，审议通过了"税基侵蚀与利润转移（BEPS）"议题，最终形成全部 15 项行动计划成果和 1 份解释性说明，这标志着 G20《圣彼得堡宣言》所确立的国际税收改革取得显著成效，也意味着开启了构建新的国际税收规则体系的序幕。

1. "最低标准"约束

"最低标准"约束性强，将纳入监督执行机制，共有四项：防止滥用协定，报告指出缔约国不可为双重不征税或降低税收提供条件，增设三个选项予以约束，并讨论提出了反滥用规则的适用情形；防止有害税收竞争，报告旨在消除或限制各国的不当税收竞争，要求各相关国家给予税收优惠时必须判断是否有相配套的实质经济活动，并识别出 6 类可能导致 BEPS 裁定的事项，实施情报交换；转让定价国别报告，报告要求跨国纳税人向相关国税务当局提出高水平的转让定价资料，国别报告由集团母公司所在居民国主管税务当局提供；争端解决，报告指出争端解决纳入税收征管论坛监督机制，并纳入 G20 监督机制，提高各国相互协商案件处理速度，一般不得超过 2 年，并增加仲裁条款，以拓宽和增强解决跨国税收争端的法律基础。

2. 共同方法

"共同方法"是指未来可能发展为最低标准的规则，目前统一监督执行尚不成熟。具体指：混合错配，主要指金融工具、资产在配置中可能形成的双重不征税问题，涉及债权、股权的不同对待，报告指出各国立法和默许执行时，应当应对同一支出多重扣除，一国扣除而另一国不计收入等，提高所得税处理的跨国协调能力；利息扣除，报告提出了"固定扣除率"维持在 10%—30% 幅度内，报告还给出了可选择的集团扣除率规则；强制披露，报告给希望通过立法要求税收筹划强制披露的国家提供了指引，具体涉及披露人、披露内容、披露时间以及不遵从惩罚措施等条件；人为规避常设机构，报告提出了修订协定范本等具体的应对之策，如修订 OECD 税收协定范本第 5 条相关常设机构构成及豁免规定，对整体商业运营合同拆分做出了规定，以解决合同拆分带来税基侵蚀与利润转移问题，并同意将此修改纳入多边工具予以落实。

3. 最佳实践

"最佳实践"是指推荐使用，但其约束性相对较低的规则，如受控外国公司制度，报告提出了诸如立法要素、所得认定、外国税收抵免、境外股息免税等实践方案，供各国参考，并没有要求各国统一立法；转让定价，报告要求在无形资产、风险、大宗商品转让定价等方面，完善独立交易原则，确保转让定价结果与企业价值创造相一致，并推动发布新的转让定价指南。

4. 其他方面

数字经济作为 BEPS 行动计划的第一项，引发关注，报告描述了数字经济的显著特征以及由此带来的商业模式变革，报告指出，在数字经济背景下，在跨境 B2C 模式下，增值税应当在消费地征收，所得税应确保在经济活动发生地和价值创造地征税；报告认为可改进和提高对税基侵蚀与利润转移问题的经济分析能力；制定多边法律工具，确保成果形成共识，尽早落地。

BEPS 成果发布，始终秉承了利润在经济活动发生地和价值创造地征税的总的指导原则，奠定了新发展时期国际税收规则调整的理论基石，昭示着百年来构建的国际税收规则体系正在进入重塑阶段。BEPS 行动计划将国际税收问题引向全球化挑战，遏制利润向低税地转移及不合理的流动，为国际经济合作重建提供有益的税收分配方案。BEPS 行动计划通过多边合作的工作模式，对数字经济税收挑战、转让定价标准、常设机构认定、费用扣除标准等相互关联和影响的问题进行重新审视，并协同推进新的国际标准制定。BEPS 成果助力构建一套良好、公平、公正的国际税收秩序，为各国提供了可供选择的工具，并能够确保产生利润的经济活动发生地和价值创造地享有相关征税权力，给跨国企业在税务问题处理上提供更大的确定性，从而降低其决策、合规和遵从成本。

三、"双支柱"方案：国际税收规则调整基本成型

（一）"双支柱"多边方案的形成

2017 年受 G20 委托后，多国向 OECD 提交了建议提案。英国提出"用户参与"提案，主张用户参与是高度数字化企业价值创造的关键组成部分，用户所在国应获得对高度数字化企业部分剩余利润的征税权。美国提出"营销型无形资产"提案，主张营销型无形资产与市场国之间存在内在功能性联系，市场国应获得与本国营销型无形资产相关剩余利润的征税权，该提案既适用于高度数字化企业，也适用于传统行业企业。印度提出了"显著经济存在"提案，主张外国企业通过信息技术与市场国持续性的经济互动达到一定程度时，即在该市场国构成显著经济存在，该市场国可

基于公式分配法分得跨国企业的部分利润并征税。德国和法国联合提出了"全球反税基侵蚀"提案，主张强化所有国家对其他国家未行使优先征税权的利润补征税款的权力，以确保所有大型跨国企业集团承担最低税收，抑制其转移利润动机。

2019年5月，OECD发布《研究应对经济数字化税收挑战共识性解决方案的工作计划》，提出并行研究"双支柱"，支柱一涉及"用户参与""营销型无形资产"和"显著经济存在"三个提案，并在之后逐步发展为赋予用户和最终消费者所在的市场国新征税权的"融合方案"；"全球反税基侵蚀"提案则独立构成支柱二。

经过各国的不懈努力和频繁磋商，2020年1月，OECD发布了支柱一融合方案框架文件和支柱二进展情况报告，"双支柱"方案基本框架初步确立。2020年10月，OECD分别发布了支柱一和支柱二的蓝图报告，"双支柱"方案各要素的技术研究都取得了显著进展。此后，经过各方博弈，形成"双支柱"方案。支柱一增加市场国的征税权，通过修改现有跨境所得税分配规则，将超大型高利润跨国企业的一部分剩余利润分配给市场国；支柱二建立全球最低税制度，确保大型跨国企业在每个辖区的有效税率都至少达到全球最低税率标准。

2021年7月1日，130个包容性框架成员辖区达成"双支柱"方案初步共识。10月8日，136个包容性框架成员辖区进一步达成全面共识，形成"10月声明"并由G20领导人罗马峰会核准通过。

之后，包容性框架将继续推动多边方案的细节技术研究和落地实施，并确定了具体完成时限。支柱一：金额A将通过签订多边公约实施，2022年上半年完成多边公约文本和解释性声明，2022年中期开放多边公约签署，2023年完成全部立法程序并生效执行；金额B相关工作将在2022年底前完成。支柱二：2021年11月完成国内立法模板制定和应税规则协定条款设计，2022年年中完成应税规则多边工具开发，2022年年底前建立协调各国实施全球反税基侵蚀规则的审议机制等实施框架。

（二）"双支柱"方案的适用范围

"双支柱"方案包括支柱一和支柱二。支柱一包括金额A和金额B，金额A包括有配套的税收确定性机制；支柱二包括基于国内法的全球反税基侵蚀规则（由收入纳入规则和低税支付规则构成）和基于税收协定的应税规则。

支柱一方案。金额A适用于年收入在200亿欧元以上且税前利润率超过10%的跨国企业集团，相关门槛按平均值计算，采掘业和受监管的金融业除外。金额 B 通过独立交易原则的简化运用，确定跨国企业集团所从事的基本营销和分销活动的利润回报。金额 A 适用范围与金额 B 适用范围无直接关系。

金额 A 与金额 B 都是支柱一的组成部分，但两者政策目标不同，金额 A 是为解决经济数字化税收挑战，赋予市场辖区新征税权；金额 B 是简化独立交易原则的实施，减少涉及基本营销及分销活动利润回报的跨境税收争议。两者适用对象也不同，金额 A 适用于合并集团收入在 200 亿元以上且税前利润率高于 10%（门槛按平均值计算）的超大型跨国企业集团，金额 B 适用于跨国企业集团（不限收入规模或利润率水平）发生的基本分销及营销活动。

金额 A 是对超大型跨国企业集团剩余利润的重新分配，涉及确定各市场辖区是否有资格分配金额 A，各市场辖区可分配的金额 A 份额以及金额 A 由集团内哪家或哪几家实体支付等问题，需要多国之间进行协调，也易产生税收争议。因此，支柱一专门设计了强制性且具约束力的新型争议预防和解决机制，用以处理与金额 A 相关的税收争议，从而为金额 A 适用范围内的企业提供税收确定性，避免双重或多重征税。

金额 A 适用范围内的跨国企业集团将受益于专门为支柱一设计的新型争议预防和解决机制，以避免金额 A 的重复征税。可以通过该机制解决的争议，既包括确定金额 A 分配及支付实体的争议，又包括由于转让定价调整及确定常设机构营业利润归属导致的与金额 A 相关事项的争议。

该机制的特征是强制性且具约束力。但是，对于某些相互协商案件数量少且满足 BEPS 第十四项行动计划延迟审议条件的辖区，可以给予一定的灵活性，对于与金额 A 相关事项的税收争议，允许其选择适用新型争议预防和解决机制。

支柱二方案。全球反税基侵蚀规则适用于合并集团收入达到 7.5 亿欧元门槛的跨国企业集团，合并集团收入按照 BEPS 第十三项行动计划（国别报告）确定，但跨国企业集团总部所在辖区在实施收入纳入规则时不受该门槛限制。全球反税基侵蚀规则还有以下豁免规则：对政府实体、国际组织、非营利组织、养老基金或投资基金予以豁免；对国际海运所得予以豁免；将跨国企业集团收入低于 1000 万欧元且利润低于 100 万欧元的辖区排除出适用范围；将初始国际化企业排除出低税支付规则的适用范围。应税规则主要针对跨国企业集团特定类型的集团内关联支付。

收入纳入规则是全球反税基侵蚀规则的主要措施，优先于低税支付规则，有利于维护资本输出国的税收利益。该规则规定，如果跨国企业集团海外实体（含子公司及常设机构）按辖区计算的有效税率低于15%，则跨国企业集团母公司所在辖区有权就这部分低税所得向母公司补征税款至最低税负水平，即有效税率达到15%。

低税支付规则是收入纳入规则的补充规则。低税支付规则规定，对于全球反税基侵蚀规则适用范围内的跨国企业集团，其成员实体未适用收入纳入规则补税的低税所得，可通过对其他集团成员实体限制税前扣除或作其他等额调整补征税款至15%的全球最低税率标准。

全球反税基侵蚀规则包括收入纳入规则和低税支付规则。两者具有相同目的，都是为确保跨国企业集团在每个辖区的有效税率至少达到15%，在税基确定、有效税率和补税额计算等要素上采用相同的规则，但两者有不同的功能和运行方式。收入纳入规则规定了一种基于母公司对低税实体的直接或间接所有权征收补足税的机制，低税支付规则作为收入纳入规则的补充规则，用以补征未按收入纳入规则征收的全球最低税税额或全球最低税余额。

支柱一与支柱二的关系：支柱一针对现行国际税收规则体系中的联结度规则和利润分配规则进行改革，将跨国企业集团剩余利润在全球进行重新分配，主要解决超大型跨国企业集团部分剩余利润在哪里缴税的问题。支柱二通过实施全球最低税，确保跨国企业集团在各个辖区承担不低于一定比例的税负，以抑制跨国企业集团逃避税行为，为各国税收竞争划定底线，主要解决大型跨国企业集团在各辖区应缴多少税的问题。支柱一与支柱二共同构成应对经济数字化国际税收挑战多边方案，协同发挥作用。比如某跨国企业将本应归属于市场国和企业母国的利润囤积在低税辖区，支柱一的作用是将其中一部分分配给市场国，而支柱二的作用则是解决剩余部分利润税负仍然偏低的问题。

第三节　由"谷歌税"到数字服务税

一、征收"谷歌税"：多国曾努力

英国、法国、意大利、德国和西班牙等欧洲国家都曾在征收"谷歌税"方面进行过探索。不可否认，对跨国公司转移利润应该如何征税、对使用传统媒体内容是否应该付费、对网络广告应该如何征税都存在不同的声音。答案到底是什么？解决这些问题需要法律的创新，需要依靠市场的力量去发现和形成新形态下的利益分配机制。

英国财政大臣乔治·奥斯本曾向国会提交了财政年度声明,声明中提出了一项新的税收计划——"转移利润税(Diverted Profits Tax)",征税对象包括谷歌、微软、雅虎等互联网巨头,媒体将此政策称为"谷歌税"。

(一)英国提议征收"谷歌税"

近年来,媒体不断曝光谷歌、苹果、星巴克和脸书(Facebook)等跨国公司将利润转移到低税率国家或地区,借此逃避税负的事件。经济合作与发展组织预测,这些避税行为,每年给美国和欧洲国家政府造成上千亿美元的损失。英国《金融时报》对美国7家科技巨头在英国的纳税情况进行分析后发现,2012年它们从英国消费者身上取得了150亿英镑的营业收入,而缴纳的公司所得税合计仅为540万英镑。

英国财政大臣乔治·奥斯本在2014年保守党秋季大会上指出,谷歌、亚马逊等跨国公司虽然在英国创造了成千上万的报酬优厚的工作,并且也对伦敦东区的"小硅谷"等区域的小型初创科技企业提供了支持,但是它们通过精心设计公司架构达到避税的目的,导致英国仅得到极低的税收,这对英国本土公司和英国人民是不公平的,希望这些转移出的税收能够被弥补,即跨国公司必须支付税收公平份额。

2014年12月3日,奥斯本向国会提交了秋季年度声明,声明中涉及多项反避税措施,其中一项便是"转移利润税"计划,该税将对跨国公司在英国从事经济活动时产生且被人为转移到英国以外的低税率国家或者地区的利润征收,税率为25%,计划于2015年4月生效。从定义来看,这项新税与企业所得税不同,转移利润税并不是真正意义上的所得税,而是针对跨国公司转移利润的一种带有惩罚性的反避税措施。尽管奥斯本未在发言中具体指明哪家公司,但犀利的英国媒体已将此政策称为"谷歌税"。

(二)其他国家征收"谷歌税"的努力

1. 法国

2010年,法国多家媒体公司向法国政府投诉称,谷歌、雅虎等互联网巨头的产品在法国获取利润,却支付极少费用。据了解,网络的广告投放主要看点击量,谷歌几乎占据了法国网站40%的点击量,每年可以获得近13亿欧元的广告收入。相比之下,谷歌支付给作为内容提供者的法国媒体仅有500万欧元。法国政府随后成立专家小组实施调查。调查小组建议法国政府向谷歌等企业的在线广告业务及互联网服务提供商征税,并使用所得税款扶持音乐等创意产业,保护艺术家及媒体的知识产权。报告主要作者帕特里克·泽尔尼克将这种税命名为"谷歌税",征收对象包括微软、雅虎、社交网站"脸谱"等其他互联网巨头。不过法国的这一征税动议最终未获通过。

2. 意大利

2013年12月，意大利参议院通过了与法国类似的"谷歌税"提案，欲惩治科技公司的逃税行为。提案规定谷歌等跨国公司必须通过意大利本土公司购买网络广告位，再由政府向这些公司征税（意大利称"数字经济服务税"即 Taxation of digital economy services）。12月27日，意大利议会决定，将"谷歌税"的执行时间推迟半年，从2014年7月1日开始执行。意大利政府声明，延迟主要是为了确保意大利能够跟其他欧洲国家的步调更加一致。不过，2014年5月2日议会又通过了修正案，实际上取消了该税。

3. 德国

2013年3月，德国下议院通过了一项法案，授权出版商对搜索引擎收费，允许新闻机构等网上内容提供商向使用其新闻产品的新闻聚合网站，比如搜索引擎收取内容使用费。不过这项法案想要付诸实施，还需要得到德国上议院的批准。德国为改变网上"免费文化"而立法的做法在全球尚属首例。该项法案被认为是欧洲国家政府强迫谷歌等互联网巨头与出版商分享巨额广告收入的一次尝试。

4. 西班牙

西班牙通过一项关于知识产权的法律规定，新闻聚合网站哪怕只是显示西班牙媒体的新闻摘要，也必须向这些媒体支付费用。该法律从2015年1月开始生效，违者将面临最高60万欧元罚款。这项法律虽然适用于所有的新闻聚合网站，但由于"谷歌新闻"网站具有典型意义，法规涉及的费用也被外界称为"谷歌税"。

（三）关于"谷歌税"的争论

对网络广告是否应该征税问题，由67位法国企业家组成的代表团在2010年底就表示"谷歌税"可能会给法国企业带来负面影响，因为尽管征税的本意是要针对美国企业，而事实上最终买单的都是法国本土企业。2011年6月10日，法国人民运动联盟议员提出反对开征"谷歌税"的预算修正案得到法国议会的通过，理由是"谷歌税"的初衷是好的，但结果是相反的，并且像"谷歌税"这种针对在线广告业务征税应该由欧盟来统一实施。

对跨国公司转移利润应该征税的观点，支持者居多。英国媒体评论，英国欲开征"转移利润税"是该国迄今为止对税收转移行为实施的最大打击,这项举措拓宽了国际上打击跨国公司逃避税的政策选择。但是,评论认为,该计划仍将有一段路要走。OECD 正在开发针对税基侵蚀和利润转移(BEPS)的行动方案,英国财政大臣及时通过行动对此方案表示了支持。英国部分税务人士表示,阻止跨国公司缴纳低额税收的任务艰巨,但具有可能性,"转移利润税"计划的实施,将阻止苹果、亚马逊、星巴克和其他跨国公司转移利润、逃避纳税义务。

各国实际也存在互联网企业免费使用传统媒体内容的问题。这种使用该不该付费,表面上是互联网新媒体与传统媒体之间的利益分配问题,实质上则是不分国界地域的数字化信息在加工、生产、传输和使用过程中,面对不断出现的新业态(如搜索引擎等)如何体现、划分、管理和保障信息产品的权益问题以及这种信息权益的地域归属问题。法国政府最近"坚持要求"欧洲议会通过一项关于私人数据的法规,其中提出了"领土权"的概念,强调无论服务器位于何地,法国公民的数据都要依照法国法律来管理。

对网络广告征税的实质是对无形服务的征税。征税无疑是必要的。从公平的角度讲,对所有的货物和劳务提供都应该统一征税。但问题并不在于是不是要征税,而是面对实际无国界、地域区分的无形服务的提供,征税权划分存在的困难,如何征税?其实,近些年 OECD 致力于跨境服务贸易征税规则的研究和制定,很大程度上就是试图解决这一问题。

BEPS 问题普遍存在,并已引起许多国家的重视。在二十国集团的倡导下,OECD 已经发布了一系列 BEPS 专题报告和行动方案。英国的单方面征税将产生何种影响,也值得中国关注,更重要的是如何结合 OECD 的BEPS 应对方案,探索适合各国的 BEPS 应对措施。

二、数字服务税:无奈之选择

(一)数字服务税:后 BEPS 时代税收规则重塑的相机抉择

1. 数字服务税可以追溯到 2014 年英国动议开征的"谷歌税"

为了应对大型互联网公司在英国获取超额利润而向英国政府缴纳很低税金的实际情况,2014 年英国宣布征收具有显著单边色彩的"转移利润税"也称"谷歌税",虽然最终谷歌以和解并缴纳罚款的形式上缴税金而平息,但通过课税方式加大对大型互联网的监管逐步得到了共识。法国等部分欧盟国家也纷纷效仿,提出征收"谷歌税"的构想。其后,澳大利亚对实施的所谓转移利润税制度进行了移植,并积极推行了转移利润税。与此同时,印度作为主要市场国,提出了在部分行业试行"安全港"规则的构想，以应对数字经济快速发展而引发的常设机构判定标准以及市场用户贡献数据参与价值创造等方面的变革，并于2016年通过《财政法案》，正式推出"均衡税"，作为国内法框架下的临时解决方案。该税种相当于流转税，主要针对企业（B2B）型的交易行为，征税范围仅限于"非居民企业通过在线广告和相似的服务取得的收入"，适用6%的税率。此外，为了消除双重征税问题，实施豁免政策，即对于已缴均衡税的收入不再征收企业所得税（罗翔丹等，2018）。

2. 欧盟开启征收数字服务税的先河

2018年3月，欧盟委员会公布一揽子有关"数字税收"问题的报告，并提交欧洲议会和欧洲理事会审议，其提交声明《为数字经济建立现代、公平和高效的税收标准正当时》，意图在于修订现有国际课税规则，实现对数字经济公平课税的目标。提交审议报告的核心内容有两项：一项是对数字经济活动征收公司税规则的修改，提出构成应税的"虚拟常设机构"标准，以"显著数字化存在"的实体认定数字化常设机构，而打破传统"常设机构"的"物理存在"特征；另一项是提议开征数字服务税，纳入征税范围的事项，主要是那些用户在价值创造中发挥了重大作用，而在现行税制构架下难以被纳入征税范围的服务，如在线广告服务、数字中介服务、用户数据销售等。第一项提案作为长期策略选项，欧盟原则同意并支持G20／OECD牵头组织的应对数字经济的全球性解决方案。而征收数字服务税的提案，具有短期策略抉择，属于临时性方案，即在全球化应对数字经济课税的解决方案未能达成一致前，欧盟致力于推动开征统一的数字服务税。2018年11月，欧盟公布了《数字服务税指令》文本草案，2018年12月，欧洲议会通过了开征数字服务税的非约束性报告，并对《数字服务税指令》作了修改。

3. 其他国家同步或效仿欧盟开征数字服务税

英国与欧盟提出开征数字服务税计划。2018年10月，英国财政大臣就向议会提交的财年预算案中，明确列入开征数字服务税计划，并引起美国立法机构的高度重视，在审议并批准通过的《2020财政法》中，明确规定有数字服务税条款，提议自2020年4月1日起，对符合一定标准的大型企业，就其在英国取得的数字服务收入征收数字服务税。"用户参与价值创造"的BEPS行动计划认同理念，是英国开征数字服务税的理论根基，也是数字服务税制度设计的核心。英国数字服务税的开征，是对各国重新划分税收管辖权范围及行使约束所提供的一项新标准，是对解决数字经济背景下价值创造地与利润征税地发生错配问题而进行的一次新尝试，也是缓解互联网企业与传统企业税负不公平问题的一项新举措（廖益新，2019）。受欧盟提案等的影响，印度、韩国、墨西哥、智利、肯尼亚等亚太、拉美国家，也纷纷提出本国应对数字经济影响而准备开征或动议开征数字服务税，一时间数字服务税有逐渐蔓延之势。

毋庸讳言，数字服务税只是作为一个临时开征的新税种，尚未形成应对数字经济挑战的广泛共识，数字经济下国际税收规划调整仍聚焦在所得课税的国际协调方面，依然维持在国际税收协定构架内寻求解决之途。数字服务税多定义为间接税，易于引发新的不公平现象。

（二）数字服务税开征情况

欧盟虽然通过了开征数字服务税方案，但欧盟成员国尚没有达成共识，欧盟内部仍在积极寻求对数字服务税方案尽快达成一致，并努力试图达成妥协方案，但仍任重而道远。英国虽然推出了数字服务税，仍然有待完善，其他各国或已开征，或准备开征，或提出开征论证，其前景也不堪乐观。

1. 欧盟的数字服务税

（1）纳税人。同时具备年度全球收入总额在7.5亿欧元，且在欧盟内应税总收入超过5000万欧元的企业，构成了数字服务税的纳税人。法国、意大利、奥地利数字服务税的课征标准都维持了7.5亿欧元的水平，但在其本国内应税总收入的认定标准存在差异，法国、奥地利为2500万欧元，而意大利为550万欧元。

（2）征税范围。仅对以用户参与创造价值为特征的某些数字服务所产生的收入征税，而并不是对全部利润课征。在线广告服务成为各国共同一致的选择，法国及意大利还包括提供数据接口服务、用户数据服务等。

（3）税率。欧盟数字服务税的方案税率为3%的单一税率。各国实际的税率标准并不完全一致，法国、意大利的税率为3%，奥地利的税率为5%，匈牙利的税率则为7.5%。

2. 英国的数字服务税

英国在征收数字服务税时，用户参与感和价值创造成为利润分配的新标准，形成了英国数字服务税的制度架构，也是建立起全球税收规则体系前的一种过渡性税收制度安排，基于最大限度保障英国自身的税收权益。

（1）纳税人。同时满足下列条件的企业属于纳税人：应税活动的全球收入超过5亿英镑；英国本土用户参与应税活动所带来的收入超过2500万英镑。

（2）征税范围。提供数字服务的企业活动，其范围包括有：提供社交媒体平台；提供搜索引擎；提供在线市场。应税所得仅指针对英国本土用户参与企业创造的毛收入，不做任何税前扣除。

（3）税率。实行2%的单一税率，并设置实施了"安全港"制度，适用低利润或亏损企业。

3. 其他国家的数字服务税

（1）土耳其。土耳其自2020年3月11日开始实施数字服务税，对全球营业额达到7.5亿欧元且在土耳其的营业额达到2000万土耳其里拉的服务供应商，开征数字服务税，征收范围主要集中在提供在线广告服务、数字音频视频等，税率为7.5%。

（2）肯尼亚。肯尼亚自2021年1月1日起实施征收数字服务税，应税范围为数字内容的流媒体和下载服务；用户数据传输；提供搜索引擎服务等，税率为1.5%，数字服务税可以冲抵纳税人当年的其他应纳税款。

（三）开征数字服务税的多维效应

1. 基于市场行为的效应分析

新开征税种，必然会对现行市场运行产生重要影响。（崔景华，2021）分析了征收数字服务税对财政收入、供需均衡、社会福利、税负公平等方面可能产生的效应，着重从垄断市场结构与数字经济供求长期效应分析，认为税负转嫁的可能性较大，据调查，法国数字税的95%不是由跨国数字企业承担，而是由下游企业或法国消费者承担。（卢艺，2019）结合欧盟开征数字服务税的市场供需方面进行了分析总结。从需求侧方面来看，跨国数字企业可以向全球各地消费者提供远程服务，形成供给曲线不变情形下需求曲线的右移，从而增加了生产者和消费者剩余，不会扭曲其他地域生产者和消费者行为，呈现出一定的税收中性特征；从供给侧方面看，大型数字企业的低边际成本运行，形成平台企业交易所得的边际收入与边际利润大致相等，课征数字服务税可以减少平台企业的利润，但垄断地位易于实现税收转嫁，难以真正侵蚀数字企业的利润。

2. 基于数字企业行为的影响分析

课税必然会对企业盈利交易成本、市场竞争力及企业发展战略都将产生影响。（宋丽影，2020）从数字服务税开征对提供数字服务的数字企业、对使用线上平台服务企业、对数字化转型企业等产生的影响进行了分析。数字企业往往具有强势地位，税负易于转嫁，但会影响到企业的现金流，特别是制度要素的不确定性或边界不清晰，会使纳税有不完全确定特点，征税门槛上下的幅度变化，起征点上下的课税待遇差别大，也会影响企业的投资及战略决策。有研究表明，法国开征数字服务税后，其40%要由使用数字平台服务的企业承担，表现出交易成本的加大和利润水平的缩减，其转嫁税负的能力受市场供求影响较大。对于处于数字化转型企业来说，可能会增加转型成本，对实施转型决策预期会带来选择痛苦，从而影响转型动力。

3. 基于数字经济公平征税视角的分析

以欧盟为代表的数字服务税征收方案，是基于"对数字经济公平课税"目标的临时性措施，是一项权宜之计，而非永久之策。欧盟原则上还是支持 G20/OECD 牵头组织的 BEPS 包容性框架内推动形成应对数字经济征税的全球性方案，即对数字活动征收的公司税规则的调整和重塑。（张巍，2020）紧扣数字经济治理下国际税收规则调整及其公平化课税的追求，从"是否应该征收数字服务税""应该对什么征收数字服务税""如何分配数字服务征税权"以及"如何建立数字服务征税规则"等方面，分析了数字经济下课征数字服务税的公平性考量及其现实可行性。

4. 基于对现有国际税收规则的挑战

最初提出开征数字服务税的构想，是出于维护自身国家的税收权益考量，并非为了解决双重征税问题，后来在欧盟方案中赋予了其具有临时性过渡措施而加以推行。欧盟发布拟开征数字服务税方案后，受到了来自欧盟内部部分国家及欧盟企业或行业协会组织的反对，一致认为数字税开征无法解决双重征税问题，还是应当把注意力聚焦在 OECD 构架下讨论或修订现行税收规则，积极寻求达成全球一致解决方案的广泛共识。也有学者分析（励贺林，2018）认为，单边开征数字服务税，将打破现行国际税收规则，面对数字经济商业模式的税收问题，各国各自为政，仅从自身的税收权益考虑，将导致对某些企业或市场侵害性征税的同时出现税负不平衡，甚至出现规则漏洞从而引发有害税收竞争状况的产生，进一步增加国际社会对数字经济国际税收规则的协调和统一难度。其中反应最为激烈的当属美国。2019 年 7 月，针对法国发布征收数字服务税这一做法，美国贸易代表办公室就根据《1974 年贸易法》第 301 条款启动对其展开调查，核心在于认定属于贸易歧视，并提出实施反制措施，并将其适用范围扩大到已开征或拟开征数字服务税的国家。2020 年 10 月 OECD 在发布"双支柱"蓝图的评估报告中指出，采取像数字服务税这一单边行动措施，将会出现贸易争端，使全球 GDP 下降 1% 左右。

数字服务税征收的未来前景尚不明朗。短期征收措施可否长期性并固定下来，值得期待；已推出的"支柱一"解决方案能否顺利落地还有待观察，实施难度大已成普遍共识；数字服务税有望成为数字经济背景下新征收的具有世界性意义的税种,并成为课税规则重塑的实践基点。

第四节 构建"一带一路"税收合作机制①

"一带一路"倡议致力于通过合作理念、合作模式和合作实践的创新,有效解决传统全球化模式的缺陷,实现各参与方互利共赢。实施以来,从理念构想到人心聚合,从顶层设计到项目落实,"一带一路"合作之"树"日渐根深叶茂,开花结果。其中,税收合作机制作为增进理解互信、加强沟通交流的平台,已在构建合作共赢的新型国际税收关系中发挥积极作用。秉持"道同"的税收治理理念,遵循"共商、共建、共享"的原则,研究探讨构建"一带一路"税收合作机制,将"一带一路"打造成为顺应经济全球化潮流的最广泛国际税收合作平台,对于提升"一带一路"参与国的税收治理能力,推动完善全球税收治理体系,实现共享共赢发展,造福各国人民,具有深远意义。

一、建立"一带一路"税收合作机制的必要性

随着以"政策沟通、设施联通、贸易畅通、资金融通、民心相通"为主要内容的"一带一路"建设深入实施,我国与共建"一带一路"国家的经贸往来日益密切,税收合作空间广阔。建立"一带一路"税收合作机制,是我国推动完善国际税收治理、持续优化营商环境、促进世界经济发展共赢的务实之举。

首先,建立"一带一路"税收合作机制,是我国推动完善国际税收治理的必然要求。"一带一路"倡议的提出,是在逆全球化的复杂国际形势下,我国坚持推进全球化战略、重塑国际政治经济新格局的"先手棋"。从全球经济层面看,一方面,2008年金融危机以来,多个国家的保护主义和民粹势力纷纷抬头,俄罗斯的普京、日本的安倍晋三凭借本国利益第一的强硬策略赢得了民意,英国公投退出欧盟,美国总统特朗普大力倡导美国利益优先政策等,这些都为全球化带来极大不确定性,但同时也为我国推动新型全球化留下了腾挪和发挥的空间;另一方面,受智能制造范式和数字化经济的全面影响,全球价值链在流程长度上均出现了收缩和集中,由此引发了全球投资、贸易结构和产业链的急速变革,传统的全球化

---

① 本部分内容孙红梅、梁若莲亦有贡献。

动力已然减退,急需注入新型动力,提供新型机制。"一带一路"倡议正是此背景下,中国致力于构建公平合理的国际经济秩序、改善全球经济增长乏力提出的"中国方案"(余南平,2018)。税收合作无疑是这一"中国方案"中不可或缺的一环。以和平合作、开放包容、互学互鉴和互利共赢为核心元素的丝绸之路精神为指导,推进共建国家税收领域的政策沟通与务实合作,将为我国以中国智慧和大国担当,推动构建合作共赢的国际税收新秩序、打造税收利益和责任共同体的示范区、提升我国税收话语权和影响力提供千载难逢的良机和不可多得的舞台(孙红梅、梁若莲,2018)。

其次,建立"一带一路"税收合作机制,是发展中国家深度参与国际税收利益协调的迫切需要。当今世界经济的发展走向,呈现发达经济体矛盾激化、发展中经济体和平崛起的新气象。新兴市场国家和发展中国家对世界经济增长的贡献率,2016年已达到80%。习近平主席提出的"金砖+"构想,还将推动发展中经济体在南南合作中进一步加快发展。然而,现有的国际税收合作机制在这一历史大势面前显得捉襟见肘。一方面,当前以OECD为代表的发达国家制定的国际税收规则和主导的国际税收合作实践,处处体现着以发达国家税收利益为先的宗旨,发展中国家始终处于被动和从属地位,合理的税收利益得不到有效的维护;另一方面,联合国在国际税收合作领域的作用日渐式微。20世纪80年代后,联合国放松了对国际税收的研究,对《联合国税收协定范本》以及《发展中国家转让定价操作手册》的修订往往是萧规曹随,缺乏有别于OECD的深刻洞见,不能从根本上反映发展中国家的诉求,保护发展中国家的利益。"一带一路"倡议顺应了广大发展中国家改革全球经济治理机制的诉求,有可能引领新一轮多边主义合作潮流。顺应这一历史潮流,建立"一带一路"税收合作机制,有助于推动发展中国家在税收领域增强理解互信,凝聚更多共识,在深度参与国际税收规则制定的过程中抱团发声,引导其向有利于发展中国家的方向迈进,为发展中国家参与全球经济和税收利益格局的深度调整、提高国际税收治理能力、促进全球尤其是亚洲区域经济的持续发展共赢,从而推动构建人类命运共同体创造有利条件。

最后,建立"一带一路"税收合作机制,是纳税人完善跨境营商环境的强烈诉求。随着"一带一路"建设的不断深入推进,税收环境越来越成为沿线经贸环境的重要体现,税收便利越来越成为经贸便利的重要保障,税收合作也越来越成为经贸合作的重要组成部分。深化税收合作,建立各国共同遵循的税收规则与指引、有效的国际税收争议解决机制以及跨境税收服务咨询和征管协作机制,有利于帮助跨境纳税人消除税收壁垒和国际重复征税,优化生产要素跨境配置,以税收上的共同遵循扩大"一带一路"经贸交往的共同利益;有利于寻求维护国家税收权益和保护投资者利益的最佳结合点,以税收上的平等磋商促进"一带一路"经贸交往中的公平竞争;有利于提高税收透明度,促进跨境贸易和投资合规经营,以税收上的确定性增进"一带一路"经贸交往中投资者信心(王军,2017)。建立"一带一路"税收合作机制,正是深化税收合作,回应跨境投资者关于消除税收壁垒、提高税收确定性、解决税收争端的强烈诉求,从而进一步优化跨境税务营商环境、推进共建国家经贸畅通、打造全球经济新增长极的应时之举。

二、国内外税收合作机制的经验与启示

经济全球化进程的不断加深和跨国公司的快速发展,不仅限制了各国政府独立制定税收政策的主权,也带来利润转移和税基侵蚀的风险。为此,各国越来越重视加强税收政策和征管领域的合作,力求通过协商,分配税收利益,实现互利共赢。

(一)主要的国际和区域(税收)组织

1. 联合国

联合国(United Nations,UN)是1945年第二次世界大战后由主权国家成立的国际组织,现有193个成员,总部设在美国纽约。联合国的法律框架是于1945年10月24日生效的《联合国宪章》。联合国的目标宗旨是:维持国际和平与安全;发展国家间以尊重人民平等权利及自决原则为根据的友好关系;促成国际合作,解决国际经济、社会、文化及人类福利问题,增进并激励对人权及基本自由的尊重;构成一协调各国行动之中心,以达成上述共同目的。在组织架构方面,联合国大会是核心决策机构,由193个会员国组成,每个会员国都有投票权。有关重要问题的决议,必须达到到会并投票会员国的三分之二方能通过,其他问题则可根据简单多数作出决定 A。为保证联合国的有效运转,联合国设有秘书处,负责处理日常事务,秘书长是联合国的首席行政长官。联合国主要有两种经费来源渠道:成员的会费与捐款。其中,会费按照成员经常性财政预算的一定比例计算,并设有封顶。联合国下设的经济及社会理事会(ECOSOC,简称经社理事会)在加强国际税收合作、促进共同发展方面发挥着关键作用。经社理事会附属的国际税务合作专家委员会,由25名来自税收政策和税务管理领域的专家组成,其主要职责是审查并根据需要

更新《联合国关于发达国家与发展中国家间避免双重征税的协定范本》和《联合国双边税收协定谈判手册》。此外，国际税务合作专家委员会致力于加强和促进各国税务机关之间的国际税务合作，并就发展中国家和经济转型国家的能力建设和技术援助提出意见和建议。

2. 经济合作与发展组织

经济合作与发展组织（Organization for Economic Cooperation and Development, OECD）是政府间国际经济组织，成立于 1961 年，共 35 个成员国，总部设在巴黎。OECD 的法律框架是《经济合作与发展组织公约》，于 1960 年 12 月 14 日由 20 个国家签署生效。OECD 的目标宗旨是改善世界经济与社会民生政策；推动成员国经济和社会发展，促进世界经济增长；帮助成员国政府制定和协调有关政策；鼓励和协调成员国帮助发展中国家改善经济状况，促进非成员国的经济进步与社会福祉。组织架构方面，OECD 主要由理事会、秘书处和专业委员会组成。作为 OECD 核心决策机构的理事会由每个成员国派一名代表组成，每年举行一次部长级会议，讨论并决定重要问题。OECD 共有约 200 个委员会、工作组和专家小组，就具体政策领域，如经济、贸易、科学、就业、教育及金融市场，提出建议并审议在这些领域所取得的进展。理事会和各委员会的日常工作由秘书处负责跟进落实。OECD 的经费来源主要是 35 个成员国的捐款，经理事会批准，各国也可向一些特殊活动或项目提供不包括在主要预算内的单独资助。

近年来，OECD 财政事务委员会及其下设的税收政策与管理中心，在制定国际认可的税收标准并提供税收政策和征管经验的交流平台方面，取得显著成效。由 G20 主导、OECD 推动的税基侵蚀与利润转移项目（BEPS）被誉为"近百年来国际税收领域的根本性变革"；全球已有上百个辖区承诺实施由 OECD 推动的金融账户涉税信息自动交换（CRS）；OECD 财政事务委员会下的税收征管论坛（FTA）已发展成为世界主要经济体税务部门在局长层面进行沟通对话和协调合作的高级别平台。

3. 世界贸易组织

世界贸易组织（World Trade Organization, WTO）是具有法人地位的国际组织，拥有 164 个成员，总部设在瑞士日内瓦。WTO 的法律框架由《建立世界贸易组织的马拉喀什协议》及其四个附件组成。其目标宗旨是建立一个包括货物、服务、与贸易有关的投资及知识产权等在内更为完整、更有活力、更加持久的多边贸易体系。WTO 坚持的法律原则包括：互惠原则、透明度原则、市场准入原则、促进公平竞争原则、经济发展原则和非歧视原则。其组织架构主要由部长级会议、总理事会、各专门委员会、秘书处与总干事组成。其中，部长级会议是 WTO 的核心决策和权力机构，一般两年举行一次会议，讨论和决定涉及 WTO 职能的所有重大问题并采取行动。在部长级会议休会期间，其职能由总理事会行使，主要负责贸易争端解决和贸易政策审议。部长级会议和总理事会均由所有成员派代表参加。各专门委员会负责处理特定的贸易及其他有关事宜，已设立的专门委员会包括贸易与发展委员会，国际收支限制委员会，预算、财务与行政委员会，贸易与环境委员会等。WTO 的经费来源主要是成员缴纳的会费，会费根据成员国在国际贸易中的份额和特定公式计算得出；其他经费来自出版物销售所得以及部分成员捐赠成立信托基金的收益。

4. 国际货币基金组织

国际货币基金组织（International Monetary Fund, IMF）于 1945 年 12 月 27 日在华盛顿成立，总部设在华盛顿。IMF 的法律框架是 1944 年 7 月在布雷顿森林会议签订的《国际货币基金协定》。该组织的目标宗旨是促进国际货币合作；促进国际贸易的扩大和平衡发展；促进国际汇率稳定；协助成员建立多边支付体系；向面临国际收支困难的成员国提供资金等。在组织架构方面，IMF 的最高权力机构为理事会，一般由成员派出本国的财政部长或中央银行行长担任正、副理事。理事会每年在 IMF 或世界银行年会之际开会一次。IMF 的日常工作由代表全体成员的 24 位成员组成的执董会执行，其工作受国际货币与金融委员会指导，并由 IMF 的工作人员提供支持。总裁是 IMF 的首脑并担任执董会主席，由四位副总裁协助。BIMF 的经费来源主要是成员根据其在世界经济中的规模认缴的份额、借款以及其他以捐助方式设立的信托基金。

5. 欧洲税收管理组织

欧洲税收管理组织（Intra – European Organization of Tax Administrations, IOTA）成立于 1996 年，是一个自筹资金的非营利性政府间组织，目前共有 46 个成员，总部设在匈牙利布达佩斯。该组织的法律框架是 1996 年第三届中欧和东欧及波罗的海国家税务管理会议颁布的《欧洲税收管理组织宪章》。IOTA 的目标宗旨是为欧洲各国提供讨论税收征管问题、加强交流的平台，同时促进和提升各成员税收主管机关之间的技术合作，并致力于"最佳模式"的推广和应用。在组织架构方面，IOTA 主要由大会、执行理事会和秘书处组成。大会是 IOTA 的最高权力机构，由成员税务主管部门代表组成，每年召开一次全体会议，选举本组织的法定机构，并审议和表决预算、战略管理和下一年度工作计划等重要事项。执行理事会由大会选举的9名成员国税务局局长代表组成，任期为一年。执行理事会就IOTA的业务问题作出决定，监督秘书处开展工作，负责筹备下届大会，并审查向大会提交报告和文件。秘书处负责IOTA的日常管理，执行本组织的技术和行政活动。IOTA的经费来源主要是成员按年缴纳的会费、提供服务的劳务费以及成员国自愿捐款。

6. 美洲税务管理中心

美洲税务管理中心（Inter - American Center of Tax Administrations，CIAT）成立于1967年，是一个非营利性的国际公共组织，目前有40个成员，总部位于巴拿马。1967年5月，第一届CIAT大会通过了《美洲税务管理中心（CIAT）协议及其条例》，成为CIAT的法律框架。CIAT的目标宗旨是通过提供专业技术援助，促进税收管理的持续改进和社会认可，支持各成员政府开展国际税收合作，交流经验和最佳实践。组织架构方面，CIAT主要由年度会议、执行理事会和秘书处组成。CIAT每年召开一次年度会议，选举产生执行理事会主席及其他成员，同时负责审阅本年度财务报告，批准下一年的预算和工作计划，确定成员和准成员的年度会费。年会下设国际技术会议，负责在征询各方意见的基础上，选定年会讨论的主题。执行理事会由大会选举的主席和8位成员代表组成，具体负责CIAT的组织和运作，并将上一年的财务报告和工作报告提交大会审议。CIAT常设秘书处负责该组织的日常管理，秘书长由执行理事会任命。与其他组织相比，CIAT在机构设置上最具有特色的是要求成员必须指定1—2位主要联系人（principal contact person），负责协调和落实本国税务部门与CIAT相关的工作。CIAT的经费来源主要是成员缴纳的会费和成员、非成员、国际组织、私人基金会以及个人的自愿捐款。

7. 非洲税收征管论坛

非洲税收征管论坛（African Tax Administration Forum，ATAF）成立于2009年，拥有38个成员和准成员。2009年11月20日，乌干达坎帕拉会议通过了《创办非洲税收管理论坛（ATAF）协议》，成为ATAF的法律框架。该组织的目标宗旨是提高非洲各国税收征管能力建设，为国家建设奠定坚实的基础；建立和发展双边和多边合作机制，就所有税收问题经验、教训和最佳实践定期交换意见；研究如何通过分享经验和推广最佳实践来改善非洲税收管理体系和机制；与经济合作与发展组织国家、其他多边组织和相关组织的对口单位就支持和发展非洲税收管理、系统和机构能力方面进行持续对话。组织架构方面，ATAF设有大会、执行理事会和秘书处。大会是ATAF的最高决策机构，由缔约方税务管理部门负责人或其授权代表组成，每个财政年度召开一次全体成员大会。大会主席由全体会议选举产生，通常由会员国税务局局长担任，任期为1年。执行理事会也由大会选举产生，由10名成员国的税务局局长组成，大会主席是10位执行理事会成员之一。执行理事会根据大会的指示，负责ATAF的全面管理工作。秘书处负责ATAF的日常行政工作，并定期向主席和理事会会议报告工作开展情况。秘书长由理事会提名，大会任命，任期4年，连任不得超过两届。ATAF的经费来源主要是成员按GDP的一定比率计算并以年为单位缴纳会费。

8. 英联邦税收管理组织

英联邦税收管理组织（The Commonwealth Association of Tax Administrators，CATA），是由英联邦国家财政部长在1978年共同倡议成立的政府间国际组织，目前成员有47个，总部设在伦敦。该组织的目标宗旨是通过相互协商、技术培训和知识共享，提高各成员国税收征管的质量和效率，共同应对全球化带来的经济、税收和政府治理等方面的挑战。1978年由英联邦财政部长会议讨论通过的《英联邦税收管理组织宪章》构成了CATA的法律框架。在组织架构方面，CATA主要由成员代表大会、管理委员会和秘书处组成。其中，成员代表大会是其最高权力机构，每3年召开一次，就CATA的重大事项进行审议和表决。来自14个成员代表组成管理委员会，委员由成员代表大会选举产生，任期3年。委员会设在伦敦马尔伯勒的秘书处负责该组织的日常管理。CATA每年召开年度会议，由不同的成员国政府轮流主办，讨论当前各成员国税务部门关心的重大政策和技术问题。出席会议的包括各国的部长级官员或高级税务官员，通常由东道国国家元首或代表部长主持开幕。

9. 亚洲税收管理与研究组织

亚洲税收管理与研究组织（Study Group on Asian Tax Administration and Research，SGATAR）成立于1971年，是亚太地区唯一的官方税务组织，由17个成员国（地区）的税务管理机构组成。其目标宗旨是提供一个交流与合作的平台，促进成员国（地区）税务部门之间的协作和沟通，提高亚太地区税收管理的绩效。1970年第五届东南亚经济发展部长级会议上，菲律宾代表团提交了成立SGATAR的提案，得到会议一致通过，成为SGATAR的法律框架。SGATAR的组织架构主要由大会和特别工作组组成。大会由各成员国（地区）代表团团长（通常是各国税务局局长或其授权代表）组成，负责审议税收治理问题并为各种会议或培训计划提供指导。SGATAR特别工作组由来自澳大利亚、中国、韩国、日本和新加坡的代表组成，履行秘书处的职责，负责SGATAR的具体管理和运作。日本是SGATAR经费的主要捐赠者。

（二）重要启示

一是在目标（宗旨）上，力求通过相互协商、技术培训和知识共享，促进各成员国税务机关之间的协调合作，提高各成员国税收立法的有效性和税收征管质效，从而帮助各成员国把握全球化带来的发展机遇，共同应对全球化带来的经济、税收和政府治理等方面的挑战。

二是在法律框架上，通常在组织成立的首次全体大会上或者成员国领导人峰会上签订公约、宪章或者协议，明确该组织的目标、宗旨、职责、机构设置、经费来源等根本性问题，待各成员国国内法批准后正式生效，成为该合作机制的纲领性文件和国际法基础。

三是在机构设置上，一般设有大会、理事会等权力机构，享有决策权。大会、理事会通常由每个成员国各派一名代表组成。理事会定期举行成员国高级首长会议，讨论重要问题，确定工作重点。设立常设秘书处，负责执行日常工作，行使理事会委托的一切权力。

四是在合作内容上，有的组织专注于某一专业领域的协调，如WTO仅限于对关税和某些税收领域的协调；有的则致力于推进国际税收各个领域的全面合作，包括信息交换、税制协调、征管互助、争端解决、培训援助等，如OECD陆续推出《多边税收征管互助公约》、BEPS行动计划、国际增值税指南等，不仅规范国际税收协调合作，而且倒逼各国改革国内税法，使之适应开放、透明的国际税收规则。

五是在合作频率上，可分为经常性合作和临时性合作。前者指对某一领域存在的问题经常、不间断地进行协调，如WTO对成员国之间为协调关税而进行的合作；后者只是在某一领域出现突发性问题时才进行的协调，如金融危机爆发后，有关国家或地区采取共同措施，应对税基侵蚀和利润转移。

六是在经费来源上，一般由成员国按照约定的计算方法缴纳会费，并且鼓励成员国自愿捐款。

七是在工作机制上，坚持领导层推动与工作层实施并行的机制。实践证明行之有效的工作机制，是像OECD那样，以国际或区域组织影响力为依托，在推动国际税收立法完善与标准制定方面，通过政府间的双边审查、多边监督及平行施压，促使成员国遵守国际税收规则，或者推动实施相关改革（许健，2015）。

三、构建"一带一路"税收合作机制的基本框架

"一带一路"建设越深入,加强税收合作越重要。"丝路精神"为指引,聚焦实现更加深入、全面、多元和更高层次的税收合作目标,着力构建税收合作长效机制。中国与"一带一路"共建国家开展税收合作机制建设,需要将"道同"的税收治理理念和"共商共建共享"的税收治理原则融入贯穿其中,从法律框架、合作内容、运作方式、保障机制等方面入手,逐步将"一带一路"税收合作机制打造成具有中国特色且广受认可的税收利益与责任共同体的示范区,为完善全球税收治理体系作出积极贡献。

（一）治理理念

"一带一路"税收合作机制,是中国走上世界舞台,表达"一带一路"共建国家多边税收共治的呼声,推动建设国际税收治理体系的重要平台。中国应以"道同"的税收治理理念为核心,即与共建国家"共明税收治理之道,求大同存小异",恪守"税收法治、条约信守"精神,以"多边合作、平衡治理"的方式,建立"开放包容、互利共赢"的税收治理框架体系,为资本、劳务、技术等生产要素的跨境自由流动和有效配置提供公平、透明、有序的税收环境。

（二）治理原则

在"道同"的税收治理理念指导下开展税收合作机制建设,应遵循"共商、共建、共享"的全球税收治理观,各国平等参与、协同推进,兼顾各方利益和诉求,发挥各方优势和潜能,形成新的税收合作优势（范祚军、万少文,2018）。所谓共商,指参与国共同协商"一带一路"税收合作机制建设。"一带一路"税收合作具有鲜明的平等性、开放性和普惠性。无论强弱贫富,各国参与税收合作机制的地位都一律平等。通过各施所长,各尽所能,发挥互补优势,探求对接本国税收战略的可行路径,寻求税收领域互利合作的最大公约数。各国参与共商的主体不仅是税务部门,还应包括政党、议会、企业、媒体、智库等,形成"官方主导、各界推动"的共治模式,使"一带一路"税收合作机制能够有效回应社会各界的诉求和期待。所谓共建,是指参与国共同推动"一带一路"税收合作机制建设。各国都是合作机制建设的重要一员,应当齐心协力搭建形式多样、高效务实的合作平台和机制,既深入推动国际税收规则和标准制定等"硬"领域的合作,又广泛促进税收立法与征管的经验分享与合作对话等"软"领域的交流。同时,参与国还有必要加强国际税收风险方面的合作

研判，携手解决合作机制建设中遇到的各种难题，为合作机制建设提供稳定预期。所谓共享，是指参与国共同分享"一带一路"税收合作机制成果。"一带一路"税收合作机制应抓住东西大同、南北互鉴的历史机遇，通过推动完善国际税收治理体系，提高共建国家的整体税收治理能力，让税收上的互利合作惠及更加广泛的区域和民众，从而推动全球经济治理体系朝着更加公正、合理、现代化的方向稳步发展。

（三）目标与宗旨

"一带一路"税收合作机制的目标与宗旨应是建立和发展双边和多边合作机制，实现共建国家的税制协调和征管协作；与国际和区域税收组织保持对话，通过分享税收经验和推广最佳实践，改善共建国家税收政策和征管机制；鼓励和协调成员国为提高"一带一路"沿线发展中和低收入国家的税收征管能力做出努力，打造增长友好型的税收环境，促进成员国经济和社会发展，推动实现联合国2030年可持续发展目标。

（四）法律原则

税收中性原则。"一带一路"税收合作机制应贯彻税收中性原则，为资本、劳务、技术的跨境流动消除税收歧视和重复征税障碍。

条约信守原则。在"一带一路"税收合作机制中表决通过的规范性文件、宣言、协定，应以国际法上产生效力的契约对待，各方除豁免条款外，必须信守。

多数表决通过原则。"一带一路"税收合作机制的表决方式以"多数表决通过"原则为主，各成员国平等适用"一票一权"。在涉及税收合作机制的重大问题上，则实行"全体一致通过"原则。

（五）组织架构

借鉴世界主要国际和区域税收组织的组织架构，可考虑建立理事会等决策机构和秘书处等执行机构，确保这一税收合作机制有健全完备的治理结构，足以支撑其高效和可持续运转。为提升"一带一路"税收合作机制的影响力，应确保每年举办一次税收领域的高级别论坛，探讨"一带一路"共建国家共同关心且亟待解决的税收问题，加强参与各方的对话交流。同时，为满足"一带一路"共建国家对税收征管能力建设的迫切需要，可考虑在理事会下设立专门机构，统筹和动员发达国家的资源，对接"一带一路"共建国家的需求，重点开展税收业务培训、技术援助和理论研究，使税收能力建设成为合作机制运作初期最务实、最可视化的重要成果。

（六）运作方式

"定期对话＋设立常设"机制。定期召开税收合作论坛，为参与国税务部门高层多边交流对话提供平台。同时，设立常设的税收合作治理和执行机制，促进税收重点项目协调工作的推进与落实。

"高层对话＋多层级协调"机制。在保障参与国税务部门定期开展高层对话的基础上，建立多层级沟通交流渠道，特别是在协调税制差异、加强征管协作、解决涉税争议以及推进能力建设等工作层面加强沟通协调，促进参与国在税收领域加深信任、加强合作。

"区域对话＋多维度交流"机制。建立与国际和区域性组织的常态化对话沟通机制以及与知名专家学者、社会中介机构、专业人士、媒体、跨国公司组织多维度的沟通交流机制，促进参与国税收合作治理的均衡发展。

（七）保障机制

建立税收合作成效发布机制。一是发布成果，针对"一带一路"国家共同关注的税收议题开展专题研究，了解各方观点分歧和利益关切，形成高质量报告，定期予以发布。二是促进转化，做好研究成果转化的相关工作，时机成熟时可借鉴OECD的经验，组建专门论坛，开展评估审议，督促各国国内税法和征管机制的修改完善。

建立税收环境评价体系。逐步建立"一带一路"国家税收环境同行审议机制，并每隔两年发布税收环境评价指数，从税收竞争力、税收管理成本、投资税收风险等方面建立税收环境评价体系，引导参与国改善税务营商环境，促进"一带一路"税制协调和征管能力提升。

建立与国际和区域组织的常态化税收合作机制。一是组织国际和区域组织专家为参与国税务官员提供专业培训和技术援助，开展税收领域的理论交流和实践研讨，促进共同发展。二是参与相关国际和区域组织的税收合作项目，吸收先进的国际税收经验，营造良好的税收合作环境。

四、"一带一路"税收合作的重点领域

"一带一路"税收合作机制的基本框架搭建起来以后，应重点从税制协调、征管协作、争端解决、能力建设、合作对话等方面增强互信，凝聚共识。

（一）税制协调

直接税方面，构建多层次政府间宏观政策沟通交流机制，扩大共建国家的税收协定网络，有效降低国内所得税制度差异对跨境投资交易造成的税收负担，提高跨境投资的税收确定性，从而有助于深化利益融合，促进

政治互信，达成合作新共识（任宛立、熊伟，2017）。此外，"一带一路"共建国家也存在以减税为主要内容的税收竞争，旨在吸引国际资本，刺激国内投资和缓解资金不足，以拉动经济增长。虽然适度下调税率和提供税收优惠有利于吸引资源流入和提高国际经济效率，但若共建国家盲目地通过减税来争夺国际税源，则不可避免地会对国家权益造成负面影响，甚至有害税收竞争，妨碍"一带一路"区域的经济发展（孙红梅，2015）。因此协调共建国家的税收竞争必须成为"一带一路"税收合作的主要内容之一（何杨、应邵凯，2016）。具体来说，首先，需要协调沿线各国由于税制差异所引起的有害税收竞争。如某个国家的税收制度可能会吸引非居民税基，使生产要素流向本国，但其他国家却可能因此被侵蚀税基和失去资本和人才，因此打击"避税天堂"是防止有害税收竞争的重要措施之一。其次，需要监督和协调沿线各国的税收优惠政策，可以允许一部分国家出于弥补资金短缺、技术落后、基础设施差等投资环境缺陷，而适度地使用优惠政策来吸引外资，但必须制止那些以邻为壑的恶性税收优惠政策，并且防止为纳税人滥用税收优惠提供温床。

间接税方面，增值税是间接税制度中的主要税种。如果能够实现"一带一路"区域增值税税制统一、税基宽广、优惠较少，将显著提高纳税人投资和经营的积极性。然而，"一带一路"共建国家的间接税制形式多样，差异较大。以金融业务为例，共建国家就存在免增值税模式 A、核心业务间接免税模式 B 和完全增值税模式 C。建立"一带一路"税收合作机制，有助于通过沟通、协调、合作来弥合这些差异。如可以参考 OECD 的《国际增值税（货劳税）指南》（郝昭成，2015），着重解决"一带一路"区域货物和服务流动时的重复征税问题、遵从成本过高问题和数字经济给间接税提出的新挑战，尽量为生产要素的跨境流动创造一个公平的税收环境。

(二) 征管协作

1. 加强税收信息交换

通过签订双边税收协定和情报交换协定，"一带一路"共建国家多年来已经在积极地开展税收情报交换，提高了各国的税源监管能力，打击了跨境逃、避税现象。随着共建国家签署《金融账户涉税信息自动交换多边主管当局协议》和《国别报告多边主管当局协议》，理论上，共建国家税务机关将能够批量获得纳税人信息，从而显著提高其跨境税收风险管理能力（高阳，2014）。然而，共建国家大多是经济发展水平相对落后的发展中国家，为推动经济增长，吸引境外投资，他们往往对税收情报交换保留较多，交换的质效也有待提高。因此，在共建国家间推广深层次的税收信息交换，亦应成为"一带一路"税收合作的主要内容之一。

（1）"一带一路"沿线的一些中东欧国家对金融业务免征增值税，理由是对金融业征收增值税难度较大，从征管的角度看不如免税。然而这种免税模式的弊端是金融业采购服务或货物时支付的增值税进项税额就不能抵扣，造成增值税负担较重，实质上忽视了税收公平原则。

（2）新加坡采取的模式是核心业务与间接收费业务实施免征增值税性质的"货物劳务税"，即在征税时，银行可依据固定资产购置情况来申报抵扣进项税额，避免重复征税。这种模式的缺陷是征税项与免税项分担进项税额的比例如何确立，如何区分对待，如何避免人为因素干预，都需要进一步优化和解决。

（3）完全增值税模式即将金融服务进行分类收税，中介服务以及间接收费的金融服务采取零税率形式，而此外的收费性服务则进行一般性的常规收税。该模式与欧盟模式的区别在于金融银行业在完全增值税模式下可以自行采用进项税额抵扣，避免了在不同税务项目之间的重复征税问题。其效果是使得金融服务与其他进出口商品保持了新的价格优势，零税率下的商品价格自然更有竞争力，提升金融部门的整体竞争水平。

2. 加快 BEPS 成果转化

随着中国改革开放进程的加快，部分跨国企业通过各种税收筹划手段，将本应归属中国的利润转移到避税地，严重侵蚀了中国的税基，尤其是在数字经济和无形资产等领域难以有效遏制跨境纳税人的逃、避税行为。同时，税收权益与经济活动实质的错配导致在经济活动发生地创造的利润流失，税收公平面临严峻挑战，国际税收秩序受到进一步威胁。

G20、OECD 于 2015 年 10 月发布的 BEPS 项目 15 项行动计划成为未来中国以及其他共建国家反避税工作的重点（施正文、叶莉娜，2015）。2013—2015 年中国深度参加 BEPS 项目，提交中国立场声明和建议 1000 多条，提出的"利润在经济活动发生地和价值创造地征税"原则成为 BEPS 的核心原则，极大地提升了发展中国家和新兴经济体在国际税收规则制定中的话语权。中国在 BEPS 项目上所取得的这些丰硕成果，为中国带领其他"一带一路"共建国家落实 BEPS 成果奠定了基础。无论是成本节约、市场溢价和营销性无形资产等理念，还是中国在打击非居民间接股权转让避税行为中所取得的成效，对其他共建国家都有重要参考价值。"一带一路"共建国家通过加强对话，深化合作，推进 BEPS 成果的落地转化，正是共同参与重塑国际税收治理体系的良机。

(三) 争端解决

在"一带一路"共建国家所签的双边税收协定中，相互协商程序仍是解决税收争议的主要救济手段。但是，互相协商程序条款并未规定协商时限和强制性结果。考虑到多数共建国家的税法体系还不健全，税收征管能力也有待提高，相互协商程序可能难以有效地解决涉税争端，从而增加跨境纳税人的税收负担。因此，需要借助"一带一路"税收合作机制对之加以完善，可以考虑在共建国家之间的税收协定中增加协商时限和协商结果以及完善协议达成后的执行措施等（韩霖、高阳，2017）。此外，在开展"一带一路"沿线合作时，也可以考虑引入非约束性的调解机制，即邀请国际税法专家就争议个案提出专家观点并协调缔约国双方主管当局间的不同意见，在此基础上逐步过渡到强制性仲裁机制，从而切实提高涉税争端解决的质量和效率。

(四) 能力建设

"一带一路"共建国家经济发展水平参差不齐，一方面存在经济发展的巨大潜力；另一方面税收征管水平也相对落后，因此帮助其提高税收征管能力，既有利于推动"一带一路"区域的税收征管合作，也有利于助推"一带一路"经济繁荣发展。中国作为世界上最大的发展中国家，世界第二大经济体，十分重视帮助广大发展中国家提高税收征管能力。习近平主席2014年在布里斯班G20峰会上首次强调："帮助发展中国家和低收入国家提高税收征管能力"。2016年5月，借承办第10届税收征管论坛（FTA）大会的契机，我国主动与FTA秘书处协调邀请了哈萨克斯坦、巴基斯坦、柬埔寨、立陶宛、格鲁吉亚等5国，为"一带一路"共建国家的各国税务机关架起沟通桥梁。税收能力建设可担当"一带一路"税收合作的重要"孵化器"。我国在税收征管、纳税服务及发票管理等方面的先进经验都对共建国家具有重要参考价值，不仅能持续有效地帮助沿线发展中国家和低收入国家提高税收征管能力，也能通过税收发展来促进"一带一路"区域经济增长、改善投资环境和增进民生福祉，构建合作共赢的新型国际税收关系。

(五) 合作对话

"一带一路"共建国家可以利用税收合作机制，加强税务部门之间的交流互访，及时分享各国税制改革和征管创新成果，完善本国税制体系，提高征管能力。同时，"一带一路"税收合作机制可以将共建国家凝聚为一个联合体，与OECD、联合国经济及社会理事会、世界银行、国际货币基金组织等国际组织以及亚洲税收管理与研究组织（SGATAR）等区域税收组织在税收培训、立法研讨、征管协作等方面开展交流对话和合作项目，以此作为"一带一路"共建国家深度参与全球税收治理的新起点，增强"一带一路"共建国家整体上在国际税收领域的话语权与影响力。中国在税收经验交流和合作对话方面，有资本和能力来扮演领头羊角色，向"一带一路"共建国家分享中国承办第十届税收征管论坛大会和落实BEPS项目成果的经验，既能展现我国创新、协调、绿色、开放、共享的新发展理念，也能体现我国作为负责任大国的独特贡献。

参考文献

[1] 习近平. 习近平谈治国理政（第1—3卷）[M]. 北京：外文出版社，2017，2018，2020.

[2] 税收学编写组. 税收学 [M]. 北京：高等教育出版社、中国税务出版社，2022.

[3] 新中国税收70年编写组. 新中国税收70年 [M]. 北京：中国税务出版社，2020.

[4] 李万甫. 新时代税收改革发展研究（2018）[M]. 北京：中国税务出版社，2019.

[5] 世界税制现状与趋势课题组. 世界税制现状与趋势 [M]. 北京：中国税务出版社，2015—2020.

[6] 李万甫，孙红梅.《税收征管法》修订若干制度研究 [M]. 北京：法律出版社，2017.

[7] 国家税务总局税收科学研究所. 改革开放40年中国税收改革发展研究：从助力经济转型到服务国家治理 [M]. 北京：中国税务出版社，2019.

[8] 李万甫. "互联网+"赋能税收征管模式转型研究 [M]. 北京：中国税务出版社，2021.

[9] 李万甫. 转型经济中的税收——理论分析与政策选择 [M]. 北京：中国税务出版社，2008.

[10] 李万甫.《美国减税与就业法案》研究 [M]. 北京：中国税务出版社，2022.

[11] 李万甫. 印度增值税改革研究 [M]. 北京：中国税务出版社，2019.

[12] 李万甫. "一带一路"税收征管合作机制研究 [M]. 北京：中国税务出版社，2022.

[13] 中国税务杂志社，腾讯公司. 数字经济与税收治理（2020）

[M]．北京：中国税务出版社，2021．

［14］国家税务总局税收科学研究所．"营改增"试点效应分析[M]．北京：中国财政经济出版社，2018．

［15］连玉明．中国大数据发展报告[M]．北京：社会科学文献出版社，2021．

［16］楼继伟，刘尚希．新中国财税发展70年[M]．北京：人民出版社，2019．

［17］刘尚希．中国财政政策报告[M]．北京：社会科学文献出版社，2021．

［18］李万甫．税收征管数字化理论与转型研究[M]．北京：人民出版社，2023．

［19］高培勇．现代财税体制理论大纲[M]．北京：商务印书馆，2023．

图书在版编目（CIP）数据

新时代税收治理问题研究／李万甫著．－－北京：中国财政经济出版社，2024.7
 ISBN 978－7－5223－2717－4

Ⅰ.①新⋯　Ⅱ.①李⋯　Ⅲ.①税收管理－研究－中国　Ⅳ.①F812.423

中国国家版本馆CIP数据核字（2024）第076888号

责任编辑：王　芳　董小烨　　责任校对：张　凡
封面设计：王　颖　　　　　　责任印制：张　健

新时代税收治理问题研究
XINSHIDAI SHUISHOU ZHILI WENTI YANJIU

中国财政经济出版社 出版

URL：http：//www.cfeph.cn
E－mail：cfeph@cfeph.cn

（版权所有　翻印必究）

社址：北京市海淀区阜成路甲28号　邮政编码：100142
营销中心电话：010－88191522
天猫网店：中国财政经济出版社旗舰店
网址：https：//zgczjjcbs.tmall.com
中煤（北京）印务有限公司印刷　各地新华书店经销
成品尺寸：165mm×238mm　16开　22印张　348 000字
2024年7月第1版　2024年7月北京第1次印刷
定价：75.00元
ISBN 978－7－5223－2717－4
（图书出现印装问题，本社负责调换，电话：010－88190548）
本社质量投诉电话：010－88190744
打击盗版举报热线：010－88191661　　QQ：2242791300